십자가 복음과 교회의 승리

타 작 기 3

저자 이 형 조

루터교 장미십자 문장과 장미십자회 성심(심장)사인
왼쪽부터 마틴 루터, 이그나티우스 로욜라, 사비에르

꼭 지켜야 할 선물

　사탄은 예수님을 십자가에 못박고 자신이 승리한 줄 알았습니다. 그러나 예수님은 부활하셨습니다. 아기 돌잔치에 필요한 금반지 1돈(3.75g)을 얻으려면 평균적으로 5톤의 금광석을 용광로에서 녹여 만든다고 합니다. 타작기3는 지난 2000년 동안 사탄의 세력들이 다른 종교와 혼합시켜 버린 참 기독교 진리를 용광로에서 녹여 만든 금반지와 같이 건져냈습니다. 황무지가 장미꽃같이 피어나고 마른 땅에서 샘물이 터져 나오듯이 하나님께서는 다시 한 번 마지막 은혜의 시대에 위대한 역사를 시작하셨습니다. 하나님께서 시작하신 마지막 영광스런 사역에 함께 동참하시기를 기대하면서 꼭 지켜야할 선물로 드립니다.

　　　　　　　　년　　　　월　　　　일

　　　　　　_____ 님께 드립니다.

"찬송하리로다 하나님 곧 우리 주 예수 그리스도의 아버지께서 그리스도 안에서 하늘에 속한 모든 신령한 복으로 우리에게 복 주시되 곧 창세 전에 그리스도 안에서 우리를 택하사 우리로 사랑 안에서 그 앞에 거룩하고 흠이 없게 하시려고 그 기쁘신 뜻대로 우리를 예정하사 예수 그리스도로 말미암아 자기의 아들들이 되게 하셨으니 이는 그의 사랑하시는 자 안에서 우리에게 거저 주시는바 그의 은혜의 영광을 찬미하게 하려는 것이라"
(엡1:3-6) 말씀

프롤로그 (Prologue)

타작기3가 추구하는 신학의 정체성

타작기3를 읽은 독자들의 오해와 편견을 방지하기 위해 타작기3가 추구하는 신앙의 정체성과 저자의 소속을 밝히는 바입니다.

저자인 이형조 목사는 대한예수교 장로회 백석교단 서울강남노회소속 강남교회 담임목사로 29년째 목회를 하고 있습니다.

타작기3는 바울서신에 나타난 하나님의 절대주권과 절대은혜, 사도들의 신앙고백, 니케아와 칼케돈에서 결의된 기독론, 삼위일체론. 개혁자들이 고백한 성경 66권의 절대 무오설. 도르트종교 회의에서 결의된 칼빈의 5대 강령인 TURIP 교리인 인간 전적부패, 무조건 선택, 제한속죄, 불가항력적 은혜, 성도의 견인을 지지합니다. 한국교회 개혁신학의 대부인 죽산 박형룡 박사의 성경중심의 기독교 근본주의 교의신학과 역사적 전천년기 종말론을 적극 지지합니다.

다른 복음을 전하면 저주를 받을찌어다

다른 복음은 없습니다. 바울은 갈1:8에서 누구든지 하늘로부터 온 천사라도 다른 복음을 전하면 저주를 받을 것이라고 했습니다. 사탄의 최종 목적은 예수님의 십자가 복음을 변개시켜 하나님의 구속의 역사를 훼방하는 일입니다.

십자가 복음은 속죄복음입니다. 죄를 지은 사람은 아무라도 하나님 앞에 설 수 없기 때문에 하나님은 자신의 거룩하심을 만족시키실 수 있는 독생자 아들을 십자가에 죽게 하시어 우리의 죄를 대속하여 주시고 우리에 대한 하나님의 절대적인 사랑을 증거하신 것입니다.

그러므로 십자가 복음의 핵심은 하나님의 거룩하심과 절대적인 아가페 사랑의 상징입니다. 우리를 금이나 은같이 없어질 것으로 구원하신 것이 아니고, 또한 능력이나 마법을 통해 구원하시지 않았던 것입니다. 오직 우리를 사랑하사 자신의 생명을 주어 우리를 구원하신 것입니다.

타작기3의 주제는 십자가 복음과 성경적인 교회입니다.

  오늘날 현대 교회의 최대의 비극은 십자가 복음을 사탄에게 빼앗겨 버린 것입니다. 십자가 복음이 없는 교회는 세상에 정착할 수밖에 없습니다. 십자가 복음이 없는 교회는 무능력하고, 비겁하고, 더러울 수밖에 없습니다.

  십자가 복음은 절대적입니다. 만일 우리 인간속에 구원을 얻을 수 있는 선한 요소가 0.00001%만 있어도 예수님은 십자가에 돌아가실 필요가 없습니다. 만일 인간이 만든 정치, 경제, 과학, 종교들을 통해 인간을 구원하실 수 있다면 예수님의 고통스런 십자가는 없었을 것입니다. 왜 예수님이 꼭 십자가에 돌아가시지 않으면 안되었던 것입니까? 그 방법 밖에는 인간을 구원할 수 있는 방법이 없기 때문입니다.

  우리 인간 속에는 무엇 하나 건져서 새롭게 할 수 있는 것이 하나도 없습니다. 완전 타락했고, 완전 소경되었고, 완전히 부패한 인간이기에 예수님이 죽지 않으시면 하나님의 형상대로 창조되어 타락한 인간을 살릴 수 없었던 것입니다.

  십자가 복음으로 죄사함 받고 다시 태어난 자들만이 세상을 변화시킬 수 있습니다. 이런 구원받은 자들로 이루어진 모임이 교회입니다. 성령의 전이요, 하나님의 아들들입니다. 교회는 창세전부터 하나님께서 계획하시고 예비하신 비밀입니다. 교회는 하나님의 영광이요, 찬송입니다. 교회는 만물을 충만하게 하는 하나님의 충만입니다. 예수님께서 재림하셔서 세우시는 천년왕국은 교회를 통해서 충만해진 만물의 충만입니다.

  만에 하나 인간속에 있는 무슨 선한 것을 일으켜 구원의 교리를 세우려고 한다면 그것이 이단 교리입니다. 만일 십자가로 거듭난 성도들의 교회를 통하지 않는 지상의 정치, 경제, 과학, 종교의 유토피아를 세우려 한다면 그 나라는 적그리스도의 나라입니다. 반드시 배도하여 하나님을 배반할 것입니다.

  십자가 복음으로 구원받은 사람은 잠시 동안은 오해를 받을 수 있지만 영원히 오해를 받지 않습니다. 십자가 복음으로 구원을 받은 사람은 잠시 동안은 핍박을 받을 수 있지만 영원히 핍박을 받지 않습니다. 십자가 복음으로 구원을 받은 사람은 잠시 동안은 외로울 수 있지만 영원히 외롭지 않습니다.

말세 지말에 필요한 요한의 복음

요한복음은 믿음의 기초입니다. 요한1, 2, 3서는 믿음의 열매입니다. 요한계시록은 믿음의 심판입니다. 믿음의 기초가 틀리면 바른 믿음의 열매를 맺을 수 없고 반드시 심판을 받게 됩니다. 이것이 요한의 복음의 특징입니다.

요한복음은 예수님이 하나님의 아들임을 믿게 하는 것입니다. 그리고 요한1,2,3서는 예수님을 구주로 믿는 사람들에게 나타나는 두 가지 열매인 거룩함과 사랑에 대하여 증거하고 있습니다. 그리고 요한 계시록에서는 거룩함과 사랑의 열매를 맺지 못한 이단들이 심판을 받고 있는 내용이 기록되어 있습니다.

성경에서 말하고 있는 영생과 구원의 의미

성경에서 말하고 있는 구원의 의미는 속죄입니다. 그리고 영생은 하나님의 생명을 공유하는 것입니다.

요17:3 "영생은 곧 유일하신 참 하나님과 그의 보내신 자 예수 그리스도를 아는 것이니이다"

예수님은 영생에 대한 개념을 참 하나님과 그의 보내신 자 예수 그리스도를 아는 것이라고 했습니다. 여기에서 안다고 하는 단어는 단지 지식적인 아는 것이 아닌 전인격적인 결합을 의미합니다. 즉 동침한다, 결혼한다, 경험한다, 체험한다는 의미입니다.

예수님을 믿으면 반드시 체험을 하게 됩니다. 그 자세한 내용이 요한1, 2, 3서에 기록되어 있습니다. 하나님은 빛이시고, 거룩하시기 때문에 하나님의 자녀들은 반드시 거룩해야 합니다. 또한 하나님은 사랑이시기 때문에 반드시 하나님의 자녀들은 형제를 사랑해야 합니다. 만일 누가 하나님의 자녀라고 하면서 거룩함과 절대적인 아가페 사랑을 알지 못한다면 그는 하나님의 자녀가 아닙니다.

성경에서 강조하고 있는 영생의 개념은 하나님의 거룩하심과 아가페 사랑을 체험하고 그것을 기쁘게 실천하면서 살아가는 생명을 말하고 있습니다.

사탄주의자들이 주장하고 있는 영생과 구원의 의미

사탄주의자들이 말하는 구원의 의미는 기사와 표적을 체험하는 것입니다. 그리고 영생의 의미는 환생과 윤회입니다. 사탄숭배자들은 오프라 윈프리를 세계적인 앵커재벌로 만든 후 그녀를 통해 거짓 복음을 전 세계 사람들에게 전하고 있습니다. 오프라 윈프리는 영생은 즉 구원은 내 안에 있는 예수님을 체험하고 깨닫는 것인데 그것은 내 안에 있는 능력을 발견하는 것이라고 말합니다.

그러면서 최면술사를 통해 환생, 떨림, 환청, 초혼 등을 구원이라고 말하고 있습니다. 즉 구원이란 내가 예수라는 사실을 체험하는 것이라고 말합니다. 즉 내가 신이고, 내가 하나님이고, 내가 예수라는 것입니다. 예수님이 세상에 오신 목적은 십자가에 죽으시고 속죄하시기 위함이 아니라 내가 예수라는 사실을 깨닫게 해 주시기 위해 오셨다고 합니다.

이것이 사탄주의자들의 신사도 운동과 뉴에이지 기독교에서 말하고 있는 구원과 영생의 개념입니다. 그들은 기사와 표적과 은사체험을 구원 곧 영생이라고 속이면서 임파테이션을 통해 전 세계 사람들을 미혹하고 있습니다. 초능력 마술사 유리겔라는 TV 마술 프로그램을 통해 숟가락을 엿가락처럼 휘어지게 하는 마술을 수많은 사람들이 따라서 하게 했습니다.

지금 오프라 윈프리도 역시 공영 방송 TV 프로그램을 통해 수많은 사람들에게 거짓 구원인 집단최면을 실시하고 있으며 힌두교 영지주의자들도 1억 명의 TV 시청자들에게 임파테이션을 실시하고 있습니다. 죽은 자들이 살아나는 체험을 하더라도 그것은 구원이 아닙니다. 구원은 하나님의 생명의 속성인 거룩하심과 아가페 사랑을 체험하는 것입니다.

요일4;7-8 "사랑하는 자들아 우리가 서로 사랑하자 사랑은 하나님께 속한 것이니 사랑하는 자마다 하나님께로 나서 하나님을 알고 사랑하지 아니하는 자는 하나님을 알지 못하나니 이는 하나님은 사랑이심이라"

기독교 이단의 정의

이단이란 두 가지 뜻이 있습니다. 씨가 다르고 끝이 다르다는 것입니다. 씨가 틀리면 반드시 다른 종류의 식물이 발아됩니다. 한 점에서 출발한 두 개의 선이 0.1도 각도의 차이만으로 출발해도 영원히 만날 수 없습니다. 한 점에서 출발할 때 0.1도의 각은 한 점처럼 보이지만 두 개의 선이 점에서 멀어질수록 간격은 넓어져 전혀 다른 방향으로 가버리듯이 기독교 이단들도 마찬가지입니다. 기독교 이단은 씨가 틀립니다. 그래서 가는 방향도 틀립니다. 그동안 우리는 기독교 밖에 있는 이단들에 대하여는 대처를 잘 해왔습니다. 그러나 교회안에 깊숙이 들어온 이단들에 대하여는 분별력이 없었습니다.

이교와 사이비 종교는 이단과 다릅니다. 이교는 다른 종교이며 사이비 종교는 기독교인 것 같지만 기독교가 아닌 짝퉁 기독교입니다. 그래서 이교나 사이비 기독교는 분별하기가 쉽습니다. 그러나 기독교 이단은 같은 기독교와 똑같은 한 점에서 시작한 것 같지만 다른 것이기 때문에 일정기간 분별하기가 쉽지 않습니다. 시작하는 각도가 좁을수록 분별이 힘들고 오랜 시간이 소요됩니다.

그동안 기독교안에 들어온 이단들은 교묘하게 자신들의 정체를 숨기고 교회를 부패시켰습니다. 그러나 이제 시간이 지남에 따라서 그 모든 정체들이 드러났습니다. 신정통주의, 신칼빈주의, 신복음주의, 신사도운동, WCC운동, WEA운동, 아브라함 카이퍼, 존 스토트, C.S 루이스, 빌리 그래함, 릭 워렌 등입니다.

거짓의 아비 바리새파 유대인

용(龍)이라는 옛뱀, 사탄 즉 마귀는 온 천하를 꾀는 자이며, 거짓의 아비이며, 거짓말장이입니다. 하와를 미혹하여 넘어뜨린 사탄은 오늘까지 거짓말로 인류를 속여왔습니다. 지난 2000년 기독교 역사에서 알렉산드리아 오리겐으로부터 출발한 사탄의 세력들은 1%의 소수성경을

프롤로그

가지고 99% 다수성경을 이겼습니다. 그래서 현대교회는 사탄에게 유린 당하고 말았습니다.

그렇다면 어떻게 그런 일들을 할 수 있었습니까? 그것이 그들의 전략입니다. 그들은 먼저 유명한 사람들을 일으킵니다. 그리고 그 유명한 사람들을 통해서 먼저 철학을 만듭니다. 그리고 그 철학에 의해서 교리와 신학을 바꿉니다. 이런 방식을 통해서 지난 2000년 기독교를 지배해왔던 것입니다. 보통 사람들이 유명하다고 하는 사람들을 무조건 신뢰하는 약점을 이용한 것입니다. 그러나 그들은 처음부터 유명한 존재들이 아니었습니다. 유명한 존재로 가공된 사람들입니다. 그들의 철학이나 사상은 보잘 것 없는 자연주의 범신론입니다. 그리고 그 뿌리에는 사탄 루시퍼의 영지주의가 있습니다.

바리새파 유대인들의 정체는 창세기부터 계시록까지 사탄에게 붙잡혀 쓰임받은 도구들입니다. 그들은 예수님이 말씀하신대로 뱀들이고 뱀의 후손입니다. 네피림의 자손들입니다. 니므롯의 후예들입니다. 가나안 일곱족속의 장사군들입니다. 바리새파 유대인들은 바벨론 포로시대를 통해 페르시아 유대인으로 흡수되면서 그리스제국을 거쳐 알렉산드리아에 안착한 사탄숭배자들입니다. 이들이 로마 카톨릭을 만들고, 짝통종교 개혁을 하고, 오늘날 신사도운동을 하고 있는 자들입니다. 사탄의 세력의 정체를 알려면 바리새파 유대인들의 정체를 알아야 합니다.

보편적인 구원과 윤리신학과 정체

사탄주의 신학에서의 구원은 윤리신학의 수준에 머물러 있습니다. 왜냐하면 윤리신학은 기독교 구원을 헬라철학을 통해서 다시금 재정립한 영지주의 교리이기 때문입니다. 이것은 저스틴 마더, 클레멘트, 어거스틴, 칼빈, 이마누엘 칸트, 리츨, 아브라함 카이퍼, 칼 바르트, 존 스토트, 빌리 그래함, 풀러신학교 교수인 김세윤 박사로 이어지는 신학입니다. 기독교 윤리 신학의 출발은 초대교회 저스틴 마더와 알렉산드리아 교부 클레멘트에서부터 시작되었습니다.

특별히 클레멘트는 그의 저서 "교사, 또는 파에다고구스"(The

Instructor or Paedagogus)를 통해 창조주 하나님께서 피조물인 인간에게 주신 율법과 계명을 스승과 제자의 개념으로 재정립시켰습니다. 그 이유는 클레멘트가 구약의 유대교와 신약의 그리스도교를 헬라 영지주의 철학이란 종교로 재편시켰기 때문입니다. 임마누엘 칸트는 기독교의 초자연적인 세계를 부인하고 기독교를 도덕과 윤리 수준으로 격하시켰습니다. 리츨은 칸트철학을 중심으로 자유주의 신학을 만들었습니다. 이런 사탄주의 영지주의 신학의 이론이 지난 2000년 동안 끊임없이 가르쳐져서 오늘에 이르기까지 계속되고 있는 것입니다.

현 풀러신학교 교수인 김세윤 박사는 클레멘트의 이론을 그대로 이어받아 구약과 신약에 나타난 율법의 개념을 하나님과 인간이 아닌 스승과 제자의 개념으로 설명을 합니다. 여기에서 나타난 구원이 바로 윤리신학의 구원론으로 참인간, 신인간의 개념인 것입니다.

기독교 이단운동의 종합 선물 셋트인 신사도운동

지금 우리는 말세지말에 살고 있습니다. 그래서 행운입니다. 왜냐하면 참 신앙과 기독교 이단들의 정체가 다 드러나는 시대이기 때문입니다. 그동안 애매했던 신학, 교리, 사상, 성경해석 등의 정체가 이제는 빛 가운데 드러났습니다.

신사도운동은 신세계질서를 세우기 위한 지구촌 인간 목장화 프로젝트 사탄주의 바알 기독교 제국주의 운동입니다. 신사도운동은 보수주의 신학인 아브라함 카이퍼의 주권운동과 자유주의 신학인 존 스토트의 사회참여운동과 신비주의 신학인 이그나티우스 로욜라의 관상기도 운동으로 통합된 사탄의 종합 선물 셋트입니다.

기독교 사상가들의 정체

지난 2000년 동안 기독교 신앙을 파괴했던 사상가들이 있습니다. 이들이 활동 했던 주요지역은 물질 문명이 발달하고, 대외 무역활동이 왕성했던 지역으로 가나안 7족속들과 사탄 숭배자들이 인신제사를 드렸던 지역입니다. 뿐만 아니라 그들이 활동했던 지역들은 이집트와 바벨론의 태양신 숭배와 그리스 영지주의 뱀과 루시퍼 숭배지역입니다.

기독교 사상가들이 활동했던 주요 지역은 알렉산드리아, 카르타고, 그리스, 로마, 제네바, 네델란드, 독일, 영국, 미국입니다. 주요 활동 인물들은 저스틴, 유세비우스, 클레멘트, 오리겐, 제롬, 아리우스, 키프리안, 플로티누스, 암브로스, 어거스틴, 로젠 크로이츠, 이그나티우스 로욜라, 발렌티누스 안드레아. 뉴톤, 마틴 루터, 니콜라스 진젠도르프, 프란시스 베이컨, 슐라이어 마허, 칼 바르트, 요한 알브레이트 벵엘, 존 웨슬레, 아브라함 카이퍼, 도여베르트, 헤르만 바빙크, 벌까우어, 루이스 벌코프, 프란시스 쉐퍼, 하롤드 존 아켄카, C,S루이스, 존 스토트, 빌리 그래함 등입니다.

철학(哲學, philosophy)의 정체 (루시퍼를 사랑하는 학문)

철학(哲學, philosophy)이란 지혜를 사랑한다는 의미인 필로소페인(philosophein)이라는 단어는 헤로도토스의 저서 "역사" 속에서 그리스의 현인 솔론을 언급할 때 처음 나옵니다. BC 6세기 후반의 피타고라스 학파는 명리(名利)를 떠나 지혜를 간구하는 것이 애지(愛知)라고 말했습니다. 애지의 의미가 확정된 것은 BC 5세기 후반 소크라테스와 그의 제자 플라톤이었습니다.

이들은 인간에게 있어서 가장 중요한 것은 단지 살아 있는 것이 아니라 어떻게 하면 잘 살아갈 수 있는가 하는 것이고, 이에 대한 해답을 구하는 행위를 애지(愛知) 즉 철학이라고 믿었습니다. 그들이 말하고 있는 지혜의 근본은 하나님을 경외하는 것이 아니라 바로 그들이 섬겼던 지혜의 신인 루시퍼(뱀)를 사랑하는 것이었습니다.

그들은 신의 개념을 선(善), 미(美), 이데아(idea), 에이도스(eidos 形相)로 정의를 했습니다. 플라톤은 애지(철학)의 목표가, 생성·소멸·유전하는 다양한 존재로부터 이루어지는 감성적 세계를 뛰어넘어 불멸의 진실유(眞實有 ousia)인 이데아(관상)를 통해 인간의 혼을 선하고 아름답게 하고 나아가 세상을 선하고 아름답게 하는 것이라고 믿었습니다. 아리스토텔레스가 형이상학이란 이론으로 추구한 것도 진실유인에이도스(eidos 形相)를 탐구하는 관상이었습니다.

   소크라테스, 플라톤, 아리스토텔레스로 시작된 철학(애지)의 명분은 가치 있는 인생을 살기위한 것이었지만 사실은 그들이 소유하고 있었던 루시퍼(지혜, 뱀, 태양신)을 관상이라고 하는 방법을 통해 만나게 하는 사탄 종교의 학문이었습니다.

   이런 사탄주의 헬라철학은 필로, 판테누스, 클레멘트, 오리겐, 디오니시우스, 유세비우스 등과 같은 알렉산드리아 학파 사람들과 신플라톤 철학자 플로티누스의 관상철학을 통해 기독교와 접목이 되었고, 신비주의 관상철학의 대가인 어거스틴에 의해서 기독교 신학의 원리가 되었습니다.

뱀을 섬기는 영지주의 구원론과 교회론

   뱀(루시퍼)을 신으로 섬기는 영지주의에서는 하층세계인 물질세계를 악하다고 규정한 의미로 구약의 창조주 하나님을 악한 신(神)으로 여깁니다. 타락이란 물질세계를 창조한 구약의 신에게 갇혀 있다는 것으로 이해를 합니다. 그들이 생각한 구원은 감옥과 같은 물질세계에서 해방되어 인간이 신(神)이 되는 것입니다. 이 해방은 인간만이 아니라 자연까지도 포함합니다. 그래서 인간과 자연을 악한 물질로부터 해방시킨 일을 주도적으로 했던 뱀을 신으로 섬기는 것입니다. 뱀(루시퍼)이 인간에게 선악과를 따먹고 신이 될 수 있는 지혜(신지식)를 주었기 때문입니다.

   지금도 뱀을 통해 전달된 신지식(지혜)을 통해서 인간이 물질세계란 감옥을 탈출하여 자유스러운 신의 세계로 들어가는 것을 영혼의 상승 즉 구원이라고 합니다. 그래서 그들은 초자연적인 신비주의를 추구합니다. 그들이 말한 구원의 완성은 그들이 생각한 신(神)인 일자(theone) 또는 하나(OneThing)란 뜻과 같이 대우주와 소우주인 사람의 구조가 하나(OneThing)가 되고, 영적인 영역과 물질 영역이 하나되는 상태를 우주교회라고 합니다. 이와 같은 영지주의 구원론과 교회론이 바로 2000년 동안 기독교를 지배해 왔던 것입니다.

불가지론(不可知論) 철학과 부정신학(否定神學)의 정체

　불가지론(不可知論)은 인간이 어떤 문제나 어떤 대상을 인식(認識)하고자 할 때 인식하고자 하는 인간 자신의 제한된 인식 능력 때문에 그것에 대해서는 전혀 알 수가 없다고 하는 인식론적 회의론을 말합니다. 이 방법을 철학적으로 체계화시켜 만든 것이 사탄주의 신학입니다.

　사탄주의자들은 자신들의 철학(애지)을 설명하기 위해 삼단논법을 사용합니다. 사람들에게 "사람은 사자이다"라고 말을 한다면 아무도 받아들이지 않을 것입니다. 그러나 철학을 설명하는 삼단논법을 사용하여 "사람은 동물이다. 사자도 동물이다. 그러므로 사람은 사자이다"라고 말은 한다면 혼란스럽지만 그 논리를 마냥 거부할 수 없을 것입니다. 그래서 진짜 사람이 사자인지에 대한 관심을 가지고 연구하다 보면 사람이 사자가 되는 것입니다. 이것이 그들이 사용하는 술수입니다.

　불가지론이란 인간의 인식의 한계를 이용하여 철학자들이 자신도 알지 못하는 명제를 설정하여 그들이 사용하는 삼단논법을 통해 본질적으로 존재한 진리를 부정하는데 사용한 철학의 원리입니다.

　그들이 살아계신 하나님을 부인하는데 사용하는 신학이 부정신학(否定神學)입니다. 부정신학이란 불가지론과 같은 이론으로 존재한 신을 존재하지 않는 신으로 만드는 신학이론입니다.

　창조주 하나님이 살아계시기 때문에 창조주 하나님을 믿으면 창조주 하나님을 만날 수 있습니다. 그러나 그들은 살아계신 창조주 하나님을 부인하기 위해 태초에 천지만물을 창조하신 하나님보다 먼저 계신 또 다른 하나님이 있다고 주장합니다. 그리고 그 하나님에 대하여 장황하게 설명을 한 후 결론은 먼저 계신 하나님과 창조주 하나님은 한 분이라고 말을 합니다.

　이렇게 되면 창조주 하나님을 믿으면서도 한 분이신 유일하신 참 하나님이 아닌 다른 신을 믿게 되는 것입니다. 이와 같이 진짜 살아계신 하나님을 부인하게 하려고 처음부터 없는 가공의 가짜 하나님을 만들어 설명하는 신학을 부정신학이라고 합니다.

　기독교 영지주의 철학자들은 하나님은 한 분이며, 모든 차이를 초월한 일자(theone), 단자, 모나드(Monad)로 설명을 합니다. 그리고 하나님은 영지인 이성의 환상인 관상을 통해서 알 수 있다고 합니다. 기독교 영지주의자들이 도입한 하나님의 개념인 일자, 단자, 모나드는 모두 살아계신 하나님을 부정하기 위해 도입된 플라톤이 만든 가공의 신들입니다. 이러한 부정신학을 통해 만들어진 신학이 바로 어거스틴의 중세 신학입니다. 그들은 일자, 단자, 모나드란 단어를 하나님이란 단어로 바꾸었습니다. 그리고 성경에 나온 원리들과 혼합하여 교리를 만들었습니다. 그들의 조상들이 알렉산드리아 오리겐 학파입니다.

칼 바르트, 존 스토트, C.S 루이스 등이 말하고 있는 하나님과 예수님은 모두 헬라 철학에서 말하고 있는 일자, 단자, 모나드입니다. 그들이 말하고 있는 로고스, 인카네이션 신학, 인간실존, 참인간, 구원과 교회는 인간과 우주가 신적인 개념에서 하나라고 주장한 범신론에서 나온 유기체 철학의 보편 구원론과 우주 교회론입니다.

에클레시아의 단어에 포함된 하나님의 나라 개념

에클레시아란 단어가 포함한 교회의 의미는 두가지 의미가 있습니다.

하나는 구약 이스라엘의 신정정치의 의미와 같습니다. 구약의 이스라엘이란 선민과 신약의 교회라는 선민을 하나로 보는 것입니다. 그래서 모델 교회로 탄생한 것이 바로 로마 카톨릭입니다. 로마 카톨릭은 국가와 교회를 하나로 봅니다. 그래서 로마 카톨릭은 구약 이스라엘의 신정정치 구조와 같습니다.

또 하나는 헬라 철학에서 나온 영지주의 일원론 우주관입니다. 헬라 영지주의자들은 온 우주가 돌고 돌면서 하나의 생명체로 영겁회귀한다고 합니다. 이것이 그들이 말한 구원입니다. 그들의 도시국가(polis)개념이 바로 헬라인들이 꿈꾸는 신국(神國)이었습니다. 에클레시아란 단어에 포함한 교회 개념은 헬라철학에서 말하고 있는 그들의 신국(神國)이었습니다.

이 두 가지 의미를 포함한 에클레시아를 어거스틴은 보편적교회라고 해석을 했습니다. 어거스틴이 말하고 있는 보편적인 교회는 구약 선민의 메시야 사상의 신국(神國)과 헬라 영지주의에서 말하고 있는 일원론 우주철학에서 말하고 있는 신국(神國)을 포함한 것입니다. 종교개혁자 루터나 칼빈이 보았던 교회도 역시 어거스틴과 같은 보편적인 교회였습니다.

어거스틴이 말하고 있는 보편적 교회인 로마 카톨릭은 기독교뿐 아니라 다른 종교도 포함했던 다원주의 기독교라는 사실을 반드시 직시해야 합니다. 그 이유는 콘스탄틴 대제가 유세비우스와 함께 다원화된 로마 종교를 에클레시아란 교회를 통해서 하나로 통합하여 지상의 메시야 신국을 세우려 했던 것입니다. 그래서 존 스토트가 보편적 교회를 통한 만인구원설을 주장했던 것입니다. 왜냐하면 보편적 교회론은 헬라의 일원론(onething)철학이기 때문입니다.

알렉산드리아 오리겐 학파는 교회라는 단어를 에클레시아로 번역을 하고 헬라문화권을 포함한 신약성경과 교회를 구약에서 예언한 이스라엘의 메시야 왕국으로 세우려 했던 것입니다.

유세비우스가 콘스탄틴에게 말한 대로 로마 카톨릭이 바로 메시야 천년왕국이었던 것입니다. 그래서 최초로 전천년 왕국을 부인한 사람들이 알렉산드리아 학파 오리겐입니다.

십자가 복음과 사회 참여 복음의 차이

존 스토트는 그리스도인의 책임으로 사회 참여를 주장했습니다. 그는 세상이 타락한 이유를 기독교인들의 내세주의적인 현실도피 신앙으로 결론지었습니다. 그리고 세상을 변화시키기 위해 적극적인 사회참여를 독려했습니다. 이것이 1974년 로잔선언입니다.

그렇다면 교회가 사회참여를 적극적으로 하면 세상을 변화 시킬 수 있습니까? 그렇지 않습니다. 만일 교회가 적극적으로 사회참여를 한다면 교회는 완전히 사탄의 교회가 될 것입니다. 그들이 말한 사회 참여 복음은 사탄의 복음입니다. 즉 교회를 사탄에게 통째로 헌납하라는 것입니다.

주후 313년 이전의 복음을 분리복음이라고 합니다. 교회는 세상의 국가와 정치와 경제와 완전히 분리되어 있었습니다. 오히려 심한 박해와 핍박을 받고 있었습니다. 그럼에도 불구하고 기독교의 복음은 그들을 핍박하고 박해한 로마를 점령했습니다.

그러나 주후 313년 이후의 복음은 혼합복음이라고 합니다. 왜냐하면 로마 카톨릭이란 국가교회를 통해서 세상의 국가와 정치와 경제가 하나 되는 교회가 되었기 때문입니다.

하나님의 교회는 그 때부터 힘과 본질을 잃어버리고 말았습니다.

복음(Gospelism)과 복음화(Evangelism)의 차이

복음은 본질을 말하고 복음화는 수단을 말합니다. 즉 복음은 사람의 영혼을 거듭나게 하여 변화시키는 십자가 복음을 말하고, 복음화는 정치나 경제나 문화와 같은 체제나 제도나 환경을 바꾸는 권력과 물질과 지식을 말합니다.

하나님의 나라의 본질은 사람의 마음속에 이루어지는 것이지 세상의 제도나 체계를 변화시키는 것이 아닙니다. 이것은 기독교의 본질을 어떻게 이해하는가에 있습니다. 기독교를 복음으로 이해하는 것과 복음화로 이해하는 것은 같은 것이 아니고 전혀 다른 기독교란 사실을 확실히 알아야 합니다.

사람이 변하지 않고는 절대로 세상이 변화될 수 없습니다. 이것이 기독교 십자가 복음입니다. 다시 말해서 인간의 어떤 수단과 방법도 인간을 살릴 수 없습니다. 그래서 예수님이 십자가에 돌아가신 것입니다. 인간속에 있는 그 무엇을 통해서 인간을 구원하실 수 있었다면 예수님은 십자가 고난을 당하시지 않으셨을 것입니다.

그러나 자유주의자들은 예수님의 십자가의 비밀을 알지 못합니다. 그들은 단지 눈앞에 펼쳐진 환경만 볼 뿐입니다. 그래서 접근하는 방법이 영적이지 못하고 인간의 지식의 한계에서 벗어나지 못한 것입니다.

물과 성령으로 거듭나지 못하면 소경입니다. 아무리 박사 할아버지라도 영적으로 보면 캄캄한 밤일 뿐입니다. 성경은 거듭난 성도는 지식까지 새롭게 된다고 했습니다. 그렇다면 2000년 교회 역사에서 주도적으로 일을 했던 수많은 신학자들은 어떻습니까?

그들은 끊임없이 이 땅의 유토피아를 추구했습니다. 이 땅의 번영과 영광을 꿈꾸며 사회참여에 앞장섰습니다. 그들의 소망이 이 땅에 있었기 때문입니다. 그들이 그렇게 할 수 밖에 없는 것은 십자가 복음을 알지 못했기 때문입니다.

만물교회인 보편적 구원의 우주적 교회의 정체

칼 바르트와 빌리그래함 등 수많은 신복음주의자들은 보편적 구원과 지상의 유토피아인 우주교회 도래를 주장하면서 전천년설을 부인하고 무천년설을 주장하고 있습니다. 그들이 주장하고 있는 우주교회는 만물교회입니다. 이것은 헬라철학에서 말한 우주론, 인간론, 신론입니다. 즉 우주삼라만상이 하나의 생명체란 이론입니다. 이것이 일자(theone)의 이론이고, 원띵(onething) 사상입니다. 범신론이고 바알숭배의 물질종교이론입니다. 눈에 보이는 세상을 태양신인 루시퍼를 중심으로 신의 개념으로 체계화시킨 사탄의 종교입니다.

불가지론과 부정신학을 통해 그들이 만든 기독교의 구원은 돌고 도는 윤회설의 구원입니다. 끊임없이 완전한 신인합일을 이루기 위해 윤회를 거듭하는 것입니다. 그래서 그들의 철학은 이해 할 수 없습니다. 그들이 만든 하나님은 이해 할 수 없습니다. 왜냐하면 그들이 말하고 있는 구원은 영원히 돌고 도는 윤회이기 때문입니다. 그래서 피다고라스는 원주 파이의 수를 절대자인 신의 수로 이해했습니다.

유기체 철학과 보편적인 구원

유기체 철학은 과학과 철학의 만남, 철학과 신학의 만남, 신학과 과학의 만남의 연결고리가 되는 철학입니다. 기본적으로 헬라의 일원론 철학 사상을 기반으로 아리스토텔레스의 형이상학 철학과 다윈의 진화론적인 철학입니다. 다시 말해서 우주의 원리는 한 생명으로 연결되어 있다는 기본적인 철학으로 사탄종교를 설명하고, 과학의 원리를 통해서 종교이론을 설정한 이론입니다. 유기체철학은 아브라함 카이퍼의 하나님의 절대주권의 신학과 함께 연결되어 사회복음, 우주교회론, 보편적 구원 등의 교리에 사용되었습니다. 특히 사회복음운동을 일으킨 신복음주의, 신정통주의, 신사도주의자들은 유기체 철학을 통해 인간이 살고 있는 자연, 해, 달, 별의 우주와 심지어 정치, 경제제도 속에도 생명이 있다고 설명합니다.

그래서 총체적인 구속의 원리를 적용합니다. 이것이 우주교회입니다. 유기체 철학에 의해서 예수님의 십자가 대속은 인간의 대속뿐 아니라 우주적인 대속이었다는 사실을 강조합니다. 사회구원의 교리입니다. 온 세상이 하나의 생명으로 예수님의 구속의 은총에 포함시키는 철학입니다. 예수님은 사람 뿐 아니라 나무와 풀과 짐승들을 위해서도 돌아가셨다고 하는 이론입니다. 아브라함 카이퍼가 영역주권운동과 일반은총에 사용하였습니다. 칼 바르트도 사용하였습니다. 지상의 사탄주의 유토피아를 건설하는 철학이론입니다.

성경 하나만으로 족합니다.

사탄주의자들이 사용한 철학과 헛된 속임수인 신학으로는 성경에서 말씀하신 하나님을 만날 수 없습니다. 어거스틴의 참회록, 어거스틴의 교회론인 하나님의 도성(신국론), 칼 바르트의 교회론 등을 통해서는 참다운 구원과 하나님과 교회를 이해 할 수 없습니다. 왜냐하면 그들은 모두 그들이 만난 신의 방법으로 설명을 했기 때문입니다. 칼 바르트의 교회론은 9000쪽이 넘는 엄청난 분량의 책속에 소개되어 있습니다. 아무리 천재라도 그 책속에서 말하고 있는 교회가 무엇인가를 이해하기는 곤란합니다. 왜냐하면 교회라는 단어는 있어도 교회라는 실체는 없기 때문입니다. 모든 내용이 철학적으로 변론을 했기 때문입니다.

우리가 구원을 받고 살아계신 하나님을 믿으며, 하나님과 함께 살아가는데 성경 한 권으로 족합니다. 그 이상도 필요 없고, 그 이하도 없습니다. 하나님께서는 성경을 주셔서 이 세상의 모든 것들을 통치하고 다스리십니다.

프롤로그

왜 목사와 평신도들이 철학과 신학과 교회 역사를 알아야 합니까?

사탄은 우리가 학교에서 배운 교과서대로 인류 6000년의 역사가 전부라는 사실을 믿게 했습니다. 그러나 수많은 역사들이 감춰졌고, 거짓으로 변경되었습니다. 기독교의 역사도 그들이 키운 신학자, 철학자, 사상가들을 통해서 수없이 변경되고 미화되었습니다. 이런 과정을 통해서 오늘 우리가 속한 시대에 교회가 탄생한 것입니다.

솔직히 지금도 수많은 신학자, 목회자, 평신도들은 성경에 나타나 있는 진리에 관심이 없습니다. 단지 오늘 내가 겪고 있는 가난, 고통, 질병에서 벗어나는 것이 최고의 복음입니다.

이러한 인간의 연약함을 사탄은 알고 마음대로 신학을 변개시키고, 복음을 왜곡시키고, 교회론을 바꿔 지상천국의 교리로 만들었습니다.

지금의 기독교는 모든 사상으로 오염되어 있습니다. 모든 철학, 고고학, 과학으로 무장되어 있습니다. 모든 신비주의 은사 체험신학으로 심겨졌습니다. 부자되는 바알의 번영신학의 기독교로 변질되었습니다. 오늘의 기독교는 세상의 모든 종교의 옷을 입고 있습니다. 우리시대 마지막 기독교는 마지막 우주적인 배도를 하기 위해 모든 것과 혼합되어 있습니다.

우리가 역사적으로 변경된 기독교 교리와 신학을 알지 못하면 오늘의 참 기독교를 분별할 수 없습니다. 성경만 알아도 안됩니다. 왜냐하면 한 권의 성경을 가지고 수십가지 다른 해석을 하기 때문입니다. 예수만 잘 믿어도 안됩니다. 왜냐하면 예수라는 의미가 모두 다르기 때문입니다. 가현설 예수, 양자론 예수, 인간 예수, 실존 예수, 역사적 예수, 에너지 예수, 아트만 예수, 브라만 예수, 로고스 예수, 심지어 우주인 예수, 심지어 사탄 예수까지 있습니다.

기독교 문명이 발전했던 지역의 공통점

기독교 문명이 발전했던 지난 2000년의 신약 교회의 역사는 피나는 영적인 전쟁터였습니다. 수많은 사탄주의 사상가들과 참 신앙인들의 충돌의 현장이었습니다. 이런 가운데 하나님께서는 오늘에 이르기까지 참 십자가 대속의 복음과 영광스런 교회를 지켜 주셨습니다.

치열한 영적인 전쟁터에서 나타난 사탄주의자들의 공통적인 문화는 피라미드 문화, 동성애 문화, 공산주의 문화, 전쟁 문화, 자본주의 문화, 독재정치, 과두정치, 인신제사, 국가교회, 군주제, 통제사회로 이어지고 있습니다.

바리새파 유대인들의 신세계질서인 세계 정복 시나리오

바리새파 유대인들은 바벨론 포로로 끌려간 다음 바벨론에서 담무스 태양신 종교로 개종한 후 부와 명예를 얻고 고레스왕이 예루살렘 귀환을 명할 때 페르시아에 눌러 앉아 있다가 그리스 알렉산더 대왕에 의해 페르시아가 멸망하자 알렉산드리아와 카르타고 등으로 이주하여 지중해 문명의 주인들이 되었던 사람들입니다.

바리새파라는 이름은 바사인이란 뜻과 분리주의란 뜻으로 페르시아의 고레스왕이 신으로 섬겼던 조로아스터교(미트라교, 마니교)를 따르는 무리들입니다.

조로아스터교는 태양신을 섬기던 아리안족의 신앙으로 전해 내려오다가 바벨론 포로와 페르시아 제국시대에 활동했던 다니엘, 사드락, 메삭, 아벳느고, 에스더, 모르드개, 스룹바벨, 느헤미야 등의 활약으로 유대교 유일신 종교로 변혁이 되었습니다. 이것이 바로 바리새파 유대인들의 바벨론 탈무드입니다. 바리새파 카발라 종교입니다.

바리새파는 페르시아 고레스왕의 세계평화 제국주의 건설과 태양신의 자손들로서 엘리트 인간임을 내세워 철저하게 가축인간과 분리를 추구하고 있습니다.

바리새파 유대인들은 페르시아 멸망 후 알렉산드리아와 카르타고, 시칠리아, 아테네에서 페니키아 문명을 주름잡고 있었던 가나안 7족속들과 합류를 한 후 그리스와 로마 문명권으로 들어가 로마 황제를 섬기다가 태양신 미트라교를 섬기고 있었던 콘스탄틴 대제를 통해 기독교를 공인하고 구약의 이스라엘의 신정정치를 모방하여 로마 카톨릭을 세우게 됩니다.

사탄의 교리인 어거스틴의 무천년주의 종말론 탄생

주후 313년까지 초대교회 교부들의 천년왕국은 모두 전천년주의 왕국이었습니다. 파피아스, 저스틴, 이레니우스, 터툴리안, 락탄티우스, 메토디우스, 코모디아누스, 디오니시우스, 갑바도기아 교부 등이 모두 다 세계적인 배도가 일어난 후 예수님이 재림하셔서 지상의 천년왕국을 세우실 것을 기록하고 있습니다.

그러나 알렉산드리아 오리겐과 로마 카톨릭의 교부인 어거스틴에 의해서 무천년이 도입이 되었습니다. 그렇다면 왜 이들은 무천년기 종말론을 도입했습니까? 바로 로마 카톨릭을 지상의 유토피아로 이해했기 때문입니다. 어거스틴은 오직 하나의 교회를 주장하여 로마 카톨릭 밖에는 구원이 없다고 선언하고 수많은 교회를 국가의 권력을 통해 유린했습니다. 그리고 전천년왕국을 주장했던 교회들도 역시 박해했습니다.

무천년 종말론은 바리새파 유대인들의 세계제국주의 지상 유토피아의 음모입니다. 그들은 십자가 대속의 복음을 제외시키고 유엔과 국가와 경제와 과학을 하나님의 일반은총으로 포장하여 지상에 바알 기독교 종교를 통한 유토피아를 세워나가고 있는 것입니다.

영지주의 기독교와 유대 카발라 종교의 비밀

교회역사를 보면 동서교회로 분열이 되었습니다. 서방교회는 로마를 중심으로 라틴문화를, 동방교회는 콘스탄틴노플을 중심으로 그리스문화를 추구하고 있습니다. 서방기독교는 라틴어를 동방기독교는 오직 그리스어만 사용하고 있습니다. 왜 이렇게 동서 문화가 갈라지게 되었습니까?

창10:13-14절에서 이집트를 세웠던 미스라임의 후손 가슬루힘에게서 블레셋이 나왔다고 했습니다. 블레셋은 그리스 사람들로서 가나안에 역으로 다시 이주해온 사람들입니다. 미스라임이 가나안에서 이집트로 갔다가 이집트 사람들이 그리스로 들어가서 나라를 세우고 다시 가나

안에 역으로 이주해온 것입니다.

  그리스문명과 로마문명은 엄청난 차이가 있습니다. 그리스문화는 종교적이며 정신적인 문화입니다. 그러나 로마인 라틴문화는 정치적이며 경제적이며 군사적이고 제도적인 군주문화입니다. 왜냐하면 로마를 세웠던 자들이 가나안 7족속으로 바벨탑을 쌓았던 니므롯, 담무스, 세미라미스의 자손들이기 때문입니다. 이들은 전쟁과 무역과 장사를 통해 세상의 부와 명예와 권력을 쟁취했습니다. 그러나 이집트 문화를 이룬 후 그리스로 들어간 이들은 이집트 여신인 이시스와 오시리스, 호루스 신을 통해 여신의 문화를 꽃피웠습니다. 그래서 그리스에서는 철학과 종교와 영지주의 사상들이 발전했습니다. 그리스 신화 역시 사람들이 신이 되어 서로 죽이고 빼앗고 질투하는 신화가 탄생했습니다. 그리스 문명은 사탄의 여신숭배인 신인문화종교가 대세를 이룬 것입니다. 그리스의 신의 왕인 제우스신은 여신을 쫓아다니는 바람둥이로, 로마의 신의 왕인 아폴로는 강력한 군대로 부와 명예와 제국을 건설하는 세상 임금으로 계시록 9:11절에 기록되어 있습니다.

영지주의 관상기도의 비밀

  영지주의는 그리스 플라톤 철학을 기준으로 우리 인간속에 신의 형상을 회복할 수 있는 신의 존재가 남아 있어서 신인합일을 이룰 수 있다고 하는 사탄의 철학입니다. 이것을 신지식 즉 영지라고 합니다. 관상이라는 신을 찾아 만날 수 있는 통로를 통해 영혼이 상승하게 되면 신인간이 될 수 있다고 하는 것이 영지주의 철학입니다. 이런 플라톤의 그리스 영지주의 철학이 뉴 플라톤 철학의 대부인 플로티누스를 통해 기독교에 유입이 되고 어거스틴을 통해 체계화 되었으며, 토마스 아퀴나스가 아리스토 텔레스의 유물론 철학까지 합쳐서 오늘날 신학의 이론인 스콜라 철학이 되었습니다. 이와 같은 영지주의 관상기도는 신사도 운동의 신비주의 운동의 이론이 되었습니다.

  그리스 영지주의에서 말한 신지식은 뱀이 공급하고 있는 소피아(지혜)입니다. 그리고 정화와 조명을 통해 신인합일을 이루는 과정에 타고

올라가는 관상의 줄거리는 루시퍼가 내려주는 스피로트입니다. 그리스 영지주의 종교는 이집트 여신 이시스 태양신의 환생 교리입니다.

영지주의자들은 물질세계를 신의 유출로 봅니다. 이것은 태양폭발로 우주기원론을 설명한 것과 같습니다. 신으로부터 유출되어 나온 것이 물질 세계로 신으로부터 멀어질수록 악하다고 정의를 합니다. 그래서 물질 세계를 지은 창세기 엘로힘 하나님을 악한 신으로 정의를 하고 있습니다. 반면에 아담과 하와에게 선악과를 따먹게 하여 사람이 신이 될 수 있게한 뱀을 선한 신으로 섬기는 것입니다. 그래서 뱀을 빛을 나르는 루시퍼로 숭배합니다.

영지주의자들은 신으로 가까이 갈수록 선하고 신과 멀어질수록 악하다고 정의합니다.

신으로 가까이 갈 수 있는 방법을 관상이라고 합니다. 절대자에게로 귀의하는 것을 플라톤은 테오리아(theoria)라고 했습니다. 테오리아란 내 안에 이미 내재한 신을 찾아가는 뜻입니다. 관상이란 단지 묵상하는 것이 아닙니다. 내안에 이미 내재된 신을 찾아가는 것입니다.

영지주의 철학은 영혼 내재설과 신인혼재설을 주장합니다. 단지 신으로부터 멀어졌기 때문에 세상과 사람이 악하게 된 것이라고 하면서 신으로 가까이 가는 것을 구원의 길로 설명을 합니다.

십자가 복음과 영광스런 하나님의 교회

빌리 그래함과 같은 신복음주의 사탄의 세력들은 앞으로 나타날 이머전 교회들을 통해 지상의 유토피아인 우주적인 만물교회가 완성이 될 것을 선언하고 있습니다. 그러나 성경은 마지막에 세워질 지상의 유토피아인 우주교회를 배도한 바알 종교라고 지적합니다.

살후2:3-4 "누가 아무렇게 하여도 너희가 미혹하지 말라 먼저 배도하는 일이 있고 저 불법의 사람 곧 멸망의 아들이 나타나기 전에는 이르지 아니하리니 저는 대적하는 자라 범사에 일컫는 하나님이나 숭배함을 받는 자 위에 뛰어나 자존하여 하나님 성전에 앉아 자기를 보여 하나님이라 하느니라 그 때에 불법한 자가 나타나리니 주 예수께서 그 입의 기

운으로 저를 죽이시고 강림하여 나타나심으로 폐하시리라"
　참 하나님의 교회는 창세전부터 성삼위 하나님의 능력으로 완전하게 예정되어 지금 역사속에서 완성이 되어 가고 있습니다. 지금은 지상에 나타난 사탄의 교회들이 주인공인 것처럼 세력들을 자랑하고 있지만 하나님의 비밀스런 섭리속에서 거룩하고 아름다운 예수님의 신부인 교회가 진짜 교회로 온전케 되고 있습니다.

타작기는 어려운 책이 아닙니다.

　많은 사람들이 타작기 책이 어렵다고 합니다. 그러나 어려운 책이 결코 아닙니다. 타작기를 쓴 저자는 유명한 학자도 아니고 그냥 평범한 목사일 뿐입니다. 평범한 언어로 쓰고 있습니다. 우리가 알고 있는 역사를 쓰고 있습니다. 단지 어려운 것은 관심이 없어서 바로 피곤해 버린 결과의 변명입니다. 관심 있는 부분만 읽지 마십시오, 천천히 인내를 가지고 읽으시면 점점 눈이 밝아질 것입니다.
　성령의 기름부음이 우리에게 있습니다. 그러므로 분별할 수 있습니다. 이해 할 수 있습니다. 비록 학문이 짧더라도 거듭난 그리스도인에게 새생명이 있습니다. 만물을 지으신 하나님의 아들입니다. 그래서 아무도 모르는 비밀을 알 수 있습니다. 읽으십시오. 나와 함께 살고 있는 천하보다 더 귀한 영혼들을 사탄으로부터 구할 수 있는 능력과 지혜와 열정과 용기가 불화산처럼 터져 나올 것입니다.
　만일 진정 당신이 거듭난 그리스도인이라면 이 책을 통해 저자가 증거하고 있는 십자가 우리 주님을 함께 만날 수 있을 것입니다. 당신의 병든 신앙이 치료받을 수 있을 것입니다. 당신의 죽은 영혼이 다시 살아나는 역사가 있을 것입니다. 당신의 삶의 목적이 다시금 새롭게 일어날 것입니다.

타작기3가 각주를 쓰지 않는 이유

　타작기3는 각주를 쓰지 않습니다. 왜냐하면 타작기3에 기록된 내용은 이미 공통적으로 알려진 내용이고, 인터넷과 뒤에 있는 참고서적에 기록된 내용들이기 때문입니다. 뿐만 아니라 타작기3에 기록된 사탄의 세력들의 내용은 빙산의 일각처럼 너무나 많은 자료들이 시중에 이미 나와 있기 때문에 타작기3를 읽고 하나님께서 소명을 주신 분들이 자신들의 전공을 살려서 신학, 선교학, 역사학, 교육학, 음악학, 미술학, 과학, 고고학, 천문학, 정치학, 경제학, 군사학 등을 통해 좀 더 구체적인 사탄의 세력들의 신세계질서 운동을 파헤쳐 주시기를 바라는 바입니다.

그리고 그런 분들이 하나가 되어 바른 신학, 선교학, 전도학, 음악학, 교육학, 미술학 등을 정립해서 마지막 하나님의 교회를 바로 세워야 합니다. 이런 일에 헌신하시는 분들이 많이 나타나기를 기도드립니다.

목 차

꼭 지켜야 할 선물 • 3

프롤로그 • 4

제1장. 말세지말에 필요한 요한의 복음

1. 요한복음 • 35
2. 요한1, 2, 3 • 41
3. 요한 계시록 • 45

제2장. 사탄 기독교의 진앙지 알렉산드리아 학파

1. 로마 카톨릭의 산실 알렉산드리아 학파 교리학교 • 51
2. 클레멘트 • 62
3. 사탄교회 설계자 오리겐 • 67
4. 최초의 라틴 성경번역자 제롬 • 78

제3장. 바리새파 유대인의 정체와 로마 카톨릭

1. 기름부음을 받은 고레스왕 • 83
2. 콘스탄틴 대제와 고레스왕 • 87
3. 종합평가 로마 카톨릭의 진짜 정체는 무엇입니까? • 108

제4장. 기독교 사상가들의 허와 실

1. 터툴리안 • 113
2. 어거스틴 • 122

제5장. 종교개혁과 장미십자단

1. 마틴 루터 • 147
2. 장미십자회 • 154
3. 존 칼빈 • 172

제6장. 기독교 이단

1. 이단이란 무엇입니까? • 197
2. 기독교 이단을 판별하는 성경적인 기준은 무엇입니까? • 203
3. 초기 기독교 이단의 역사 • 210
   1) 에비온주의 • 210
   2) 영지주의 • 213
   3) 플라톤주의 • 218
   4) 플로티누스의 신플라톤주의 • 228
   5) 뉴 플라톤주의 관상기도 • 231

제7장. 기독교 이단 신학, 교리와 사상가들

1. 무천년주의 신학의 비밀 • 243
   1) 종말론 신학의 중요성 • 243
   2) 무천년주의가 탄생하게 된 배경 • 244
   3) 무천년주의 사상 • 244
   4) 무천년주의 교회관 • 246
   5) 무천년주의 복음 • 247
   6) 무천년주의 세계관 • 248
   7) 무천년주의 종말관 • 249
   8) 무천년주의와 신세계질서 • 249
2. 자유주의 신학 • 251
   1) 자유주의 신학의 원리 • 251
   2) 자유주의 신학의 특징 • 253
   3) 자유주의 신학의 사상적 배경 • 254
   4) 자유주의 신학의 태동 • 256
   5) 자유주의 신학의 비판 • 257
   6) 자유주의 신학의 정체 그노시스 영지주의 • 258
3. 신칼빈주의 신학 • 259
   1) 아브라함 카이퍼의 생애 • 259
   2) 아브라함 카이퍼의 사회개혁 활동 • 260
   3) 아브라함 카이퍼의 화란의 자유대학 설립 • 260
   4) 아브라함 카이퍼가 자유대학을 설립한 목적 • 260
   5) 칼빈주의와 신칼빈주의 차이 • 262
   6) 아브라함 카이퍼의 절대 주권 영역과 다원주의 • 262
   7) 신복음주의 신학의 뿌리가 된 신칼빈주의 • 263

    8) 아브라함 카이퍼의 반정립 사상과 일반 은총론 • 264
    9) 아브라함 카이퍼의 고민 • 265
    10) 아브라함 카이퍼 사상의 문제점 • 268
       (1) 문화 대사명에 대한 오해 • 268
       (2) 일반은총의 문제점 • 270
       (3) 유기체 교회를 통한 문화 대명령 완성 • 272
       (4) 언약에 대한 유기체 철학적 개념화 • 274
       (5) 잘못된 중생 개념과 유아 세례관 • 274
       (6) 잘못된 회심관 • 276
       (7) 자연과 은혜를 하나로 보는 도여베르트의 우주법 철학 • 277
    11) 아브라함 카이퍼의 신칼빈주의에 대한 평가 • 278
    12) 네델란드 바로 알기 • 280
       (1) 네델란드를 바로 알아야 적그리스도의 세력들을 알 수 있다. • 280
       (2) 세계 최초의 상장 증권시장의 효시 • 281
4. 칼 바르트의 신정통주의 신학 • 282
5. 신복음주의 신학 • 298
  1) 전체개요 • 298
  2) 박형룡 박사의 신복음주의 비판 • 304
  3) 빌리 그래함의 종교 통합 운동 • 315
  4) 신복음주의 이머징 쳐취 운동 • 316
  5) 빌 브라이트와 C.C.C • 329
  6) 존 스토트 • 331
  7) C.S 루이스 • 340
  8) W.E.A (세계 복음주의 협의회) • 350
6. 신사도 운동 • 354
  1) 신사도 운동의 기원 • 354

  2) 신사도 운동의 목적 • 356
  3) 신사도 운동의 발전 과정 • 356
  4) 신사도 운동의 특징 • 359
  5) 신사도 운동의 단체 • 364
  6) C.C.C 대학생 선교회와 예수 전도단의 신사도 운동 • 365
  7) 메시아닉 쥬 그리스도 • 365

제8장. 성경 번역의 역사

  1. 성경 보존의 도시, 시리아 안디옥 • 375
  2. 신약 성경의 보존 • 376
  3. 구 라틴 번역 성경 • 376
  4. 성경이 번역된 과정 • 377
  5. 성경이 한글로 번역된 과정 • 380
  6. 하나님의 전통원문 • 380
  7. 하나님의 섭리에 의해 잘 보존되어 온 성경 사본들 • 382
  8. 오리겐의 성경 부패와 기독교 역사 왜곡 • 383
  9. 다시 부활한 사탄의 성경신학 • 385
  10. 유진 피터슨 신약성경의 변개 내용 • 386

제9장. 순교 역사로 기록된 2000년 기독교회사

  1. 후기 몬타니스트(터툴리안파) • 393
  2. 유카이트 • 395
  3. 노바티안스 • 396

4. 도나티스트 • 399
5. 고대 왈덴스인 • 404
6. 폴리시안 • 406
7. 왈도파 • 409
8. 알비겐스 • 411
9. 로라즈 • 412
10. 후스파 • 413
11. 재세례파 • 414
12. 순교 역사로 기록된 2000년 기독교회사 종합 평가 • 434

제10장. 그림으로 본 사탄종교의 역사와 정체성

1. 로마 카톨릭 • 441
2. 장미 십자단 • 448
3. 신사도 운동 • 451

에필로그 • 455

참고서적 • 459
세계제자훈련원 출판사 책 소개 • 462
1. 타작기 • 462
2. 타작기2 • 462
3. 세계제자훈련원10단계 교재 • 462
4. 세계제자훈련원10단계 교재 지도자 지침서 • 463
5. 직분별 제자훈련 교재 • 463

제1장
말세에 필요한 요한의 복음

1. 요한복음

2. 요한 1, 2, 3서

3. 요한 계시록

제1장 말세지말에 필요한 요한의 복음

1. 요한복음

1) 요한의 성경관

요한복음을 기록한 목적은 예수님이 하나님의 아들이심을 믿어 구원을 받을 수 있게 하려고 기록했습니다.

요20:30-31 "예수께서 제자들 앞에서 이책에 기록되지 아니한 다른 표적도 많이 행하셨으나 오직 이것을 기록함은 너희로 예수께서 하나님의 아들 그리스도이심을 믿게 하려 함이요 또 너희로 믿고 그 이름을 힘입어 생명을 얻게 하려 함이니라"

요21:25 "예수의 행하신 일이 이 외에도 많으니 만일 낱낱이 기록된다면 이 세상이라도 이 기록된 책을 두기에 부족할줄 아노라"

2) 요한의 믿음의 체계

요한의 믿음의 체계는 첫째는 믿음이요 다음은 아는 것입니다. 요한복음의 주제는 믿음입니다. 그리고 요한1,2,3서의 주제는 아는 것입니다. 예수님을 하나님의 아들인 구주로 믿는 사람은 반드시 거듭나며 자신이 하나님의 아들이 된 사실을 경험하여 알 수 있습니다.

요6:68-69 "시몬 베드로가 대답하되 주여 영생의 말씀이 계시매 우리가 뉘게로 가오리이까 우리가 주는 하나님의 거룩하신 자신줄 믿고 알았삽나이다"

3) 요한이 본 영생의 의미

요17:3 "영생은 곧 유일하신 참 하나님과 그의 보내신 자 예수 그리스도를 아는 것이니이다" 요한이 알고 있는 영생은 아는 것입니다. 이는 단지 지식적으로 아는 것이 아니라 전인격적인 만남을 통해 체험적으로 아는 것입니다. 사탄주의자들은 오프라 윈프리와 같은 사람들을 통해서 구원은 내안에 있는 능력을 체험하는 것이라고 선전을 합니다. 그래서 최면이나 환생과 같은 은사를 체험시켜 구원이라고 속이고 있습니다. 그들은 그리스도가 십자가에 죄를 용서해 주시기 위해 오시지 않고 자신들이 곧 그리스도인 것을 깨닫게 해주시기 위해 오셨다고 합니다. 그리고 내가 곧 그리스도인 것을 아는 방법은 내 안에 있는 능력을 체험하는 것이라고 주장합니다.

이것은 은사주의입니다. 은사를 체험하는 것은 구원이 아닙니다. 이것은 사탄의 거짓말입니다. 죽은 자가 살아나는 기적이 일어날지라도 그것은 구원이 아닙니다. 기독교의 참 구원은 하나님의 거룩하심과 사랑하심을 체험하는 것입니다. 그 생명에 참여하는 것입니다. 왜냐하면 하나님의 속성이기 때문입니다. 영생은 하나님의 거룩하심과 아가페 사랑의 인격에 참여하는 것입니다.

요한복음에서는 기사와 표적을 좇는 신앙을 아무것도 아닌 것으로 무시합니다. 왜냐하면 예수님의 능력에 대한 체험이기 때문입니다. 요한은 예수님 자신을 믿는 믿음을 소중하게 생각합니다. 왜냐하면 예수님 자신의 생명을 경험하는 것이기 때문입니다. 많은 사람들이 예수님을 사랑하고 믿지 않으면서도 예수님이 가지신 능력이나 권능만을 좋아합니다. 그러나 이것은 전혀 다른 것입니다. 아버지가 부자이기 때문에 사랑하는 것과 아버지를 사랑하는 것은 다른 것입니다. 부자인 아버지를 사랑하는 자는 돈이란 우상을 사랑하는 것입니다. 이런 사람은 아버지에게서 돈이 없어질 때 아버지를 버릴 수 있습니다. 그러나 진정 아버지만을 사랑하는 자식은 절대로 아버지를 버리지 않습니다.

요2:23-25 "유월절에 예수께서 예루살렘에 계시니 많은 사람이 그 행하시는 표적을 보고 그 이름을 믿었으나 예수는 그 몸을 저희에게 의탁지 아니하셨으니 이는 친히 모든 사람을 아심이요 또 친히 사람의 속에 있는 것을 아시므로 사람에 대하여 아무의 증거도 받으실 필요가 없음이니라"

　예수님은 기사와 표적을 보고 따르는 사람들에 대하여 냉정하게 거부합니다. 왜냐하면 그들의 신앙은 거짓이기 때문입니다. 그중의 대표적인 사람이 니고데모입니다. 니고데모 역시 기사와 표적을 보고 예수님을 찾아 왔습니다. 그리고 그는 예수님을 안다고 했습니다. 그러나 예수님은 니고데모가 자신을 알지 못하고 있음을 지적하고 거듭나는 교리를 가르치신 것입니다.

　기사와 표적을 통해 먹고 배부른 군중들은 예수님께서 그들이 원하는 메시야가 되지 않자 오히려 예수님을 배반하고 십자가에 못박았습니다. 만일 당신도 예수님 자신을 믿지 않고 예수님에 대해서만 믿는다면 기사와 표적을 믿고 예수님을 따르다가 예수님을 십자가에 못박고 떠난 어리석은 군중들과 같이 될 것입니다.

　예수님은 기사와 표적을 믿고 따르는 사람들 중 한 사람에게도 마음을 주시지 않으셨습니다. 왜냐하면 그것은 예수님 자신을 믿고 따른 신앙이 아님을 아셨기 때문입니다. 오늘날 교회의 부흥이라는 미끼로 사탄이 사용하는 방법이 은사주의입니다. 즉 번영신앙입니다. 반드시 버려야 합니다. 그리고 말씀을 가르쳐 지키도록 해서 제자를 삼아야 합니다.

　마지막 때 하나님은 거짓된 믿음을 가진 사람들을 심판하시기 위해 유혹의 욕심을 이루도록 기사와 표적과 같은 것들을 허락하십니다. 살후 2:9-12 "악한 자의 임함은 사단의 역사를 따라 모든 능력과 표적과 거짓 기적과 불의의 모든 속임으로 멸망하는 자들에게 임하리니 이는 저희가 진리의 사랑을 받지 아니하여 구원함을 얻지 못함이니라 이러므로 하나님이 유혹을 저의 가운데 역사하게 하사 거짓 것을 믿게 하심은 진리를 믿지 않고 불의를 좋아하는 모든 자로 심판을 받게 하려 하심이니라"

4) 요한의 구원관

　요3:5-8 "예수께서 대답하시되 진실로 진실로 네게 이르노니 사람이

물과 성령으로 나지 아니하면 하나님 나라에 들어갈 수 없느니라 육으로 난 것은 육이요 성령으로 난 것은 영이니 내가 네게 거듭나야 하겠다 하는 말을 기이히 여기지 말라 바람이 임의로 불매 네가 그 소리를 들어도 어디서 오며 어디로 가는지 알지 못하나니 성령으로 난 사람은 다 이러하니라"

예수님은 비록 바리새인이라도, 랍비라도, 산헤드린 공회원이라도 거듭나지 않으면 구원을 받을 수 없다고 했습니다. 육으로 난것은 육이고 영으로 난것은 영이라 했습니다. 분명히 바람이 부는 것처럼 거듭난 사람도 변화가 있을 것을 강조하고 있습니다. 요3;16 "하나님이 세상을 이처럼 사랑하사 독생자를 주셨으니 이는 저를 믿는 자마다 멸망치 않고 영생을 얻게 하려 하심이니라" 이 말씀이 거듭나는 비결임을 강조하고 있습니다.

5) 요한의 삼위일체 신관

요17:21 "내가 아버지 안에 있는것 같이 저희도 다 하나가 되어 우리 안에 있게 하사 세상으로 아버지께서 나를 보내신 것을 믿게 하옵소서"

요14:25-26 "내가 아직 너희와 함께 있어서 이 말을 너희에게 하였거니와 보혜사 곧 아버지께서 내 이름으로 보내실 성령 그가 너희에게 모든 것을 가르치시고 내가 너희에게 말한 모든 것을 생각나게 하시리라"

6) 요한의 그리스도관

요1:1-4 "태초에 말씀이 계시니라 이 말씀이 하나님과 함께 계셨으니 이 말씀은 곧 하나님이시니라 그가 태초에 하나님과 함께 계셨고 만물이 그로 말미암아 지은바 되었으니 지은 것이 하나도 그가 없이는 된 것이 없느니라 그 안에 생명이 있었으니 이 생명은 사람들의 빛이라"

요1:14, 18 "말씀이 육신이 되어 우리 가운데 거하시매 우리가 그 영광을 보니 아버지의 독생자의 영광이요 은혜와 진리가 충만하더라 본래 하나님을 본 사람이 없으되 아버지 품속에 있는 독생하신 하나님이 나타내셨느니라"

요한은 말씀되신 예수님, 창조주 되신 예수님을 소개합니다. 말씀이 육신이 되어 오신 예수님을 소개하고 있습니다. 예수님의 뿌리를 하나님과 함께 하고 있습니다.

7) 요한의 교회관

요17:20, 24 "내가 비옵는 것은 이 사람들만 위함이 아니요 또 저희 말을 인하여 나를 믿는 사람들도 위함이니 아버지께서 내 안에, 내가 아버지 안에 있는것 같이 저희도 다 하나가 되어 우리 안에 있게 하사 세상으로 아버지께서 나를 보내신 것을 믿게 하옵소서 아버지여 내게 주신 자도 나 있는 곳에 나와 함께 있어 아버지께서 창세 전부터 나를 사랑하시므로 내게 주신 나의 영광을 저희로 보게 하시기를 원하옵나이다"

사도요한은 교회가 창세전부터 하나님안에서 시작되었음을 증거하고 있습니다. 예수님 시대로부터 마지막 구원을 받은 한 사람까지 예수님이 아버지와 하나된 것 같이 하나되어 하나님의 영광을 볼 수 있기를 기도하고 있습니다. 이것이 예수님의 교회입니다. 그래서 교회의 역사는 창세전부터 시작되었습니다. 예수님으로부터 12사도 그리고 오늘에 이르기까지 교회는 완성되어 가고 있습니다.

8) 요한의 믿음관

요1:12-13 "영접하는 자 곧 그 이름을 믿는 자들에게는 하나님의 자녀가 되는 권세를 주셨으니 이는 혈통으로나 육정으로나 사람의 뜻으로 나지 아니하고 오직 하나님께로서 난 자들이니라" 요한은 믿음을 아들을 영접하는 것으로 표현하고 있습니다. 이것은 단지 지식적인 믿음이 아니라 우리의 삶속에 예수님을 초대해서 함께 살아가는 것을 믿음이라고 정의한 것입니다.

계3:20 "내가 문밖에 서서 두드리노니 누구든지 내 음성을 듣고 문을 열면 내가 그에게로 들어가 그로 더불어 먹고 그는 나로 더불어 먹으리라"

요한은 믿음을 단지 지식적인 접근이 아닌 인격적인 삶을 나누는 영접하는 것으로 정의를 했습니다. 계시록에서도 함께 먹고 사는 일상의 생활을 믿음으로 이해했습니다. 신앙은 지식이 아닙니다. 신앙은 삶 자체입니다.

9) 요한의 제자관

요한은 제자의 자격을 하나님 말씀으로 살아가는 사람임을 강조합니다. 제자는 순종의 삶을 통해 진리를 아는 자입니다. 제자는 순종을 통해 아는 진리로 자신의 삶속에서 자유케된 사람입니다.

요8:31-32 "그러므로 예수께서 자기를 믿은 유대인들에게 이르시되 너희가 내 말에 거하면 참 내 제자가 되고 진리를 알찌니 진리가 너희를 자유케 하리라"

10) 요한의 심판관

요5:26-29 "아버지께서 자기 속에 생명이 있음 같이 아들에게도 생명을 주어 그 속에 있게 하셨고 또 인자됨을 인하여 심판하는 권세를 주셨느니라 이를 기이히 여기지 말라 무덤 속에 있는 자가 다 그의 음성을 들을 때가 오나니 선한 일을 행한 자는 생명의 부활로, 악한 일을 행한 자는 심판의 부활로 나오리라"

11) 요한의 세계관 (세상관)

요17:15-16 "내가 비옵는 것은 저희를 세상에서 데려가시기를 위함이 아니요 오직 악에 빠지지 않게 보전하시기를 위함이니이다 내가 세상에 속하지 아니함 같이 저희도 세상에 속하지 아니하였삽나이다"

요12:31 "이제 이 세상의 심판이 이르렀으니 이 세상 임금이 쫓겨나리라"

요한은 세상을 마귀에게 속한 것으로 이해를 했습니다. 그래서 예수님께서 말씀하신 것을 증거하고 있는 것입니다. 세상과 예수님은 구별되어 있습니다. 교회와 세상도 역시 구별되어 있습니다. 예수님은 세상을 정죄하셨습니다. 심판의 대상으로 선포하신 것입니다. 단지 제자들이 세상에 사는 것은 영혼을 구하기 위함임을 강조하셨습니다.

12) 요한이 본 바리새인들

요8:44 "너희는 너희 아비 마귀에게서 났으니 너희 아비의 욕심을 너희도 행하고자 하느니라 저는 처음부터 살인한 자요 진리가 그 속에 없으므로 진리에 서지 못하고 거짓을 말할 때마다 제 것으로 말하나니 이는 저가 거짓말장이요 거짓의 아비가 되었음이니라"

예수님은 바리새인들을 사탄의 자식, 즉 뱀의 자식들이라고 했습니다. 바리새인들은 거짓의 아비요, 악의 근원이라고 하셨습니다. 2000년 기독교회 역사에서 바리새파 유대인들이 행하고 있는 사탄적인 일들은 지금도 계속되고 있습니다, 예수님을 십자가에 못박아 죽인 사람들이 바리새인들이었습니다.

로마 카톨릭을 만들었던 알렉산드리아 학파도 바리새인들이었습니다. 메로빙거, 시온수도회, 템플기사단, 예수회, 장미십자단, 일루미나티, 프리메이슨들은 모두 바리새파 유대인들입니다. 그들은 UN을 세우고 신세계질서를 통해 그들의 메시야 신국(神國)을 세워가고 있는 것입니다.

2. 요한 1, 2, 3서

1) 주제는 믿음의 열매

요한1, 2, 3서의 주제는 믿음의 열매입니다. 요한은 믿음의 열매를 말씀의 열매로 두 가지를 강조합니다. 하나는 거룩하신 하나님이고 또 하나는 사랑의 하나님이십니다. 즉 "거룩" 과 "사랑" 의 열매입니다.

요한1, 2, 3서에서 가장 많이 나타나는 단어는 "아는 것" 입니다. 안다, 아는 것은, 알지 못하느냐, 알게 함이라 등입니다. 그러나 요한복음에서는 안다는 단어보다 믿음이란 단어가 주요 단어입니다. 즉 요한복음은 믿음의 기초로 믿음이고, 요한1, 2, 3서는 믿음의 열매로 아는 것 즉 경험하는 것을 의미합니다.

2) 요한의 말씀 신학

요일1:1-2 "태초부터 있는 생명의 말씀에 관하여는 우리가 들은 바요 눈으로 본 바요 주목하고 우리 손으로 만진 바라 이 생명이 나타내신바 된지라 이 영원한 생명을 우리가 보았고 증거하여 너희에게 전하노니 이는 아버지와 함께 계시다가 우리에게 나타내신바 된 자니라"

사도 요한은 요한복음에서도 태초에 계신 말씀으로 시작합니다. 요한1,2,3서도 태초부터 계신 말씀으로 시작합니다. 즉 말씀을 입고 오신 예수 그리스도를 통해서 요한 자신이 경험한 말씀의 열매를 증거하고 있는 것입니다. 그래서 요한1,2,3서에서 언급하고 있는 안다고 하는 단어는 이미 체험된 예수님의 생명을 말하고 있는 것입니다. 오늘날에도 참 기독교는 말씀을 통해서 전인격적인 예수님을 만나 함께 살아가는 신앙을 말합니다.

3) 거룩하신 하나님

요일1:5-7 "우리가 저에게서 듣고 너희에게 전하는 소식이 이것이니 곧 하나님은 빛이시라 그에게는 어두움이 조금도 없으시니라 만일 우리가 하나님과 사귐이 있다 하고 어두운 가운데 행하면 거짓말을 하고 진리를 행치 아니함이거니와 저가 빛 가운데 계신 것 같이 우리도 빛 가운데 행하면 우리가 서로 사귐이 있고 그 아들 예수의 피가 우리를 모든 죄에서 깨끗하게 하실 것이요"

3) 순종의 두 가지 열매

사도 요한은 빛되신 하나님 즉 거룩하신 하나님에 대하여 먼저 소개를 하고 있습니다. 그리고 거룩하신 하나님께로부터 태어난 하나님의 아들들의 자격을 순종으로 보았습니다.

요일3:3 "주를 향하여 이 소망을 가진 자마다 그의 깨끗하심과 같이 자기를 깨끗하게 하느니라"

요일3:23-24 "그의 계명은 이것이니 곧 그 아들 예수 그리스도의 이름을 믿고 그가 우리에게 주신 계명대로 서로 사랑할 것이니라 그의 계명들을 지키는 자는 주 안에 거하고 주는 저 안에 거하시나니 우리에게 주신 성령으로 말미암아 그가 우리 안에 거하시는 줄을 우리가 아느니라"

요한은 거룩하신 하나님의 자녀들에게 나타나는 두 가지 열매를 기록하고 있습니다. 첫째는 죄를 자백하고 끊임없이 하나님의 말씀으로 자신을 깨끗하게 하는 순종입니다. 둘째는 형제를 사랑하는 새 계명을 지키는 순종입니다. 요한은 하나님의 말씀에 순종치 아니하면 그는 사탄에게 속한 자라고 했습니다. 형제를 사랑하지 않는 자가 있으면 그는 어둠의 자식이라고 했습니다.

하나님의 자녀들은 비록 실패할지라도 쉬지 않고 자신을 깨끗하게 하는 자입니다. 하나님의 자녀들은 비록 실패할지라도 형제를 사랑하기를 계속하는 자입니다.

4) 사랑의 하나님

요일4:7-8 "사랑하는 자들아 우리가 서로 사랑하자 사랑은 하나님께 속한 것이니 사랑하는 자마다 하나님께로 나서 하나님을 알고 사랑하지 아니하는 자는 하나님을 알지 못하나니 이는 하나님은 사랑이심이라"

사도 요한은 하나님은 사랑이시기 때문에 하나님의 자녀들은 그 사랑을 알고 그 사랑을 실천한다는 것입니다. 어떤 사람이 하나님의 자녀라고 하면서 그 보는 바 형제를 미워하면 그는 하나님께로 난자가 아니라는 것입니다.

요한이 강조하고 있는 사랑은 일상의 사랑이 아닙니다. 아가페 사랑입니다. 원수를 사랑하고, 사랑할 수 없는 사람을 용납하는 사랑입니다. 이해할 수 없는 사람을 받아 들이는 것입니다.

5) 하나님의 자녀와 마귀의 자녀

요일3:10-12 "하나님의 자녀들과 마귀의 자녀들이 나타나나니 무릇 의를 행치 아니하는 자나 또는 그 형제를 사랑치 아니하는 자는 하나님께 속하지 아니하니라 우리가 서로 사랑할찌니 이는 너희가 처음부터 들은 소식이라 가인 같이 하지 말라 저는 악한 자에게 속하여 그 아우를 죽였으니 어찐 연고로 죽였느뇨 자기의 행위는 악하고 그 아우의 행위는 의로움이니라"
　요한은 하나님의 자녀와 사탄의 자녀를 비교하면서 가인과 아벨을 비교합니다. 가인이 아벨을 죽인 것은 실수로 죽인 것이 아니라 가인이 악한 자에게 속하여 죽였다는 것입니다. 가인의 씨가 처음부터 사탄에게 속한 자라는 사실을 강조하고 있습니다. 가인과 아벨은 처음부터 유전자가 다른 존재입니다. 그러면서 하나님의 자녀로 태어나지 아니한 자는 누구도 하나님을 사랑할 수 없다는 사실을 강조하고 있는 것입니다.

6) 요한의 적그리스도에 대한 정의

　요일4:1-3 "사랑하는 자들아 영을 다 믿지 말고 오직 영들이 하나님께 속하였나 시험하라 많은 거짓 선지자가 세상에 나왔음이니라 하나님의 영은 이것으로 알찌니 곧 예수 그리스도께서 육체로 오신 것을 시인하는 영마다 하나님께 속한 것이요 예수를 시인하지 아니하는 영마다 하나님께 속한 것이 아니니 이것이 곧 적그리스도의 영이니라 오리라 한 말을 너희가 들었거니와 이제 벌써 세상에 있느니라"
　요일2:22-23 "거짓말 하는 자가 누구뇨 예수께서 그리스도이심을 부인하는 자가 아니뇨 아버지와 아들을 부인하는 그가 적그리스도니 아들을 부인하는 자에게는 또한 아버지가 없으되 아들을 시인하는 자에게는 아버지도 있느니라"

7) 요한1서에서 말하고 있는 세상

　요일4:4-6 "자녀들아 너희는 하나님께 속하였고 또 저희를 이기었나니 이는 너희 안에 계신 이가 세상에 있는 이보다 크심이라 저희는 세상에 속한고로 세상에 속한 말을 하매 세상이 저희 말을 듣느니라 우리는 하나님께 속하였으니 하나님을 아는 자는 우리의 말을 듣고 하나님께 속하지 아니한 자는 우리의 말을 듣지 아니하나니 진리의 영과 미혹의 영을 이로써 아느니라"
　요한은 요한일서에서도 세상을 정죄하고 있습니다. 악한 자들에게 속한 세상을 증거하고 있습니다.

3. 요한계시록

1) 주제는 믿음의 심판

요한계시록의 주제는 믿음의 심판입니다. 이미 요한은 요한복음을 통해 믿음의 기초를 언급했습니다. 그리고 요한1,2,3서를 통해서 믿음의 열매를 증거했습니다. 이제 요한계시록에서는 믿음의 심판에 대하여 기록하고 있습니다. 즉 "거룩"과 "사랑"의 열매를 맺지 못한 사람들이 받을 심판입니다.

2) 거룩하심에 대한 심판

계2: 21-23 "또 내가 그에게 회개할 기회를 주었으되 그 음행을 회개하고자 아니하는도다 볼찌어다 내가 그를 침상에 던질터이요 또 그로 더불어 간음하는 자들도 만일 그의 행위를 회개치 아니하면 큰 환난 가운데 던지고 또 내가 사망으로 그의 자녀를 죽이리니 모든 교회가 나는 사람의 뜻과 마음을 살피는 자인줄 알찌라 내가 너희 각 사람의 행위대로 갚아 주리라"

계시록 2-3장에서는 일곱 교회 중에서 두아디라 교회의 거룩하심에 대한 심판이 기록되어 있습니다. 또한 라오디게아 교회는 세상에서 부요한 교회이지만 세상의 더러운 것으로 가득차 있는 현대교회입니다. 두아디라 교회는 영적으로 간음한 교회입니다. 세상과 벗하고 짝한 교회로 하나님께 엄청난 심판의 경고를 받고 있습니다.

계21:8 "그러나 두려워하는 자들과 믿지 아니하는 자들과 흉악한 자들과 살인자들과 행음자들과 술객들과 우상 숭배자들과 모든 거짓말 하는 자들은 불과 유황으로 타는 못에 참예하리니 이것이 둘째 사망이라"

3) 사랑에 대한 심판

계2:4-5 "그러나 너를 책망할 것이 있나니 너의 처음 사랑을 버렸느니라 그러므로 어디서 떨어진 것을 생각하고 회개하여 처음 행위를 가지라 만일 그리하지 아니하고 회개치 아니하면 내가 네게 임하여 네 촛대를 그 자리에서 옮기리라"

계3:8-10 "네가 적은 능력을 가지고도 내 말을 지키며 내 이름을 배반치 아니하였도다 보라 사단의 회 곧 자칭 유대인이라 하나 그렇지 않고 거짓말 하는 자들 중에서 몇을 네게 주어 저희로 와서 네 발앞에 절하게 하고 내가 너를 사랑하는 줄을 알게 하리라 네가 나의 인내의 말씀을 지켰은즉 내가 또한 너를 지키어 시험의 때를 면하게 하리니 이는 장차 온 세상에 임하여 땅에 거하는 자들을 시험할 때라"

에베소교회는 처음 사랑을 잃어버려 촛대를 옮기는 경고를 받고 있습니다. 그리고 빌라델비아 교회는 적은 능력을 가지고도 형제를 사랑하고, 인내의 말씀을 가지고 형제를 사랑했기에 하늘의 새 예루살렘인 완성된 신부인 교회의 복을 받고 있습니다.

4) 요한이 본 심판의 기준

(1) 기록된 말씀

계20:11-12 "또 내가 크고 흰 보좌와 그 위에 앉으신 자를 보니 땅과 하늘이 그 앞에서 피하여 간데 없더라 또 내가 보니 죽은 자들이 무론대소하고 그 보좌 앞에 섰는데 책들이 펴 있고 또 다른 책이 펴졌으니 곧 생명책이라 죽은 자들이 자기 행위를 따라 책들에 기록된대로 심판을 받으니"

(2) 순종하지 않는 자

계14:4-5 "이 사람들은 여자로 더불어 더럽히지 아니하고 정절이 있는 자라 어린 양이 어디로 인도하든지 따라가는 자며 사람 가운데서 구속을 받아 처음 익은 열매로 하나님과 어린 양에게 속한 자들이니 그 입에 거짓말이 없고 흠이 없는 자들이더라"

(3) 짐승의 표를 받거나 경배하는 자

계14:10-12 "또 다른 천사 곧 세째가 그 뒤를 따라 큰 음성으로 가로되 만일 누구든지 짐승과 그의 우상에게 경배하고 이마에나 손에 표를 받으면 그도 하나님의 진노의 포도주를 마시리니 그 진노의 잔에 섞인 것이 없이 부은 포도주라 거룩한 천사들 앞과 어린 양 앞에서 불과 유황으로 고난을 받으리니 그 고난의 연기가 세세토록 올라가리로다 짐승과 그의 우상에게 경배하고 그 이름의 표를 받는 자는 누구든지 밤낮 쉼을 얻지 못하리라 하더라 성도들의 인내가 여기 있나니 저희는 하나님의 계명과 예수 믿음을 지키는 자니라"

요한이 본 심판의 기준은 기록한 말씀대로 심판을 받습니다. 그리고 거룩하지 않는 자가 심판을 받습니다, 사랑하지 않는 자가 심판을 받습니다. 짐승에게 경배하고 머리와 손에 짐승의 표를 받는 자가 심판을 받습니다. 끝까지 인내하지 못한 자가 심판을 받습니다.

5) 요한이 본 승리의 비결

(1) 어린양의 피와 말씀

계12:1 "또 여러 형제가 어린 양의 피와 자기의 증거하는 말을 인하여 저를 이기었으니 그들은 죽기까지 자기 생명을 아끼지 아니하였도다"

(2) 순교의 신앙

계14:13 "하늘에서 음성이 나서 가로되 기록하라 자금 이후로 주 안에서 죽는 자들은 복이 있도다 하시매 성령이 가라사대 그러하다 저희 수고를 그치고 쉬리니 이는 저희의 행한 일이 따름이라 하시더라"

(3) 끝까지 견디는 자

계2: 25-27 "내가 올 때까지 굳게 잡으라 이기는 자와 끝까지 내 일을 지키는 그에게 만국을 다스리는 권세를 주리니 그가 철장을 가지고 저희를 다스려 질그릇 깨뜨리는 것과 같이 하리라"

(4) 두루마기를 빠는 자

계22:13-14 "나는 알파와 오메가요 처음과 나중이요 시작과 끝이라 그 두루마기를 빠는 자들은 복이 있으니 이는 저희가 생명나무에 나아가며 문들을 통하여 성에 들어갈 권세를 얻으려 함이로다"

6) 요한 계시록에서 말하고 있는 세상

계9:11 "저희에게 임금이 있으니 무저갱의 사자라 히브리 음으로 이름은 아바돈이요 헬라 음으로 이름은 아볼루온이더라"

계18:4-6 "또 내가 들으니 하늘로서 다른 음성이 나서 가로되 내 백성아, 거기서 나와 그의 죄에 참예하지 말고 그의 받을 재앙들을 받지 말라 그 죄는 하늘에 사무쳤으며 하나님은 그의 불의한 일을 기억하신지라 그가 준 그대로 그에게 주고 그의 행위대로 갑절을 갚아주고 그의 섞은 잔에도 갑절이나 섞어 그에게 주라"

요한은 계시록에서도 세상 임금을 아볼루온이라고 했습니다. 이는 델포이의 아폴로 태양신을 말합니다. 당시에 제우스란 신과 아폴로란 신이 있었는데 제우스는 그리스 종교신입니다. 아폴로는 로마의 정치와 경제의 신입니다. 특히 바벨론 정복의 태양신입니다.

계12:7-9 "하늘에 전쟁이 있으니 미가엘과 그의 사자들이 용으로 더불어 싸울쌔 용과 그의 사자들도 싸우나 이기지 못하여 다시 하늘에서 저희의 있을 곳을 얻지 못한지라 큰 용이 내어 쫓기니 옛 뱀 곧 마귀라고도 하고 사단이라고도 하는 온 천하를 꾀는 자라 땅으로 내어 쫓기니 그의 사자들도 저와 함께 내어 쫓기니라"

세상을 옛뱀 곧 마귀가 지배하는 곳으로 기록하고 있습니다. 그리고 그가 하는 일은 온 세상을 꾀는 자라고 했습니다.

제 2 장
사탄 기독교의 진앙지 알렉산드리아 학파

1. 로마 카톨릭의 산실

    알렉산드리아 학파 교리학교

2. 클레멘트

3. 사탄교회 설계자 오리겐

4. 최초의 라틴어 성경 번역자 제롬

제2장 사탄기독교의 진앙지 알렉산드리아 학파

1. 로마 카톨릭의 산실 알렉산드리아 학파 교리학교

1) 헬라주의적 유대교가 탄생한 곳(Hellenistic Judaism)

알렉산드리아 유대인 공동체는 성서시대의 유대교와 초기 기독교를 이해하는데 매우 중요합니다. 제 2 성전시대 가장 큰 유대인 디아스포리 집단이었던 이 공동체는 그리스-로마 문화를 그늘의 전승에 접목시키면서 헬라주의적 유대교(Hellenistic Judaism)를 형성시켰고, 예루살렘을 중심한 팔레스틴 유대교(Palestinian Judaism)와 함께 당시 유대교의 두 축을 이루었습니다. 이들의 사상은 초기 기독교 교부들에 영향을 주어, 알렉산드리아 학파의 형성을 가능케 했습니다. 플라톤-필로(주전 20년-주후50년)-판테누스- 클레멘트(-215)-오리겐 (185-254)- 암브로스- 어거스틴

2) 70인역 구약성경이 번역된 곳

알렉산드리아 유대인 공동체에서는 주전 3세기에, 모세오경이 헬라어로 번역되었고, 역사가 데메트리우스(Demetrius)와 비극작가 에스겔(Ezekiel the tragedian), 아르타파누스(Artapanus) 등의 작품이 나왔습니다. 주전 2세기에는 아리스테아스(Aristeas)의 편지와 아리스토불루스(Aristobulus) 등의 문학이 쓰여졌으며, 주전 1세기와 주후 1세기에는

필로(주전 약 20년-주후 약 50년)의 많은 저서들과 솔로몬의 지혜서, 마카비 3서, 마카비 4서 등이 나왔습니다. 이 중 필로는 가장 방대한 저작물을 남겼으며, 이는 알렉산드리아 유대교의 사상적, 문학적, 종교적 활동의 절정으로 여겨집니다.

3) 플라톤 철학과 유대교와 기독교의 가교 역할을 했던 필로

필로(주전20년-주후50년)는 헬라주의적 유대교의 대표적 인물로 여겨지지만, 그의 생애에 대해서는 알려진 바가 별로 없습니다. 그는 부유한 제사장 가문 출신으로 헬라식 교육과 유대식 교육을 모두 받은 엘리트였고, 주후 39/40년에 알렉산드리아 유대인 공동체의 대표단을 이끌고 로마의 가이우스 칼리굴라(Gaius Caligula) 황제를 방문하였으며, 예루살렘 성전을 순례했다는 것 정도입니다. 마가에 의해서 알렉산드리아가 복음화 되는 과정에서 기독교와 접촉했으며, 베드로와도 접촉을 했다는 기록이 있습니다. 그의 저작물들은 그가 헬라철학과 문학에 상당한 지식을 소유하였지만, 유대교에 매우 충실하였고 오경해석에 특별한 관심을 가지고 있었다는 것을 보여줍니다.

4) 플라톤 철학과 유대교를 국제화 시킨 필로

필로는 알렉산드리아 유대교 회당에서 활동했던 성서주석가였으며, 헬라철학의 개념들을 도입하여 오경을 해석한, 철학적 성서해석가였습니다. 그는 알레고리적 성서해석을 통하여 유대교와 헬라주의를 조화시키면서, 헬라철학을 유대교 전승의 일부로 만들고자 하였습니다. 그의 성서해석에 반영된 헬라철학은 중기 플라톤주의, 즉 스토아주의 및 신 피타고라스주의와 절충된 플라톤주의 사상입니다. 또한 그의 알레고리적 해석은 중기 플라톤주의자들의 호머해석과 알렉산드리아 유대교의 성서해석의 영향을 받은 것입니다. 그의 성서해석에는 전 인류를 포용하고자 하는 보편주의가 있지만, 유대교의 정체성과 특수성이 여전히 강조되어 있습니다. 또한, 하나님에 대한 헬라주의적 사고는 그로 하여금 성서의 하나님에 대한 묘사를 반신인동형론적으로 이해하게 하였습니다. 그의 성서해석은 철학적 사고를 가진 엘리트 지성인들이 이해할 수 있고, 받아들일 수 있는 것이었지만, 알렉산드리아 유대교 전통에서 크게 벗어나지 않은 것이었으며, 팔레스틴 유대교 전승과도 공통점들이 많이 있었습니다.

필로는 헬라주의적 유대교의 성서해석의 절정을 이루었지만, 16세기 아자리아 데이 롯시(Azariah dei Rossi)가 그의 중요성을 재발견 할 때까지 유대교에서는 잊혀진 인물이었습니다. 중세 때 그의 작품의 일부가 유대인들에 의해서 아랍어나 시리아어로 번역되기는 했지만, 유대교의 주류는 그를 거의 알지 못했습니다. 아마도 기독교회가 그의 저서들을 보존하지 않았었다면, 그의 업적은 영원히 사라졌을지도 모릅니다. 기독교회가 필로의 저서들을 보존하게 된 이유는 4세기 교회사가 유세비우스(Eusebius) 때문입니다.

유세비우스는 언급하기를, 필로의 저서인, 명상의 생활(De Vita Contemplativa)에 언급된 수도사들이 초기 그리스도인이었으며, 전승이 전하는 것처럼 필로는 로마를 방문한 베드로를 만났고, 삼위일체교리를 가르쳤다고 했습니다(HE 2.16.2-17.2). 불가타 성서를 번역한 제롬 역시 필로를 초대교회의 교부들의 명단에 포함시켰습니다(De viris illustribus). 그러나 필로가 기독교인이었다는 주장은 기독교 역사에서 발전된 전설이며, 아마도 클레멘트에게서부터 시작되었을 것으로 추정됩니다.

5) 필로에 의해서 형성된 알렉산드리아 학파의 정체성

필로의 삶은 기독교와 직접적인 연관은 없었지만, 성서해석의 관점에서 그의 중요성과 그에 대한 연구과제는 적어도 다음 세 가지로 요약될 수 있습니다.

첫째는, 팔레스틴 유대교와 알렉산드리아 유대교의 비교연구를 위해서 입니다. 필로의 저서들은 후자의 작품들 중 가장 방대한 것입니다. 또한, 최근 학자들의 연구는 이 두 유대교를 예리하게 나누는 것보다 상호 관계성과 공통점을 강조하려는 경향이 있습니다. 이러한 관점에서, 필로의 저서들은 신구약 중간시대 유대교의 성서해석사를 재구성하고, 제 2 성전시대 말기의 유대문학이 어떻게 랍비문학으로 발전되었는지를 연구하는데 중요합니다.

둘째는, 신약성서와의 관련성입니다. 최근 신약학자들은 요한복음서의 로고스 사상이나 히브리서의 플라톤주의적 요소, 바울사상의 철학적 배경에 대한 연구를 하는데 필로의 저서가 중요하다는 것을 보여줍니다. 이와 같은 연구는 필로에 대한 연구가 진행됨에 따라 더 진전될 수 있으며, 신약의 저자들이 당시 철학사상을 어떻게 도입하여 성서를 해석했는지를 밝히는데 필요합니다.

셋째로, 초대교부들의 사상 및 성서해석과의 관계입니다. 알렉산드리아의 클레멘트, 오리겐, 암브로스 등이 필로의 영향을 받았다는 것은 주지의 사실입니다. 그들이 어떻게 기독교 사상의 선구자였던 필로의 알레고리적 성서해석과, 로고스, 지혜, 신앙 개념 등을 기독교적 시각에서 발전시켰는지 그리고 비잔틴과 중세시대에 어떻게 이러한 요소들이 계속 되었는지를 고찰하는 것은 기독교 성서 해석사 및 사상 발전사적인 면에서 중요한 연구과제가 되는 것입니다.

6) 알렉산드리아 최초의 개신교 신학교인 교리문답학교 탄생

교리문답학교는 역사가들이 말하는 기독교계(Christendom)의 최초의 신학교라고 말하며, 일반적으로 "교리문답 학교"(Catechistical School)라고 일컬어집니다. 이 학교는 종교철학의 연구를 위해 설립된 초기 영지주의자들의 학교를 모델로 세워졌으며, 3년 과정으로 학비는 무료였습니다. 강의는 부유한 학생들의 기부를 통해 지원받는 형태였습니다.

기독교로 개종한 스콜라 철학자였던 판테누스(Pantaenus)는 이 학교의 학장이었으며(A.D. 180), 클레멘트(Clement, 202)와 오리겐(Origen, 232)이 그의 뒤를 이었고, 오리겐에 와서 이 학교는 황금시대를 이룩할 수 있었습니다. 이 학교의 저술가로는 쥴리어스 아프카누스(Julius Africanus, 215), 디오니시우스(Dionysius, 265), 그레고리(Gregory, 270), 유세비우스(Eusebius, 315), 아타나시우스(Atha nasius, 373), 디디무스(Didymus, 347) 등이 있었으나 오리겐이 그 중 거두였으며, 그의 성경해석법은 자신 이후로부터 현대에 이르기까지 성경 해석상 많은 악영향을 끼치고 있습니다. 아리우스(Arius)는 이 학교의 교리문답 교사였습니다.

이 학교는 이집트의 신학적 혼란 때문에 4세기 말에 문을 닫게 되지만, 제롬(Jerome)과 어거스틴의 스승 암브로스(Ambrose) 같은 서방 교사들과 동방의 사고체계를 완전히 지배하며 카이사라와 그 밖의 중심 지역에서 그 영향력은 계속되었습니다.

7) 비밀교리 학습과 신비체험을 학습화한 사탄주의 학교

이 학교는 신화적인 경향을 나타냈는데, 입학 자격이 부여된 신입생들에게 지속적으로 비밀교리의 학습을 포함해서 관상기도를 통한 영지 습득과 성경의 영감과 해석방법에 대한 훈련을 하는 것들이 있었습니다. 신플라톤주의로부터 유래된 사탄주의 영지주의 학교였던 알렉산드리아 교리문답학교는 그때부터 지금까지 성경을 왜곡하고, 삭제하고, 오역하고, 신화화 하는 세력들로 존재하고 있습니다.

8) 기독교 안에 들어온 플라톤 사상

이미 헬레니즘화된 알렉산드리아의 유대인들은 플라톤과 그리스 철학의 영향 아래 들어갔으며, 이때부터 소위 '기독교 신학' 안에 플라톤주의의 영향은 계속되었습니다. 초기 플라톤의 영향중 가장 강력했던 것은 비유적인(allegorical) 성경 해석입니다. 필로는 플라톤의 이론들과 헤라클레이토스와 스토아주의의 로고스에 대한 이론을 가지고 구약의 가르침과 혼합하려고 한 그의 철학체계를 구축했습니다.

또한 알렉산드리아의 유대인들은 그리스 문학과 철학에 깊이 심취했는데, 그들의 비유적인 성경 해석은 모세가 플라톤과 그 밖의 다른 그리스 철학자들의 철학을 말한 것으로까지 해석하게 하였습니다. 이러한 플라톤의 사상과 영향이 알렉산드리아의 필로와 판테누스, 클레맨트, 오리겐에게 이어졌습니다. 특히 오리겐은 수 년 동안 신플라톤주의 창시자인 암모니우스 사커스(Ammonius Saccas, A.D. 170-243) 아래서 수학하기도 했고, 플라톤의 전통으로부터 교리들을 빌어 왔으며, 그 결과 그 가운데 삼위일체에 대한 그의 부정은 신플라톤주의 근본 이론들과 유사한 것으로서, 예수 그리스도의 신성을 부정하고 격하시킬 목적으로 성경을 변개시킨 것은(마1:25, 눅2:33, 행8:37, 딤전3:16, 요일5:7-8…) 오리겐이 오늘날 여호와의 증인들의 모체임을 증명해 주는 것입니다.

9) 변개된 신관

초기 정통 기독교인으로서 명성이 있던 아테네의 아리스테데스(Aristedes of Athens)는 아리스토텔레스의 논거에 근거해서 기독교 신을 이렇게 설명했습니다.

"우주 질서와 아름다움을 생각한 끝에 그는 제일 기동자이고, 자체상 불가시적이나 자기의 피조물 속에 거하시는 최고의 존재를 믿게 되었다…. 인간을 위하여 모든 것을 창조하셨다… 무로부터 존재하게 되었다. 그분 하나님은 피조되지 않았고 시작도 끝도 없으시다. 그분은 形式도 制限도 性도 없으시다…. 그러기에 기독교인들은 '하나님을 만물의 창조주요 데미우르고스(Demiurgos)라고 인정하고 또 그분 외에 다른 신을 경배하지 않는다"

- J. N. D. Kelly, Early Christian Doctrines, p. 100.

여기서 말하는 데미우르고스(Demiurgos)는 데미우르게(Demiurge)의 근원적인 개념으로 이 말은 플라톤이 말한 창조자를 말합니다. 후에 교부들이 이를 사용하여 기독교가 말하는 하나님이라는 개념으로 정착되었습니다.

뉴 플라톤주의 사상가 플로티누스는 하나님의 개념을 일자(theone)라고 했습니다. 시작도 없고, 끝도 없으며, 존재도 없지만 모든 것을 있게 한 시작을 말하고 있습니다.

사탄주의자들이 말하고 상정한 신의 개념은 분명히 성경에서 말하고 있는 창조주 하나님이십니다. 그러나 좀 더 깊이 들어가면 달라집니다. 물질세계를 지은 창조신은 악하다고 정의합니다. 그리고 물질세계를 지은 신보다 위에 있는 신이 참 신이라고 합니다. 그 신을 만나는 것이 행복이고, 영생이란 것입니다. 그리고 그 신을 만나는 것이 바로 영지주의 헬라철학의 이론이라는 것입니다.

사탄의 세력들은 창조주 하나님을 가상의 신으로 설정해 놓고 그들이 만든 철학이란 관상을 통해서 그 신을 만날 수 있다고 하는 것입니다. 그렇다면 그들이 설정한 철학 즉 영지를 통해서 만나지는 하나님은 누구입니까? 바로 사탄 루시퍼 뱀입니다.

디오니소스(섭리 신)은 헤라클레이토스와 팔메이데스, 피타고라스에 결정적으로 영향을 주었고 또한 소크라테스와 그를 이은 플라톤과 아리스토텔레스가 디오니소스 계통인 것입니다.

- 玉井 茂, 서양철학사, 일월서각, p.135.

"디오니소스의 원리는 헬레니즘에 기대 있어서 스토아 학파에서 표현" 되며 다시 "기독교는 희랍신화의 원형을 변형시켜 발전시킨 것이다" (이수윤, 사회사상사, 범문사, 1992. p.40.)

그러므로 기독교의 하나님이 근저에 '데미우르고스' 라는 신으로 존재하고 있는 것입니다.

플라톤 사상에 뿌리를 두고 있는 '전통' 의 가톨릭이나 칼빈은 이러한 혼잡의 책임을 피할 수 없습니다. 그래서 기독교 교리가 플라톤 철학을 차용한 것이라고 이교도들이 끈질기게 비난했던 것입니다. 그리고 그들이 차용한 헬라철학의 신학으로는 절대로 인격적이신 창조주 하나님을 만날 수 없습니다.

- Timothy & Peter Grandy, The Jesus Mysteries, p.120.

10) 영지주의에서의 창조주 하나님은 악한 하나님

사탄주의자들은 성경에 나타난 창조주 하나님을 왜 참 하나님이라 하지 않고 다른 개념의 단어를 사용합니까? 그것은 속이기 위함입니다. 다시 말해서 성경에 나타난 하나님은 참 하나님이 아니라는 것을 강조하기 위함입니다. 그래서 그들은 철학이나 신학이란 학문을 통해 신의 개념을 더욱 더 많이 혼잡케 하고 있는 것입니다.

영지주의(그노시스파) 사람들은 하나님을 창조자의 의미로 데미우르고스(the Demiurge)라고 불렀습니다. 그러나 그들은 그것을 나쁜 방식으로 나타내었습니다. 그들은 질료의 감옥으로서 이 세상에 영혼이 떨어졌다고 보았던 것입니다. 신의 유출을 통해 지어진 세상에서는 신과의 거리가 멀수록 악합니다. 그래서 물질이 가장 악한 개념입니다. 결과적으로 물질세계를 지은 여호와는 악한 신입니다. 말시온의 신론은 하나님을 모독하는 극단으로 치달았습니다. 아브라함의 하나님이란 높이 존경할 필요가 없다고 역설하였습니다. 말시온이 생각하고 있던 것은 우주란 쇠사슬과 같은 영적인 연결을 이루고 있는데, 아브라함이 믿은 하나님이란 그 일부에 지나지 않는 데미우르게(Demiurge)라는 것입니다. 헬라의 신화 속에 나오는 대부분의 신들은 반은 신이고 반은 인간의 모습을 담고 있듯이, 일종의 그런 신이라고 본 것입니다. 이 세상이 원죄로 인해 타락하게 된 것은 창조주 하나님이 참 신으로부터 소외되었다고 생각했던 것입니다. 말시온은 구약의 하나님(야훼 Yahweh)은 이때부터 화를 잘 내고, 용서할 줄 모르고, 엄격한 정의만을 고집하는 신이 되었다는 것입니다. 성경의 하나님을 헬라의 신화 속에 나오는 신으로 곡해한 것입니다. 말시온은 더 나아가서, 이 세상의 창조자는 참된 하나님으로부터도 소외당했고 영적인 사람들로부터도 소외당했으며 이로 인해서 실수도 곧 잘하고, 금방 후회도 잘 하는 거친 신이 되고 말았다고 설명하였습니다. 이 신이 인간의 불행에 대해 책임이 있으며, 구약성경에 나오는 신이라고 보았습니다.

11) 삭제되고 변경된 하나님의 말씀

마가복음 16:9-20의 마지막 열두 구절은 예수님의 부활과 승천기사로 시내 사본과 바티칸 사본에서 모두 삭제되어 있습니다. 그렇기 때문에 대부분의 최근 역본들(versions)도 마찬가지로 이 구절들을 삭제하거나 아니면, 거룩한 말씀 안에 난외주를 달아놓았습니다. 그러나 이러한 구절들은 위에서 언급한 바 있는 단 두 개의 헬라어 필사본(시내 사본과 바티칸 사본)을 제외한 "모든" 헬라어 필사본들에서 발견되는 구절들이며, 또 단 하나의 라틴어 필사본(제롬의 라틴 벌게이트)을 제외한 "모든" 라틴어 필사본에는 있는 구절들입니다. 한편, 시내 사본과 바티칸 사본은 A.D. 325-350년 사이에 만들어진 것으로서, 이들 필사본에서 마가복음 16:9-20이 삭제되기 약 150년 전에, 저스틴 마터(A.D. 150년), 타티안(A.D. 175년), 이레네우스(A.D. 180년), 히폴리투스(A.D. 200년) 등의 교부들이 그들의 글에 이 성경 구절들을 인용했었습니다. 그러므로 절대 다수의 필사본 증거와 고대 교부들의 인용문에 대한 증거들, 이 모두가 압도적으로 이 구절들을 지지하고 있는 것입니다. 그렇다면 학자들은 왜 지금도 이 구절들을 필사적으로 삭제하려고 하는가? 이는 그들이 자신들의 정체를 감추기 위함입니다.

성경의 변개는 필로, 판테누스, 클레멘트, 오리겐, 유세비우스, 팜필루스, 루시안, 제롬, 웨스트코트, 홀트등과 같은 알렉산드리아의 이단들(Alexandrian Cults)에게서부터 시작된 것입니다.

12) 교회(에클레시아, Ekklesia) 어원의 비밀

알렉산드리아 70인 성경을 쓸 때 교회라는 단어를 에클레시아로 107번이 사용되었습니다. 그렇다면 왜 교회라는 말의 단어를 에클레시아라고 했을까요? "에클레시아(Ekklesia)" 란 의미는 "에크" 는 "안에서 밖으로" 란 뜻입니다. "레시아" 란 단순히 "불러내다" 라는 뜻입니다. 종합해 보면 "안에서 밖으로 불러내다" 라는 뜻이 됩니다. 즉 구약 유대인의 선민사상입니다.

히브리어에 에클레시아란 뜻과 같은 단어로 에다(Edah)와 카할(Kahal)이 있습니다. 에다는 시나고그(Synagogue) 즉 회당으로 번역을 합니다. 그리고 Kahal은 교회로 번역을 했습니다. 우리가 알다시피 회당은 유대인들의 집회장소입니다. 이스라엘은 각 지역마다 회당을 세우고, 회당마다 회당장이 있고, 그 지역에 있는 장로들이 있어서 정치적인, 종교적인, 사회적인, 교육적인 기능을 했습니다. 재판도 하고, 교육도 하고, 종교행사도 하고, 정치적인 의논을 했습니다. 다시 말해서 시나고그는 유대인들의 삶의 질서를 지키고, 발전시키는 지역적인 행정기관이며 종교적인 기관으로 중추적인 역할을 한 것입니다.

그렇다면 왜 교회라는 단어로 카할이라는 에클레시아를 사용하였을까요? 에클레시아란 헬라 단어는 선민 유대인들의 정체성을 나타내는 단어로 흩어져 있는 디아스포라 유대인들의 지역적인 모임을 말할 때 이미 사용하고 있었던 용어입니다. 오늘날로 말하면 가장 작은 행정구역단위의 모임을 의미하는 단어이고, 당시에는 폴리스(polis)와 같은 도시국가 개념입니다.

에클레시아는 당시 신정정치가 이루어졌던 폴리스와 같은 신국의 개념으로 헬라 철학에서 말하고 있는 일원론 우주철학을 기준으로 하늘과 땅의 통일체를 의미하기도 합니다. 알렉산드리아 학파는 유대교와, 헬라 문화권과 신약의 교회를 하나로 묶어서 에클레시아라는 이름을 사용한 것입니다. 이것은 다원화된 종교 공동체일 뿐만 아니라 다원화된 정치개념을 하나의 통치개념으로 적용한 단어입니다. 이것은 바리새파 유대인들이 추구하는 세계주의를 이룩하기 위해 만든 그들의 교리입니다.

헬라에서 폴리스(polis)란 가장 작은 도시국가를 통해서 신정정치가 이루어졌듯이 유대인들의 에클레시아 개념도 같은 의미입니다. 다른 이방 도시국가와 차별화시키는 용어이기도 합니다. 시나고그(Synagogue)라는 에다(Edah)의 의미는 선민중에서 또 다른 특별한 모임을 의미하지만, 에클레시아 라는 카할(Kahal)은 선민과 또 다른 특별한 모임을 합한 모임의 성격이 된 것입니다.

즉 에클레시아란 디아스포라 유대인들의 작은 도시국가 개념으로 이방 나라에서 이방인과 섞여 살아야 했던 유대인들이 자신들의 정체성을 지키기 위해 만들었던 지역 단어입니다. 그래서 시나고그와 같은 의미로 유대인들은 에클레시아 라는 지역 모임안에서 정치적인 문제와 종교적인 문제와 사회적인 문제를 해결하면서 그들의 정체성을 이어갔던 것입니다.

특별히 알렉산드리아 바리새파 학파들이 교회를 그들이 유대 선민주의 모임으로 사용하고 있었던 에클레시아로 채택한 이유는 신약의 교회를 구약에서 예언하고 있는 메시야 유대나라의 연장선으로 이해했던 것입니다. 즉 구약의 선민주의 유대나라와 신약의 교회를 연결시키는 단어로 에클레시아를 사용한 것입니다. 알렉산드리아 학파의 집요한 목표가 하나 있습니다. 그들의 목표는 이 땅에 구약에서 예언하고 있는 메시야 신국나라를 세우는 것입니다.

이것은 그들이 신약의 기독교 신앙을 접하기 이전부터 가지고 있었던 메시야 사상입니다.

그런데 이런 메시야 사상과 비전(vision)이 바벨론 포로생활을 거치면서 바벨론 탈무드라는 유대 바리새파 비전(秘傳)을 통해 바벨론 태양신과 이집트와 그리스의 영지주의 철학을 유대주의로 흡수한 것입니다. 이것을 헬라화된 유대주의 즉 세계화된 바리새파 유대주의라고 합니다. 바리새파 유대주의가 알렉산드리아 유대 디아스포라에 머물면서 기독교를 혼합시키게 되는데 그들이 바로 알렉산드리아 학파인 필로, 판테누스, 클레멘트, 오리겐, 유세비우스, 암브로스, 어거스틴, 제롬 등입니다.

이들이 기독교를 사탄주의 바리새파 유대교에 혼합시키는 전략은 70인 성경을 변개시키고, 상징과 비유와 알레고리칼하게 해석을 하는 것입니다. 오리겐은 구약의 할례제도를 유아세례로 변개시켰습니다. 구약의 신정정치를 그대로 제도화 시켜 국가교회를 만들었습니다. 오리겐은 그동안 교부들이 줄기차게 주장한 전천년주의를 무천년주의로 변개시켰습니다. 천상의 유토피아인 기독교 진리를 지상의 유토피아 왕국 건설로 바꾸었습니다. 그렇게 해서 태어난 그들의 작품이 바로 로마 카톨릭입니다.

이것이 그들이 교회를 에클레시아 즉 헬라 도시국가 개념인 정치적인 단위를 도입한 음모입니다. 지난 기독교 2000년 역사가운데 이들의 세력들은 국가라는 권력안에 교묘하게 자신들의 정체를 숨기고, 믿음으로 살아보려고 발버둥쳤던 참 교회를 괴롭혔습니다. 허리의 가시와 같은 존재들이 되어서 성경적인 참 교회를 힘들게 했습니다. 그들은 줄기차게 자신들의 교회밖에는 구원이 없다고 했습니다.

그들이 말한 교회는 단지 단어일 뿐 구약의 유대 선민사상입니다. 그들은 주권신앙을 줄기차게 주장했습니다. 이것 또한 구약의 선민사상입니다. 결코 유아세례를 포기하지 않았습니다. 왜냐하면 이것 또한 포기할 수 없는 구약 선민의 언약입니다. 그들은 지상의 국가인 적그리스도와 바벨론 음녀가 심판을 받고 난 후 이 땅에 세워질 전천년기 종말론을 2000년 동안 반대했습니다. 왜냐하면 그들이 세우기를 원하는 천년왕국은 그들 자신들이 지상에 세워야 하는 왕국이기 때문입니다.

그들은 2000년 동안 기독교를 공격했습니다. 영지주의 사탄철학으로 공격했습니다. 성경을 신화화 시키는 원문 비평으로 공격했습니다. 사회참여복음으로 공격했습니다. 과학으로 공격하고, 은사주의로 공격하고, 종교통합으로 공격하고, 문화종교로 공격하고, 노동신학, 개방신학 등 이루 말할 수 없는 방법으로 기독교 진리를 공격했습니다.

그러나 그들은 절대로 교회를 무너뜨릴 수 없습니다. 왜냐하면 교회는 사람이 세우는 것이 아니라 이미 창세전에 하나님께서 완성하신 비밀이기 때문입니다.

사탄의 세력들이 교회를 정치적인 개념의 에클레시아로 정한 음모는 신약의 교회를 국가교회인 구약 메시야 왕국개념으로 사용했기 때문입니다.

2. 클레멘트(Titus Flavius Clemens) (주후150-215년)

1) 생애

클레멘트는 헬라의 철학자입니다. 그는 로마제국의 황제 안토니누스 피우스(138-161)가 통치하는 시기, 폴리캅, 저스틴, 그리고 이레니우스가 활약하고 있을 때에 태어났습니다. 그는 약 150년경 아테네에 태어났다는 것 외에 어린 시절에 대해 알려진 것이 전혀 없습니다. 그는 순교자 저스틴과 같이 기독교로 회심한 사람이며 그 후 기독교 신앙에 관한 진리를 탐구하는데 여생을 바쳤습니다. 그는 다른 곳에서 기독교 스승들에게 잇달아 배우고 연구한 끝에 알렉산드리아에서 비로소 만족할 만한 스승 판테누스를 만났습니다. 클레멘트는 알렉산드리아에 거주하게 되었고, 스승이 죽은 뒤에는 그 자리를 이어받아 알렉산드리아에서 기독교 교리학교 교사로 활약했습니다.

당시 알렉산드리아는 기독교계의 중심지로서 안디옥과 견줄 정도일 뿐만 아니라 학문의 도시였습니다. 이곳의 박물관, 혹은 뮤즈 신들의 신전에는 도서관이 붙어 있어 오늘날 대학들과 비슷하게 운영되고 있었고, 기독교 대학교와 같은 교리학교가 설립되어 있었습니다. 클레멘트는 교부 저스틴과 이레니우스 이래 기독교 문화를 주도한 인물이었습니다.

로마제국의 황제 코모두스(180-192)와 세베루스 시기에 그는 "스트로마타"를 편집했습니다. 이 당시 그의 나이는 40세였습니다. 클레멘트는 202년 로마제국의 황제 세베루스의 통치시기에 그곳에서 일어났던 핍박을 앞에 두고 알렉산드리아를 떠나면서 교리학교에서의 가르침을 마무리했습니다. 그리고 로마황제 카라칼라(211-217) 통치 동안 예루살렘에 거하였고, 안디옥을 여행하였습니다. 그러다가 약 220년 세상을 떠났습니다.

2) 활동

클레멘트가 일생의 대부분을 보낸 알렉산드리아는 당시 가장 지적 활동이 활발한 곳이었습니다. 또한 알렉산드리아는 무역의 중심지로서 학자나 철학자들뿐만 아니라 모험가들과 상인들이 모이는 곳이기도 하였습니다. 따라서 나일강 어귀에 있는 이 도시는 혼합 절충주의의 유행을 따르고 있었습니다. 클레멘트는 이러한 환경 속에서 연구하고 가르쳤으므로 알렉산드리아 특유의 특징을 보여주고 있습니다.

클레멘트에 대하여 특징적인 것은, 한편으로 그는 '교회의 규칙을 결코 범해서는 안 된다'는 책임감을 갖고 스스로를 기독교 옹호자이며 해석가로 여겼고, 다른 한편으로 그는 일반 기독교인들이 철저하게 싫어했던 '세속적' 학문과 문화에 동정적인 태도를 보였다는 것입니다. 그는 목회자가 아니라 사상가요 연구자였습니다. 그가 학문을 탐구한 목적은 교회의 전통적 신앙을 해석하고자 하는 것이 아니라, 영적 진리를 탐구하는 이들을 돕고, 이교도 지성인들에게 기독교가 절대로 불합리한 미신이 아님을 증명하는 것이었습니다.

클레멘트의 남아있는 작품 중에서 가장 중요한 것들은 셋입니다. 하나는 「이교도들에게 주는 권면」(The Exhortation to the Heathen)이 있습니다. 이 책은 하나님의 로고스를 따르라고 요청하는 결론을 내리는, 이교 종교에 대한 비판서입니다.

그 다음으로 "교사, 또는 파에다고구스"(The Instructor or Paedagogus)가 있습니다. 이 책은 젊은 기독교인을 위한 가르침을 담은 것으로, 그리스도를 기독교적 삶을 위한 규칙들을 주신 참된 교사로 제시합니다.

마지막으로 그는 "스트로마타 또는 잡록"(The Miscellanies or

Stromata)이 있습니다. 이 책은 당대의 종교 문제와 신학 문제에 대한 자신의 사상을 모은 것입니다. 이 책은 육신과 혼인에 대한 경시, 그리스 철학적 전승과 계시의 관계, 기독교인의 생활이 갖고 있는 목표와 성격과 같은 문제에서 자신의 입장을 분명하게 제시하고 있습니다.

저스틴과 같이 클레멘트가 보기에 신적인 로고스는 언제나 모든 곳에서 인간의 스승이 되었습니다. '우리의 교사는 거룩하신 하나님이신 예수며, 모든 인간의 인도자가 되시는 로고스이다.' 그러므로 이런 저런 방식으로 그리스의 철학적 전통 뒤에 있는 것은 다름 아닌 로고스란 교사의 영감이다. '하나님께서 모든 선한 일의 원인이시다. 그러나 일차적으로 구약과 신약 같은 것의 원인이시며 따라서 철학과 같은 것의 원인이시다.' 라고 말했습니다.

다른 말로 하면 유대인에게 율법이 주어졌듯이 헬라인에게는 철학이 주어졌다는 것입니다. 이 양자는 모두 당시 그리스도 속에서 계시된 궁극적 진리로 사람들을 이끄는 목적을 지니고 있었다고 합니다. 옛날 선지자들이 히브리인들에 대해 담당했던 역할을 철학자들은 헬라인을 위해 담당한다는 말입니다. 언뜻 보기엔 성경과 철학자들 사이에는 엄청난 거리가 있는 듯 합니다. 그러나 클레멘트는 성경을 깊이 연구하면 결국 철학자들이 깨달았던 진리로 이어질 것이라고 믿었습니다.

클레멘트는 자신을 성경 해석가로 간주하였으나, 그의 주석은 플라톤주의에 가까운 사상과 교리들을 성경 속에서 추출하곤 했습니다. 하나님은 불가해한 존재로서 우리는 단지 상징과 부정적인 용어로서만 그에 대해 말할 수 있다고 했습니다. "우리는 하나님이 어떤 분이 아니신가만 말할 수 있다. 보다 적극적으로 하나님이 어떤 분인가에 관해서는 단지 인간의 용어로서 표현할 수 있는 그 이상의 실재라고만 파악할 수 있을 뿐이다."

바로 이 형언할 수 없는 존재께서 말씀 혹은 로고스를 통해 우리에게 계시되셨습니다. 선지자들과 철학자들이 아는 모든 진리는 바로 이 말씀 혹은 로고스로부터 추출한 것이며, 이는 결국 예수님 속에서 성육신하신 것입니다. 이 점에서 클레멘트는 이미 저스틴이 지향했던 방향을 좇고 있습니다. 양자 간의 가장 큰 차이점은 저스틴이 이교도들에게 기독교 진리를 증명하기 위해 로고스의 교리를 사용했던 것에 반해, 클레멘트는 같은 교리를 이용하여 기독교인들에게 철학을 진리에 관하여 보다 개방적 태도를 취하도록 촉구했다는 점입니다.

클레멘트는 기독교적 생활을 다음과 같이 설명합니다. 터툴리안이 기독교적 생활을 하나님의 계명에 순종하는 것으로 보았고, 영지주의자들은 그 생활이 단번의 각성에 있는 것으로 보았는데, 클레멘트는 기독교적 생활을 하나님을 닮는데 이르는 점진적인 도덕적 지적 변모 과정으로 파악했습니다. 클레멘트가 보기에 하나님을 닮는 것은 이전의 이레네우스처럼 하나님을 아는 지식과 일치하는 것입니다. 왜냐하면 무엇을 안다는 것은 그것의 존재 방식에 참여하는 것이기 때문입니다.

그래서 기독교적 이상은, 신앙에 지식을, 지식에 사랑을, 사랑에 유업을 더하는 '참된 영지주의자'의 이상이었습니다. 클레멘트는 이렇게 씁니다. '내가 보기에 이교에서 신앙으로 이르는 첫 번째 종류의 구원의 변화가 있고, 신앙에서 지식으로 이르는 두 번째 변화가 있다. 그리고 이 후자는 사랑으로 나아갈 때 즉시로 인식 자와 인식 대상 사이에 서로 친밀한 관계를 수립하기 시작한다.' 이는 자아가 계속 진보하면서 '실로 주께서 거하시는 네도 계속 나아가' 거기서 '모든 변천으로부터 절대적으로 안전하고 영원히 있으며 거하는 빛'으로 남는다. 라고 했습니다.

3) 평가

클레멘트는 기독교에 많은 영향을 주었습니다. 즉 밝은 면과 어두운 면을 동시에 끼쳤습니다. 밝은 면은 위에서 밝힌 부분들이라고 한다면, 어두운 면은 철학적 방법으로 진리를 해설하였다는 것입니다. 다시 말하면 절충주의와 신플라톤주의라는 의미입니다. 이런 사상들은 인간이 신적세계로 완전에 이를 수 있다는 전제를 깔고 있는 헬라 영지주의 사상입니다. 이러한 면을 클레멘트는 그가 쓴 세 작품에서 분명하게 보여줍니다.

첫 번째 작품 "권고"에서 이교도들이 기독교를 수용하도록 권하는 글이지만 중요한 기독교 진리를 포기하고 있습니다. 두 번째 작품 "교사"

는 새로운 신자들이나 초신자들을 위한 글입니다. 하지만 그리스도를 교사로만 보는 것이다 보니 그리스도의 3중직의 부분이 매우 빈약합니다.

더우기 세 번째 작품인 "잡록"은 헌신된 신자들의 속성을 소개하고 있는데 도덕 부분에 너무 치중하고 있습니다. 그리고 그리스도를 도덕적 교사로 소개했던 것입니다. 마치 공자나 불자와 같이 인자한 그리스도를 보았던 것입니다. 그래서 클레멘트는 기독교 도덕론이나 윤리학의 선구자라고 여길 수 있습니다. 이것이 영지주의 기독교의 특징입니다.

교부들은 성경의 입장에서 철학을 본 것이 아니라, 희랍철학을 기독교 교리로 변형시킨 것이 주요 특징이었습니다. 교회사가 워커의 진술에 의하면 어거스틴 이전에 초기 기독교 교리 형성의 중요한 역할을 했던 오리겐의 스승 클레멘트는 플라톤주의를 중심으로 기독교를 재편하였습니다. 클레멘트는 플라톤주의에 가까운 사상과 교리들을 성경 속에서 추출하곤 하였습니다.- Justo L. Gonzlez, The Story of Christianity, p.125. 클레멘트는 철학으로 기독교를 해석하여 교의학을 과학화 하려는 의도를 가졌습니다.

- Williston Walker, A History of the Christian Church, 70.

이러한 클레멘트의 방법론은 그의 제자 오리겐에게 계승되어 이어지게 됩니다.

4) 플라톤 철학의 교리적 방법론

스콜라 철학 - 성경의 세계관과 그리스 세계관의 충돌

정통교리의 탄생의 배경이 그리스 철학의 기독교화로 시작하여 그 이후 오랜 시기를 지내게 됩니다. 1300년 이후에 신학자들은 기독교 신학의 든든한 기초를 마련하기 위하여 그리스 철학에 조금 더 의존하였습니다. 토마스 아퀴나스가 아리스토텔레스의 자연법 철학인 형이상학을 도입해서 기독교의 진리를 자연법에 의해서 해석하려는 시도를 한 것입니다.

- Andrew Hoffecker, Building A Christian World View, vol. 1, 152.

교부들과 주교들은 전적으로 다른 성경적 세계관과 그리스 세계관을 결합시키려 하였습니다. 그리고 그것들이 정통이라는 것으로 포장되었습니다. 중세 스콜라 철학은 그래서 갈등의 구조를 갖게 되었고 허구적인 구조에 대한 고발이 있었습니다. 그래서 스콜라라는 특유한 의미를 갖게 되었습니다. 중세철학인 스콜라 철학은 앞뒤가 어긋나는 곳을 맞추고 정리, 보강하는 것을 그 임무로 하였기 때문에 후세에 공리공론을 일삼는 것을 '스콜라적' 이라고 하게 되었습니다. - 高田 求, 세계관의 역사, p.47.

이러한 갈등 구조의 봉합이 불가능해지자 '이성의 한계' 라는 등, '무조건적인 신앙', '숨겨진 하나님의 비밀,' '하나님의 영역에 속한 문제' 등으로 무조건적으로 받아들이거나 수사학적인 변명과 회피로 그 괴리 자체를 정당화시켰습니다.

하나님의 예정에 대한 이해가 어려운 까닭은 인간의 이성이 유한하므로 일시에 몇몇 부분 밖에 깨달아 알지 못하고 또한 그 사이에 있는 관계 중 겨우 일부분 밖에 이해할 수 없기 때문입니다.

- L. B. Bottner, The Reformed Doctrine Predestination, 보문출판, 1990, p.60.

출생이 성경 진리에서 어긋난 그리스 철학 사상은 이러한 혼란스러운 작업이 계속되어야 했고, '허탄한 신화' 가 계속되어 왔고, 현대 기독교 안에서도 그 작업은 계속되고 있습니다. 아리스토텔레스의 형이상학의 자연법 철학을 중심으로 토마스 아퀴나스는 스콜라 철학을 세우려 했습니다. 이것은 헤겔의 변증법, 다윈의 진화론, 칼 마르크스의 자본론, 아브라함 카이퍼의 신칼빈주의, 칼 바르트의 신정통주의, 피터 와그너의 신사도 운동으로 발전했습니다. 결국 현대신학은 헬라 영지주의 철학을 가르쳤던 알렉산드리아 교리문답학교에서 시작된 잘못된 출발에서부터 오늘의 칼 바르트의 윤리신학, 칼 마르크스의 자연주의 철학을 기초로 한 과학적 공산주의 이론까지 발전하게 된 것입니다.

3. 사탄교회 설계자 오리겐

1) 오리겐의 생애 (Origen 185-254년)

터툴리안이 서방신학의 선구자였다면 오리겐(주후 185-254)은 동방

신학의 전통을 세워놓은 인물이었습니다. 오리겐은 클레멘트(Clement)에 의해 시작된 알렉산드리아 학파의 꽃이었습니다. 오리겐은 185년 이방인이 아니라 기독교 가정의 장남으로 태어났습니다. 오리겐의 생애는 주로 교회사가 유세비우스에 의해 기록되었습니다. 오리겐의 아버지 레오 니데스는 202년 세베루스 황제의 박해 때 감옥에 갇히게 되었습니다. 청년 오리겐은 진리에 대한 열정과 용기로 불타 올라 아버지를 따라 순교자로 죽으려 했지만 자신의 어머니가 옷을 숨겨서 그 뜻을 이루지 못했습니다. 아버지가 순교한 후 오리겐은 한 여인을 통해 묵상할 수 있는 거처를 얻어 학문에 전념했습니다. 그는 스스로 거세를 해서 고자가 되었습니다. 당시 알렉산드리아에는 예비 신자를 위한 교리문답 학교가 있었고 책임자는 클레멘트였습니다.

클레멘트가 기독교 박해를 피해 피신하자 학교의 문을 닫아야 할 지경이 되었습니다. 이때 알렉산드리아의 데메트리우스 감독(Bishiop Demetrius)이 18세의 오리겐을 학교 책임자로 추천했습니다. "오리겐의 교리는 생활이요, 오리겐의 생활이 곧 교리"였기 때문에 오리겐은 학생들에게 대단히 인기가 좋았습니다. 그는 성경대로 살기 위해서 금식을 하고, 맨땅에서 잠을 잤으며, 생명을 연장하는 데 필요한 음식 외에는 먹지 않았습니다. 그는 히브리어에 능통했습니다. 당시에 신플라톤주의 철학의 창설자인 암모니우스 사카스(Ammonius Saccas)의 강의를 듣고 많은 영향을 받았습니다. 학생 수가 많아져 그는 고등 과목인 철학, 신학, 성경을 가르쳤습니다.

성경학자로 명성이 널리 알려지게 되자 팔레스틴, 세사리아, 예루살렘 감독이 오리겐을 초청하여 설교와 성경 강해를 하도록 했습니다. 오리겐은 사제가 아니기 때문에 알렉산드리아 감독인 데메트리우스가 평신도인 오리겐이 설교를 했다고 비난하자, 예루살렘 감독인 알렉산더와 세사리아 감독인 테오티스투스는 오리겐을 사제로 안수했습니다.

데메트리우스는 화가 나서 사제 회의를 소집하여 교회법에 고자는 사제가 될 수 없다는 명목으로 오리겐을 사제직에서 파문했습니다. 파문을 받은 후 오리겐은 알렉산드리아를 떠나 세사리아로 가서 그곳 감독의 권유로 신학교를 세워 거기서 20년 동안 봉직했습니다. 오리겐은 데시우스(Decius) 황제 박해 때, 심한 고문의 영향으로 253년 69세의 나이로 죽었습니다.

2) 오리겐의 신학사상

오리겐의 스승인 클레멘트는 철학을 신학하는데 있어서 대단히 중요하게 다루었지만, 오리겐은 철학은 신학을 위한 준비 과목이라고 했습니다. 클레멘트는 자신의 신학의 기초를 모든 지식의 원천인 로고스 교리에 두지만 오리겐은 '하나님'에게서 시작했습니다. 오리겐의 하나님에 대한 개념은 초대 기독교 교리사에 있어서 하나의 커다란 핵을 그은 하나님의 개념입니다.

오리겐은 헬라사상의 영향을 받아 성부가 직접 세상을 창조하기는 부적당한 것으로 보고 신플라톤주의적 로고스 신학을 발전시켰습니다. 왜냐하면 신플라톤 철학에서는 물질을 악으로 보았기 때문입니다. 오리겐에 따르면 하나님이 처음부터 물질계를 창조하지 않고 하나님의 영광을 위해 지음 받은 오직 이성과 자유의지를 지닌 영적 존재들만을 창조하셨다고 했습니다. "그러나 이 영적존재들이 하나님께 영광을 돌리는 일에 염증을 느껴 점차 열등한 것에 관심을 가지게 되었다. 이 영적 존재들이 타락하여 물질계는 존재하게 되었다. 이 물질계는 우연히 창조된 것이 아니라 하나님의 본래 목적에 따라 지어진 것이다."

오리겐의 사상은 에큐메니칼 범교회적 대연합회의의 토대를 제공했고 수도원 운동이 태동할 수 있는 기반을 닦았습니다.

3) 오리겐의 성경해석

오리겐의 신학을 이해할 수 있는 가장 좋은 길은 그의 성경 해석 방법을 고찰하는 것입니다. 왜냐하면 오리겐은 최초로 성경을 학적으로 주석했고, 거의 모든 성경을 주석한 성경 신학자였기 때문에 오리겐의 주석이야말로 그의 신학적 관심을 나타내기 때문입니다. 오리겐의 성경해석은 알렉산드리아 신학 전통에 서 있었습니다. 알렉산드리아 학파의 성경해석을 필로-클레멘트-오리겐 전통으로 내려왔습니다.

(1) 필로의 성경해석

알렉산드리아 학파의 성경해석은 유대인들의 세 가지 해석 방법 중 하나입니다. 이 해석 방법은 이집트의 알렉산드리아의 디아스포라 유대인들에게서 시작되었습니다. 그들은 헬라 철학의 개념을 성경 해석에 적용하여, 성경은 히포노이아(hyponoia)라고 불리는 보다 깊은 진리 또는 영적 의미를 지닌다고 보았습니다. 영적인 의미는 단어 밑바닥에 깔려 있기 때문에 풍유적 해석법으로 발견해 내야 한다고 생각했습니다. 풍유적인 성경 해석의 선구자요 가장 대표적인 인물이 필로(주전 20년부터 주후 50년)였습니다.

예수님과 바울과 동시대에 살았던 필로는 플라톤의 철학 방법을 이용하여 성경 언어의 이면에 숨은 영적인 의미를 찾았고 성경의 문자적인 의미보다는 풍유적인 의미가 더 진실하고 참된 의미라고 했습니다. 필로 당시 알렉산드리아는 헬라 문화와 유대 문화가 서로 적대하는 상황에 놓여 있었습니다. 헬라 철학자들은 구약 성경을 조롱하고 비판했으며 랍비들은 문자 숭배에 빠졌습니다. 이런 상황에서 성경을 어떻게 적절하게 설명할 수 있을까 하는 문제를 놓고 고민하던 중 구약성경을 풍유적으로 풀면 헬라문화권에 젖은 자들이 거부감 없이 성경을 받아들일 것이라고 필로는 생각했습니다.

그러나 필로의 풍유적 해석은 성경의 문자적 의미를 배제한 것이 아닙니다. 그는 두 차원의 의미, 즉 표면적 의미는 이면적 의미라는 실체에 대한 그림자이므로 표면적 의미에서 풍유적 의미로 전이해야 한다고 주장했습니다. 필로는, 감각세계가 이데아 세계의 그림자라고 본 플라톤의 사상에 따라, 표면적인 의미 배후의 이면적인 의미의 실체를 추구하고자 했습니다.

(2) 클레멘트의 성경해석

풍유적 방법론을 증진시키는 센터의 역할을 해 온 알렉산드리아에 있는 기독교 교리 문답 학교의 책임자였던 클레멘트(Clement of Alexandria)는 박해로 유배되기까지 필로처럼 성경은 이중적인 의미를 가진다고 가르쳤습니다. 영과 육을 가진 인간처럼, 성경도 문자적인 의미 이면에 숨겨진 혼(영)적인 의미뿐만 아니라 육적 의미를 갖고 있다는 것입니다. 여기서 숨겨진, 영적인 의미가 더 중요하다고 그는 가르쳤습니다.

(3) 오리겐의 성경해석

그는 히브리어에 능통했으며 유대인들의 수중에 있는 히브리어로 기록된 원본을 수집했습니다. 오리겐은 성경의 원문을 중요하게 다루면서도 성경의 참된 의미는 문자적 해석을 통해서 얻을 수 없다고 생각했습니다. 오리겐은 인간이 몸, 혼, 영으로 구성되어 있듯이 성경도 삼중적 의미를 갖고 있다고 주장했습니다. 성경의 삼중적인 의미는 '문자적 의미'(본문의 사건, literal or physical meaning), '도덕적인 의미'(그리스도인의 삶을 위해 숨겨진 원리들, moral meaning), '영적인 의미'(교리적 진리, spiritual meaning)가 있는데, 그 중에 가장 깊은 의미는 영적인 의미라고 했습니다.

4) 성경변개의 주모자

로마 카톨릭 교회의 "소수 본문"은 이집트의 알렉산드리아에서 만들어진 "국지적 본문"(A Local Text)이었고, 그 곳에서 유세비우스는 대음모자 콘스탄틴 황제(Emperor Constantine)의 요청을 수행하기 위하여 50개의 복사본을 만들었습니다. 그러나 불행히도 유세비우스는 참된 크리스천들이 공통적으로 받아들인 순수한 본문을 사용하기 위해 안티옥으로 가지 않았고, 대신에 이집트에 있는 교육의 중심지였던 알렉산드리아로 가서 거기에서 "학자들의 수정판"을 얻었습니다.

그렇다면 왜 유세비우스는 안티옥 대신에 알렉산드리아를 선택했을까요? 그 주된 이유는 그가 이집트 학자인 오리겐을 열렬히 추종했기 때문이었습니다. 오리겐이라는 이름으로 더 잘 알려진 아드만티우스 오리게네스(주후 185~254년)는 성경 본문 부패의 주 장본인입니다. 현재 신학교에서 가르치는 교회사 자체가 로마 카톨릭 교회사이므로, 대부분의 신학교 교과서나 참고서들은 오리겐을 가리켜 "위대한 크리스천 학자요, 고대 교회의 가장 뛰어나고 영향력 있던 신학자"라고 잘못 소개하고 있습니다.

사실 오리겐은 한 때 그리스의 아테네 철학의 관점에서 성경을 해석한 이단자로서 판명되었습니다. 그는 또한 예수님께서 '창조된 하나님'이었다는 이단교리를 퍼뜨렸습니다. 이같은 오리겐의 믿음에 대해「뉴 스탠다드 백과사전」(New Standard Encyclopedia), 제9권은 다음과 같이 잘 요약해 주고 있습니다.

"오리겐의 사상 중 가장 주목할 만한 것은 바로 그의 '로고스(Logos) 교리'였다. 이 사상은 요한복음 1장 1-5절과 기타 다른 기독교 저술 안에도 나타나 있으나, 특히 오리겐은 이 문제를 철저히 다루었다. 그리스 철학에서 로고스란 창조의 신적 원리와 이성세계의 질서에 대한 이름이었는데, 오리겐은 이 원리를 예수 그리스도의 인격과 사역에 적용시켰다. 그는 아들을 아버지에게 종속된 존재로 만듦으로써, 그리스도를 세상에 이성을 가져다주는 '하나님에 의해 피조된 로고스'로 취급하였다. 그리하여 오리겐은 실제로 이 땅에서 사시며 가르치시기도 하셨던 신적인 사람으로서의 예수 그리스도의 특성을 무시하였다. 이같은 교리는 4세기경의 이단 그룹인 아리우스파의 교리 정립을 위한 토대를 제공해 주었다."

다시 말해 오리겐은 오늘날의 여호와의 증인들처럼 예수님을 하나님으로 믿은 것이 아니고 하나의 피조된 신으로 믿은 것입니다. 심지어 그는 예수님께서 육체로 땅에 거하셨다는 사실조차 믿지 않았습니다! 오리겐의 저술에는 많은 모순들이 있는데, 바로 이같은 사실은 부패한 사본들 속에 들어 있는 모순들을 설명해 주는 열쇠가 됩니다. 간혹 그는 "예수 그리스도께서 하나님이시다."라는 것을 인정하는 듯한 발언을 하다가도, 이내 돌아서서는 그것을 부인하곤 했습니다.

사실 오리겐은 요한복음 1장 1절 말씀을 변개하고는 "말씀(the word)은 한 신(a god)이었습니다."고 말했는데, 여기에서 우리는 '말씀'과 '신'을 소문자로 쓴 것에 유의해야 합니다. 이같은 믿음은 참으로 우리 세대의 여호와의 증인들이 고수하는 그릇된 교리에서 나온 믿음과 동일한 것입니다. 사실 여호와의 증인들은 이같은 자신들의 교리를 부패한 알렉산드리아 사본의 요한복음 1장 1-5절과 3장 13절에서 취하고 있는데, 바로 이 오리겐이라는 인물이 자기 자신의 이단교리를 합리화하기 위해 "보편적 본문"을 변개시켜 여호와의 증인들을 위한 토대를 마련해 준 것입니다.

5) 오리겐의 잘못된 사상들

비록 오리겐이 초기의 위대한 교부 중 하나로 인정받고 있기는 하지만, 그를 추앙하는 사람들마저도 그가 교리적으로는 정통이 아니었음을 인정합니다. 그는 영지주의적 신념들에 대해 잘 알고 있었습니다. 그는 플라톤 철학에 심취했습니다. 그는 종종 구약성경을 신비적으로 해석했고, 신약성경과 더불어 비유적으로 해석했습니다. 이에 대해 저명한 학자 피커링은 마쉬의 말을 인용하여 이렇게 평가합니다. "그러므로 자기가 알렉산드리아에서 배운 철학에 비추어 볼 때 문자 그대로 해석한 것이 불합리하거나 불가능한 것으로 보이면, 오리겐은 곧바로 문자적 해석을 버리고 비유 해석을 택했다. 그는 이렇게 말했다. '사실 성경이란 기록된 것에 지나지 않으므로, 그것을 이해하는 사람들에겐 거의 쓸모가 없다.' 이 말은 곧 자기가 느끼는 바가 바로 성경이 의미하는 바라고 오리겐이 생각했음을 단적으로 보여주는 것이다."(피커링, 「신약성경본문의 본질」(The Identity of the New Testament Text), 1977, pp.140, 192)

그는 창세기에 나오는 아담과 이브의 기록을 부인했고, 오히려 영혼이란 영원 전부터 계속해서 존재해온 것이라고 믿었습니다. 그는 또한 죽음 이후에 사람의 혼이 그 사람의 행위에 따라 좀 더 고차원의 혹은 저차원의 생명으로 바뀐다는 윤회사상을 믿었습니다.

그는 또한 보편적 구원을 믿었으며, 악한 자들도 형벌을 받은 후에는 즉 연옥에서 고통을 받은 후에는 구원받는다고 믿었습니다. 그는 또한 육체의 부활을 믿지 않았고 별이나 달도 혼을 갖고 있다고 믿었습니다. 그는 결국에는 마귀들도 구원받을 것이라고 믿었습니다.

그는 목사를 제사장(혹은 신부)으로 부른 사람들 중 하나이며 주교들이 큰 죄를 용서하는데 한 몫을 한다고 말했습니다. 대부분의 교부들이 성경대로 '전천년주의'를 믿었음에도 불구하고, 그는 예수 그리스도가 오기 전에 교회가 세력을 확장해서 평화를 가져온다는 '후천년주의'

(무천년주의)를 신봉했습니다.

6) 오리겐의 작품

오리겐은 그 자신의 저서들을 통해서 온 기독교계에 큰 영향을 미쳤는데, 그 평생에 6,000 여권의 책을 저술했고 초기 교부들이 신약성경에서 인용한 글 중 현재까지 남아 있는 것의 50% 정도가 그의 글을 인용하고 있습니다. 니케아 종교회의 이전의 7명의 중요한 교부들이 신약성경을 인용한 것 중에서 오리겐의 것이 약 18,000개나 될 정도로 그는 왕성한 저술 활동을 했습니다. 오리겐의 대규모 작품으로 그는 성경의 거의 모든 책에 대한 주석서를 썼습니다.

그가 저술한 "Principiis"라는 책은 조직신학 책입니다. 그가 지은 「셀수스에 반대하여」(Against Celsus)는 변증학 책입니다. 그의 작품 중 가장 유명한 것은 「헥사플라」(Hexapla)입니다.

7) 신약성경 본문에 미친 오리겐의 영향

오리겐은 성경본문 비평가들이 소위 "가정하여 수정하는 기법"이라 부르는 기법을 사용하여 종종 신약성경 사본을 자기 마음대로 뜯어 고쳤습니다. 이 기법은 한 마디로 당신이 원하는 대로 본문을 고치라는 것입니다. 오리겐이 플라톤 철학의 관점에서 일했으므로, 그의 작품은 참으로 신약성경 본문을 망가뜨리는데 결정적인 역할을 했습니다. 신실한 성경학자였던 딘 버건은 다음과 같이 오리겐의 신약성경 본문 비평의 멋있는 예를 들고 있습니다.

"부자 청년과 예수님의 대화를 기록한 마태복음 19장 17-21절에 대한 주석에서, 예수님은 '네 이웃을 네 몸과 같이 사랑하라'는 매우 포괄적인 요구조건으로 하나님의 명령 전부를 다 포함하게 할 수 없었을 것이라고 오리겐은 추측했습니다. 왜냐하면 부자 청년이 '이 모든 명령은 제가 어려서부터 지켰습니다.'라고 대답했기 때문입니다. 분명히 예수님께서는 부자 청년의 말을 그대로 인정하셨습니다. 그런데 만일 그 부자 청년이 자기 이웃을 자기의 몸과 같이 사랑했다면 그는 완전한 사람이었을 것입니다. 왜냐하면 사도 바울이 '율법 전체는 네 이웃을 네 몸과 같이 사랑하라는 한 마디 말씀으로 요약될 수 있다.'고 말했기 때문입니다.
 그런데 부자 청년의 대답을 들은 예수님께서는 '네가 완전하게 되려거든……' 이라고 대답하시면서, 그 부자 청년이 아직 완전치 못하다는 것을 보여 주었습니다. 그러므로 오리겐은 사실 예수님께서 그 부자 청년에게 '너는 네 이웃을 네 몸과 같이 사랑하라'고 말씀하신 것이 아니라고 주장하면서 이 말씀이 원래의 마태복음에는 없었던 것이라고 추정했습니다. 다시 말해 그는 후대의 어떤 서기관이 이 구절을 집어 넣었다고 믿었던 것입니다."
 위의 예를 통해서 우리는 저 유명한 오리겐이라는 본문 비평가가 자기가 받은 본문에 만족하지 않고, 스스로 무엇인가를 상상해서는 자기 마음대로 본문에 가감을 했음을 볼 수 있습니다. 그런데 그 당시 알렉산드리아에는 오리겐보다 더 자유롭게 본문을 수정한 학자들이 많이 있었음에 틀림이 없으며, 바로 이런 사람들의 영향으로 부패한 「바티칸 사본」과 "시내 사본" 등이 나오게 된 것입니다.

8) 사탄교회 주모자 오리겐

 오리겐과 오리겐이 소속되어 있는 알렉산드리아 학파는 모든 기독교 이단을 탄생시킨 본부입니다. 세계 역사를 승자의 편에서 쓰고 있는 기독교 역사도 모두 양의 탈을 쓰고 있는 오리겐을 중심으로 한 로마 카톨릭에서 종교 개혁자들에게 이어지는 역사입니다.
 그들은 오리겐을 인류 역사상 가장 위대한 성경학자 가운데 한 사람으로 추앙을 받도록 만들었습니다. 그들은 수많은 책들에서 오리겐의 천재적인 지능과 종교적인 열성은 물론, 그의 성경 진리에 대한 지식과, 그가 하나님과 갖는 영적인 유대관계 또한 의심할 바가 전혀 없다고들 말하고 있습니다.
 오리겐의 미화와 과대포장은 그의 사탄신학을 후대에 뿌리를 내리게 하는 전략이었습니다. 오리겐은 금욕적인 삶을 살았다고 합니다. 그는 하나님을 위해 스스로 거세하여 고자가 되었습니다. 그는 달랑 옷 한 벌 뿐이었고, 신발도 없었을 뿐 아니라, 거의 술도 안 마셨으며, 기도하고 연구하는 데 밤을 셀 수 없이 지새웠으며, 잠도 맨 바닥에서 잤다고 합니다. 이와 같은 사실은 그의 종교적 열성과 신앙심을 확실하게 증명해 주고 있다고 선전을 합니다.

그러나 사실은 그의 목숨을 건 종교적인 열심은 배교를 위한 사탄의 교리에 대한 충성이었습니다. 그는 거짓 교리를 만들고 수많은 성경구절을 변조하고, 삭제하고, 오역을 했습니다.

그는 '하나님께서 아들을 창조한 것이고, 또 성령은 아들에 의해서 창조되었기 때문에 아들보다 하위의 존재'라고 가르쳤습니다. 그는 죄사함 받기 위해서는 세례가 필수불가결한 조건이라고 믿었으며, 유아 세례를 인정했습니다. 세례라는 교리를 속죄교리로 만든 장본인입니다. 그 후 로마 카톨릭과 종교 개혁자들은 동일하게 성례를 속죄의 도구로 사용하였고, 그것에 동의하지 않았던 수많은 참 교회들을 단죄했습니다.

그는 심지어 저주받은 사람들과 마귀들은 그들이 충분히 형벌을 받은 후에는, 그리스도께 자발적으로 복종한다고까지 가르쳤습니다. 이것은 보편적 구원과 영지주의 우주 교회론입니다. 최종적으로 전 우주의 생명체가 하나로 통일되는 우주법 철학입니다. 오리겐은 필로의 풍유적 해석을 응용하여 신약성경을 해석하는 하나의 정규 방법으로 발전시켰습니다. 이러한 방법으로 그는 위에서 말한 모든 거짓 교리와 그 밖의 비성경적인 가르침들을 지지하는 기반으로 삼았던 것입니다.

오리겐의 풍유적 해석방법이나 그의 교리를 따르지 않는 신학자들이나 학자들은 그가 특히 원문 비평학에서 집중적으로 큰 일을 저질렀다고 말합니다. 다시 말해, 그는 대단히 열성적으로 헬라어 성경을 변개했던 것입니다. 그렇다면, 오리겐의 거짓 교리들이 그의 원문비평에도 과연 영향을 미쳤을까? 다음에 제시하는 두 가지의 예만으로도 족히 그 사실을 입증할 수 있을 것입니다.

먼저, 오리겐은 신약성경 원문을 편집할 때, 마가복음 6:3에서 [목수]라는 단어를 삭제했습니다. 그 이유인즉, 그 단어가 거기에 있어서는 안 된다고 생각했기 때문입니다.

두 번째로, 마태복음 19:16- 22에서 "네 이웃을 네 자신과 같이 사랑하라."는 명령을 삭제했는데, 그 구절이 원래 있었다고 논리적으로 설명할 수 없기 때문이라고 이유를 밝히고 있습니다. 그러므로 그 구절들은 첨가된 것이 분명하다고 주장합니다. 오리겐이 이런 식으로 수많은 성경 구절을 변개했습니다.

9) 신구약 성경을 변조한 알렉산드리아 사본

그들이 사용한 변개된 원문의 뿌리는 이집트 알렉산드리아에서 시작된 소위 "알렉산드리아 이단"의 원조 오리겐(Origen, A.D.184-254)에게서 시작됩니다. 오리겐은 예수 그리스도의 신성을 하나님 아버지와 동등시하지 않은 유대교 이단 에비온 학파의 일원으로서, 성경에서 예수 그리스도의 신성과 권위에 대한 부분을 자의적으로 삭제 또는 변개시켜 버린 장본인입니다(눅 2:33, 요 1:18, 행 8:37, 20:28, 롬 14:10, 골 2:9,10, 딤전 3:16 등). 이렇게 변개되어 버린 성경에서 유세비우스(Eusebius, A.D.260-340)가 50권의 성경을 복사함으로써 변개된 성경은 확산되었고, 제롬이 이 성경에서 라틴 벌게이트를 번역함으로써 로마 교회에서는 1100년 동안 공식성경으로 사용하였습니다.

오리겐과 제롬의 라틴 벌게이트 성경은 로마 카톨릭과 종교 개혁시대를 거쳐 오늘날 사용하고 있는 많은 성경이 하나같이 변개된 사본(알렉산드리아 계열 사본)이라는 사실은 그동안 사탄의 세력들이 얼마나 치밀하게 교회를 세속화시키고 눈먼 신학을 발전시켜 오늘의 뉴에이지 기독교로 만들어 왔는지를 한 눈으로 파악할 수 있습니다.

10) 알렉산드리아 학파는 기독교 이단 본부

플라톤-필로-판테누스-클레멘트-오리겐-암브로스-어거스틴-종교개혁자로 이어지는 신약의 기독교 역사는 사탄이 기록한 승자의 역사였습니다. 그리고 그 역사 이면에는 오리겐을 중심으로 한 로마 카톨릭과 루터교, 개혁교회가 포함되어 있습니다.

이들을 통해서 성경의 권위를 무너뜨린 원문비평과 문서설이 나왔고, 슐라이어 마하를 비롯한 현대 신학자들이 탄생했습니다. 그 후 성경의 권위가 흔들리면서 오순절 은사운동과 번영신학을 통해서 신사도 직통계시 시대가 열리게 되었습니다.

11) 어거스틴이란 사상의 저수지에서 탄생한 기독교 제국주의 로마 카톨릭

이 모든 과정들은 사탄이 성경의 권위를 무너뜨리고 그리스 철학과 유대 종교와 바벨론 태양신 종교를 혼합한 로마 카톨릭이란 바알 기독교를 역사무대에 등장시킴으로 가능했던 것입니다. 알렉산드리아 학파는 바리새파 유대주의적 기독교와 이집트 헬라의 영지주의와 기독교의 만남을 통해서 이루어진 거대한 사탄의 음모였습니다. 이것이 미트라교도 콘스탄틴과 태양신 마니교도였던 어거스틴이란 거대한 사상가의 저주지에서 만나 세계 기독교 제국주의인 로마 카톨릭이 완성되었던 것입니다.

12) 고트족을 통해 로마제국을 점령한 알렉산드리아 학파 아리안 주의

예수님의 신성을 부인한 알렉산드리아 아리우스파는 니케야 종교회의에서 아타나시우스에게 단죄된 후 추방당해 고트족과 켈트족에게 들어가 결국 로마제국을 멸망시킨 후 유럽의 프랑크 왕국의 첫 번째 왕조인 메로빙거 왕조를 이끌고 화려하게 유럽을 지배하게 되었습니다.

이들의 세력들이 주후 800년 카로링거 왕조를 통해 신성 로마제국을 만들고 메로빙거왕조의 혈통인 독일의 바바리아 왕조, 오스트리아의 합스부르크 왕조, 프랑스 로렌 왕조, 영국의 스튜어트 왕조를 통해서 루이 14세가 죽은 1800년까지 1000년 동안 중세 사탄의 왕국을 지배했습니다. 아리우스파에서 파생되어 나온 이단은 여호와 증인, 말일 성도 그리스도교, 안식교, 몰몬교 등입니다.

4. 최초의 라틴 성경번역가 제롬 (주후 342년-420년)

1) 왈덴스인들과 제롬의 전쟁

(1) 배경
왈덴스인들은 4세기에 종교개혁을 했던 성경중심의 교회였습니다.

이들은 로마 카톨릭의 성경변개와 우상숭배를 반대하고 분리 독립을 해서 로마 카톨릭을 공격했습니다. 이들에 대하여 제롬은 혹독한 저주를 했습니다. 이런 기록들이 남아 있는데 이것을 왈덴스인들과 제롬의 전쟁이라고 합니다.

제롬은 자신의 친구이자 로마의 주교인 다마수스에 의해 표준 라틴 성경을 만들어 달라는 부탁을 받았습니다. 이것은 AD 383년-405년 23년 만에 완성되었습니다.

제롬이 번역한 라틴 벌게이트 역본 성경은 히브리어 원문성경과 오리겐의 70인 헥사플라 6란 대조성경과 콘스탄틴 대제의 명령으로 교회 역사가 유세비우스가 오리겐의 성경을 토대로 만들었던 50권의 왕실 성경을 토대로 만든 것입니다.

제롬이란 인물은 교황권을 공고히 세우려고 로마 교황권의 라틴어 성경을 만든 장본인입니다. 제롬은 유세비우스 판본과 상이(相異)한 이미 그리스도인들이 사용하고 있던 구 라틴(올드 라틴) 본문을 거부하고, 오리겐의 70인 성경을 따라서 제롬의 역본에는 명확한 본문상 개악(改惡)들이 영구히 남아 있습니다.

(2) 성경의 두 줄기 역사

성경은 두 종류의 본문 흐름이 있습니다.

한 종류는 성경을 유일한 하나님의 말씀으로 믿는 신실한 그리스도인들이 자신들의 언어로 번역해서 사용하는 안디옥 본문(시리아어나 라틴어로 번역된)으로 여기서 구 라틴 본문이라 한 것은 [올드 라틴 벌게이트]라 불리는 초기 본문입니다.

또 하나의 흐름은 로마 카톨릭 교회 감독주의자들에 의해 자신들의 신앙에 근거해서 모조해 만들어 낸 본문 오리겐의 헥사플라 6란 대조성경, 콘스탄틴의 명령으로 유세비우스가 50권의 왕실 성경을 오리겐의 것을 토대로 만든 본문, 제롬이 기존의 라틴 역본을 대체하기 위해 만들어 낸 라틴 벌게이트 등이 있습니다.

제롬은 사도들의 순수한 신앙을 따르는 자들에 대해서 특별히 혐오적인 태도를 취하였습니다. 제롬이 그릇되게 "이단"이란 제목을 달아 주었던 그들에 관한 제롬의 저서들의 특징은 가장 저속한 종류의 언어들을 사용했다는 점입니다.

비질란티우스, 조비니안, 그리고 헬비디우스는 제롬이 독설을 퍼부은 사람들 중 일부였습니다. 이들은 독신주의, 순교자들과 성골(聖骨)들에 대한 숭배, 그리고 마리아 무죄설과 동정녀설을 포함한 로마 카톨릭 초기 지도자들에 의해 추가 되어진 거짓 유전들을 거부했습니다.

그러한 사람들에 대하여 제롬은 개, 미치광이, 괴물들, 당나귀들, 바보 멍청이, 두 다리 달린 나귀, 벌레, 사단의 하인들, 광인, 사도들의 권위의 철봉으로 부셔져야 할 쓸모없는 그릇 등등의 험악한 욕설들을 쏟아 내었습니다.

왈덴스인들과 알비겐스인들을 연구했던 성실한 사학자 죠지 파베르(George Faber)에 의해, 제롬이 비난했던 자들 중 하나인 비질란티우스(Vigilantius)가 북이탈리아의 왈덴스 그리스도인들과 결속되어 있었다고 밝혀진 점이 매우 흥미롭습니다.

주후 406년 비질란티우스는 "이 시대의 기적같이 성장하고 있는 미신들에 반대하고, 절대 타협할 수 없는 단호한 논문"을 발표했습니다.

이 논문에서 그는 독신주의가 성직자들의 의무라는 주장을 공격했습니다. 순교자들에 대한 지나친 숭배와 그들이 은혜의 보좌 앞의 막강한 중재자들이라는 우스꽝스러운 비성경적 공상을 우상숭배라고 비난하였습니다. 의미 없고 쓸모없는 성골들에 대한 맹목적인 숭배를 조소했습니다. 마치 이교 우상처럼, 대낮에도 그들의 성당 앞에서 타고 있는 촛불의 철저한 어리석음을 폭로했습니다. 죽은 유골들에 의해서 이루어졌다고 전해지는 것들이 거짓 기적들임을 간파하였습니다. 헛되고 불필요한 수도원 제도의 부풀려진 거룩의 거품을 뺐습니다. 그리고 예루살렘 혹은 다른 유명한 성지로의 순례가 공허한 속임수임을 지적하였습니다.

(파베르, 고대 왈덴스인들과 알비겐스인들의 역사, 1838, 291쪽).

제3장
바리새파 유대인의 정체와 로마 카톨릭

1. 기름부음을 받은 고레스(사이러스)왕

2. 콘스탄틴 대제와 고레스왕

3. 종합평가 로마 카톨릭의 진짜 정체는 무엇입니까?

제3장 바리새파 유대인의 정체와 로마 카톨릭

1. 기름부음을 받은 고레스(사이러스)왕

1) 페르시아 제국에 나타난 메시야 고레스

구약 성경을 읽는 사람들은 누구나 바벨론의 압제를 알고 있습니다. 바벨론이 예루살렘을 점령하고 이스라엘 사람들을 모두 바벨론으로 끌고 간 이야기입니다. 바벨론은 이스라엘인늘을 노예로 삼고 이들의 종교를 통제한 사건입니다. 이는 결국 페르시아 사이러스(고레스)왕이 바벨론을 점령하고, 이스라엘인들을 노예에서 해방하고 이들을 예루살렘으로 돌려보내게 되면서 일단락 되었습니다. 이후 페르시아 사이러스(고레스) 대왕은 유대인들에게 기름부음을 받은 메시야로 추대되고 이사야 성서를 통하여 하나님의 사자로서 인정받게 되었습니다. 이것이 바리새파 유대인들이 탄생하게 된 배경입니다.

2) 고레스(사이러스)왕의 자유선언문

페르시아 고레스(사이러스) 대왕이 바벨론을 멸망시키고 전 세계인들을 향해서 선포한 자유선언문인 포고문(사이러스 대왕의 원통)은 현재 대영박물관에 보존되어 있고, 유엔 본부에도 그 사본이 전시되어 있으며, 인류 최초의 전 세계를 상대로 한 자유선언으로 알려져 있습니다. 이에 따르면 "나 키루스는 세계의 왕이자 전지전능한 왕이며 바벨론,

수메르 그리고 아카드의 왕이다…나는 수메르와 아카드의 영토를 결코 위협하지 않을 것이다. 나는 백성들과 그곳의 모든 신전을 보전할 것이다…나는 마르두크(Marduk)의 뜻으로 이 땅의 왕이 되었으며 그 뜻을 기꺼이 받아 들이노라…아후라 마즈다의 뜻으로 공표하니, 내가 살아 있는 한 너희의 전통과 종교를 존중할 것이다. 나는 결코 전쟁으로 통치하지 않을 것이다. 그 누구도 다른 사람을 억압해서도 차별해서도 안되고, 이유 없이 남의 재산을 강탈해서도 안되며, 다른 사람의 자유와 권리를 침해해서도 안되며, 부채 때문에 남자도 여자도 노예로 삼는 일을 금한다"

3) 페르시아 국교인 조로아스터교(짜라투스트라)

기독교인들에게 조로아스터교라는 이름은 매우 낯선 종교일 것입니다. 조로아스터란 단어는 조로와 아스터의 합성어인데 상형문자에서 원은 칼대아어로 "제로"(zero)라고 부르는데 "그 씨"(the seed)란 의미를 가지고 있으며 곧 태양신을 상징하는 "님로드"를 지칭하는 것입니다. 아쉬타(Ashta)는 "그 여자"란 뜻으로 원래는 Zero-Ashta는 그리스어로 넘어가면서 조로아스터가 되었습니다. 조로아스터의 뜻은 "그 여자의 씨"란 뜻으로 죽은 니므롯이 환생한 태양신 담무스를 의미합니다.

조로아스터교는 일반적으로 태양과 불을 숭배하는 배화교(拜火敎) 정도로 알려져 있지만, 사실 바리새파 유대인들의 뿌리가 조로아스터교에 근원을 두고 있습니다. 현재의 유대교의 사후세계, 천사개념, 메시아 신앙 등은 바벨론 유수 당시에 조로아스터교로부터 유입된 것입니다.

이란 종교를 대표하고 있던 조로아스터교는 이란 지역의 동쪽이나 남중앙 아시아 지역에서 시작되었습니다. 조로아스터교는 기본적으로 철저한 일신론을 주장하면서 동시에 엄격한 이원론을 신봉하는데, 이러한 흐름은 후에 영지주의의 강력한 뿌리가 되었습니다. 그러나 실제로 조로아스터교는 그 동안 메소포타미아 지방에서 내려오던 여러 이란 종교들을 하나의 사상 체계로 발전시켰다고 평가할 수 있습니다.

바벨론(이란)에 있는 수많은 태양신(바알과 아세라)들이 유대인들이 바벨론 포로생활을 하는 중 다니엘, 사드락, 메삭, 아벳느고, 모르드개,

에스더, 느헤미야, 스룹바벨, 느헤미야와 같은 신앙의 위인들을 통해서 유대교화 되었습니다. 다니엘의 느부갓네살 왕의 꿈 해몽, 사드락 메삭 아벳느고의 풀무불에서의 생환, 다리오왕 때 다니엘의 사자굴 속의 기적 사건들을 통해 전 바벨론과 페르시아 제국에 그들의 여호와 하나님에 대한 숭배가 태양신 숭배와 함께 혼합되어 발전하게 되었던 것입니다.

특히 바벨론 포로 귀환 때 바벨론에서 정착한 유대인 부자들과 권세자들은 귀환하지 않고 그리스 알렉산더 대왕에게 페르시아가 망할 때까지 있다가 디아스포라 되면서 붙여진 이름이 바리새파 유대인들이었습니다. 이들의 종교가 바로 조로아스터교(미트라교, 마니교, 배화교)였습니다. 니체의 "짜라투스트라가 이렇게 말했다"라는 무신론 책의 제목 역시 태양신 미트라교에서 차용해 온 것입니다. 학자들은 페르시아 다리오왕 때 조로아스터교가 페르시아의 국교가 된 것은 다니엘과 같은 믿음의 사람들의 활약을 통해 이루어진 것으로 보고 있습니다.

4) 페르시아 고레스왕의 등장

역사적으로 북쪽 지역에 있던 이스라엘은 BC 722년 앗수르에 의해 멸망당하고, 남 유다는 BC 606년에 바벨론에 의해 멸망당했습니다. 유대인들은 바벨론으로 끌려가서 노예생활을 하게 되는데 이것이 바벨론 유수입니다. 그러나 BC 536년 바벨론은 신흥 강대국이었던 페르시아 왕 사이러스(개역한글판에는 고레스로 표기)에 의해 곧 무너졌으며, 유대 민족의 운명은 페르시아(개역한글판에는 바사로 표기)제국으로 넘어갔습니다.

이사야 44장에서는 고레스 왕을 신에 의해 임명된 목자로 부르며, 이사야 45:1에서는 기름 부음을 받은 메시야로 칭하고 있습니다. 구약 성경에서 사이러스(고레스)왕은 14번, 다리오 왕은 13번, 아하수에로 왕과 아닥사스다 왕은 각 7번씩이나 언급 하고 있습니다. 또 학개 2장 23절에서는 여호와가 페르시아 총독 스룹바벨을 그의 택하심을 입은 자라 부르고 있습니다.

그리고 페르시아 왕들이 유대 제사장을 임명 했으며, 이사야 66장 21절에는 마기(박수무당, 마술사)들이 유대 제사장으로 활동하기도 했습니다. 바벨론 유수를 당했던 때에 페르시아의 왕이 유대인의 귀환을 허락하고 파괴된 성전의 재건을 도와주면서 유대교에 미친 페르시아 왕들의 영향은 절대적인 것이었습니다.

그리고 페르시아의 멸망 후에도 종교, 사상적 영향력은 매우 크게 작용했습니다. 느헤미야와 다니엘서도 처음에는 페르시아의 공식적인 언어인 아람어로 쓰여졌고, 현존하는 유대 경전에도 페르시아어 단어가 100개 이상이 나옵니다. 특히 페르시아의 이원론적 사상은 유대 묵시문학에 많은 영향을 끼쳤습니다.

페르시아 왕이 유대 제사장을 임명했듯이 유대 제사장에는 페르시아인 마기들이 다수 포함 되어 있었으나, BC 332년에 그리스의 알렉산더 대왕이 예루살렘을 정복 하고서 페르시아의 영향력은 현저히 감소 되었습니다.

이때부터 AD 73년까지 종교의 자유가 허용되었는데, 특기 할 것은 이 기간에 산헤드린이 창설되었습니다. 이것은 유대인 종교 회의로 종교적, 사법적, 형법 구속력을 갖는 기관이었습니다. 요세푸스에 따르면, 이 기관은 두 붕당이 관장 하였는데 바리새인과 사두개인들이었다고 합니다. 신약 속에서도 자주 등장하는 바리새(Pharisee)인은 페르시아의 태양신의 영향으로 부활과 영혼불멸을 믿었습니다.

5) 조로아스터교의 교리

그렇다면 조로아스터교와 구약의 사후개념을 비교해 보도록 합니다. 조로아스터교에서는 인간이 죽으면 흔들리는 신바트의 다리(Chinvat Brigde)를 건너는 데, 생전에 죄가 많은 자들은 떨어져 지옥으로 가고, 선한 자들은 세단계의 천국으로 인도 된다고 하며, 천국의 목적은 찬양이라고 합니다. 한편 천국도 지옥도 갈 수 없는 사람들을 위한 중간 상태가 있는데, 선한 행동과 악한 행동을 저울질 했을 때에 전체적으로 균형을 이루는 사람들이 가는 곳으로 혼합된 지역이라는 뜻을 가진 '하밍스타간'(Hamingstagan)이라는 곳이 있습니다. 이것은 오늘날 천주교가 인정하고 있는 연옥설과 유사합니다.

6) 기독교 영지주의

조로아스터교는 바벨론 유수 때 유대인들에게 영향을 끼쳤음은 물론, 주변지역으로 퍼져 나가서 수많은 토착종교와 뒤섞이면서 복잡한 양상을 갖게 되었습니다.

크리스마스(동지축제), 부활절(춘분축제)등의 토착풍습이 조로아스터의 메시아 신앙과 융합되어 버리고(원래 그날들은 메소포타미아의 고대신과도 연관이 있는 날들인데, 조로아스터식의 메시아들이 그날을 차용했으며, 후에 로마 카톨릭에서 차용해 버린 것 들입니다.), 삼위일체의 삼신 사상등과 함께 그리스의 철학 등이 뒤섞여 버리면서 영지주의가 태동하게 되었습니다.

이러한 현상은 기독교가 등장하기 전에도 이미 정통 유대교와 거리가 먼 에세네 학파와 같은 비밀스러운 집단에서는 메시아, 종말론, 구원론이 매우 발전된 것을 알 수 있습니다. 초기의 기독교 이단은 수많은 영지주의 종파중의 하나였으며, 영지주의의 뿌리는 조로아스터교에 있다고 정의를 내릴 수 있습니다. 이것을 바리새파 유대인들의 바벨론 탈무드라고 합니다.

2. 콘스탄틴 대제와 고레스(사이러스)왕

1) 고레스(사이러스)왕의 자유선언과 콘스탄틴의 밀라노 칙령

키루스 원통은 BC 539년(지금으로부터 2552년 전)에 페르시아 고레스왕이 바벨론 제국을 멸망시키고 세계를 제패한 후 바벨론 제국의 통치하에 있었던 전 세계인들에게 선언한 자유선언문입니다. 키루스왕은 페르시아 제국을 화합과 통합의 정치로 세계를 통치하기를 원해서 자유선언문을 선포했습니다. 이것은 세계 최초의 인권선언문으로 유명합니다.

이스라엘 백성들은 70년 동안 바벨론에서 포로생활을 하다가 키루스왕의 자유선언을 통해서 예루살렘으로 귀환할 수 있었습니다. 진흙으로 만든 원통위에 글자를 새겨서 만든 것으로 키루스 원통이라고 합니다. 키루스 원통에 새겨진 인권선언문은 영국의 인권선언문인 대헌장

(大憲章)인 마그나 카르타보다 1754년 앞섰고, 프랑스 혁명의 인권선언문보다 2328년 앞서는 것입니다. 인권선언문 속에 포함된 내용도 다릅니다. 영국의 대헌장은 영주와 귀족들의 권리를 보장하는 것이었고, 프랑스 혁명은 백인 남자들만을 위한 자유선언이었습니다. 그러나 키루스의 인권선언은 모든 민족과 인종을 다 포함한 내용이었습니다.

그래서 키루스 원통은 미국 뉴욕의 국제연합(國際聯合. UN) 본부에 복사판이 있는데, 이는 키루스 원통이 인권을 지키고 세계 평화와 모든 사람들/종교들/인종들/사상들의 평등한 공존을 추구하는 국제연합의 정신을 잘 나타냈다고 생각하기 때문입니다. 실물은 영국 박물관에 있습니다. 복사판 하나는 이란 정부가 보관하고 있습니다.

2) 키루스 원통의 자유선언과 미트라 대제사장이었던 콘스탄틴

키루스 원통의 자유선언 내용은 정치/경제/사회/종교/신분/재산에 대한 자유가 포함되어 있습니다.

주후 313년 로마제국 콘스탄틴 대제는 밀라노 칙령을 통해서 키루스와 같은 종교헌장을 선언하면서 기독교를 다른 로마 제국의 모든 종교와 같이 자유스런 활동을 보장했습니다. 동시에 10년 전 디오클레티아누스 치하에 몰수한 그리스도인들의 재산을 되돌려 주도록 선포했습니다.

321년 3월 7일에는 콘스탄틴 황제는 법을 만들어 태양신 미트라(Mithras)의 예배일인 일요일에 휴업하라는 포고령을 내렸습니다. 그리고 324년에 로마의 모든 종교를 통합하고, 자신을 주교들 위의 주교이자 열세 번째 사도라고 칭하며 신격화 했습니다.

"폰티펙스 막시무스"(Pontifex Maximus)라는 말은 대제사장이란 뜻입니다. 콘스탄틴 대제가 가지고 있는 페르시아 미트라교 대제사장이란 뜻입니다. 원래 라틴어 폰티펙스pontifex는 pons(다리)+facere(하다)로 '다리를 놓는 사람'에서 유래된 말로 '신과 인간 사이를 연결하는 사람'을 뜻합니다. 막시무스(maximus: 최고, 최상의)는 고대 로마의 사제단의 우두머리였습니다.

콘스탄틴은 자신을 기독교의 13번째 사도라고 했습니다. 동시에 페르시아 미트라교 대제사장이라 했습니다. 그가 썼던 제사장관은 375년 그리스도인이었던 그라시안(Gracian) 황제가 미트라 대제사장의 황제의 관을 쓰기를 거부하자 그때부터 교황이 대신 쓰면서 지금까지 교황이 머리에 쓰고 있는 물고기 모양의 태양신 모자가 되었습니다.

주교들이 쓰는 물고기 머리 모양의 주교관의 이름은 '미트라' 입니다. 교황도 주교들의 우두머리이기 때문에 '미트라'를 씁니다. 그런데 왜 주교관의 이름이 '미트라' 일까요? 놀랍게도 '미트라'는 고대 페르시아의 빛과 진리의 신, 즉 태양신 미트라스의 모자에서 기원하였습니다. 본래 태양신 미트라교의 사제들이 쓰던 미트라관을 로마 가톨릭의 사제들이 그대로 이어받아 쓰고 있는 것입니다.

로마의 통합 종교의 가장 큰 두 줄기의 종교는 미트라 태양신과 기독교였습니다. 어거스틴의 시대에 와서 미트라교와 기독교는 조직적인 하나의 철학과 신학의 뼈대로 단일화 되었습니다. 그것이 로마 카톨릭입니다. 그 후 로마제국은 망하고, 로마 카톨릭이란 나라는 교황이 통치하는 교회국가로 변하게 되었던 것입니다. 이것이 바로 어거스틴의 신국론의 교리입니다.

콘스탄틴 대제를 교회 역사가 유세 비우스는 페르시아 고레스 왕으로 추켜세웠습니다. 그리고 로마 카톨릭이 구약 성경에서 말한 메시야 신국인 지상천국인 천년왕국이라고 주장하였습니다.

기독교 사제의 명칭인 파더(Father)는 미트라교 사제의 이름에서 따온 것이며, 미트라교의 주교는 자신들 직책의 상징으로 미트라 또는 미테르(주교관)을 썼는데, 기독교의 주교들 또한 이러한 미테르를 지금까지 쓰고 있습니다. 카톨릭의 성직자 계급 제도나 예배 형식 및 예배할 때 쓰는 도구들 즉 향불, 예배 의복 등등 모두 미트라와 흡사하며. 십자가 목걸이, 염주알 등도 마찬가지로 미트라교에서 나온 유산들입니다. 로마 카톨릭이 혼합종교가 될 수 밖에 없었던 이유는 처음부터 로마 제국을 신국으로 세우기 위해 통합종교로 출발했기 때문입니다. 로마 카톨릭은 기독교가 아닙니다.

3) 콘스탄틴 대제의 밀라노 칙령

기독교인이 아니면서도 기독교를 공인하고, 니케아 종교회의와 같은 수많은 기독교 공회를 자신의 경비를 써 가면서까지 친히 주관했던 콘스탄틴 대제를 교회 역사가 유세 비우스는 페르시아 고레스 왕으로 추켜 세웠습니다. 그리고 로마 카톨릭이 구약 성경에서 말한 지상천국인 천년왕국이라고 주장하였습니다. 로마의 세계 최고 통치자의 기독교로 급작스런 전향과 기독교에 대한 매우 우호적인 태도는 세계를 경악시켰고, 모든 사람들을 어지럽게 하는 일이 아닐 수 없었습니다. 왜냐하면 콘스탄틴 대제가 정상의 자리에 오르기 이전까지 로마는 주후 65년 네로 황제로부터 시작해서 콘스탄틴 대제가 기독교를 공인했던 순간까지 수많은 기독교인들을 죽였고, 박해했기 때문입니다.

4) 콘스탄틴 대제의 생애

콘스탄틴은 로마 군대의 장교인 콘스탄티우스 클로루스(Constantius Chlorus)와 헬레나(Helena)의 아들로 태어났습니다. 어머니 헬레나는 해방된 동방의 여자 노예로서 그리스도인으로 미인이었다고 합니다.(a beautiful Christian Oriental freedwoman 6)), 콘스탄틴이 일생동안 깊은 애정을 갖고 있었던 모친 헬레나는 콘스탄티우스 클로루스(Constantius Chlorus)와 결혼하였지만 법률상의 아내는 되지 못하였습니다. 이는 당시 로마법이 고급 장교들에게 속주의 주민들과의 결혼을 허용하지 않았기 때문입니다.

로마 제국에 있어서 종교적 성향은 모든 신들을 초월하는 '최고신'(태양신)에 대한 신앙이 우세하였는데, 그의 부친도 이러한 일신교(조로아스터) 신봉자였습니다. 콘스탄틴의 이복 여동생 아나타시아(Anathasia)는 유대교 신자이었고, 또 다른 이복 여동생 콘스탄시아는 그리스도인으로 간주되었습니다.

콘스탄틴은 292년에 니코메디아에 있는 디오클레시안의 황궁에 들어가서 지도자로서의 교육을 받았습니다. 그 후 그는 디오클레시안과 이집트 전쟁에 출전하러 가던 도중에 팔레스타인에서 교회 역사가이자 유대인 유세비우스를 만나 친교를 맺게 되었습니다. 그는 팔레스타인 가이사랴의 감독으로 일했고 콘스탄틴 황제와 가까운 사이가 되었습니다. 유세비우스에 따르면, 로마의 평화는 그리스도의 평화의 궁극적 승리를 위한 준비였다고 말했습니다. 그는 최초의 로마의 콘스탄틴 기독교 황제를 구약의 메시야 예언들의 성취(the fulfilment of the messianic prophecies)로 보았습니다. 하나님께서는 아우구스투스 치하에서 그리스도 안에서 시작하신 일을 콘스탄틴을 통해 이루셨다는 것입니다. 왜냐하면 이제 세상은 그리스도의 멍에 아래로 인도되었기 때문입니다. 즉 메시야 나라가 도래했다는 것입니다. 유세비우스는 콘스탄틴의 가장 친한 친구이자, 정치평론가(publicist)요, 전기 작가이기도 했습니다.

5) 밀비안 다리(Milvian Bridge) 전투

312년에 콘스탄틴은 당시 이탈리아와 아프리카를 지배하고 있던 막센티우스와의 전쟁을 계획하였습니다. 그는 막센티우스를 서부 지역의 폭군으로 규정하고, 주민에게 자유를 부여한다는 명목으로 이탈리아로 출정하였습니다. 그는 알프스를 넘어 저항군대를 격퇴시키면서 로마로 진격하였습니다. 그는 로마의 티베르 강에 놓여 있는 밀비안 다리에서 상대방의 막강한 군대와 마주쳤을 때, 그의 군대로서는 로마를 점령할 수 없음을 알았습니다. 이는 하나의 모험이었습니다.

그런데 콘스탄틴은 전투 전에 환상을 통해 그의 군대가 승리할 수 있는 십자가 표징(sign)을 받았습니다. 그는 "이 표식으로 이겨라"(In this sign, Conquer, In hoc signo vinces)라는 라틴어 환상을 보았다고 전해지고 있습니다.

자신감을 얻은 그는 로마로 진군하였고 대승리를 거두었습니다. 막센티우스(Maxentius)의 군대는 완전히 패했습니다. 막센티우스 자신이 타이버 강을 가로 질러 밀비오 다리를 건너 도망하려고 시도하다가 그 강에서 빠져 죽었습니다.

이 전쟁은 312년 10월 28일에 있었는데, 세계 역사에서 결정적인 중요성을 지닌 큰 전쟁이었습니다. 이 전투가 콘스탄틴에게는 생애의 전환점이 되었습니다. 이제 그는 서부 유럽 전체를 차지한 유일한 통치자가 되었습니다. 312년 10월 28일에 로마 원로원은 콘스탄틴을 최고 통치자로 영접하였고, 그의 승리를 기념하는 개선문을 착공하였습니다(주후 315년에 완성됨).

6) 키루스(고레스)왕의 유프라데 강 전투

주전 539년 10월 5일에서 6일로 넘어가는 밤에, 바빌로니아 제국의 수도 바벨론에 불가능해 보이던 일이 일어났습니다. 결정적인 그날 밤, 그 도시는 페르시아의 키루스 왕(키루스 대왕)이 이끄는 메디아와 페르시아 군대에 의해 정복당했습니다. 그의 전략은 매우 놀라웠습니다.

키루스는 어떻게 바벨론을 함락시켰습니까?

"키루스가 바벨론을 정복하기로 마음먹었을 때 그 도시는 이미 중동의 도시들 중에서, 아마 전 세계의 도시들 중에서도 가장 유서 깊은 도시였다"고 〈고대 세계의 지도자들- 키루스 대왕〉이라는 책에서는 알려줍니다. 바벨론은 유프라테스 강을 끼고 있었으며, 또한 그 강물은 도시의 거대한 성벽을 둘러싼 해자(垓字)를 채웠습니다. 이처럼 철저히 방비된 그 도시는 난공불락처럼 보였습니다.

키루스의 군사들은 바벨론으로 흘러 들어가는 유프라테스 강의 물줄기를 다른 쪽으로 180개 운하를 만들어 그 도시를 흐르는 강물의 수위가 낮아지게 했습니다. 그런 다음 걸어서 강을 건너 성문까지 갔습니다. 성문은 이미 열려 있었고, 바벨론은 거의 저항도 하지 못하고 점령되었습니다. 그날 밤 벨사살 왕은 거대한 연회를 베풀고 예루살렘 성전에서 빼앗아 온 금잔으로 술을 마시고 있었습니다.

그리스 역사가인 헤로도토스와 크세노폰에 의하면, 바벨론 주민들은 도시의 방어 체제를 철석같이 믿고 있었으며, 심지어 공격 당한 날 밤에도 왕을 포함한 많은 고관 대작들은 잔치를 벌이고 있었습니다! 더우기, 키루스의 정복은 놀라운 구약 성경의 예언 몇 가지를 성취시켰습니다.

고레스(키루스)가 바벨론을 정복할 것이 성경에 예언 되었습니다. 이사야의 예언들이 특히 주목할 만한데, 그 예언들은 실제 사건보다 약 200년이나 앞섰고, 아마 키루스가 태어나기 150년 전에 기록 되었기 때문입니다!

* 키루스라는 사람이 바벨론을 정복하고 유대인을 해방시킬 것이다.- 이사야 44:28; 45:1.
* 유프라테스 강물이 말라 키루스의 군대가 지나갈 길이 열릴 것이

다.- 이사야 44:27.
* 성문이 열려 있을 것이다.- 이사야 45:1.
* 바벨론의 군사들이 '싸우기를 그칠' 것이다.-예레미야 51:30; 이사야 13:1, 7.

일찍이 주전 606년에 바벨론 군대는 예루살렘을 멸망시키고 대부분의 유대 생존자들을 포로로 잡아갔습니다. 하나님은 이렇게 말씀하셨습니다. "칠십년이 다 차면 내가 바벨론 왕과 그 나라에 ······그들의 잘못에 대하여 책임을 묻고, 그 땅을 끝까지 황무지로 만들고야 말겠다."-예레미야 25:12.

앞서 언급된 것처럼, 키루스는 기원전 539년에 바벨론을 함락시켰습니다. 그 후 얼마 안 있어 그는 유대인들을 풀어 주었고, 유대인들은 기원전 536년 즉 유배된 지 정확히 70년 후에 고토로 돌아오기 시작했습니다. (에스라 1 : 1-4) 바벨론은 결국 "황무지"가 되었으며, 이로써 구약 성경의 예언이 얼마나 정확한지 다시 한 번 확증되었습니다.

왜 관심을 가져야 합니까?

성경에서는 (1) 유대인들이 70년 동안 유배될 것, (2) 키루스가 바벨론을 정복할 것이라는 점뿐 아니라 그가 사용할 주요 전략, (3) 결국 바벨론이 황폐될 것을 예언했습니다. 그처럼 일어날 일을 미리 아는 것은 한낱 인간의 능력으로는 불가능합니다!

다음과 같은 결론을 내리는 것이 더 합리적입니다. "예언은 결코 사람의 뜻에서 나온 것이 아니라, 사람들이······하나님으로부터 받아 말한 것입니다."(벧후 1 : 21)

7) '밀라노 칙령'과 기독교 공인

밀비안 다리 전투에서 승리한 후에 콘스탄틴은 로마에서 두 달을 지낸 다음 313년 봄에 밀란(밀라노)으로 갔습니다. 여기서 그는 그의 누이동생인 콘스탄시아와 리키니우스(Licinius) 황제의 결혼식에 참석하였습니다. 이곳에서 두 황제는 소위 '밀란 칙령' (the Edict of Milan)이라는 포고령을 선포하여 그리스도인들에 대해 관용 정책을 베풀었습니다. 그리하여 동부 로마제국의 집정관들에게 로마 제국안에 있는 여러 종교에 부여된 권리들을 그리스도인들에게도 승인하도록 지시하였습니다. 밀란의 칙령은 "기독교로 하여금 로마 제국 내에 있는 다른 종교들과 함께 법률 앞에서 동등한 권리를 얻게 하였습니다."

8) 기독교에 대한 콘스탄틴의 환대

먼저 전에 디오클레티안 황제 때 교회 재산을 몰수했던 것을 다시 되돌려주도록 하였고, 스페인의 코르스도바(Corsdova) 감독인 '호시우스'(Hosius)를 황제 자문역으로 삼아 황제와 기독교 지도자들을 연결시키는 역할을 하도록 했습니다. 국가가 교회를 보조하도록 하며, 성직자에게는 군대와 공적인 의무를 면제하고, '태양의 날'(Day of the Sun)을 안식과 예배의 날로 정했습니다.

콘스탄틴은 재위 기간 중에 기독교에 대해 물질적 특혜와 법적 특권을 부여하였습니다. 제1차 세계 종교회의(The First Ecumenical Council)를 니케아에서 열도록 했으며, 그 회의는 황제에 의해서 소집되었습니다. 또한 그는 그의 생모인 헬레나가 성지 예루살렘을 방문하고 예수의 처형지를 발견했다고 하여 베들레헴에 '성탄교회'와 감람산에 두 개의 기념교회를 국고금 지원하에 건립하기도 했습니다(AD325-329년).

그가 330년에 이탈리아의 로마에서 그리스의 콘스탄티노플로 천도를 할 때 아내의 소유였던 로마의 '라테랑궁'(Lateran Palace)을 교회에 기증합니다. 이것을 'Donation of Constantin'이라고 하는데 이 궁은 오늘날 교황청 바티칸 궁의 기초가 됩니다. 태양 숭배신이 '지존의 존재'(The Supreme)에게 경배하듯 일요일을 기독교의 예배일로 정하도록 했습니다.

9) 기독교에 관한 법률을 정함

콘스탄틴은 주후 315년 십자가 처형을 폐지시켰고, 321년에는 태양 숭배일인 '일요일'을 그리스도인의 예배일로 공인하였습니다. 또한 국법에 의하여 주일과 교회 축일을 공휴일로 규정하였습니다. 이러한 변화는 기독교 문화에 커다란 영향을 미쳤습니다. 공휴일에 로마인들은 시를 쓰고, 노래를 부르고, 그림을 그리는데 여가 시간을 보냄으로써 예술의 발달을 가져왔습니다. 콘스탄틴은 몰수된 교회재산의 반환 조치를 취하였고, 321년에는 교회가 상속권을 갖는 법을 제정하여 신자들이 그들의 재산을 교회에 기증할 수 있게 하였습니다. 이로써 교회는 급속적으로 막대한 재산을 축적하였고, 광대한 토지를 소유하게 되었습니다. 그는 평생 동안 침례를 받지 않다가 드디어 화급한 나머지 죽기 직전에 임종 세례를 받게 되었습니다.(AD337).

주후 324년 동서 로마가 통합되고 기독교가 로마의 공식적인 통합종교인 국교가 되고 로마 카톨릭의 교권제도가 창설되었을 때에 그 통솔자가 되었던 "콘스탄틴" 그 자신은 당시 기독교인이 아니었습니다. 그럼에도 불구하고 그는 자신을 "폰티팩스 막시무스"(Pontifex Maximus)라고 칭하며 신격화 했습니다. "폰티펙스 막시무스"(Pontifex Maximus)라는 말은 "지존의 중재자"로 페르시아 미트라교 대제사장의 호칭이었습니다.

콘스탄틴은 로마 카톨릭을 국교로 정했는데 로마라는 종교인 미트라교와 기독교가 혼합된 이름으로 로마 카톨릭이 된 것입니다. 그는 미트라교노로서 기독교란 송교는 제국의 황제의 통치자격으로 인정하는 정치적인 종교였던 것입니다. 그가 기독교 세례를 받은 것은 죽기 직전이었습니다. 콘스탄틴은 안식일에 예배드리는 일과 일요일에 예배드리는 이중 관행을 하나로 일원화시켰습니다(324년).

콘스탄틴은 예수 그리스도 탄생일을 12월 25일의 태양신 예배날로 정했습니다. 그 이전에는 주현절로 1월 6일로 지키던 것을 이교도의 축하날로 옮기자 이교도들 역시 반대하지 않고 받아들였던 것입니다.

로마 황제가 로마 카톨릭의 수장으로 있을 때 니케아의 삼위일체론(325년), 니케아-콘스탄티노플신조(381), 칼케돈의 기독록 신조(451)등 복음의 신학화 작업이 일어났고, 암브로스(339-397), 크리소스톰(347-407), 어거스틴(354-430) 등이 활동했습니다.

10) 각종 법을 만듦

고대로부터 전해오던 십자가형 제도를 폐지하고 검투제도를 금하였습니다. 또 축첩과 간음을 엄금하고 이혼권을 제한시켰습니다. 또 부인에게도 재산소유권을 부여하며 각종 여성보호법도 제정했습니다. 그리고 죄인 이마에다 인두로 낙인하는 법을 폐지했습니다.

일요일을 정하여 농부 외에는 모든 영업을 하지 못하도록 하였고, 일요일에는 군대훈련도 하지 못하도록 하였습니다. 기독교뿐만 아니라 타 종교에도 박멸정책을 쓰지 않았습니다. 타 종교에서 실시하는 제사 중에 불결하거나 잔혹한 것은 금하였습니다. 그리고 우상들은 산당에서 옮겨다 박물관이나 공원에 설치하도록 하였습니다.

11) 로마 카톨릭의 정체와 콘스탄틴이 기독교에 끼친 영향

콘스탄틴 자신은 스스로 기독교 보호자로 자인하였습니다. 그러나 그가 평생 동안 태양신을 버리지 않고 태양신 미트라교의 대사제로서 활동을 했던 것을 보면 그는 기독신자는 아니었습니다. 그는 기독교를 로마에 있는 수많은 종교 가운데 하나의 종교로 인정한 공로밖에 없었습니다. 그 이유는 팍스로마 제국을 세우는데 종교적인 통합이 필요했기 때문입니다. 콘스탄틴의 종교관은 로마의 모든 종교를 하나의 종교로 이해한 것입니다. 이것이 태양신 영지주의 종교입니다.

콘스탄틴은 죽기 직전에 기독교 세례를 받았습니다.(337년). 그때까지 그는 조로아스터(미트라) 태양신을 믿었습니다. 그는 기독교를 미트라교라고 생각한 것입니다. 다시 말해서 조로아스터교는 바리새파 유대인들의 유일신 종교로 필로와 요세프스에 의해서 바알과 아세라의 태양신 종교와 유대교와 기독교가 통합된 종교였습니다. 즉 혼합종교였던 것입니다.

이런 혼합은 페르시아에서 나올 때 바리새파 유대인들이 가지고 나온 조로아스터교에다 알렉산드리아 학파인 유대인 필로, 판테누스, 클레멘트, 오리겐 등이 성경을 조작하고, 비유와 상징으로 성경을 해석하고, 헬라의 영지주의와 혼합한 미트라교를 더욱 더 기독교화 시켜 만들었던 것입니다.

다시 말해서 바리새파 유대인들의 세계정복 시나리오 통합 종교를 만든 것이 바로 미트라교와 로마 카톨릭의 정체입니다.

12) 기독교를 모방한 미트라교의 교리

미트라교는 맹약과 군주의 신인데 조로아스터교와 함께 태양신을 섬기는 종교입니다. 니므롯과 그의 부인 세미라미스를 섬겼던 바벨탑의 태양신은 바벨론 바알과 아세라, 앗수르의 담무스를 거쳐 페르시아의 조로아스터교, 미트라교, 그리스의 마니교, 영지주의, 이집트의 이시스와 호루스를 통해 로마로 들어갔습니다. 결국 바벨론의 바알과 아세라가 페르시아의 조로아스터로 이름이 바뀐 것입니다.

조로아스터란 조로(제로) 태양신(남신)과 이스타르(아쉬타)의 달신(여신)으로 이미 로마에서 아폴로(미트라)의 태양신과 함께 황제숭배의 근간이 되었습니다. 로마 황실은 담무스를 끌어안고 있는 세미라미스를 그들의 신으로 섬기고 있었습니다. 그리고 황제를 태양신의 아들이라고 신격화 시켰습니다. 아우구스티누스의 이름에서도 나타나 있습니다. 네로 황제도 이집트의 바로와 같이 스스로 태양신의 아들로서 신처럼 행세를 했고, 급기야 로마 왕들은 황제숭배를 강요하였습니다.

특히 조로아스터교가 유대주의 바리새파 유대인들 즉 유대 카발라 신비주의 태양신 사탄주의라고 한다면 미트라교는 기독교를 흡수하기 위해 만든 사탄숭배 태양신 종교입니다.

알렉산드리아 학파 오리겐이 말한 로고스 개념은 태양신의 아들 담무스로 미트라와 같은 의미입니다. 바벨론 바알과 아세라 태양신을 섬겼던 사탄주의자들이 기독교를 통채로 삼키기 위해 조로아스터와 미트라교, 마니교를 통해 태양신 숭배의 기독교를 만들었는데 그것이 로마 카톨릭입니다.

특히 기독교를 공인한 콘스탄틴 황제는 로마 미트라의 숭배자였고, 그의 영향아래 예수는 미트라교에 동화되어 버렸습니다. 심지어 카톨릭의 교황이나 주교들이 대관식이나 미사 때 쓰는 큰 모자의 이름은 '미트라'(Mitra)입니다! 이 모자의 한글 이름은 '주교관' 입니다. 미트라에서 꾸민 내용들입니다. 이들은 미트라와 예수를 동일하게 봅니다. 미트라교를 조작했던 사람들이 알렉산드리아 학파 사람들입니다.

"미트라는 12월 25일에 태어났다. 미트라는 동굴, 바위, 처녀에서 태어났다. 미트라를 기념하는 거룩한 날은 일요일(sunday)이었다. 미트라는 천궁의 12궁도에 해당되는 12제자를 거느렸다. 미트라 교도들은 그가 부활한 날에 축제를 베풀었는데, 그 날은 지중해의 여러 나라에서 춘분 축제였으며, 나중에 기독교의 부활절이 되었다. 미트라는 태양신의 아들로서 미트라 성 삼위 일체를 형성하였다(니므롯, 세미라미스, 담무스). 전투를 끝낸 미트라는 무덤에 들어갔으며 3일 후에 다시 살아났다. 미트라는 소와 관련이 있으며 '목장의 주인' (목자)으로 불렸다. 미트라는 동방박사 세 사람(오리온의 삼태성)의 경배를 받았다."

콘스탄틴은 그가 대권을 장악한 후 이교도의 쇠퇴를 가져오고 기독교에 선심을 쓰는 황제이긴 했으나 콘스탄틴 그 자신이 로마제국 국교였던 이교(Paganism)도의 대사제 "폰티펙스 막시무스"(Pontifex Maximus)라는 신적(神的)인 직분을 평생 동안 수행한 것이나, 그의 자식들에게 이교신의 호칭을 받게 한 것은 그가 기독 신자가 아니었음을 증명합니다. 비록 그가 죽기 전에 기독교 세례를 받았다고 하나 그들이 말하고 있는 기독교는 마리아의 아들 예수교가 아니라 태양신의 아들 예수 즉 미트라교였던 것입니다. 지난 1700년 동안 로마 카톨릭에서 사용된 예수의 성화에는 항상 태양신을 상징하는 원모양의 12황궁도가 머리나 배경 화면으로 그려져 있고, 예수님과 마리아 성화에는 가슴 부분에 태양신의 부활을 상징하는 담무스 그림인 붉은 성심(심장)이 그려져 있습니다. 이 그림의 비밀들은 예수가 마리아의 아들이 아닌 태양신의 아들 미트라와 담무스 예수라는 것입니다.

현 프란치스코 교황이 가슴에 달고 있는 이집트 X모양의 십자가는 태양신의 아들 미트라와 담무스를 상징하는 십자가입니다. 그들은 지금도 두 얼굴을 가지고 우리를 속이고 있는 것입니다.

13) 유엔에 의해 마지막으로 사용될 키루스 원통의 자유선언서

키루스(고레스) 대왕은 바벨론을 물리치고 지상의 유토피아인 페르시아 제국을 건설하기 위해 키루스 원통인 자유선언문을 발표했습니다. 그리고 조로아스터를 국교로 선포했습니다. 키루스 대왕은 세상의 모든 사람들이 국경과 인종과 재산과 종교의 차별이 없이 자신이 통치한 지상

낙원에서 살기를 원했습니다. 그것이 자유선언을 한 목적입니다.

유세비우스는 콘스탄틴 대제가 구약에서 예언하고 있는 지상의 유토피아를 세우는 메시야인 줄 알았습니다. 그러나 그것은 허구였습니다. 아무리 기만전술을 쓰고, 아무리 역사를 속이고, 아무리 성경과 교리를 왜곡시켜도 아닌 것은 아닙니다. 그들은 로마 제국이 흔들릴 때 온 우주가 흔들린 것 같은 충격을 받았습니다. 그리고 그들의 꿈은 로마와 함께 망했습니다.

그러나 어거스틴은 무천년과 눈에 보이지 않는 교회를 통해 한 가닥 끈을 놓지 않고 눈을 감았습니다. 그리고 그들이 꿈꾸는 세상이 다시 오고 있습니다. 유엔에 보관되어 있는 키루스(고레스) 자유선언 원통입니다. 사탄의 세력들은 U.N을 통해 또 다시 무너져 버린 팍스 로마를 일으켜 세우고 있습니다.

이것이 유엔이 종교통합을 통해서 이룩하고 있는 세계 평화(P.E.A.C.E)운동인 새천년 왕국 프로젝트입니다. 여기에 또 다른 거짓 선지자 유세비우스와 같은 사탄 숭배자들인 릭 워렌 등이 동참하고 있습니다. 그들에 의해서 마지막 적그리스도인 제 3의 고레스 왕이 준비되고 있습니다. 그리고 그들에 의해서 세워질 바벨론 음녀는 진짜 영원히 하나님께 불과 유황으로 심판을 받을 저주의 나라와 음녀의 종교가 될 것입니다.

주후 324년 황제는 자신은 세례를 받지 않았음에도 로마 시민에게는 세례를 받은 사람들에게 보상금을 주는 특전을 베풀어 한 해 동안 로마에서는 12,000명이 세례를 받은 것으로 기록되었습니다. 주후 325년 황제는 신하들에게 로마 카톨릭의 신앙을 갖도록 강제로 조치를 내렸습니다. 이같은 변화는 기독교 신앙에 급속한 변화를 졸지에 몰고 왔습니다.

저마다 성직의 높은 자리를 차지하려는 속된 야망은 성직 매매를 초래했고, 도시교회의 감독 임명시에는 거리의 폭력이 동원되기도 했습니다. 교회는 온갖 퇴폐와 부정의 온상이 되었고 정치의 시녀가 된 교회는 교리적인 논쟁을 해결하는 일에도 황제의 개입을 요청하기에 이르렀습니다.

14) 오벨리스크와 돔의 상징

고대 국가들에서는 인간 모습의 남신상, 여신상들이 만들어지고, 또한 이교도 예배의 한 부분을 이루고 있는 "숨겨져 있는" 혹은 "신비"의 뜻을 지닌 많은 대상들이 만들어졌습니다. 고대 오벨리스크(Obelisks)의 사용에서도 찾아 볼 수 있습니다. 오벨리스크는 "바알"(니므롯의 칭호였음)의 상징인 태양 경배와 관련이 있습니다. 오벨리스크가 그 의도된 상징성을 성취하려고 하면 똑바로 세워져야 합니다. 이리하여 태양을 향하여 위를 향하도록 해야 합니다. 남근의 상징으로 똑바른 자세는 분명한 의미를 가졌습니다. 이것을 마음에 두고 보면 하나님의 심판이 이 거짓 경배에 선고될 때에 이러한 우상들이(오벨리스크) "서지 못하고" 넘어질 것이라고 한 것은 흥미 있는 것입니다.(사 27:9) 로마의 성 베드로 성당 앞에도 커다란 오벨리스크가 서 있는 것은 흥미롭습니다. 이교 시대에 비밀 종교가 로마에 들어 왔을 때 로마에서 오벨리스크를 만들어 세웠을 뿐만 아니라 막대한 비용을 들여 로마 황제들이 이집트의 오벨리스크를 운반하여 세워둔 것이었습니다.

오벨리스크를 마주보고 반드시 돔 모양의 건물을 지었습니다. 이것은 아세라(이시스) 여신의 상징입니다. 남신과 여신의 만남을 통해 풍요와 다산의 축복을 기원하는 태양신의 비밀 종교의식입니다.

로마 카톨릭의 지도자들이 이교주의에서 다른 아이디어를 차용해 왔듯이, 정교하고 화려하게 신전을 건축하는 일이 관례가 된 것은 하나도 이상한 것이 아닙니다. 세속적 사상을 지닌 지도자들은 고대 로마 종교의 신전보다 훨씬 더 찬란한 신전을 건축해야 한다고 생각했습니다. 그러나 신약 성경에서는 성령이 더 이상 인간의 손으로 만든 성전에 거하지 않음을 분명히 했습니다(행17:24). 하나님께서 이제는 성령으로 당신의 백성 -참 교회- 가운데 거하십니다. 할레이 성경 핸드북에 의하면 기원 후 222~235년 이전까지 교회 건물이 건축되었다는 기록이 나오지 않는다 라고 기록하고 있습니다.

교회가 콘스탄틴 통치 때 정치적 권력을 가지고 부자가 되었을 때 정교한 건물 양식과 값비싸게 짓는 교회 건물들이 정착하게 되어 오늘날까지 계속되었고, 여러 세기에 걸쳐서 값 비싸게 건축된 대다수 교회 건물들은 탑 모양이 되어 왔습니다. 그러면 어떻게 교회 건축에서 탑에 대한 전통이 시작되었습니까? 바벨론으로 소급하면, 고대 탑들은 군사적 목적 즉, 망대(감시탑)로 세워졌습니다. 그러나 바벨론 제국에 세워진 많은 탑들은 전적으로 하나의 신전과 관련된 종교적인 탑들이었습니다. 니므롯이 하나님을 대적하여 쌓았던 바벨탑도 역시 가증한 종교적인 탑이었습니다.

바벨탑을 쌓다가 흩어진 인류는 어디를 가든지 탑을 쌓아 성전을 만들었습니다. 중국, 인도, 페르시아, 이집트입니다.

15) 바벨론 음녀로 변한 로마 카톨릭

로마 카톨릭은 이름만 기독교일 뿐 로마의 여러 종교를 하나의 종교로 통합시킨 통합종교일 뿐입니다. 그래서 어거스틴은 보편적인 교회 즉 우주교회라고 했습니다. 이것은 영지주의 일원론 철학이며, 빌리 그래함이 주장하고 있는 보편적인 교회인 우주교회입니다.

그것은 콘스탄틴 대제를 통해서 메시야 신국을 세우려 했던 바리새파 사람들과 콘스탄틴 자신의 헛된 야망이 만들어낸 졸작이었습니다. 콘스탄틴은 페르시아 고레스 왕처럼 전 세계를 통치하고 영원히 자신의 이름을 영화롭게 남기기 위해 온갖 방법을 통해서 통합의 정치와 화합의 정치를 모방했습니다. 로마 카톨릭은 헬라 일원론 영지주의 종교와 유대교 메시야 종교와 바벨론 태양신인 미트라교와 기독교가 하나의 종교로 합쳐진 혼합종교입니다.

미국 프린스턴 신학교 출신의 장로교 신학자 뵈트너(Loraine Boettner) 박사의 증언은 4세기 그리스도교의 진상에 대한 적절한 요약입니다.

증언 뵈트너

"4세기 초 서방을 다스리던 콘스탄틴 황제가 그리스도교에 호의를 베풀기 시작하고…324년 그리스도교를 공식적인 종교로 만들었다. 결과로 신자가 되면 누릴 수 있는 특전을 얻기 위해 수많은 이교도들이 교회로 밀려 들어왔다. 그들은 교회가 미처 가르치고 동화(同化)시킬 수 있는 것보다 더 많은 숫자였다. 더 화려한 이교 의식에 익숙한 그들에게 단순한 그리스도교 예배는 만족을 주지 못했으므로, 그들은 자신들의 이교적(異敎的)인 신조와 행사들을 끌어들였다. 성경을 소홀히 함과 백성들의 무지를 통하여 교회는 점차적으로 그리스도교의 교회라기보다는 오히려 이교의 교회가 되기에 이르기까지 이교 사상을 더욱 더 소개하게 되었다.…이러는 동안 교회 안에는 화려한 복장을 차려 입고 제사를 드리는 사제(司祭)와 화려한 의식, 성상(星像)들, 성수(聖水), 분향, 수사(修士)들과 수녀(修女)들, 연옥의 교리, 구원은 은혜보다는 행함에 의하여 이루어진다는 신앙이 일반에게 나타났다. 로마제국 전역의 교회들에서도 그랬지만, 로마에 있는 교회는 더 이상 사도적인 교회가 아니었으며, 하나의 종교적인 기형체가 되었다."

이러한 사실은 개신교계의 널리 알려진 로마 가톨릭 추기경 뉴만(John H. Newman)의 저서 "그리스도교의 발전"에서도 다음과 같이 확증되고 있습니다.

"성당들, 분향, 등(燈), 봉헌물, 성수(聖水), 성일들과 절기들, 행진(processions), 땅을 축복하는 일, 사제의 복장들, 체발(剃髮), 성상(星像)들, 이 모든 것들은 이교적인 기원(起源)이다." 이러한 분위기에서 이교의 온갖 신조와 관습이 그리스도교에 거침없이 소개되었는데, 어떤 학자들은 로마교회의 의식 가운데 75퍼센트가 이교적인 기원에 속한다고 말했습니다.

뿐만 아니라 당시 로마제국에 유행한 페르시아의 태양신 미트라(Mithras)숭배에 익숙했던 콘스탄틴 황제는 이러한 분위기에서 321년 3월 7일 그 유명한 "일요일 휴업령"(Sunday Law)을 반포했습니다. "존경할 만한 이 태양의 날에 모든 판사들과 도시에 사는 사람들, 그리고 장사하는 사람들은 휴업하도록 하라" 황제의 칙령은 단번에 일요일을 이교도와 그리스도인들의 공동휴일이 되게 했습니다.

거듭된 반란으로 로마제국의 증오와 핍박의 대상이 된 유대인들과 구별되기 위한 심리적 부담을 가졌던 당시의 그리스도인들이 2세기 이래 일요일에도 산발적인 모임을 가져온 분위기였습니다. 이미 로마제국의 호의에 길들여진 로마교회의 지도자들을 위시한 그리스도교 성직자들은 거침없이 시세(時勢)에 부응하여 364년 라오디게아에서 열린 종교회의(the Council of Laodicea)에서 안식일 준수를 유대교 신앙행위로 규정하여 이를 저주하고 일요일 성수(聖守)를 교회의 종규(宗規·canon)로 정식 채택함으로써 일요일이 안식일을 대신하여 공식적인 성일(聖日)로 확정되었습니다.

주후 354년에는 그 동안 태양신 미트라의 생일로 축하되던 12월 25일이 최초로 예수님의 탄생일로 둔갑하여 로마에서 편집된 달력 [Philocalian Catalogue]에 나타났습니다. 그리고 그 때까지 초대교회가 그리스도의 수난(受難)과 부활을 기념하여 날짜에 맞추어 지켜오던 유월절(Pascha)행사가 이교적 배경을 가진 "이스터"인 대지의 여신의 봄 축제, 곧 부활절-일요일(Easter-Sunday) 축제로 날짜를 바꾸어 지키기 시작한 것도 이 때입니다.

참으로 급속한 변화였고 신속한 변절(變節)이었습니다. 2백년 이상 계속된 끔찍한 핍박에서 승리함으로 살아남은 교회가 일개 황제의 정책적인 관용과 선심(善心)공세와 세속적 번영에 의하여 단시일 내에 힘없이 정복된 것입니다.

16) 태양신 십자가 문화의 오염

십자가 문화는 태양신 승리의 여신인 니케 여신의 승리의 부적입니다. 앵크 십자가는 이집트 여신의 부적입니다. 이밖에 켈트 십자가는 태양인 원안에 있는 12황궁도를 섬기는 십자가입니다. 몰타 십자가, 장미 십자가 등 모든 십자가의 비밀은 고대 태양과 관계된 상징입니다.

초기 교회 십자가 문화는 로마 카톨릭이 시작된 후 콘스탄틴 시대부터 기독교 역사에 등장한 것입니다. 로마 카톨릭 교회는 십자가를 가장 중요한 상징들 중의 하나로 여기고 있습니다. 유아에게 물을 뿌릴 때, 신부는 이마에다 십자가 표시를 하고 "네 이마에 십자가의 표를 받으라"라고 말합니다. 견진성사 때에 지원자들에게 십자가 표를 합니다. 미사 때 사제는 십자가 표시를 16번이나 하고, 제단을 축복할 때에는 30번이나 합니다.

개신교회의 대부분은 손가락으로 십자가 표시하는 것을 받아 들이지 않습니다. 십자가 앞에서 절하지도 않고 예배의 대상으로 사용치도 않습니다. 개신교 신도들은 이런 것들이 비성경적이고 미신적이라고 생각합니다. 그러나 뽀족탑이나 강대상 또 여러 가지 장식하는 방편으로 십자가를 보통 사용하고 있습니다.

십자가의 형상이 그리스도인 상징으로 여겨진 것은 그리스도 교회가 이교도화 되기 시작할 때 부터입니다. A.D 431년에 교회와 사무실 안에 십자가가 도입되었습니다. 뽀족탑 위에 십자가가 세워진 것은 A.D 586년경부터입니다. 로마 교회는 6세기에 그리스도가 새겨진 십자가 형상을 재가하였습니다. 개인 집마다 하나의 십자가를 지녀야 했던 것은 제 2차 에베소 회의부터 입니다.

십자가의 형태는 고대 갈데아(Chaldea)에서 기원되었고 그 나라와 이집트를 포함한 인접 국가에서 담무스(Tammuz) 신의 상징으로 사용되었습니다.

십자가 종류는 40여 종이 있습니다. 라틴 십자가, 이집트 타우십자가, 갈바리, 켈트, 성안드레, 그리이스, 모올타 십자가 등등.

로마교회에서 십자가 형상에 대한 숭배에 기여한 두드러진 요인은 콘스탄틴의 "십자가 환상"과 그에 이은 그의 "개종"에 있습니다. 밀비안 다리 전투에서 십자가가 콘스탄틴을 도와주지 않았다면 어떠하였을까? 그런데 십자가를 악한 영을 쫓아 낼 수 있는 형상으로 보아 온 것입니다. 십자가를 부적 같이 지녀 왔습니다.

교황의 예복에 수많은 켈트(몰타) 십자가가 있습니다. 태양신을 섬기는 예복입니다. 태양의 아들 담무스를 상징하는 표식입니다.

템플기사단의 말타 십자가 역시 사탄숭배와 인신제사의 상징인 태양신의 담무스입니다.

콜럼버스 기사단과 수많은 십자군이 사용했던 십자가 역시 승리의 여신 니케(세미라미스)의 부적입니다.

17) 종교재판과 학살

주후 1252년 교황 인노첸시오 4세가 발표한 비인도적인 "박멸에 관하여"는 박해들을 명령한 문서 중 하나였습니다. 이 문서에서 이단자들을

"독 있는 뱀처럼 박살 내 버리라"고 기록되어 있습니다. 이 문서는 고문 사용을 정식으로 인정했습니다. 세속 권력으로 이단자들을 화형시키라고 명령하였습니다. 또 알렉산더 4세, 클레멘스4세, 니콜라오 4세, 보니파시오 8세 등이 쇄신 또는 강화시켰습니다. 이들이 행한 고문, 고통의 방식은 입으로 이루 말할 수 없는 처참한 방법들이 책에서 나타나 있습니다. (파문, 화형, 손발을 묶고 뒤로 눕혀서 밧줄로 감아 죄어 올리는 기계, 무거운 집게로 손톱을 뽑아 내거나, 신체의 민감한 부분들을 뜨겁게 지짐, 관절을 탈골시키고, 스페인 구두, 철갑 처녀, 로마교회의 가르침에 반대한 사람들의 귀와 입속에 끓는 납을 부어 넣기도 했다.)

종교 재판소에서 자행된 이 신앙적인 편협이 전쟁을 일으켜 전 도시가 전멸하기도 했습니다. 1209년 베지에르즈 에서는 6,000명이 칼에 도륙되어 그 피가 홍건하게 거리로 흘러 내렸고 또 1572년 파리에서 "성 바돌로매의 축제일"에 100,000명의 위그노 교도들(개신교도)이 피의 대학살을 당했습니다.

18) 독신주의와 검은 예복

"성령이 밝히 말씀하시기를 후일에 어떤 사람들이 믿음에서 떠나 미혹케 하는 영과 귀신의 가르침을 좇으리라 하셨으니 자기 양심이 화인 맞아서 외식함으로 거짓말 하는 자들이라 결혼을 금하고"(딤전 4:1~3).

위 성경 구절은 사제의 독신 생활 교리를 말하고 있는 것입니다. 히스롭은 결혼하지 않는 사제들이 황후 세미라미스(Semiramis)의 사제직의 고위 계층 구성원들이었다고 지적합니다. 바벨론 종교는 5000명의 남신과 5000명의 여신들이 모든 종교 제의에 참여합니다. 이들은 모두 결혼하지 않는 사제들입니다. 성경에 엘리야가 갈멜산으로 450명의 남자 바알 제사장들과 400명의 아세라 여자 제사장들을 불러 모으고 있었습니다. 이들 독신 남녀 사제들은 모두 바알과 아세라 집단 음란 종교 제의에 참여한 주인공들입니다. 강요된 독신 생활은 사탄종교를 유지시키는 방편이었습니다.

사제에게 고해하는 사상은 성경에서 나온 것이 아니고 바벨론에서 나왔습니다. 검은 색은 로마 카톨릭 교회의 사제들이 입은 성직자의 예복의 독특한 색이고, 어떤 개신교파에서도 이 관행을 따르고 있습니다.

그러나 무엇 때문에 검은 색을 사용합니까? 우리들 중 어느 누구라도 검은 예복들을 입은 예수와 그의 제자들을 그릴 수 있겠습니까? 성경은 바알 제사장들이 검은 색 옷을 입었다고 하고 있습니다.

"체발이 이교국가들 가운데서는 행해졌습니다! 부처는 신의 명령이라고 그의 머리를 밀었습니다. 이집트의 오시리스의 사제들은 머리를 미는 것으로 구별되었습니다. 박쿠스(BACCHUS)의 사제들은 이 체발을 받아들였습니다. 그러나 이러한 체발이 구약 성경의 제사장들에게는 금지되었었습니다."

19) 화체설과 대사(면제부)

트렌트 회의에서 신자들은 화체설의 신조가 구원에 필수 불가결 하다고 선언하였으며 이를 부인하는 사람들에게 저주를 선포하였습니다. 동 회의에서는 사제들에게 미사의 물질적인 이 요소가 그리스도의 한 부분으로 살, 피, 뼈들 및 신경들을 포함하고 있을 뿐만 아니라 또한 "그리스도 전부를 포함하고 있다"고 설명하도록 명령하였습니다.

고해성사 후 일정하게 주어진 대사는 돈을 내거나(면죄부), 십자군과 같은 전투에 참여하거나, 스스로 고행을 하거나, 사회봉사를 해야 했습니다.

20) 로마 카톨릭의 구원관

유아세례, 고해성사, 견진성사, 성찬성사, 혼인성사, 신품성사, 종품성사 이상 7가지 성사에 참여하면 구원을 받을 수 있습니다. 오직 구원의 권위는 교회가 가지고 있습니다.

21) 로마 카톨릭의 권위

교회자체가 가장 큰 권위가 있습니다. 이것을 사제의 권위라고 합니다. 그러므로 로마 카톨릭 교회안에 들어오면 구원이고, 밖으로 나가면 심판입니다.

22) 로마 카톨릭의 성경관

로마 카톨릭은 사제의 말이 곧 성경입니다. 해석에 따라, 강론에 따라 그 권위가 성경의 권위로 인정을 받습니다. 66권 외에 7권의 외경을 가지고 있습니다. 그동안 내려온 공회의 모든 결의가 성경과 똑같은 권위를 갖고 있습니다. 그래서 교회의 권위 곧 사제의 권위라고 합니다.

23) 부활절 절기와 달걀 (부활절:Easter)

고대 신화에 의하면 달걀로부터 아스타르테(Astarte-Easter)라는 여신이 부활되었습니다. 그 후 달걀은 여신 이스터를 상징하게 되었고, 고대 드루이드교도에서는 거룩한 상징이 되었습니다. 로마 풍작의 여신 케레스 행렬에서 달걀이 앞서 갔고, 박쿠스를 성별했고, 중국인은 거룩한 축제에 염색 또는 색칠한 달걀을 사용했습니다. 서양에서는 부활절에 달걀과 콜롬바 빵과 토끼고기를 먹습니다. 이 모든 것이 풍요와 다신의 상징입니다.

이스타르는 대지의 여신이며, 달의 여신입니다. 바벨론 태양신 숭배에서 춘분은 낮 시간이 밤 시간보다 길어지는 분기점입니다. 이는 태양신인 남신이 씨뿌릴 준비가 된 것입니다. 그래서 대지의 여신과 합궁을 해서 일 년 농사를 풍년이 들게 하는데 합궁일은 춘분이 지나고 보름이 차서 여신이 씨를 받을 만큼 준비가 된 다음 태양일인 일요일에 합궁하는 날인데 이때가 대지의 여신이 수태를 하는 이스타르 봄 축제가 시작되는 시간입니다.

이것이 기독교 부활절로 바뀐 것입니다. 성탄절도 원래는 1월6일 이었지만 12월25일이 된 것은 12월22일 동지는 밤의 길이가 제일 길고, 낮의 길이가 제일 짧아 태양신이 죽는 날입니다. 그 후 3일이 지난 12월 25일은 죽은 태양신이 부활하여 낮의 길이가 길어 졌다고 믿어서 태양의 아들 담무스 생일로 축제를 벌였습니다.

로마 카톨릭이 기독교를 받아 들이고 난 후 예수님의 생일을 담무스 생일날로 정한 것입니다. 바벨론 세미라미스 태양여신은 남편 나므롯이 죽고 난 후 아들 담무스를 품에 안고 정치를 해서 후대 사람들이 그를 여신으로 숭배했으며 수많은 어린 아이를 안고 있는 유물이 출토된 후 로마왕들의 여신이 되었습니다. 기독교가 로마 국교가 되면서 세미라미스는 마리아로 담무스는 예수님으로 둔갑시켜 성상 숭배를 결의했던 것입니다.

24) 성인(聖人) 숭배 사상

태양신은 루시퍼 즉 뱀을 섬기는 종교로 뱀이 선악과를 따 먹으면 너희가 하나님처럼 된다고 거짓말을 했습니다. 그러나 사탄숭배자들은 그들이 섬기는 루시퍼 즉 태양신을 통해 신이 될 수 있다고 해서 위인들을 구별하여 성자라는 칭호를 주고 그들을 위해 신처럼 미사를 드리고 그들의 공덕을 사용하여 복을 빌고 있습니다. 이집트의 바로가 신이 되는 것과 그리스 신들이 모두 인간인 것과 로마 황제들이 자신들을 신격화시킨 모든 것이 바로 사탄 문화입니다. 그리고 뉴에이지 기독교, 신사도 운동의 직통 계시자들도 모두 자신들을 신이라고 합니다. 그리고 영지주의 기독교인들 역시 자신들을 신이라고 합니다. 이들은 모두 루시퍼 사탄숭배자들입니다. 성인 숭배는 사람을 신으로 섬기는 사탄의 종교입니다.

3. 종합평가 로마 카톨릭의 진짜 정체는 무엇입니까?

바리새파 유대인들은 바벨론 탈무드를 따르는 사탄숭배자들입니다. 그래서 그들의 종교는 다종교입니다. 즉 범신론입니다. 그들이 콘스탄틴을 통해 기독교를 공인한 것은 기독교만의 종교를 인정하는 것이 아니라 기독교를 로마 황제의 핍박하는 종교에서 제외시킨 것 뿐입니다. 다시 말해서 수많은 로마 종교들 중에 하나로 인정한 것입니다.

그 후 콘스탄틴은 모든 로마 종교의 수반이 됩니다. 이것 역시 기독교 수반이 아니라 모든 종교의 국가적인 수반이란 뜻입니다. 그 후 로마는 기독교를 국교로 정했지만 다종교화된 로마 기독교를 인정한 것입니다. 다시 말해서 로마의 모든 종교를 기독교 안으로 편입을 시킨 것입니다. 그는 태양일을 기독교 예배일로 정하고 법을 어긴 사람들을 처벌했습니다.

로마 카톨릭이란 이름은 로마의 모든 종교를 통합한 통합종교의 이름입니다. 콘스탄틴은 죽기 전에 세례를 받았습니다. 그럼에도 불구하고 그는 그때까지 로마 카톨릭의 대제사장으로 종교적인 국가수반의 역할을 수행했습니다. 로마 카톨릭은 그리스 영지주의 종교, 바벨론 미트라 태양신, 이집트의 이시스 여신, 유대교의 메시야 신국종교, 기독교 등 로마의 모든 종교를 하나의 종교로 만든 통합종교의 이름입니다. 그래서 보편적 교회 즉 하나밖에 없는 우주적인 교회라고 합니다. 누구든지 그들의 종교 울타리를 벗어나면 이단이 되어 처벌을 받는 것입니다. 오직 지상에는 하나의 제국에 속한 하나의 교회만 존재할 수 있게 한 것입니다. 보편적인 교회의 가장 큰 의미는 오직 하나의 교회란 뜻입니다. 이것은 영지주의 철학에서 말하고 있는 하나의 우주관입니다. 더원(theone), 원띵(onething)철학입니다.

바리새파 유대인들은 콘스탄틴 대제를 고레스왕과 같은 메시야로 인정했습니다. 고레스왕이 페르시아 제국 내의 모든 종교를 인정하고, 정치와 문화와 민족들을 규합시켜 통합제국을 세우려 했던 것처럼 바리새파 유대인들도 콘스탄틴 대제를 통해 로마 카톨릭이란 혼합종교를 만들어 그들이 꿈꾸던 메시야 신국을 세우려 했던 것입니다.

로마 황제가 니케아 종교 회의나 칼케돈 종교 회의를 소집하여 기독교 교리를 정리했던 것들도 그가 교회를 위하여 하는 것이 아니라 하나의 로마제국을 세우기 위해 분열을 막기 위한 정치적인 목적으로 한 것입니다. 우리가 교회를 바로 세우기 위해서는 로마 카톨릭의 정체를 바로 알지 않으면 안됩니다.

제4장
기독교 사상가들의
허(虛)와 실(實)

1. 터툴리안(Tertullianus)

   (주후160-240년)

2. 어거스틴(Augustine)

   (주후354-430년)

제4장 기독교 사상가들의 허(虛)와 실(實)

1. 터툴리안(Tertullianus) (주후160-240년)

1) 탄생과 중생

터툴리안은 카르타고에 주둔하는 로마 백부장의 아들로 태어나 수사학과 법학을 공부한 후 로마 법정의 변호사로서 기독교인들이 순교 당하는 것을 보고 주후200년 40세에 회심하였습니다. 그는 복음을 위협하는 이단에 대해 강력하게 변론하며 바른 교리를 세우는 것이 얼마나 중요한지를 피력하였고 라틴 기독교 신학의 선구자로 불립니다.

카르타고는 알렉산드리아와 함께 로마 사회의 부도덕한 삶이 만연해 터툴리안은 매우 금욕적이었으며, 육신을 절제하는 삶을 강조했습니다.

그는 회심과 동시에 결혼했습니다. 자녀를 두지 않았지만 그리스도인 가정의 아름다운 모습을 우리에게 설명하고 있습니다. 곧 그는 사제로 수임을 받았습니다. 동시에 카르타고에서 장로로서 활동하였습니다.

2) 성경관

그는 '신약(新約)' 이라는 말과 '삼위일체' 라는 용어를 처음으로 사용한 사람이기도 합니다. 그는 '하나의 본질과 세 位格(위격)' 이라는 용어를 사용했습니다. 특별히 터툴리안의 삼위일체 개념은 후에 있을 니케아 종교회의에 큰 영향을 주었습니다. 그는 또 어린아이에게 주는 유아 세례를 반대했습니다.

  알렉산드리아 교회의 감독들은 대개 헬라 철학에 정통한 사람들임에 비해 라틴 교회의 감독들은 대개 법률, 정치 등의 사회과학적인 교양을 갖춘 사람들이었습니다. 그리하여 알렉산드리아 신학은 헬라 철학을 중심으로 기독교의 진리를 설명한 데 비해, 라틴 신학은 성경을 중심으로 기독교의 역사성을 분명히 해주는 데에 도움을 주었습니다. 즉, '역사적 사건과 그것의 근거가 되는 성경의 계시, 그리고 그 계시에서 나온 교회를 통해 기독교가 전해져 내려오고 있다' 는 사실을 분명히 깨우쳐 주는 데 기여했습니다.

3) 교회관

  터툴리안의 신학 한 가운데에는 교회의 순결과 거룩함에 대한 그의 관심이었습니다. 이 순결과 거룩함은 교회의 생활과 가르침이 참되다는 것을 실제로 보여주는 것입니다. 교회는 하나님의 성경 말씀의 계시에 의존하여 산다고 했습니다. '우리는 하나님의 책들을 읽기 위해 모인다.' 그리고 예수 그리스도와 그의 복음에 초점을 두고 있는 그 계시는 교회와 생활을 다스리는 기준이라 했습니다. 행동과 믿음으로 하나님의 말씀을 지킴으로써 교회와 그 지체들은 복음의 약속들을 제 것으로 삼으며 확신을 가지고 '다가올 심판' 을 기다린다 했습니다.

  터툴리안은 교회가 세상에서 분리되어야 함을 매우 강조했습니다. 왜냐하면 그 당시 로마 세계가 마귀에 대한 우상숭배와 봉사를 갖추고 있었기 때문입니다. 당시 로마 종교가 국가와 황제를 위해 기도를 하고 제국의 평화와 복지를 위해 기도를 했습니다.

  터툴리안은 세례와 그 후의 생활을 아주 소중하게 생각했습니다. 세례를 받은 그리스도인들은 회개와 물로 씻음과 성령으로 과거의 죄를 사함 받은 자들로 자유롭게 되어 하나님의 뜻을 행함으로, 세례를 받은 후 그들의 남은 생활은 '하나님의 은총을 얻고서 다른 사람들의 구원을 위하여 경쟁하는 사람들' 의 노력하는 생활이 되어야 한다고 했습니다.

  그러므로 많은 신약 기자들처럼, 터툴리안은 세례 후에 심각한 죄에 떨어졌던 신자들을 아주 싫어했습니다.

터툴리안은 교회를, 마귀가 다스리는 세상에서 하나님의 통치를 받으며 살고 있는 사람들의 사회로 하나님의 영을 유일하게 받고, 구원을 이루어가는 공동체 사회로 보았습니다. 신약의 저자들처럼 그는 교회를 종말의 공동체로 보았습니다. 이 공동체는 성령의 가정이 되기 위하여 그 정체와 순결을 유지하고 결국 "빛 가운데서 성도의 기업"에 들어갑니다.

4) 종말관

터툴리안의 삶 자체가 종말론적인 신앙이었습니다. 그는 하나님의 나라를 대망했습니다. 그리스도인의 세상에서의 삶을 하나님 앞에 서는 삶의 연습으로 보았습니다. 그는 전천년기 재림론을 주장하였습니다.

5) 윤리관

그는 그리스도인의 삶의 거룩함을 강조했습니다. 세상으로부터 분리된 철저한 삶을 외쳤습니다. 율법의 일점 일획도 어긋남이 없는 삶을 추구했습니다. 그는 재혼도 금하고 금식을 많이 하며 박해 시에 숨는 일도 금했습니다. 그는 원죄의 유전성을 인정했습니다. 새 율법인 사랑과 교회의 거룩함을 목숨 걸고 외쳤습니다.

6) 신앙관

터툴리안은 그리스도의 죽음을 중시했습니다. 그리스도의 가장 중요한 사명과 활동은 십자가에서의 죽음이라고 했습니다.

캄캄한 말세지말에 샛별처럼 빛나는 그의 신앙이 온 세계를 진리의 빛으로 환하게 비춰주기를 기도합니다.

터툴리안이 살았던 당시 셉티미우스 세베루스(146-211) 황제가 기독교를 믿지 말라는 칙령을 내렸습니다. 기독교인들은 무조건 엄벌하라고 명하였습니다. 이때 이교도들은 기독교인들의 예배를 방해하며 거리에서 하나님을 모독하는 시위를 하면서 기독교는 사회악이라고 하였습니다. 이때 터툴리안은 기독교 신자들을 향하여 신자라면 누구나 당당히 나서야 한다며 순교를 권하였습니다.

"우리는 죽음을 정복합니다. 그때가 바로 승리하는 때입니다. 고난을 두려워하는 자는 고난 당한 예수님의 신자가 될 수 없습니다. 사도 바울 역시 우리가 그리스도와 함께 영광을 받기 위해 고난도 함께 받아야 할 것이라고 하였습니다."

핍박하는 황제와 이교도들을 향해 외쳤습니다. "당신들이 우리를 많이 죽이면 죽일수록 교회는 더욱 풍성한 추수를 거두게 될 것이다. 순교자들의 피는 교회 성장의 씨앗이다."

터툴리안은 순교야말로 그리스도인의 가장 큰 덕목이요 존재의 목적으로 알았습니다. 그의 신앙관은 순교신앙입니다.

7) 국가관

당시 카르타고는 사탄문화가 왕성한 시절이었습니다. 고대 인신제사와 바알 숭배지역으로 당시에도 역시 문란한 성생활을 주제로 한 종교행사와 문화행사는 카르타고 교회를 세속화 시켰습니다. 그래서 터툴리안은 국가의 개념을 사탄주의로 정의했습니다. 이교도적 관습들로 둘러싸인 사회 안에서 그리스도인의 합당한 행위에 관심을 기울이고, 우상을 숭배하는 타락한 세상으로부터 자신을 흠없이 지켜야 한다고 주장했습니다.

그리스도인의 순결성에 대하여 군에 복무하는 것, 공직에 봉사하는 것, 학교에서 봉사하는 것 등을 금지하였습니다. 간접적으로라도 우상숭배와 관련이 되는 생산하는 직업으로 생계를 유지해서는 안된다 라고 주장했습니다. 이러한 그의 강경하고 비타협적인 엄격한 사상은, 그가 몬타누스집단을 옹호하고 후에 그 단체에 참여하는 이유이기도 한 것입니다.

8) 삼위일체 신관

그는 이교도의 영향을 받는 알렉산드리아 영지주의 기독교를 향하여 최초로 삼위일체 교리를 확립하였습니다. 그는 믿음은 이성을 앞선다고 주장하였습니다. "한 본질에 세 위격이 있으며 인격적인 면에서 아버지와 아들과 성령이 구별되지만 한 본질로서 통일성을 이루는 한분 하나님이다." "신앙의 문제는 이성으로 따지는 것이 아니라 믿는 것이다." "진정한 기독교는 사도의 교훈을 계승하는 것이다." "신앙은 주 예수 그리스도를 위한 전투이다."

9) 세계관

터툴리안은 말세지말에 살고 있는 현대교회에 필요한 신학적 이론을 가장 잘 세운 인물입니다. 이단이나 교회를 대적하는 사상 등, 그들이 말하고 있는 교리를 철저히 반박하는 인물입니다. 이러한 그의 재능과 성격은 현재 우리 교회들이 가지고 있는 문제점들과 이단들이 난무한 이 시기에 꼭 필요한 인물입니다. 어떤이는 터툴리안을 답답한 율법주의자나 앞뒤가 꽉 막힌 인물로 평가합니다. 그렇지만 터툴리안이 살았던 시대 특히 카르타고와 같은 타락한 소돔과 고모라와 같은 지역에서의 터툴리안의 외침은 외로운 선지자의 소리였습니다.

10) 이단관

터툴리안은 성부 고난설을 주장하는 이단의 지도자들과 그것을 추종하는 자들에 반대하면서 삼위일체의 본질의 단일성과 위격들의 구별성을 설명했습니다. 터툴리안은 모든 철학적 사변(思辨)을 배척했습니다. 그리고 성경 밖의 문헌에 근거한 신학 추구를 거부했습니다. 그는 이교 철학이 모든 이단들의 원천이라 선언하였습니다.

그는 이레니우스와 함께 헬라 영지주의를 강력히 반대했습니다. 그는 또 오리겐과는 달리 그리스 철학을 증오하고 강력히 비판했습니다. 그는 그리스 철학을 이단의 근원으로 보았습니다. 그는 창조와 로고스의 성육신과 육신의 부활에 대한 교리를 통해 알렉산드리아 영지주의 기독교를 이단시 했습니다.

터툴리안은 2~3세기의 가장 뛰어난 기독교 저술가의 한 사람으로 평가되는데, 이교도들도 그의 문체에 매료되어 그의 작품을 읽을 정도였습니다. 그는 법률학적인 용어나 수사학적으로 세련미가 넘치는 용어들을 자유자재로 구사했습니다. 그는 '기독교인들을 색출해 낼 필요는 없어도 당국에 고발된 기독교인들을 처벌하라' 는 트라얀 황제의 불의

한 판결에 항거하기도 했습니다. 사람들은 그를 '결코 사과하지 않는 변증가'로 평가했습니다. 5세기의 한 저술가는 "그가 언급하는 모든 말은 경구(驚句)였고, 그가 진술한 모든 내용들은 승리를 거두었다."고 말했습니다. 그는 대적자들을 완전히 패배시킬 때까지 논증했지만, 앙심을 품거나 부정직한 사람은 아니었습니다. 그는 자기 주장의 정당함을 확신하고 최선을 다해 자신의 주장을 변증했습니다.

터툴리안은 그의 생애를 자신의 신앙의 일관성과 반대자들의 모순을 보여 주는 데에 쏟았습니다. 그는 진실하고 선하고 옳다고 생각하는 것을 위해서는 목숨까지도 바칠 수 있는 단호한 인물이었습니다. 터툴리안의 신학은 정통으로 인정받고 있고, 그의 탁월한 논리적 사고는 기독교를 변증하는 데 유감없이 발휘되었습니다.

온갖 종류의 이단에 대항했던 정통의 옛 투사 터툴리안으로 하여금 더 큰 교회를 버리고 몬타누스 주의자가 되도록 이끈 것은 바로 신약 성경에 관한 정확한 가치관이었습니다. 기존교회들이 재혼을 허락하자 성경의 일부일처를 주장하고 교회를 떠나 몬타누스파로 교회를 옮겼습니다. 터툴리안이 몬타누스파에 가입한 후 몬타누스파의 혼란한 교리들은 완벽하게 정리되었습니다. 이것을 후기 몬타누스파라고 합니다. 당시 학자들은 터툴리안이 몬타누스파에 들어간 후 변화된 이름을 "터툴리안파"라고 불렀습니다.

11) 저서

예수 그리스도를 만난 후 기독교 신앙을 위한 변증가로서 광범위한 저작 활동에 몰두했습니다. 그는 철학, 법률, 헬라문학, 라틴 학문에 심오한 지식을 소유하고 있었습니다. 번뜩이는 지성, 꺾이지 않는 의지, 불같은 웅변, 날카로운 풍자 등 풍부한 은사를 가지고 진리 수호에 총력을 기울였던 터툴리안은 탁월한 변호사, 논리적인 웅변가, 철의 의지를 지닌 변증가로 평가됩니다. 그의 방대한 저술들 중 가장 유력한 저서는 『변증Apology』입니다. 이 책에서 그는 다른 그리스도인 변증가들이 한 번도 다룬 적이 없는 강력한 논점들을 다루었습니다.

터툴리안은 그의 신학적 저술들을 라틴어로 저술했고, 라틴역 성경도

제4장 기독교 사상가들의 허(虛)와 실(實)

마련하여 서방 라틴 신학의 아버지로 불립니다.

그는 "변증(Apology)"에서 그리스도교의 통속적이고 철학적인 비난들에 방어적으로 응답, 다신론적 사회의 부패와 불합리성에 대항해 강한 공격을 가하는 내용을 저술했습니다.

그의 작품〈이단론〉,〈마르키온 논박〉,〈발렌티안 논박〉,〈프락세아스 논박〉등으로서 이단에 대항하여 복음을 수호하였습니다. 그의 교리는 아타나시우스, 어거스틴 등의 위대한 교부들에게 도움을 주었고 니케아 공의회, 칼케돈 회의 등에 지대한 공헌을 하였습니다.

12) 터툴리안의 평가

교회사적으로 승자편에 서서 지난 2000년 동안의 기독교 역사를 기록했던 알렉산드리아 사탄숭배 영지주의 기독교와 로마 카톨릭은 참 하나님의 사람 터툴리안에 대한 수많은 기록들을 삭제하고 그가 참여했던 몬타누스파에 대한 악의적인 이단성과 파괴성을 기록하여 터툴리안의 업적을 몬타누스와 함께 이단의 공동묘지에 묻으려 하였습니다. 그럼에도 불구하고 터툴리안의 위대한 신앙은 꺼지지 않고 감춰진 역사 수면 아래에서 계속 이어져 왔습니다. 개혁자들의 종교 개혁도 이와 같은 순수한 복음이 분출된 결과였습니다. 이제 다시 한번 광명한 시대가 도래하므로 터툴리안에 대한 올바른 평가가 이루어지고 있는 것은 그를 향한 하나님의 섭리입니다.

그는 법률가답게 타협을 모르는 하나님의 사람이었습니다. 그래서 그는 많은 비난을 받았습니다. 그러나 그는 초대교회 교부중에서 가장 성경적이며, 교회적이며, 복음적이며 세상과 하나님의 나라의 개념을 분명히 하고 실천적인 삶을 살았던 위대한 믿음의 선구자입니다. 그의 신앙과 교리와 신학은 말세지말에 우리가 간직해야 할 가장 큰 덕목입니다. 그는 고령으로 죽는 그날까지 이방인, 유대인, 마르키오파, 헬라 영지주의와 싸우며 기독교의 진리를 수호하는 일에 헌신하였습니다.

그는 헬라어를 잘 알고 해박했지만 헬라어로는 단 한권의 책도 쓰지 않았습니다. 왜냐하면 알렉산드리아 학파를 영지주의 이단으로 생각했기 때문입니다. 그는 죽을 때까지 카르타고 장로로 충성하다가 주후

240년에 세상을 떠났다고 제롬은 기록하고 있습니다.

로마제국의 황제 세베루스(193-211)의 핍박 시기에 힘든 시기를 겪었습니다. 213년에 이르러 그는 이단과 이교에 반대하는 최전선에 나섰습니다. 이 시기는 기존교회와 결별하는 시기이기도 했습니다. 몬타니스트의 금욕적 삶, 실천, 그리고 종말론적인 뜨거운 교리들에 매료가 되었습니다. 몬타니스트가 된 그는 아프리카에 있는 몬타니스트들의 지도자가 되었습니다. 그후 몬타누스의 교회는 엄청난 속도로 부흥이 되어 사라센 제국까지 이르게 되면서 종교 개혁교회의 자유교회의 뿌리가 되었습니다.

터툴리안의 문학 활동은 몬타니스트가 된 후에 더욱 더 눈부시게 진행되었습니다. 그러나 그 후 부터 그에 대한 기록은 모두 역사 뒷편으로 사라지고 말았습니다. 제롬은 그가 240년경에 세상을 떠났다고 기록했습니다.

교회는 그리스도의 흠 없는 신부라고 믿었습니다. 교회의 자녀인 사제, 감독, 그리고 신자들은 반드시 순결한 믿음과 삶을 살아야함을 강조했습니다. 그래서 그는 그리스도인의 도덕적 삶에 대하여 자세한 글을 썼습니다.

그는 목숨을 건 이단들과의 투쟁을 했지만 그들에 대한 사랑을 버리지 않았습니다. 터툴리안은 불같은 박해를 순교라는 사랑의 방패로 막았습니다. 그리고 예수님처럼 순교하는 것을 성도의 최고의 덕목으로 삼았습니다.

뿐만 아니라 터툴리안은 그리스도인의 거룩함을 강조했습니다. 그래서 그리스도인의 삶의 모든 영역을 실천적인 삶으로 모범을 보였습니다.

그의 종말론적인 거룩함과 사랑의 순교 신앙은 말세 지말에 살고 있는 우리의 신앙입니다.

13) 몬타누스파에 대한 알렉산드리아 학파 영지주의 이단 유세비우스의 글

몬타누스(Montanus)는 스스로 금욕생활, 방언기도, 계속된 예언적 계시를 통해 기독교를 개혁하기 위해 하나님께 보냄 받은 예언자라고 믿은 2세기의 프리기아 출신의 이단입니다. 그는 자신의 모든 가르침이 성령의 영감을 받았다고 믿었습니다. 이른 바 두 여선지자라고 하는 프리스킬라와 막시밀라가 몬타누스 주의의 확산에 큰 역할을 했습니다. 교회사가 유세비우스(Eusebius)는 이렇게 기록했습니다. "몬타누스는 두 여자를 흥분시키고 그들을 거짓 영으로 충만하게 했다. 그래서 그 두 여자는 제 정신을 잃고 무책임한 말들을 내뱉었다." 어떤 역사가들은 이 말을 그 두 여자가 방언으로 말했다는 뜻으로 해석했습니다.

히폴리투스(Hippolytus)는 몬타누스주의자들에 대해 이렇게 썼습니다. "그들은 프리스킬라와 막시밀라 라는 두 여자에게 속아서 이 두 여자를 여선지자라고 믿고 보혜사 성령이 두 여자에게 들어갔다고 주장했다…그들은 이 두 여자를 사도들과 모든 은혜의 선물보다 더 찬미했다. 그들 가운데 일부는 이 두 여자에게 그리스도보다 더 탁월한 것이 있다는 말까지 할 정도였다……그들은 금식과 성찬, 금욕과 채식의 형태로 새로운 교리를 도입하면서 이 두 여자를 자신들의 권위로 삼았다."

몬타누스주의는 초기 교회 곳곳에 급속도로 확산되었고 2세기 후반에는 로마까지 퍼졌습니다. 유세비우스는 이 운동의 탄생과 초기 성장 과정을 이렇게 묘사했습니다.

"몬타누스는 처음에 지도자가 되려는 끝없는 욕망 때문에 반대자들의 공격을 받았다고 합니다. 그는 회심한 지 얼마 안 된 신자였는데 어떤 영에 사로잡혀서 갑자기 일종의 무아지경 상태에서 미친 듯이 소리 지르고 알아들을 수 없는 말을 지껄이며, 고대부터 전통으로 내려온 교회의 관습과 반대 되는 방식으로 예언을 했습니다. ……몬타누스의 거짓 방언을 들었던 이들 가운데 일부는 거짓 선지자를 분별할 수 있도록 깨어 있으라는 주님의 경고를 기억하고……몬타누스를 마귀에 사로잡힌 자라고 꾸짖었습니다. 그러나 어떤 이들은 황홀경을 체험하고 적잖이 우쭐해져서 스스로 성령과 예언의 은사에 사로잡혔다고 생각했습니다."

14) 후기 몬타누스파

터툴리안이 몬타누스파에 가입한 후 몬타누스 운동은 일대 변혁이 일어납니다. 일명 터툴리안 파라고도 불리는 후기 몬타누스 운동은 순교

운동으로 확산되어 로마 황제들의 불같은 핍박을 정면으로 돌파하는 위대한 복음운동의 기폭제가 되었습니다. 전천년기 천년왕국의 종말 신앙을 가지고 순교를 최고의 신앙의 덕목으로 생각하고 자신들의 목숨을 초개같이 버리고 삶의 아름다운 열매로 복음을 전하며 순교의 행렬을 이어 갔던 이들 앞에 오히려 적들은 오금을 펼 수 없었습니다. 초대교회 때 일어났던 참교회 운동과 참복음 운동, 참윤리 운동이 중간교회시대에 다시 불이 붙은 것은 터툴리안의 업적입니다. 이것이 16세기 종교개혁의 불을 붙인 자유교회의 힘의 원천이었습니다.

로마 카톨릭의 교회 역사가들조차 후기 몬타누스 운동에 대하여 대부분의 측면에서 정통으로 기록했습니다. 그러나 이 운동은 자신들만이 참된 교회라고 주장하고 다른 교회를 이단으로 분류한 분열주의적인 운동으로 정의를 하고 하나의 보편적인 교회만을 인정하는 로마 카톨릭에 반한 이단으로 낙인을 찍었습니다. 어거스틴은 이 운동을 반박하는 글을 썼고 콘스탄티노플 공의회에서는 몬타누스주의는 이방종교나 다름없다고 판결했습니다.

2. 어거스틴의 신학과 사상

1) 어거스틴의 생애 (주후354-430년)

어거스틴은 354년 11월 13일 북아프리카의 루마디아 지방에 있는 다가스테(Tagaste)라는 마을에서 태어났습니다. 어거스틴은 365년에 중등 과정의 라틴어와 문법을 배우기 위해서 마다우라로 갔습니다. 어거스틴은 북아프리카 지역의 로마 행정 중심지였던 대도시 카르타고에서 공부를 마쳤습니다.

가축을 운반하는 항구 도시이기도 했던 카르타고는 이교 사상과 기독교, 상인과 군인, 옛 것과 새것이 뒤섞여 있었습니다. 이 도시에서도 로마의 교통 중심지였던 여러 큰 도시들에서 볼 수 있었던 것과 같은 물질주의와, 감각적인 쾌락과 오락들이 성행하였습니다. 그리하여 어거스틴도 그 도시의 감각과 쾌락적인 생활에 빠져들게 되었습니다. 371년에 카르타고에서 어거스틴은 한 여인과 동거를 하기 시작하였습니다. 그리하여 372년에는 아들을 낳았습니다. 어거스틴은 그의 아들 이름을 아데오다투스라고 지었는데 그 이름의 뜻은 하나님이 주신 선물이었습니다.

한편 어거스틴은 이 때 키케로의(Cicero)의 "홀텐시우스(Hortensius)"라는 책을 읽게 되었습니다. 이 책을 통하여 그는 진리를 사랑하고 추구하는 철학에 관심을 갖게 되었습니다. 그는 진리를 추구하는 심정으로 성경을 읽어 보았습니다. 그러나 성서의 문체는 조잡하고 그 뜻을 이해할 수 없어서 더 이상 읽지 않았습니다. 그 대신 그는 진리를 설파한다는 바리새파 유대인의 유일신이며 태양신인 조로아스터교에서 나온 마니교에 빠져들게 되었습니다. 왜냐하면 자기가 고민하고 있던 악의 문제를 마니교가 기독교보다 더 합리적으로 대답해 줄 수 있다고 생각했기 때문입니다. 어거스틴은 마니교에 9년여의 세월을 보냈습니다. 어거스틴은 공부를 마친 뒤 다가스테에서 잠시 라틴어와 문법을 가르쳤습니다. 그 후 밀라노에 가서 라틴어 문법을 가르치게 되었습니다.

밀라노는 어거스틴의 생애에서 전환점을 마련해 주었습니다. 모니카는 아들에게 떳떳하게 결혼을 하도록 권유했습니다. 어거스틴은 10년 동안 같이 지내오던 여인을 북아프리카로 보냈습니다. 하지만 아들은 보내지 않았습니다. 그러나 어거스틴은 어머니가 소개한 신부의 법정 연령을 기다려야 함에도 불구하고 기다리지 못하고 또 다른 여인과 관계를 가졌습니다.

이 시절의 어거스틴은 신플라톤주의 창시자인 플로티누스의 서적을 읽기 시작했습니다. 이 서적은 어거스틴으로 하여금 신플라톤주의와 접촉을 하게 해주었습니다. 어거스틴은 이 철학 속에서 물질 현상을 정신적인 용어로 설명하는 방법을 찾았을 뿐 아니라 악의 문제를 마니교의 용어로 설명하는 방법이 아닌 부정 즉 무의 개념으로 이해할 수 있게 되었습니다. 이것은 그로 하여금 기독교 교리를 받아들일 수 있는 길을 제공해 주었습니다.

설득력이 뛰어났던 밀란의 감독이며 뉴 플라톤 철학자인 암부로스(Ambrose)는 어거스틴에게 기독교 신앙을 가르쳤습니다. 그리고 어거스틴은 자기 집 정원 울타리 밖에서 한 어린 아이가 여러 번 반복하여 "톨레 레게"(tolle lege-취하여 읽으라)하는 소리를 들었습니다. 그리하여 어거스틴은 신약 성경을 취하여 사도바울이 쓴 로마서를 읽었습니다. 그 말씀은 로마인들에게 술취함과 방탕함과 음란함에 빠지지 말고 자신을 정결케 하라는 교훈이었습니다. 어거스틴은 이 말씀을 하나님께서 주신 표적이라고 여겼습니다.

그 후 어거스틴은 친구와 아들과 같이 카시기아쿰에 가서 묵상생활을 하였습니다. 주후387년 33살 되던 해에 부활절 저녁에 친구와 아들과 함께 암브로스에게 세례를 받게 되었습니다. 그리고 어거스틴은 북아프리카로 돌아가기 위해서 로마의 항구인 오스티아로 갔습니다. 이 항구에서 어거스틴은 어머니와 영적인 담화를 하고, 천국을 맛보았다고 하였습니다. 오스티아라는 작은 항구에서 어머니 모니카는 죽었습니다. 그 다음해에 자기 고향인 누미디아로 돌아가서 작은 수도원을 설립하고 수도원 생활을 했습니다. 이 수도회가 발전한 것이 바로 오늘날 어거스틴파 수도회입니다. 이 때 아들 아데오다투스를 잃고 크게 슬픔에 잠기기도 했습니다.

주후 391년에 누미디안 근처에 있는 히포에 방문하던 중 히포의 감독 발레리우스의 권유로 장로가 되어서 히포의 종교적인 문제를 해결하는 감독의 조수가 되었습니다. 어거스틴은 히포에서 또 다른 수도회를 세웠습니다. 히포는 정통 교회와 도나투스파 사이에 알력이 있는 도시였습니다. 어거스틴은 사람들 사이에서 순식간에 유명해졌습니다. 어거스틴의 생활방식, 설교, 신령한 주석들 그리고 신학적인 저술 등을 통해서 목회자들에게서도 크게 존경을 받았습니다. 감독은 자기의 임종이 가까운 것을 알고 어거스틴을 히포의 부감독으로 임명했습니다. 1년 뒤에 감독이 죽자 어거스틴은 그를 이어서 396년에 히포의 감독이 되었습니다.

히포의 감독이 된 어거스틴은 이후로 많은 저술활동을 하였고, 마니교, 펠라기우스 논쟁, 도나투스와의 투쟁을 벌였습니다. 그러면서도 자신의 최고 걸작들인 고백록, 삼위일체론, 신국론 등의 집필에 착수했습니다. 어거스틴은 히포가 반달족에게 포위된지 석달만인 주후430년 8월 28일에 76세의 나이로 숨을 거두었습니다.

어거스틴은 33세에 세례를 받은 후 33년 동안 무려 117권의 책을 저술했습니다. 그리고 수많은 신학사상들을 발표했습니다. 역사가들은 어거스틴의 사상을 동서양의 사상의 저수지라고 했습니다. 왜냐하면 동서양의 모든 사상이 어거스틴에게 흘러 들어가서 다시 정립되었기 때문입니다.

로마 카톨릭이란 태양신을 섬겼던 로마와 보편적인 교회라는 기독교가 혼합된 종교국가입니다. 어거스틴의 신국론을 통해서 로마 카톨릭은 지상의 신국으로 탄생했습니다. 어거스틴은 사도 바울의 절대주권과 절대은총을 주장했습니다. 그리고 국가교회, 감독교회, 연옥설, 유아세례, 죽은자를 위한 기도, 고해성사와 대사설(大赦說), 마리아 숭배 등을 주장했습니다.

2) 어거스틴의 교회관

어거스틴의 보편적 교회는 헬라철학의 우주관과 태양신을 섬겼던 바리새파 유대교의 신국론과 기독교 교회론을 통합한 지상의 유토피아 신국론(神國論)입니다. 그래서 보편적 교회안에는 미래에 펼쳐진 모든 세계의 통합적인 완성을 추구하고 있습니다. 이것이 메시야 신국입니다. 헬라철학의 우주회복입니다.

그리스도가 머리가 되지 않고 어머니가 머리되는 교회, 소위 교회가 교회의 머리가 되는 "교회교"를 창설한 오리겐을 위시하여 초대 교부들은 교회사에서 엄청난 부패의 씨를 뿌렸습니다. 이 열매들은 바리새파 유대인의 첫 정치 신학자 유세비우스에 의해, 암브로스와 어거스틴 등을 통해 로마 교회 안에 자리 잡았습니다. 그런데 우리의 기독교회사는 성경에도 없는 '바울-어거스틴-루터' 라는 족보까지 만들어 놓고 '프로테스탄트' 교회가 어거스틴의 사상에서 출발했다고 말하고 있습니다. 로마 카톨릭 교회의 찌꺼기를 청산하지 못한 개혁 교회는 이제 '메시지' 대신에 '미사' 곡까지 교회 안에서 연주하고 있는 실정이 되었습니다.

오리겐, 클레멘트, 유세비우스와 같은 알렉산드리아 학파는 그리스 철학과 성경을 통합시키려는 욕망에 불탔습니다. 그들은 그리스 철학이 신의 영감을 받았으므로 그 기원이 신성하며, 신의 말씀과 동일하다는 그릇된 가정하에서 자신들의 해석체계를 정립했습니다. 유다인들에게 "그리스도를 죽인 자들"(Christ-Killer)이란 죄명을 씌운 로마 교회는 오리겐이 주장한 "유다인들의 개종, 추방, 멸종"의 3단계 이론을 로마 카톨릭 교회의 교의로 삼아 오늘날에까지도 이것을 시행하고 있습니다. 어거스틴은 오리겐의 비유적 성경 해석을 취하며, 참 이스라엘, 즉 아브라함의 육체에서 난 자들에 대한 하나님의 약속을 송두리째 제거시켰고, 교회가 이스라엘이라는 논증을 들고 나섰습니다. 여기에서 무천년주의가 성립되었습니다. 그러나 십자가 이후에 생긴 "그리스도의 교회"는 문자 그대로 "그리스도의 교회"이며, "이스라엘"은 "이스라엘"인 것입니다.

로마제국의 황제들은 "국가-교회"(State-Church)를 이상적인 모델로 보았습니다. 반면에 교황들은 세상 군주들을 교황권 아래 두고 다스리는 "교회-국가"를 이상적인 모델로 보았습니다. 또한 그들은 하나님의 구원계획을 위해 지상의 평화가 유지되어야만 하며 국가가 교회에 의존하는 것이 불가피하다고 생각하였으며, 오직 "교회-국가"만이 이를 실현할 수 있다고 보았습니다. 유럽교회의 성서로 불려진 어거스틴의 "하나님의 도성"(원제목은 "이교에 대항하는 하나님의 도성"임)이라는 역사 사회 철학서는 예수님의 복음에다 키케로, 마니, 플라톤 등의 이교 사상을 혼합시킨 것으로, 카톨릭 교회가 지상에 교회 왕국을 건설하기 위해 필요한 정치적 이론을 발전시키는데 막대한 공헌을 했습니다. 어거스틴은 410년에 고트족이 로마를 점령하자 미개한 이방 문화로 부터 로마 제국을 수호를 위해 AD413~427년 약14년 동안 22권에 달하는 [신국론]을 집필하게 됩니다.

예수 그리스도를 교회로 대치시킨 이 사람들은 하늘로부터 임하는 문자 그대로의 왕국 대신에 교회가 세상 권력을 지배하는 가시적인 교회 왕국을 건설하려했습니다. 이것이 바로 카톨릭 주의가 처음부터 주장해온 무천년주의의 핵심 내용인 것입니다. 즉 로마 카톨릭이 바로 천년 왕국이라는 교리입니다. 그리스도의 신부로 남아 있어야 할 로마 교회가 국가와 함께 잠자리를 같이 하였던 것입니다. 이런 교리들은 사도 바울의 논리성에 견줄만한 논리성을 갖춘 어거스틴(Augustine of Hippo.

354-430)이라는 종교적 천재를 기독교회사에 출현시켰습니다. 사실 어거스틴은 어거스틴 연구가들에 의해 실제보다 매우 다르게 미화되어 있습니다. 그는 국가 교회로 전락한 로마 교회 안에서 방황하다가, 결국은 교권에 밀착하고 말았던 것입니다.

　A.D. 410년, '영원한 도성'으로 간주되어온 로마가 고트족의 침공으로 점령되자 로마 카톨릭 교회는 말로 다할 수 없는 충격을 받게 되었습니다. 사실 "하나님의 도성"이란 표현은 오리겐과 유세비우스의 글에도 빈번하게 나타납니다. 유세비우스는 시편 87:3을 주로 공격하면서, 예루살렘은 더 이상 하나님의 도성이 될 수가 없다고 말함으로써 성경의 예루살렘이 아예 존재치 않는 것으로 간주했습니다. 그런데 어거스틴의 "하나님의 도성"은 이같은 유세비우스의 영향을 벗어나지 못하였습니다.

　옛 바벨론의 "도시-국가"(City-state)에 뿌리를 둔 그리스의 폴리스는 단순히 사람들이 모여 같이 사는 것이 아니었습니다. 이것은 지역, 종교, 법, 문화, 도덕 등 모든 것이 같아야 함을 의미했고, 어거스틴의 도시 개념 또한 정치와 종교가, 즉 카이사르와 그리스도가 서로 분리될 수 없는 "도시-국가"(City-state)였습니다. 어거스틴은 여러 곳에서 누누이 "하나님의 도성"이 곧 카톨릭 교회임을 밝히고 있습니다.

　어거스틴의 스승인 뉴 플라톤주의자 암브로스(Ambrose, 339-397)는 성골, 유물, 마리아 숭배사상 등을 로마 교회 안에 들여놓은 첫 교부들 중의 한 사람으로서 귀족주의적인 권위주의자였습니다. 그는 카톨릭 교회를 위해 세 가지 원칙을 세웠습니다.

　첫째로, 그는 로마 교회에 대한 국가의 간섭을 일체 배제하였고, 믿음에 관한 영역에 있어서 주교는 기독황제를 판단할 수가 있으나 황제는 주교를 판단할 수 없다고 선언하였습니다.

　둘째로, 그는 국가는 어떠한 환경에서든지 기독교의 도덕규범을 존중해야 하며, 데살로니카에서의 반란 진압시 수천명을 죽여 특별한 잔인성을 보인 데오도시우스 대제에게 교회에서 참회(고해성사)할 것을 강요하였습니다.

　셋째로, 암브로스는 교회와 국가간의 긴밀한 결속관계를 추구하였고 이 일이 교회에 크게 유익하리라고 확신하였습니다. 그는 굽힐 줄 모르는 의지와 자신의 주장에 대한 절대적인 고집으로 자신의 주장을 관철시킨 로마 카톨릭 교회의 왕자였습니다. 로마 제국과 앞으로의 모든 황제들이 그리스도 안에서 교회의 권위와 권세를 지속시키기 위해 부름을 받은 것이라는 사실에 대해 그는 전혀 의심하지 않았습니다.

도나티스트(Donatists)파는 그들의 신학자였던 티코니우스(Tyconius)의 지도 아래 흠없고 순수한 교회를 동경하였습니다. 어거스틴도 그를 흠모하였으나, 도나티스트들을 향하여는 "교회와 국가는 독립된 권력이 아니라 하나이다"라고 설파하였습니다. 카톨릭 공회는 콘스탄틴 대제에게 도나티스트들을 제재해 줄 것을 요청하였고, 317년에 교회는 군대를 동원하여 도나티스트들을 살해하고 그들의 재산을 파괴하고 몰수하였습니다. 그리고 404년에는 "화합 칙령"(Editct of Unity) 아래서 그들을 박해하였습니다.

파라(F.W. Farrar, 1831-1903)는 다음과 같이 말합니다. "어거스틴은 알렉산드리아 오리겐 이후 처음으로 성경을 짜맞추어 '이스라엘이 교회'라는 해석을 이끌어 낸 사람들 중 하나이다. 그러나 그의 성경해석 체계에는 두드러지게 나타나는 결점이 있다. 그는 교회, 즉 카톨릭 교회의 정설에 따라 성경을 해석해야만 하며, 어떠한 성구도 다른 어느 것에 따라 해석해서는 안 된다는 원칙을 정한 사람이다. 그런데 이 원칙이란 교권이 성경의 권위보다 더 우월하다는 것이었다." 그래서 어거스틴은 다음과 같이 말했습니다. "교회의 권위가 나로 하여금 복음을 향하게 하지 않았다면, 나는 복음을 믿지 못했을 것이다. 나는 카톨릭 교회의 권위가 지지해 주고 있는 성경에 대해서, 그리고 그것을 통해 지시되어 있는 구원의 길에 대해서 의심하지 않는다. 교회는 오류가 없으며, 구원은 오직 교회에만 맡겨져 있고, 따라서 교회에 속해 있는 것을 통해서만 구원을 얻을 수 있다."

예수 그리스도를 오류투성이였던 교회로 대치시켜 버림으로써, 어거스틴은 철저하게 "사탄의 교회위에 교회"를 세웠고, 하나님의 말씀을 "교회의 책"으로 만들어 버렸습니다. 그에게는 교회 자체가 진리의 표준이었고, 따라서 교회가 복종해야만 하는 어떤 권위나 교회를 판단하는 교회 이상의 권위가 존재하지 않게 되었습니다. 교회가 하나님 자신이 되어버린 것입니다. 이것을 어머니 교회 즉 여신왕후의 국가라고 합니다.

우리가 먼저 알아야 할 것은 성경이 교회의 책, 즉 교회가 좌지우지 할 수 있는 책이 아니란 사실입니다. 오히려 "귀 있는 자는 성령께서 교회들에게 하시는 말씀을 들을지어다"라고 계시록 2:7이 말씀해 주듯이, 교회는 성경 말씀, 즉 하나님의 말씀에 의해 세워져 가야 하는 것입니다. 이런 것을 깨닫지 못한 어거스틴은 하나님의 심판 아래 있는 교회에게 하나님의 말씀을 판단하여 뜯어 고칠 수 있는 권한을 부여했으며, 그 이후로 로마 교회는 계속해서 하나님의 말씀 자체를 변개시켜 왔던 것입니다.

어거스틴이 제공한 하나님의 도성의 비전을 가지고, 로마 교회는 세속적인 권세를 차곡 차곡 쌓아 나갔습니다. 로마 교회의 거듭남의 개념은 성경이 말하고 있는 것과 근본적으로 다릅니다. 그들은 위로부터 임하여 인간의 질을 재창조하는 거듭남이 무엇인지 알지 못하며, 어거스틴의 "고백록"이 들려주듯이, 로마 카톨릭 교회에 귀의하여 그 시스템에 순응하고 복종하는 인간의 제도적 의식이 마치 거듭남인 것으로 오해하고 있습니다.

어거스틴의 "고백록"은 사악한 카톨릭 주의의 제도에다 고해성사라는 또 다른 굴레를 하나 더 씌워 주었습니다. 어거스틴의 수도원 규칙을 보면 아버지 종교를 더욱 강조하여 아버지 계급에 절대 복종할 것을 강조하고 있습니다. 그래서 그들은 자신들의 사제를 '신부'(神父), 즉 하나님 아버지라 부른 것입니다. 물론 영어권에서도 카톨릭 교회의 '사제'는 'Father'로 불립니다. 그들은 베드로를 유일한 카톨릭 교회(One Chruch, the catholica)의 통일성으로 삼고(제롬과 더불어 어거스틴이 만든 교황 리스트는 베드로를 첫 교황으로 인정하고 있다.) 교회의 특성을 머리 되신 그리스도에 두기보다는 '통일성, 보편성, 거룩성, 전통'에다 두고 있습니다. 주후 3세기 경에 오리겐의 "마리아 숭배사상"이 암브로스에게 왔을 때, 그는 "마리아 숭배사상"에다 "성물 숭배사상"을 더했고, 어거스틴은 이 모두에다 "죽은 자를 위한 기도"를 인정하는 연옥설을 보태어 "연옥설의 원조"가 되고 말았습니다.

구원은 예수 그리스도의 십자가 대속의 은총으로 이루어집니다. 즉 구원은 예수님에게서 나옵니다. 그러나 로마 카톨릭은 교회에서 구원이 이루어집니다. 즉 교회가 구원을 베풀고 있는 것입니다. 이것이 7성사입니다. 7성사를 통해서 구원이 저절로 이루어지는 것입니다.

3) 어거스틴의 역사관

어거스틴의 [신의 도성](The City of God)은 최종적인 신의 도성의 이상을 중세교회에 제시해 주었습니다. 그는 인류의 역사를 7기로 분류하였습니다. 1기는 아담으로 부터 노아의 홍수까지, 2기는 홍수로 부터 아브라함까지, 3기는 아브라함으로 부터 다윗까지, 4기는 다윗부터 바벨론 포로까지, 5기는 바벨론 포로로부터 예수의 초림까지, 6기는 예수의 초림부터 교회의 투쟁기까지, 그리고 마지막 7기는 교회의 안식기로 보았습니다.

그는 당시의 교회사를 자신이 분류한 역사 7기 중의 6기로 보고, 이를 교회의 투쟁시대와 천년왕국(千年王國) 시대로 동일시하였습니다. 7기는 교회의 안식시대로서, 이는 창세기에서 엿새 동안 일하고 제 7일에 안식했다는 안식일 개념과, 계시록 12장에 머리 일곱 달린 용에 대한 기사에서 착상하게 된 것으로 보았습니다.

어거스틴은 초창기에서는 교부들의 주장대로 전천년기 종말론을 주장하다가 후반에 들어가서 로마 카톨릭을 천년왕국으로 인식하고 후천년주의를 주장하다, 다시 고트족과 반달족의 로마 침공을 통해 로마가 위태롭게 되자 무천년주의로 바꾸었습니다.

4) 어거스틴의 윤리관

어거스틴은 인간의 보편적인 행복 추구를 그의 윤리학의 근본 전제로 상정하면서 출발하였습니다. 행복의 추구를 최고선에 관한 논의로 연결하였습니다. 그는 행복의 조건을 규정하면서 행복이란 확실성과 불변성을 가져야 한다고 주장했는데, 그에 합당한 존재는 영원불변하는 신밖에는 없다는 결론에 도달하였습니다. 이 신을 소유하는 자가 진정

제4장 기독교 사상가들의 허(虛)와 실(實)

으로 행복한 자입니다.

그리고 행복을 추구하기 위한 구체적 방법론으로서 사랑(카리타스) 개념을 제시하였습니다. 그에게 있어 사랑은 인간의 자유의지의 핵심적 요소입니다. 그는 사랑의 질서 개념을 도입하여 사랑을 질서 여부에 따라 두 가지로 나누었습니다. 그 중 참된 행복에 도달할 수 있는 질서 있는 바른 사랑을 카리타스(caritas)라고 하였고, 무질서한 사랑 곧 자유의지의 남용을 쿠피디타스라고 하였습니다. 이같은 그의 사랑 개념은 그의 윤리학의 토대가 되었습니다.

윤리란 근본적으로 사랑 외에는 다른 것이 아니며, 무엇을 사랑하느냐에 따라 그 사람을 평가해야 한다고 본 점에서 그의 윤리학은 사랑의 윤리학이었습니다.

어거스틴의 사랑(caritas) 개념은 그의 사상 전체를 관통하는 중심 개념이라 할 수 있습니다. 그것은 그의 교의학, 윤리학, 성서학 및 영성신학 전체를 포괄합니다. 특히 그의 윤리학은 사랑의 윤리학이라고 칭해지고 있습니다. 어거스틴의 사랑 개념이 특별히 주목받게 된 것은 스웨덴의 루터교 신학자인 안데르스 니그렌의『아가페와 에로스』(Agape and Eros)가 1939년 영어로 완역되면서 시작되었습니다.

본서에서 니그렌(Nygren)은 고대인의 사랑 개념을 헬라인들의 에로스, 유대인들의 노모스, 신약성경의 아가페, 세 가지 유형으로 대별하고 특히 에로스와 아가페의 양대 사랑 유형이 어떻게 서로 영향을 미치면서 종교개혁 시대까지 내려 왔는지 역사적으로 서술하고 있습니다. 여기서 가장 큰 비중으로 다루어진 인물이 어거스틴입니다.

니그렌(Nygren, 449-562)에 의하면 어거스틴은 근본적으로 플라톤적인 에로스 개념에 입각하고 여기에 신약적인 아가페 개념을 가미하여 하나의 변증법적인 종합을 이루었는데, 그것이 그의 카리타스 사랑의 개념이라는 것입니다.

이것은 상당히 어렵고 논쟁적인 문제이지만, 1940대 이래로 어거스틴의 사랑 개념에 대한 기독교계의 관심을 환기시키는 효과를 가져왔습니다. 에로스와 아가페 사랑은 플라톤의 철학에서 신의 유출로서 하강하여 내려오는 사랑을 아가페라고 했으며, 물질에서 신으로 상승하는 사랑을 에로스라고 했습니다. 뉴 플라톤 철학에서는 에로스 관상기도를 통해서 영혼이 상승하면 아가페 사랑을 경험하여 신인합일을 이룰 수 있다고 했습니다.

이것이 바로 뉴 플라톤 철학의 에로틱 신비주의입니다. 이단 기독교에서 실시하고 있는 영체교환, 피가름의 원리입니다. 뉴 플라톤 관상기도 에로틱 신비주의에 대해서는 신사도 신부운동에서 더 자세하게 설명해 드리겠습니다. 오리겐, 어거스틴, 위디오니시우스, 아빌라 테레사, 베르나르, 성 십자가 요한, 진젠 도르프, 떼제 공동체, 가정 사역, 신사도 운동의 신부운동 등은 모두 에로틱 신비주의 영체교환으로 에로스 관상기도를 통한 신인합일을 주장하는 신비주의 운동입니다.

5) 어거스틴의 뉴 플라톤 관상기도 신비주의

기독교 안에는 처음부터 신비한 요소들이 있었지만, 그것들이 분명한 신비주의의 전통으로 탄생한 것은 3세기에 오리겐이 충분히 기획한 신비주의 이론이 4세기에 수도원 주의라는 새로운 현상으로 제도화 되면서 시작되었습니다.

어거스틴은 기독교 내의 신비적 요소에 상당한 관심을 기울인 저자로서 그 이후의 거의 모든 서방 신비주의자들이 그에게서 도움을 받았습니다. Cuthbert Butler는 어거스틴을 "신비주의자들의 왕"이라고 하였고, John Burnaby는 어거스틴을 '기독교 신비주의의 아버지'라고 하였습니다. 어거스틴의 신비 사상을 이해하는데 있어 391년 이전에 저술된 어거스틴의 초기 논문들 중 일부가 중요하지만, 그의 논문들 중에서 가장 중요한 자료는 고백록(Confessions)입니다.

고백록(Confessions)은 그가 감독이 된 직후 397년에서 401년 사이에 저술한 책입니다. 그의 다섯 권의 주요 저서들 중에서 적어도 세 권이 그의 신비사상을 연구하는 데 중요합니다. 가장 중요한 것은 시편에 나타난 설교(Homilies on the Psalms)로서, 대략 391년부터 422년 사이에 일부는 설교되고 일부는 구술된 것입니다. 이 설교집은 어거스틴의 저서 중에서 가장 긴 것으로 가장 읽히지 않는 책이지만, 그의 신비주의 이해에는 반드시 필요한 책입니다. 15권으로 이루어진 삼위일체(The

Trinity, 399-422/426)는 어거스틴이 사변 신학에 주요한 공헌을 한 책인데, 그중 특히 8-15권에 있는 내용은 그의 신비 사상의 중요한 지류들을 형성하고 있습니다.

6) 고백록(The Confessions)에 나타난 신비 체험 : 영혼의 상승

신비주의의 목표는 하나님과 인간, 무한하신 영과 유한한 인간의 영 사이의 특별한 만남으로 이해될 수 있습니다. 어거스틴은 그의 고백록에서 하나님을 만나는 사건은 신비적 사건으로(Confessions, 5.6.10), 하나님의 성령의 역사로 가능하다고 하였으며(1.1.1,) 이러한 영적인 경험은 인간의 기억 등 인간의 본성을 초월하는 것이며(10.17.26), "육신의 감관을 통하여 다른 사람에게 전달할 수 없는 것"이라고 하였습니다(10.21.30).

이러한 점에서 어거스틴 회심은 신비적이었다고 할 수 있습니다. 신비적 체험은 한 마디로 표현하자면 하나님과의 연합, 하나님과의 만남, 하나님의 임재 체험 등으로 말할 수도 있는데 그의 고백록을 읽어 보면 도처에 그의 신비적이고도 영적인 경험이 묘사되고 있습니다. 어거스틴의 고백록은 하나님과의 연합을 향해 상승하는 영혼의 순례입니다.

제1권에서 어거스틴은 다음과 같이 말하였습니다. "당신께서는 우리를 당신을 위한 존재로 창조하셨기에 주님 안에서 안식을 발견하기까지 우리의 마음은 평화를 누릴 수 없습니다"(1.1.1). "주님께서 내 안에 거하지 않고는, 또한 내가 주님 안에 거하지 않고는 결코 나는 존재할 수 없습니다"(1.2.2). 이는 하나님과의 연합을 갈망하는 어거스틴의 마음을 잘 표현해 주고 있습니다.

제7권에서 어거스틴은 386년 그가 회심하기 전에 밀라노에서 자신이 뉴 플라톤 주의자들의 글들을 읽으면서 체험한 영혼의 상승과 신적 비전을 서술하고 있습니다. 그것은 세 단계로 설명되는데, 세상 즉 감각적 물질적 세계로부터 물러서서, 내적 자아로 돌아오는 움직임에 뒤이어, 그 영혼의 위로 상승하여 하나님의 존재의 비전으로 향하게 된다는 것입니다.

여기서 어거스틴은 불변적인 빛, 진리 자체를 무매개적으로 인식, 직관하는 신체험을 플라톤주의에 따라 서술하고 있습니다. "이제는 나 자신에게로 돌아가기를 원했고, 당신의 도우심을 얻어내 심령 가장 깊은 속으로 돌아갈 수 있었습니다. 나 자신의 깊은 곳으로 돌아가서 연약한 영의 눈을 떴을 때 나는 한 줄기 밝은 주님의 빛을 보았습니다. 그 빛은 변하지 않는 빛(Immutable Light)이며 육신적 눈으로 바라볼 수 있는 그러한 평범한 빛이 아니었습니다. 그것은 전혀 다른 새로운 불빛이었습니다"(7.10.16).

그러나 이 때의 체험은 나중(제8권)에 있게 될 체험의 전조에 지나지 않습니다. 어거스틴은 계속해서 다음과 같이 말하였습니다. "내가 처음 당신을 알았을 때 내가 반드시 보아야 할 어떤 것이 있다는 사실과 여전히 나는 볼 수 있는 능력이 결여되어 있다는 사실을 깨닫게 해 주었습니다. 주님께서 당신의 눈부신 빛을 비추심으로 내 눈의 연약함을 물리치셨기에, 나는 사랑과 경이로 두려워 떨었나이다"(7.10.16). 어거스틴은 이 때 눈이 떠짐으로 그 결과 "주님과 떨어져 있는 자신"을 보게 되었습니다(7.10.16).

제8권에서 어거스틴은 영혼의 중생을 체험합니다. 어거스틴의 신비주의의 핵심은 그의 중생 경험에 있습니다. 어거스틴은 자신의 영혼의 비참함 때문에 눈에 눈물이 폭포수처럼 흐르며 고통 중에 하나님께 부르짖었습니다. 그때 이웃집에서 들리는 "집어 들고 읽어라. 집어 들고 읽으라"는 음성을 듣고 성경을 펴 본 결과 로마서 13장 13, 14절의 말씀을 읽게 되었습니다. 이 때 어거스틴은 더 읽지를 않았습니다. 더 읽을 필요가 없었기 때문이었습니다(8.12.29): "이 말씀은 광명한 확신의 빛으로 내 마음을 비추어 내 속에 있던 모든 의심의 어두움을 물리쳐 주었기 때문입니다"(8.12.29). 여기서 어거스틴은 확실한 하나님의 조명을 체험하게 되었습니다.

제9권에서 어거스틴은 중생의 달콤함을 다음과 같이 말하였습니다. "주님은 나에게서 육체적 소욕을 앗아갔으나 더욱 참되고 위대한 행복을 허락해 주셨습니다. 내 마음 속의 정욕은 사라지고 주께서 내 영혼 속에 좌정하시어 더욱 달콤한 기쁨을 선사하였습니다. 이 선물은 육체나 혈육에 속한 것이 아니라 영혼 깊숙이 자리 잡은 사랑에서 나온 것입니다. 모든 빛보다 더 밝은 빛, 깊이 감추인 신비보다 더욱 깊은 신비, 모든 존귀보다 더욱 높은 존귀와 사랑을 내게 베푸셨나이다"(9.1.1). 여기서 어거스틴은 하나님께서 그의 영혼 속에 좌정하심을 말합니다. 이것이 하나님의 임재 체험입니다.

어거스틴의 신비체험에서 유명한 것은 제9권 끝에 있는 오스티아에서 본 것(Ostia vision)에 대한 기술입니다. 주후387년 가을에 로마의 항구 오스티아에서 배를 기다리면서, 어거스틴과 어머니 모니카는 성도의 영원한 삶의 본질에 대해서 대화하는 중에 신비한 영적인 체험을 하게 됩니다. 이것은 고백록(The Confessions 9.10)에 감동적으로 기록되어 있습니다.

그들의 영적인 영혼의 상승과 함께 그들이 도달한 영적, 신비적 관조에 대하여 어거스틴은 이렇게 묘사하고 있습니다. "영원히 변치 아니하시는 '불변자'(시 4:8)이신 하나님에 대한 우리의 사랑은 더욱 강렬하게 불타 올라서 지구를 비추는 해와 달과 모든 별들이 속한 하늘을 포함하여 모든 물질적 수준을 초월하여 주님께로 올라갔습니다. 참으로, 우리는 주님께서 행하시는 일을 묵상하고, 대화하며, 탄복하는 중에 더욱 높이 올라갔습니다"(9.10.24). 이것은 일종의 영적인 엑스타시(ecstasy)입니다. 우리는 어거스틴의 갈망 속에서 하나님을 만나고 발견하려는 열렬한 탐구를 읽게 됩니다. 그것은 뉴 플라톤 철학의 대부 플로티누스의 관상기도와 상응되는 영혼 상승의 방식을 통해 추구되었습니다. 그러나 그는 그에 대한 응답은 오직 하나님이 위로부터 주시는 "은혜 속에" 이루어지는 것이라 했습니다.

어거스틴의 영혼상승의 신비체험은 계속되었습니다. 그러나 그의 신비체험이 깊어질수록 절대자인 신에 대한 두려움은 점점 더 커져갔습니다.

7) 어거스틴의 이단관

도나티스트(Donatist)란 말은 박해 받은 청교도라는 별칭을 가진 성경적인 신앙 운동가들입니다. 로마 황제 디오클레티안의 박해시에 성경책을 불태우거나 버리도록 강요하였습니다. 만약 성경책을 포기하지 않는 자들은 순교의 자리에 나아갈 수밖에 없었습니다. 이때에 성경책을 버린 배교자들이 나오게 되었는데, 심지어는 감독들도 배교하였습니다. 배교자들에 대해 엄격했던 사람들은 박해시에 신앙을 저버리고 배교한 앞툰자 시의 감독 펠릭스가 안수하여 북아프리카 카르타고(Carthage)의 감독이 된 카이키리아누스(Caecilianus)의 감독 안수식을 무효로 선언하고, 맨사리우스(Mansarius)를 새 감독으로 성별시켰으나 그는 곧 죽고 도나투스(Donatus)감독이 계승하게 되었는데 그의 이름을 따서 그들을 도나티스트라고 부르게 되었습니다.

도나티스트들은 성직 안수식 및 세례식과 성만찬 예식은 도덕적으로 성별된 거룩한 감독 및 성직자들에 의해서 이루어져야 한다고 강조하였습니다. 즉 티오클레티안의 박해시 배도했던 배도자들을 통한 성례를 거부했던 것입니다.

그러나 어거스틴은 비록 배교한 성직자라도 그들이 베푼 성례전은 타당성이 있음을 강조했습니다. 즉 성만찬 행위의 사건 자체가 타당성을 발휘하지 어떤 인간에 의해 타당성을 갖는 것이 아님을 역설하였습니다. 어떤 성직자의 도덕적 능력이나 인격에 의해 타당성이 부여되지 않고 오직 그리스도의 권능으로 타당성이 인정됨을 믿었습니다.

참 목자는 오직 그리스도인 까닭에 그리스도의 이름, 삼위일체의 이름으로 행해지는 성만찬이나 세례는 그것이 교회 안에서나 밖에서나, 성직자가 흠이 있거나 없거나 상관없이 타당성을 지닌다고 해석했습니다. 그러나 효력성에 있어서는 반드시 교회 안에 들어와야 함을 강조했습니다. 은혜의 효력은 교회의 울타리 안에 들어와야 다시 살아난다고 강조한 것입니다.

왜냐하면 한번 그리스도의 이름, 삼위일체의 이름으로 세례 받은 것은 영원히 타당하고 효력을 발생하기 때문입니다. 그러나 도나티스트들은 배도자들에게 다시 삼위일체의 이름으로 세례를 받고 입교해야 함을 강조했습니다. 어거스틴이 강조한 은혜의 효력은 오직 카톨릭 교회라는 울타리 안에서만 가능한 것이었습니다. 누가 어디에서 무엇을 하는가 보다 그가 과연 카톨릭 교회 안에 있는가가 모든 선악과 이단의 기준이 된 것입니다.

도나티스트들은 교회관에 있어서도 교회는 성결한 무리들만 모이는 공동체요, 죄인들은 공동체에 들어올 수 없음을 강조합니다. 그래서 배도자들은 처음부터 철저히 교회생활을 시작해야 함을 주장합니다. 하지만 어거스틴은 교회 속에 보이는 교회와 보이지 않는 교회가 있고 알곡과 쭉정이도 함께 있다고 봅니다. 인간은 감히 누구를 최후 심판 이전에 쭉정이라고 정죄하거나 심판 할 수 없다고 봅니다. 그래서 어거스틴은 눈에 보이는 교회의 일치와 사랑 정신이 가장 중요함을 강조합니다. 즉 보편적인 오직 하나의 교회 로마 카톨릭을 강조합니다.

보편적인 교회의 범위는 종교의 차이나, 교리의 차이가 아닌 오직 로마 카톨릭에서 실시하고 있는 7성사에 참여하는 것만이 조건일 뿐입니다. 그래서 그들은 성만찬을 행할 때도 모든 사람들에게 문호를 개방합니다. 로마 카톨릭 제도 자체가 구원이고, 영생이며, 진리가 되는 것입니다.

8) 어거스틴의 하나님의 도성(신국론)

어거스틴의 최대 저작은 하나님의 도성(신국론, De civitate Dei)으로, 수후410년에 고트족 알라릭(Alaric) 왕에 의해 로마가 함락된 후의 음울한 시기인 412년에 집필이 시작되어 14년 후인 426년경 완료된 책입니다. 당시 교회 역사가이자 바리새파 유대인인 유세비우스를 비롯한 많은 사람들은 로마 카톨릭이 구약의 이스라엘로 지상에 세워질 천년왕국의 유토피아 나라로 인식했습니다. 그러나 고트족의 침입으로 로마가 함락되자 충격을 받게 되었습니다.

당시의 수많은 태양신을 섬겼던 사람들은 기독교가 로마를 망하게 했다고 책임을 기독교인들에게 떠넘겼습니다. 그 때 어거스틴은 "이교도들을 향한 하나님의 도성"이란 책을 써서 보이는 교회인 로마제국은 흔들리고 망할지라도 보이지 아니한 로마 카톨릭이란 교회는 반드시 이교도들을 물리치고 지상의 천년왕국을 이룰 것이라는 사실을 강조하는 책입니다

제1권에서 어거스틴은 그의 저술 목적이 기독교가 로마를 파멸시켰다는 비난에 대해 반박하기 위한 것이라고 진술하고 있습니다. 즉, 로마

를 성장시킨 옛 신들을 무시한 것이 로마 멸망의 원인이었다고 주장하는 이교도들에 대하여 기독교를 변호한 것입니다. 이 책에서 그는 이방 신들은 인간에게 행복을 제공하지 않았다고 논증했습니다.

2부에서는 창조로부터 영원까지 서로 다른 두 개의 도성을 추적했습니다. 하나님의 나라와 사탄의 나라, 하늘의 도성과 지상의 도성, 예루살렘과 바벨론이 그것입니다. "두 도성은 두 가지 사랑에 의해 건설되었다. 지상의 도성은 하나님에 대한 생각을 경멸하고 자아를 사랑하는 것에 의해 건설되었고, 하나님의 도성은 자아를 경멸하고 하나님을 사랑하는 것에 의해 건설되었다. 전자의 영광은 그 자신에 있고, 후자의 영광은 주님께 있다. 한 도성에서는 정복한 통치자들이 지배욕으로 다스리고, 다른 한 도성에서는 통치자들과 피지배자들이 사랑 안에서 서로를 섬긴다. 그들은 본성을 죄에서 자유롭게 하는 은혜에 의해 천상의 도시에 태어났다."

어거스틴은 가시적 교회(외형상의 조직과 구조)와 오직 하나님만이 아시는 보이지 않는 교회(참된 그리스도인의 모임)를 구분했습니다. 그에 의해서 처음으로 '가시적(可視的) 교회'와 '불가시적(不可視的) 교회', 그리고 '어머니로서의 교회'의 개념 등이 나왔습니다. 어거스틴에 의하면, 보이지 않는 참된 하나님의 교회는 오직 하나님만이 아신다고 하였습니다. 그리고 보이지 않는 참된 교회는 보이는 보편적 교회 안에만 있기 때문에 보편적(Catholic) 교회 밖에서는 구원이 없다고 했습니다. 그는 사도들의 신앙과 성직을 소유하고 있는 이 교회에 의해서만, 교회의 성례를 통해서만 구원받을 수 있다는 교리를 주창하고 공식화하였습니다.

어거스틴에 의하면, 그리스도의 몸인 카톨릭 교회 밖에는 진리도 없고 구원도 없게 됩니다. 그가 빚어낸 이러한 오류는 그가 얻은 명성 때문에 그 폐해를 더 심화시키는 결과를 가져왔습니다. 구원자 예수님과 인간 사이에 인간이 만든 조직과 체제를 개입시킴으로써 복음의 진리에 배치되는 누룩을 부풀게 만든 것입니다.

9) 도나투스파를 국가권력의 군대를 사용하여 박해한 어거스틴

도나투스파는 처음에는 신앙의 순수성과 거룩성을 주장하는데 열심을 내어 교회의 타락을 견제하는 역할을 했지만, 나중에 박해 때문에 여러 단체로 분열되었습니다. 그중에 일부 써쿰켈리온이란 도나투스파들은 신앙의 순수성보다는 분파적 이익을 위하여 폭력까지 사용하며 원래의 의도에서 벗어났습니다. 어거스틴은 이러한 폭력에 대하여 황제에게 그들을 처리해 줄 것을 요청했습니다. 어거스틴은 도나투스주의자들을 공격하는 일에 국가 권력과 강압을 이용했습니다.

어거스틴은 성경에서 무력을 사용할 수 있는 근거를 찾았고, 적절하진 않지만 누가복음 14장 23절의 "강권하여 데려다가 내 집을 채우라"는 말씀을 끌어왔습니다. 그는 도나투스파에 대한 강압을 마치 사지(四肢) 하나를 절단함으로써 목숨을 구하는 사랑의 행위라고 생각했습니다. 그래서 일정한 조건만 충족된다면 전쟁이 정당할 수도 있다는 결론에 도달했습니다.

그 조건들의 첫째는 전쟁의 목적이 정당해야 한다는 것, 둘째는 올바르게 구성된 권위 있는 조직체에 의해 수행되어야 한다는 것, 셋째는 불가피한 와중에서도 사랑이라는 동기가 중심을 이루어야 한다는 것이었습니다. 두 번째 조건은 후에 유력한 집단이 무력한 집단에 대해 행사하는 폭력과 전쟁을 정당화시키는 명분이 되었습니다.

어거스틴은 교회도 세상에 나타날 수 있는 조직의 일부라는 외형적 교회관에 사로잡혀서, 가시적(可視的) 교회를 일치시키려는 의도로 물리적 수단을 허용했습니다. 이러한 가르침은 본의 아니게 로마 교황들에게 이교도들을 처형시키는 물리적 수단의 근본 원리를 제공했고, 초대교회 때 로마제국이 성도들을 박해했던 것처럼 교회에 잔혹한 박해를 가할 수 있는 빌미를 제공했습니다. 그래서 롤란드 베인턴은 그가 전범 이론의 아버지가 되었다고 평가하고 있습니다.

어거스틴은 도나투스파를 척결시키기 위해 다양한 방법을 사용하였습니다. 도나투스파의 역사를 연구하여 그들의 문제점과 약탈 행위 등 나쁜 면들을 알렸고, 설교로, 심지어 노래를 만들어 그들에 대한 악한 감정을 널리 선전하는 일에 몰두하기도 했습니다. 소수의 과격한 도나투스파를 빌미로 수많은 로마 카톨릭에서 분리해 나간 성경적인 교회들을 무력으로 척결했습니다. 오직 자신이 속한 하나의 교회만을 위해서입니다.

10) 애매 모호한 어거스틴의 복음관

어거스틴은 이단자들을 사형에 처하는 것에는 반대했지만, 결국 그의 가르침은 중세에 행해진 이단 탄압에 이론상의 명분을 미리 제공한 것이었습니다. 어거스틴은 고백록(참회록)을 집필한 초기 기독교의 뛰어난 신학자로서 조명을 받고 있습니다. 그런데 그의 고백록을 천천히 살펴보면 그의 복음이 모호한 것을 알 수 있습니다.

본래 구원은 인간의 노력으로 받을 수 없습니다. 나의 한계를 깨닫고 오직 예수 그리스도로 말미암아 새생명을 얻을 수 있는 복음의 주된 메시지를 상기할 때 그의 고백록은 죄인인 자신의 모습을 고백하고 악한 죄인임에도 하나님 앞에 나가는 자는 죄를 용서 받을 수 있다고 하다가 또 다시 자신의 '죄를 위한 반복 제사'를 드립니다. 전혀 복음적인 간구와 동떨어진 그의 기록들을 보면 신학자로서 경건한 삶을 살았으나 실제 교부 어거스틴이 구원을 받았는지에 대해서는 모호한 입장을 갖게 합니다, 그는 끊임없는 영혼 상승을 통한 신비체험을 하면서도 유독 자신의 죄문제에 대하여는 두려움으로 기도를 반복하고 있는 것입니다. 이는 자신뿐 아니라 어머니 모니카의 구원에 대하여도 동일합니다.

11) 참회록 제9권 복음적이지 않은 어머니를 위한 기도문

"육신의 삶에 얽매였던 어머니가 그리스도 안에서 새롭게 지으심을 입었고, 그리스도의 이름을 찬양하며 경건한 신앙 안에서 살았던 것은 분명한 사실입니다. 그러나 그렇다손 치더라도 중생의 체험을 하고, 세례를 받은 이후에 당신의 계명에 어긋나는 단 한 마디 말의 실수도 없었다고는 감히 말할 수 없습니다. … 어머니의 선행으로 인하여 나는 기쁨으로 당신에게 감사를 드립니다. 그러나 또한 주님, 어머니의 죄를 인하여 간구하오니 자비를 베푸사 용서하여 주옵소서. … 어머니의 생활은 사랑과 자비가 가득 찼고 '그녀는 그녀에게 죄 지은 자를 용서하여 주었으니 주여, 그녀의 죄악을 용서하여 주옵소서.' (마 6:12) 그녀가 구원의 세례를 받은 이후 혹 잘못된 죄악이 있거든 주께서 용서하여 주옵소서. 주여! 이 부족한 종이 전심으로 간구하오니 그녀를 용서하여 주소서. 용서하여 주소서."

어거스틴의 참회록의 기도문을 읽어보면 어거스틴은 율법의 저주 아래 있다는 사실을 알 수 있습니다. 다시 말해서 그는 롬8:1-2 "그러므로 이제 그리스도 예수 안에 있는 자에게는 결코 정죄함이 없나니 이는 그리스도 예수 안에 있는 생명의 성령의 법이 죄와 사망의 법에서 너를 해방하였음이라" 어거스틴에게는 죄와 사망의 법은 있어도 그것을 해방시켜주는 그리스도 예수의 생명의 성령의 법은 없습니다. 그래서 그는 자유가 없는 죄의 속박에서 살아가고 있는 것입니다.

그가 비록 수많은 빛을 보고, 영적인 체험을 했다 하더라도 그런 체험은 어느 종교에서든지 가능합니다. 특히 영지주의 뉴 플라톤 철학의 신인합일 관상기도에서는 그 보다 더한 영적인 체험이 항상 가능합니다. 문제는 그의 영혼에 자유가 있는가에 있습니다. 그리고 그의 어머니를 위한 기도는 절대로 복음을 알고 있는 자의 기도가 아닙니다. 어거스틴은 어머니 모니카가 구원받고 난 후 고백하지 못한 죄나 미처 깨닫지 못한 죄가 있지 않을까에 대한 염려로 속죄기도를 반복하고 있습니다. 이것이 묵주기도의 원리입니다. 돌고 도는 영지주의 구원관입니다. 계속되는 신인합일을 추구하는 구원관입니다. 그리고 그녀의 선행과 그녀의 아름다운 삶을 참고해서 용서해 달라고 기도를 하고 있습니다. 이것은 영지주의에서 영혼의 상승이란 구원으로 더 깊은 신인합일체로 복귀하는 과정을 위해 기도하는 것입니다. 그는 자신과 어머니의 구원과 죄에 대한 문제를 영지주의 체제속에서 말하고 있는 신에 대한 복귀라는 구원의 길에 대하여 기도하고 있는 것입니다.

분명히 어거스틴은 복음을 알지 못하는 자입니다. 구원받고 난 후 우리가 지은 죄 뿐 아니라 심지어 우리가 예수님을 알지 못하고 살았을 당시에도 예수님이 십자가에서 우리의 죄를 영원히 대속해 주셨습니다. 앞으로 지을 죄까지도 영원히 속죄를 이루어 주셨습니다. 여기에서 우리의 영혼은 자유와 해방을 경험하고 감격하는 것입니다. 이 감격이 순교에 이르는 영적인 충만함으로 이어지는 것입니다. 이것이 초대교회 성도들의 순교의 믿음이었습니다.

혹 우리가 구원받고 난 후 지은 죄를 모두 자백하지 않아도, 또 지은 지극히 작은 죄들을 를 다 하나도 남김없이 깨닫지도 못한다 할지라도 우리는 이미 하나님의 자녀가 되었고 죄와 사망의 법에서 해방되었기 때문에 죽고 난 후 죄에 대한 심판을 두려워하지 않는 것입니다.

롬5:6-8 "우리가 아직 연약할 때에 기약대로 그리스도께서 경건치 않은 자를 위하여 죽으셨도다 의인을 위하여 죽는 자가 쉽지 않고 선인을 위하여 용감히 죽는 자가 혹 있거니와 우리가 아직 죄인 되었을 때에 그리스도께서 우리를 위하여 죽으심으로 하나님께서 우리에게 대한 자기의 사랑을 확증하셨느니라"

그러나 어거스틴의 신앙고백에서는 이런 환희와 감격이 없습니다. 그의 기도는 두려움과 어두움과 침울함만 가득합니다. 오직 애절함만이 있습니다. 이것이 영지주의자들의 예배문화와 그들이 사용하는 음악에서도 나타납니다. 인간의 감정에 호소하는 느리고 애절한 음악과 분위기는 맹수와 같은 인간을 잠시 동안은 종교적인 사람으로 만들 수 있습니다. 이런 것들을 그들은 거룩이라고 말합니다. 경건이라고 말합니다. 초대교회 하나님의 절대 주권 사상은 디오니소스와 데미우르고스(Demiurgos)라는 헬라 영지주의 철학에서 나온 신의 섭리론이었습니다. 그들의 구원은 영겁회귀입니다. 신인합일입니다. 돌고 도는 윤회입니다. 이것에서 벗어나는 길은 오직 한 가지입니다. 인간의 애절함과 선행과 인간 스스로의 수련에 있습니다.

12) 영겁회귀를 통한 신일합일 구원의 특징인 혼돈과 윤회

히브리서에서 강조하고 있는 반복적인 율법의 제사와 영원한 단 한번의 제사가 소개되고 있습니다. 율법 아래서 죄를 지을 때마다 그 죄를 사함받기 위해 반복적으로 드렸던 제사가 '첫 것' 이요, '둘째 것' 은 우리 행위와 상관없이 그리스도의 보혈의 공로로, 하나님의 온전한 은혜로 의롭게 되고 구원받는 것입니다. 참된 복음은 첫 것을 폐하고 둘째 것을 세우는 것이지, 첫 것을 세워놓고 둘째 것도 받아들이는 것이 아닙니다. 첫 것은 그림자요 참 형상이 아니므로 참 형상인 둘째 것이 오면 그림자인 첫 것은 당연히 폐해지는 것입니다. 이 부분에 대해서 어거스틴의 회심 자체가 복음적이지 않다는 것입니다. 그가 성령의 역사로 회심은 했지만 복음적 교리를 제대로 정립하지 못한 데에서 기인했을 것이라는 시각도 있습니다.

그러나 이런 이론은 불가능합니다. 왜냐하면 어거스틴과 같은 위대한 성자가 기독교의 가장 중요한 복음관을 정립하지 못하였다고 하는 것은 그 자체가 그의 사상과 신학이 다 거짓이며, 카르타고 키프리안과 그의 스승 영지주의 철학자 암브로스와 마니교 사사들에게서 넘겨 받은 짝퉁이란 사실을 증명할 뿐입니다.

13) 어거스틴의 종합적인 평가

타작기1, 2에서 우리는 세상의 모든 역사가 승자(勝者)들이 자신들의 입맛에 맞게 기록하였던 사실을 알았습니다. 기독교 역사도 마찬가지입니다. 그들이 기획하고 주도적으로 만든 역사입니다. 그 중에 가장 큰 것은 로마 카톨릭과 어거스틴에 대한 우상화입니다. 물론 앞으로 하나씩 모두 검증을 해 나갈 것입니다만 수많은 교부들과 개혁자들의 정체성이 과대 포장되고 미화되었습니다. 그들은 모두 극적인 회심과정이 있습니다. 그리고 드라마와 같은 인생을 살았습니다. 물론 그러했기 때문에 유명한 사람들이 되었겠지만 그 이면에는 속이고, 모방하여 과대 포장한 사람들이 너무나 많이 있다는 사실을 알아야 합니다. 그동안 우리가 알고 있었던 지식들이 얼마나 단편적이고, 얼마나 편협한 지식이었는지를 알 수 있어야 합니다. 그리고 이제부터라도 좀 더 성실하게 연구하고 지식을 습득하여 어리석은 자리에서 속히 벗어나야 합니다.

교부(敎父)들의 삶이 경건하고 존경할 만하며 그들의 설교가 감화를 주기는 했어도, 문헌상 그리스도의 보혈로 말미암아 정확하게 영원한 속죄를 받고 거듭났는지를 명확히 검증하기는 쉽지 않습니다. 위대한 고전으로 평가받는 그들의 저서나 설교들 속에서 그리스도의 피로 죄사함을 받고 구원의 진리를 깨달았다는 선명한 간증과 복음에 대한 정확하고 일관성 있는 메시지를 찾아보기 어렵기 때문입니다.

어거스틴의 진면목을 알아야 합니다. 그래야 사탄의 깊은 것을 헤아려 알 수 있습니다. 그동안 우리는 자신의 교파 신학과 교리에만 몰두했습니다. 그래서 공평한 판단을 할 수 없었습니다. 이제는 인류의 전 역사 가운데 우리의 위치를 입체적으로 조명하고 확인해야 할 시대가 되었습니다.

어거스틴은 장로교 보수신학의 보루입니다. 절대주권사상과 절대은총의 교리는 아무라도 대적할 수 없는 절대적인 신학입니다. 그래서 어거스틴과 보수 신학속에 사탄의 깊은 함정이 많이 있는 것입니다. 어거스틴의 베드로 교황제도는 이미 키프리안의 감독정치에서 나왔습니다. 교회밖에 구원이 없다는 사상도 이미 키프리안이 말한 것입니다. 어머니 교회 역시 키프리인이 원조입니다. 이 모든 것들이 자칭 엘리트 인간이라고 스스로 자랑하고 있는 바리새파 유대인들의 교리입니다. 장로들의 유전인 탈무드를 가지고 장로정치(과두정치)를 하고 있는 무리들입니다.

어거스틴이 말한 보편적인 교회는 신복음주의자인 빌리그래함 우주교회론과 신칼빈주의 자인 화란의 자유대학의 도여베르트의 우주법 철학이론입니다. 이들이 말한 교회론은 모든 종교를 포함합니다. 모든 만물을 포함합니다. 심지어 천사들까지 아우르는 만물교회를 우주교회라고 주장합니다. 이것은 그리스 영지주의 철학인 더원(the one)과 원띵(onething)철학에서 나온 만신론 사탄교회입니다.

그들은 말만 그리스도의 몸된 교회라는 용어를 사용합니다. 그러나 그들이 추구하고 있는 진짜 그리스도의 몸인 교회는 마지막 배도할 기독교인 사탄의 바벨탑 교회입니다. 그들은 무천년주의로 그들의 교회가 곧 지상의 유토피아인 천년왕국으로 이어질 것을 주장합니다. 그래서 전천년주의자들을 죽이고 핍박을 해서 말살 시켰습니다.

어거스틴은 연옥설을 주장하고, 그의 스승 암브로스에 의해서 성골숭배, 마리아 숭배, 죽은 자를 위한 기도, 영지주의 보편적인 구원관과 교회관, 국가교회, 유아세례, 무천년주의 등을 주장했습니다. 어거스틴의 신국론(神國論)은 중세 로마 카톨릭이 기독교 제국을 세우는 기초가 되었습니다. 어거스틴이 세운 어거스틴 수도원은 중세 1000년 동안 기독교 신비주의 온상이 되었습니다.

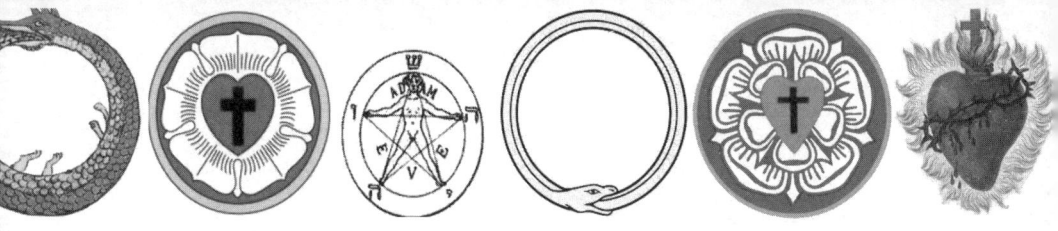

제 5 장
종교개혁과 장미십자단

1. 마틴 루터 [Martin Luther, 1483~1546년]

2. 장미 십자회 (Rosicrucianism)

3. 존 칼빈 (John Calvin 1509-1564년)

제5장 종교개혁과 장미십자단

1. 마틴 루터[Martin Luther, 1483.11.10~1546.2. 18]

1) 루터의 생애와 헌신

루터는 1483년 11월 10일 독일의 '아이슬레벤'에서 광부인 아버지 '한스 루터'와 어머니 '마가레테 루터' 사이에서 태어났습니다. 당시 부친은 광부로 성공하여 작은 광산의 소유주가 되었지만 자녀들에게는 최고의 교육을 시키기로 마음먹고 있었기 때문에 루터를 도회지에 있는 학교로 보내 공부하게 하였습니다.

루터는 1501년에 독일에서 가장 역사가 깊고 유명한 대학 중의 하나인 에르푸르트 대학에 입학하였고 그 후로 대학원까지 다녀 문학 석사가 되었습니다. 그 때만 해도 이같은 학력을 가진 사람은 매우 드물었기 때문에 루터의 부모는 루터가 변호사가 되어 가세(家勢)를 번창시키기 원했습니다.

그러나 루터는 1505년 7월 2일에 부모님을 방문하고 돌아오는 길에 무서운 폭풍우를 만나게 되었는데, 그때 동행하던 친구가 벼락에 맞아 즉사(即死)하는 일을 목격하게 되었습니다. 그래서 그는 두려움에 떨면서 하나님께 "저를 살려주시면 수도사가 되겠습니다"라고 서원 기도를 하였습니다. 그리고 같은 해 7월 17일에 루터는 법학 공부를 중단하고 에르푸르트에 있던 아우구스티누스 수도회의 개혁파에 들어가게 되었습니다. 그곳에서 루터는 엄격한 신앙수련을 받은 후 레오10세로부터 1507년에 신부로 임명되었습니다.

2) 루터의 종교개혁

루터는 신부로서 활동하였을 뿐만 아니라 비텐베르크 대학에서 철학을 강의하는 교수로도 활동하였습니다. 그리고 그의 나이 27세 되던 1510년에는 당시 모든 사람들이 가고 싶어 하던 로마로 여행을 떠나게 되었습니다. 그러나 로마 여행은 루터에게 큰 실망을 안겨다 주었습니다. 왜냐하면 그곳에서 성직자들의 타락한 모습을 보았고 참회자들의 무식한 모습과 무질서를 보았기 때문입니다.

이전부터 루터는 율법에 온전히 복종할 수 없다는 생각이 들어 죄의식을 느끼고 있었는데 로마 여행을 다녀온 후부터는 더욱 괴로움을 느끼게 되었던 것입니다.

그 후 루터는 성지순례를 가게 되었는데 그곳에서 예수님이 고난당하시던 빌라도의 계단을 올라가게 되었습니다. 그는 그곳에서 "의인은 그의 믿음으로 말미암아 살리라"(합 2:4)는 주님의 음성을 듣고 평안을 되찾게 되었습니다.

그 일이 있은 후 루터는 다시 성경을 연구하기 시작하였습니다. 그리고 마침내 루터는 하나님 앞에서 의롭게 되는 것은 율법을 지키는 행위로 말미암지 않는다는 사실을 절실히 깨닫게 되었습니다. 사람이 의롭게 되는 것은 오직 예수 그리스도를 믿는 믿음으로 말미암는다는 것을 확신하게 된 것입니다.

그 즈음 독일에서는 타락한 종교 행위가 만연되고 있었습니다. 특별히 레오10세는 성 베드로 성당 건축을 위한 면죄부 판매는 루터의 마음을 크게 격동시켰습니다. 면죄부 판매자들은 면죄부를 구입하면 무조건 모든 죄를 용서받는다는 그릇된 선전을 하고 있었기 때문입니다.

그래서 루터는 1517년 10월 31일 자기가 교수로 있던 비텐베르크 대학의 성 교회 정문에 '95개 조의 항의문'을 붙여 놓고 비성경적으로 타락한 종교 행위에 대하여 항의하였습니다. 이것이 바로 종교개혁 운동의 도화선이 되었는데, 오늘날 개신교에서는 루터가 이 항의문을 붙인 날인 10월 31일을 종교개혁일로 지키고 있습니다.

　루터는 처음에 부패한 로마 가톨릭을 정화하려는 단순한 의도로 개혁을 시작하였으나 이 개혁 운동이 점차 전 유럽에까지 확산되었습니다. 그러자 로마 가톨릭에서는 1521년 1월 3일 루터를 파문하였습니다. 이로써 루터는 로마 가톨릭과의 인연을 완전히 단절하고 개신교를 탄생시키게 되었던 것입니다.

3) 마틴 루터에 대한 평가

(1) 농민들의 후원으로 승리한 후 농민들을 배반한 루터

　루터의 개혁은 농민들로부터 열렬한 지지를 받고 전 유럽으로 확산되었습니다. 뮌처 (Martin Luther & Thomas Müntzer)는 농민전쟁을 일으켜 주도한 사람입니다. 토마스 뮌처의 재세례파 운동과 농민전쟁은 서로 밀집한 관련성을 가지고 일어났습니다.

　루터는 라틴어로 쓰인 성서를 독일어로 번역하여 출간했습니다. 라틴어를 모르는 일반사람에게 성서가 많이 읽혀지게 된 것입니다. 그리고 종교권력으로부터 수탈당했던 농민들을 대변한 루터의 종교개혁을 가장 열렬히 지지한 것은 농민이었습니다. 교회의 횡포에 시달려온 농민들은 루터를 자신들의 대변자로 여겼기 때문입니다.

　토마스 뮌처는(Thomas Müntzer 1489-27 May 1525) 루터와 같은 시대의 인물로 루터의 영향을 크게 받았지만 루터와는 전혀 다른 길을 걸은 인물입니다. 뮌처는 라이프치히, 프랑크푸르트에서 신학을 공부하고 루터의 종교개혁에 감명을 받습니다. 루터의 소개로 트비카우에서 목사가 된 그는 거기서 새로운 경험을 하게 됩니다. 뮌처는 원시 크리스트교의 평등주의를 이상으로 삼고 하나님의 나라를 지상에서 실현해야 한다는 신앙을 가진 사람입니다.

　뮌처는 영주와 제후들을 지지하는 루터와 결별하고 아르슈테트로 가서 새로운 종교개혁을 펼칩니다. 군주 지배자와 부자를 비판하면서 평등한 하나님 나라를 죽은 다음의 천국이 아닌 현실사회에 건설해야 한다는 그의 설교를 듣고 농민과 광부들은 깊은 공감을 하고 이러한 뮌처의 종교개혁운동을 재세례파 운동의 일파(一派)라고 부릅니다.

1523년 뮌처는 튀빙겐에 정착하고 1525년 농민전쟁에 앞장서 순식간에 독일전역으로 파급되었습니다. 농민군의 요구사항은 모두 12개조항으로, 민주적인 교회 운영, 십일조 거부, 성서의 가르침에 따른 농노제 폐지, 사냥과 고기잡이의 자유, 자유로운 벌목, 세금증대거부, 부역증대 거부, 토지세의 적절한 징수, 영주 맘대로 처벌금지, 촌락 공동체 허가, 과부와 고아 약탈금지 등 이었습니다.

그러나 뮌처와 달리 루터는 농민전쟁에 매우 냉소적이어서 농민들은 루터에게 등을 돌렸습니다. 루터는 오히려 농민반란을 비난하고 어거스틴이 그렇게 했던 것처럼 제후들의 무력을 통해 뮌처가 지도한 재세례파 운동에 참여한 농민들은 무참히 죽음를 당하고 뮌처도 1525년 참수형에 처해졌습니다. 최후까지 저항한 일단의 사람들은 1535년 뮌스터에서 반란을 일으켰으나 무참히 전멸 당하고 원시 크리스트교의 평등주의 실현의 뮌처의 또 다른 종교개혁은 이렇게 10만 명의 순교자들의 피를 흘리고 루터의 진짜 종교 개혁은 막을 내리고 말았습니다.

루터의 종교개혁은 봉건제후와 부자들의 지원 아래 계속되어 1555년 아우크스부르크 회의에서 대타협을 이룸으로써 국가 교회로 공인되었습니다. 이로써 카톨릭이 아닌 루터교가 성립되어 독일 국가교회 출발을 했습니다. 결과적으로 루터의 종교 개혁은 명분상으로 종교 개혁이었지만 레오 10세의 로마 카톨릭에 집중된 부와 명예와 권력을 독일의 제후들이 마틴 루터의 개혁을 지원하여 자신들의 영토를 확장시키는 결과가 되었습니다.

(2) 수녀와 결혼한 루터

1525년 6월 13일에는 하나님께 한 공식 서원을 깨뜨리고 당돌하게도 신부의 몸으로 26세의 젊은 수녀 카테리나와의 결혼 생활을 시작하여 9명의 자녀를 낳았습니다. 루터의 동지였던 에라스무스는 이것을 보고 "비극 같은 개혁 운동은 희극(결혼)으로 끝나 버렸다."라고 조롱하였습니다.

(3) 반 유대주의 정책을 취한 루터

루터의 종교 개혁은 이집트 이시스 여신문화와 그리스 헬라 영지주의 철학을 따르는 장미 십자회가 바벨론과 페르시아 태양신을 따르는 바리새파 유대인들을 중심으로 세력화 되어 있었던 로마 카톨릭으로부터 독일이란 국가를 종교 개혁이라는 명분으로 분리시켜 독자 세력화하는 과정입니다. 루터는 뮌처의 농민운동을 통해서 종교개혁에 성공한 후 뮌처의 농민반란을 진압하고 국가 교회인 루터교를 만들어 로마 카톨릭으로부터 독립할 수 있게 되었습니다.

루터는 종교개혁을 성공한 후 독일 안에 유대인들에 대한 절대적인 숙청작업을 실시했습니다. 루터파 장미십자 단원이었던 세르베투스는 제네바 칼빈 개혁을 절대적으로 비난했으며 특히 칼빈의 삼위일체 신론을 악평하다가 칼빈으로부터 화형이란 악형을 받은 인물입니다.

세르베투스는 칼빈의 삼위일체론이 바벨론 태양신인 니므롯, 세미라미스, 담무스로 이어받은 것으로 이집트 여신과 헬라 영지주의 철학에서의 일원론 신론에는 반대되는 개념이기 때문에 더욱 더 반대를 했던 것입니다.

루터는 1543년에 유대인과 그들의 거짓말에 대하여(Von den Juden und Ihren Luegen) 라는 소책자를 저술했습니다. 그 소책자에는 아래와 같은 내용이 담겨져 있습니다.

"첫 번째, 유대인의 사당(synagogues)과 학교를 불 지르고, 타지 않는 것은 땅에 묻어 흙으로 덮어서 그 흔적을 아무도 보지 못하게 하라. 이 일들은 우리들의 신 야훼와 그리스도교의 명예를 걸고 하라! 그래서 알면서도 대중들에게 거짓말하고, 저주하고, 야훼의 아들과 그리스도교도들을 모독하는 일을 방관하거나 용서치 않음을 야훼께서 보시도록 하라! 우리들과 나 또한 몰라서 과거에 유대인을 용납한 일에 대하여 야훼께서 우리들을 용서하시게 하라. 그러나 우리가 이제는 알았으므로, 만약 우리 앞에 있는 유태인들의 집과 존재의 권리를 보호 한다면 우리가 스스로 그들과 같이 그리스도와 우리들을 저주하고 악마화 시키고, 욕하는 것과 같다. 두 번째, 내가 충고하노니 그들의 집들을 모조리 다 파괴하라! 왜냐하면 그들의 집은 그들의 사당과 같은 용도로 쓰이기 때문이다. 집 대신에 그들이 지붕 아래나 헛간에서 집시처럼 살게 하라. 이렇게 하여 그들이 자랑하는 바와 반대로, 우리나라의 주인이 아니며 그들이 야훼의 앞에서 우리들에게 통곡케 하며, 그들이 추방되고 갇혀서 살아감을 인식 시키리라! 세 번째, 우상 숭배를 하고 거짓말하고 저주하는 그들의 기도서와 탈무드에 관한 글들을 모두 압수하라."

이외에도 그는 랍비들이 가르치지 못하게 해야 하며, 안전하게 통행할 수 있는 통행권을 없애야 하고, 고리대금업을 하지 못하게 함과 동시에 그들의 재산을 압수해야 하며, 그들이 노동을 하도록 만들어야 한다고 주장하고 있습니다. 이와 같은 내용들을 보면 마틴 루터는 그냥 반유대주의자가 아니라 아주 극단적인 반유대주의자였습니다.

당시 교황이었던 레오 10세는 피렌체 출신의 유대인으로서 37세의 젊은 나이로 돈으로 교황권을 사서 만신전인 성 베드로 성당을 면죄부를 팔아 짓고 있었습니다.

루터와 관련된 여러 저명한 학자들은 마르틴 루터가 히틀러와 나치의 사상적인 기반에 끼친 영향을 매우 큰 것으로 보고 있습니다. 실제로 이를 결정적으로 뒷받침하는 일은 바로 '수정의 밤' 사건이라고 할 수 있습니다. 이 사건은 나치 독일이 최초로 유대인들에 대해 물리적인 폭력을 가한 사건으로 매우 유명한데, 여러 유대인들의 노점상들과 시나고그들을 때려 부수고 유대인들을 강제수용소로 끌고 갔던 사건으로 유명합니다.

(4) 성모 마리아 숭배를 천명했던 루터

루터는 1521년 3월10일 교황 레오 10세로부터 파문을 당한 후에 성모 마리아를 칭송한 "마리아의 찬가"(The Magnificat)라는 논문을 썼습니다.

루터는 마리아의 찬가 속에서 성모 마리아를 시종일관 하나님의 어머니라고 부르고 있으며 동정녀 마리아라고 칭하고 있습니다. 루터는 마리아의 찬가 서문에서 성모 마리아에게 다음과 같이 중보의 기도도 드리고 있습니다. "하나님의 자애로우신 성모께서 몸소 저에게 지혜의 영을 주셔서 당신의 찬가를 유익하고도 철저하게 해설할 수 있게 되기를 기원합니다. 그리하여 우리 모두와 함께…. 아멘."(루터 선집 제 3권. 274-275p) 루터는 성모 마리아에게 우리가 중보의 기도를 청할 것을 권고합니다. "우리는 마리아에게 하나님께서 그녀를 위해서 우리가 구하는 것을 들어 주시고 이루어 주시기를 기원하지 않으면 안된다."(루터

선집 제3권, 303p.) 성모 마리아를 진실되고 올바르게 이해하고 공경하는 루터는 그의 마리아의 찬가 마지막을 이렇게 장식합니다. "그리스도께서 우리에게 중재의 기도를 통해서 그리고 그리스도의 친애하는 어머니 마리아를 위해서 이러한 은총을 주시기를 기원하나이다. 아멘." (루터 선집 제3권, 322p.)

(5) 루터에 대한 사상가들의 평가

〈브리태니커 백과 사전〉은 루터의 종교 분열에 대하여 다음과 같이 증언합니다.

"종교 개혁의 종교적 요소가 현대적 견지에서 과대 평과 되어 왔다는 것은 거의 의심할 여지가 없는 사실이다."

"도이칠란트 제후들이 루터주의를 강행시킨 데 있어서 그들의 이해 관계를 발견하지 못하였더라면 루터는 분명 신비주의의 한 지도자에 불과하였을 것이다"(Britanica Encycl. V.23, p.4~11)

프로테스탄트 사학자 찰스 리어도 "루터의 반역 동기는 원인(遠因)이든 근인(近因)이든 모두 심령적인 것이라기보다는 아주 세속적인 것이었다. 그러므로 우리는 종교 개혁에 부수되는 종교적 변화라는 것은 간과하여도 무방하다. 실상 종교 개혁의 목적은 종교적 개혁에 있지는 않았기 때문이다."

(6) 종합적인 평가

마틴 루터는 비밀 결사인 장미 십자단원이었습니다. 장미 십자단은 영지주의 기독교 이단입니다. 이들은 철저하게 이집트로부터 전해 내려오고 있는 이시스 여신인 태양신을 숭배하는 사탄주의 자들입니다. 마틴 루터가 속한 장미 십자단은 나중에 진젠도르프의 모라비아 신비주의 경건운동으로 발전해서 오늘의 신사도 운동으로 이러져 가는 신비주의 사탄숭배 운동입니다.

마틴 루터의 1507년 어거스틴 수도원에서 신비주의 훈련을 받고 신부가 된 다음 1517년 95개 조항을 발표하고, 1524년에 뮌처의 농민반란을 진압했습니다.

마틴 루터의 종교개혁은 세계 역사에서 가장 큰 사건으로 기록되어 있습니다. 그러나 사실은 마틴 루터는 기독교 종교개혁을 한 일이 하나도 없습니다. 그럼에도 불구하고 역사적인 인물이 되는 것은 역사를 기록한 승자들이 그를 영웅으로 만들었기 때문입니다.

많은 그리스도인들은 마틴 루터의 종교 개혁을 통해 지금의 기독교가 아무런 문제가 없는 거처럼 착각하고 있습니다. 그러나 달라진 것은 아무것도 없었습니다. 마틴 루터는 정치적으로 독일을 로마 카톨릭으로부터 분리시키는 것은 성공했습니다. 그러나 종교적으로는 분리시키는데 실패하였습니다. 그리고 루터는 그런 것에는 전혀 관심이 없었습니다.

지금의 루터교는 국가교회입니다. 독일과 스칸디나비아 3국이 그런 나라들입니다. 그들의 기독교는 국가의 종교일 뿐이지 개인적으로는 신앙을 가지고 생활하는 자들을 찾아 볼 수 없습니다.

마틴 루터의 가장 큰 사탄주의는 1524년 초대교회 종교개혁운동인 뮌처의 개혁운동을 농민반란으로 몰아 10만 명의 그리스도인들을 죽인 일입니다. 그들이 참 종교 개혁자들이었는데 그들의 역사는 감춰지고 마틴 루타만 살아났습니다. 이것이 그들이 쓴 정통이라고 말한 교회사입니다.

2. 장미십자회 (로지크루시아니즘, Rosicrucianism)

1) 크리스천 로젠크로이츠 (1378-1459년)

장미십자단은 마틴 루터가 소속된 비밀결사입니다. 이그나티우스 로욜라와 사비에르 등이 장미십자회 신비주의 운동을 통해서 예수회를 만들었습니다. 예수회와 장미십자회는 로마 카톨릭의 사탄주의 종교수호와 개혁을 통한 세계주의를 목표로한 결사체입니다. 루터파 종교개혁은 장미십자회의 작품입니다.

장미십자회의 창시자로 알려진 크리스천 로젠크로이츠(Christian Rosenkreutz)는 1378년 독일에서 출생하여 어린 시절 독일과 오스트리아의 국경 지역에 있는 한 수도원에 보내졌고 교육을 받았는데, 그 수도원은 비밀 전승을 보존한 아주 특별한 수도원이였습니다. 그곳에서 로젠크로이츠는 다양한 오컬트 연금술을 배우면서 성장합니다. 그는 청년시절에 세계여행을 떠났습니다.
　독일, 오스트리아, 아라비아, 이집트, 카르타고 등 수 많은 마법과 오컬트를 배우고 독일로 돌아온 뒤 로젠크로이츠는 A.D.1407년부터 본격적으로 활동하였습니다. 로젠크로이츠가 등장하기 전에도 장미십자회는 존재하였습니다. 이집트의 태양신 상징에도 날개가 자주 등장합니다. 바티칸 베드로 성당에도 태양신 날개가 그려져 있습니다. 영지주의(뉴에이지)는 창세기에서 최초로 뱀(사탄)이 역사한 사탄의 교리입니다.

2) 마틴 루터 [Martin Luther, 1483.11.10~1546.2.18]

　루터파(장미십자회)는 로마 카톨릭과 정치적인 문제로 분열된 조직입니다. 그러나 오르므즈 영지주의와 시온수도회를 통한 뿌리는 같습니다. 마틴 루터는 사탄숭배자이며 로마 카톨릭의 사제일 뿐, 기독교와 전혀 상관없는 인물입니다.
　마틴 루터의 장미 문장의 정체는 바로 사탄을 상징하는 펜타그램(오망성)과 바포메트 역펜타그램입니다. 하트 심장과 십자가도 영지주의(관상기도) 오컬트 상징입니다. 예수의 심장에 대한 헌신을 나타낸다는 "성심"(Sacred Heart)은 로마 카톨릭의 널리 알려진 귀의(관상기도) 중의 하나입니다. 로마 카톨릭의 예수는 태양신 담무즈(바알)입니다. 영지주의 성심은(Sacred Heart)관상기도의 심볼입니다. 성심의 심볼은 보통 가시 면류관에 둘러싸인 불타는 심장과 십자가로 표현됩니다. 마틴 루터의 장미십자회 문양에 둘러싼 원은 가시면류관을 상징합니다. 원(가시면류관)안에 장미꽃잎, 하트 심장과 십자가가 있습니다. 성심은 예수(담무즈)의 심장뿐 아니라 마리아(세미라미스)의 순결한 심장을 함께 나타내기도 하며, 예수 성심과 함께 로마 카톨릭 귀의가 되고 있습니다. 담무즈, 세미라미스를 신격화 하는 사탄의 역사입니다.
　마틴 루터의 장미는 100% 오컬트 영지주의를 상징하는 문장입니다. 전 세계의 모든 루터교회들(대학교 포함) 상징물이 장미십자회 문장입니다. 장미십자회 초기 문헌에도 마틴 루터의 장미십자회 문양이 등장합니다. 루터교 총회 문장과 루터교 대학교, 루터교회 지교회 안에 있는 장미 문장과 그 안에 있는 호루스 눈(전시안), 피라밋, 성심과 그 안에

타작기 3

있는 십자가 등이 있습니다. 마틴 루터의 장미십자회 오른손 사인이 있습니다. 이 사인은 이그나티우스 로욜라, 크로올리, 사비에르, 안드레아 중 모든 이들이 동일한 사인을 합니다.

루터교회 깃발에 장미십자회 문장과 피라미드, 콘스탄틴의 PX 십자가가 새겨졌습니다. 루터교는 뿌리가 바벨론이라는 것을 증명합니다. 성당에도 PX 십자가 흔합니다. 루터파 목사들은 로만 칼라 복장에 십자성호를 긋고, 루터파 교리에 고해성사도 있으며, 고해성사 방식도 로마 카톨릭의 미사와 같습니다. 그들은 화체설과 같은 의미로 공재설 성찬식을 주장하고, 이집트 앵크 십자가 목걸이도 걸고 다닙니다. 말타 십자가는 아주 흔합니다. 로마 카톨릭의 또 다른 파입니다.

3) 발렌틴 안드레아 (Johannes Valentinus Andreae, 1586-1654년)

요하네스 발렌티누스 안드레아는 독일의 루터파 교구장이며 루터파 신학자(영지주의)였습니다. 장미십자회 수장이며, 루터파 지도자였습니다. 당대에 마틴 루터라고 불릴 정도의 막강한 인물이었는데, 1637년부터 죽을 때까지 시온수도회 그랜드 마스터였습니다. 시온수도회는 템플기사단과 밀접한 관련이 있는 조직으로 1188년 양 조직이 분리되기 전까지는 한 명의 수장이 이끌고 있었습니다. 시온수도회는 사탄을 숭배하는 조직이고, 기독교와 아무 상관도 없는 조직입니다. 템플기사단도 프리메이슨의 모체 중 하나로 여겨지는 조직입니다. 그는 독일의 경건주의 디아코니아 운동(영지주의)에 깊은 영향을 미쳤습니다. 장미십자회 초기 문헌인 1616년도에 독일 스트라스부르크(1618년에 프랑스에 복속)에서 출판된 "크리스천 로젠크로이츠의 화학적 결혼"의 저자가 요한 발렌틴 안드레아입니다. 안드레아의 성장과정은 어릴적부터 루터파 신자인 아버지로부터 연금술을 배웠으며, 튜빙겐 대학에 입학하고 튜빙겐에서 연금술과 카발라를 공부하는 튜빙겐 서클 회원들과 밀접한 교류를 했습니다.

그는 튜빙겐 대학시절 결실회 Fruit-bringing Socity(오컬트 조직)의 멤버였습니다. 이 결실회가 훗날 연금술 조직 합일회(Orden der

Unzertrennlichen,1577년 창설)와 연합합니다. 안드레아는 파라켈수스 사상(연금술)의 추종자입니다. 사탄을 숭배하는 장미십자회의 과학자 로버트보일(Robert Bovle,1627-1691)도 안드레아의 깊은 영향을 받았습니다.

로버트 보일의 "보이지 않는 대학"과 왕립학회(Royal Socity,1660년 창설)는 사상적 기반이 장미십자회의 로지크루시아니즘(Rosicrucianism)이며, 장미십자회의 과학적, 철학적 사상(오컬트 영지주의)을 실현 시키려는 시도였습니다. 로버트 보일은 안드레아의 뒤를 이어 시온수도회의 그랜드 마스터(1654-1691)가 됩니다. 로버트 보일의 뒤를 이어서 만유인력의 법칙으로 유명한 아이작 뉴턴(Isaac Newton,1642-1727)이 시온수도회의 그랜드 마스터가 됩니다.

아이작 뉴턴도 장미십자회원이였습니다. 뉴턴은 연금술사이며, 오컬트 연구에 많은 시간을 쏟았습니다. 그는 장미십자회의 왕립학회에 회장으로 취임하고, 연금술에 대해 연구했습니다. 연구 기록물이 노트 세 권 가량입니다.

안드레아는 독일30년 전쟁(1618-1648)전에 1610년-1619년 사이에 칼브(Calw)에서 오랫동안 교구감독으로 있으면서 마틴 루터의 장미십자회 사상에 근거한 전체적인 모델을 구상하였습니다. 요한 발렌틴 안드레아는 마틴 루터의 사상을 크게 영향 받았으며, 장미십자회 사상을 체계적으로 세운 인물입니다.

후대에 요한 발렌틴 안드레아와 필립 야콥 스페너의 "경건주의" 사상의 영향을 니콜라스 진젠도르프(모라비안)가 받았습니다. 진젠도르프는 장미십자회 지도자였습니다. 프리메이슨 존 웨슬리는 진젠도르프의 영향을 크게 받고 감리교를 세웠습니다. 안드레아는 "경건주의 디아코니아"(영지주의)사상의 영향을 크게 주입시킨 인물입니다. 19세기까지 경건주의의 디아코니아 사회 프로그램에까지 영향이 미칩니다.

요한 발렌틴 안드레아는 1619년에 유토피아 공화국(Reipublicae Christianopolitanae Description)이란 책을 썼습니다. 안드레아는 플라톤의 공화국(국가론)을 숭배하며 자신들의 신세계 질서를 통해 유토피아를 구현 할 수 있다고 주장하며, 자신의 저서 기독교 공화국에 플라톤

(Platon,B.C.427-B.C.347)의 국가론(신세계 질서)사상을 주입시켰습니다. 플라톤은 신세계 질서의 설계자입니다. 플라톤의 사상 국가론(신세계 질서)의 비전을 받은 일루미나티의 지도적 철학자(칸트,헤겔,니체 등)들은 그를 신적 마스터로 숭배했습니다. 니체의 초인사상도 플라톤의 사상을 주장했던 것입니다.

그들은 인종차별주의자들이며 "Aryan" 우월 사고방식이 지대합니다. 히틀러도 크게 영향을 받았습니다. 플라톤은 이데아론 에서 관상을 참된 지식에 이르는 방법으로 중요하게 여겼습니다. 관념론의 철학자 플라톤은 (오컬트 전통)교리들의 대부로 여겨져 왔으며 영지주의, 카발라와 연관된 모든 오컬트 종교 고대 비밀 전통(에소테릭)의 위대한 대표자로 여겨져 왔습니다. 카발리스트들은 플라톤을 숭배하며, 신적 마스터(Divine Master)로 묘사합니다.

플라톤의 데미우르고스는 마귀사상입니다. 장미십자회, 일루미나티들은 유토피아 사상을 추구하며 아틀란티스 문명의 후계자라고 주장하며, 아틀란티스 문명(플라톤의 공화국, 신세계 질서)의 재건을 위해 총력을 기울입니다. 안드레아는 고대 그리스의 수학자(자연학자)이며 철학자, 종교가인 피타고라스(Pythagoras,B.C.570?-B.C.496)의 영향도 지대하게 받았습니다. 피타고라스는 영혼불멸, 윤회 등을 믿으며 오르피즘(오르페우스교/윤회를 교리로 하는 밀교)의 가장 큰 영향력을 준 인물입니다.

피타고라스는 플라톤의 사상에도 지대하게 영향을 주었습니다. 루터파의 지대한 영향을 받았던 중세시대의 철학자들도 대부분 사탄을 숭배하는 장미십자회(루터파), 일루미나티(계몽주의,이성주의)의 지대한 영향을 받았으며, 철학자들 중에는 실제로 사탄을 숭배하는 일루미나티의 회원으로 활동하였습니다. 계몽주의 사상은 신을 버리고, 인간의 이성에 근거하여 살자는 마귀사상입니다. 데카르트(Rene Descartes,1596-1650)는 장미십자회원으로 독일의 수학자이자 장미십자회원인 요한 파울하버의 영향을 받았습니다.

라히프니츠(Gottfried Wilhelm von Leibniz,1646-1716), 역사철학자인 헬다(Helda,1744-1803), 독일의 철학자 괴테(Goethe Johann

제5장 종교개혁과 장미십자단

Wolfgangvon 1749-1832)는 사탄에게 영혼을 파는 파우스트로 유명합니다.

장 자크 루소(Jean-Jacques Rousseau, 1712-1778)는 일루미나티 회원으로 프랑스 혁명의 기본이념을 만들었습니다. 볼테르(Voltaire, 1694-1778)는 프랑스 계몽주의(일루미나티) 철학자. 슐라이어마허 (Schleiermacher, 1768-1834)는 자유주의 창시자. 니체(Friedrich Wilhelm Nietzsche, 1844-1900)는 무신론, 초인사상. 스베덴 보리 (Emanuel Swedenborg, 1688-1772) 거짓 천국 체험. 몽테스키외 (Montesquieu, 1689-1755) 프랑스 계몽주의자, 삼권분립의 기초자. 프란시스 베이컨(Francis Bacon, 1561-1626) 영국의 정치가 겸 철학자, 베이컨의 저서 "뉴 아틀란티스(플라톤의 국가론, 공화국)"는 프리메이슨들의 유토피아를 묘사함. 포이에르 바흐(Feuerbach Ludwlg Amdreas,1804-1872). 칼 마르크스(Karl Heinrich Marx,1818-1883)공산주의 사상. 프로이트(Sigmund Freud,1856-1939)심리학, 최면술. 등등 . 중세와 근대의 많은 인물들이 장미십자회(루터파)와 일루미나티의 지대한 영향을 받았습니다. 신정통주의자 칼 바르트(Karl Barth 1886 1968)도 장미십자회원이였습니다.

안드레아 뿐만 아니라 역사적으로 루터파 지도자들과 루터파 신자들도 장미십자회원이였습니다. 루터파의 상당수가 장미십자회 일원이었습니다. 루터파 사상의 이성적 계몽주의(일루미나티,이성주의)의 세계관과 경건주의 디아코니아는 마틴 루터의 영향을 받은 경건주의에서 생겨났습니다. 정치적인 문제로 실권을 장악하려고 로마 카톨릭 내부에서 새로운 분리 개혁을 주도하여 온 마틴 루터(Martin Luther,1483-1586)는 장미십자회의 일원이였습니다.

그의 절친한 친구이자 동료인 필립 멜란히톤(Philip Melanchthon,1497-1560)도 장미십자회의 일원이였습니다. 멜란히톤은 점성술사 였습니다. 경건주의는 영지주의에서 나왔습니다. 역사상 많은 루터파 신학자 지도자들이 장미십자회 수장이였습니다. 당시에는 사탄을 숭배하는 장미십자회가 매우 활발하게 활동하면서 그 사회의 여러 조직에 광범위하게 영향을 미치고 있었습니다. 로마 카톨릭 내부에도 있었고, 로마 카톨릭의 교황들 중에서도 장미십자회 일원이 있었습니다. 열거하는 인물들은 장미십자회 수장이자 루터파 지도자들입니다.

경건주의의 개척자라고 불리는 요한 아른트(Johann Arndt,1555-1621), 경건주의 창시자로 불리는 필립 야콥 스페너(Philipp Jakob Spener,1635-1705)는 죽을 때까지 아우구스트 헤르만 프랑케의 후원자요 후견인 이었습니다. 스페너는 요한 아른트가 쓴 책의 영향을 많이 받았습니다. 아우구스트 헤르만 프랑케(August Hermann Francke,1663-1727)는 야콥 스페너에게 직접영향을 받았으며, 경건주의 디아코니아 기관들을 세워 오늘날까지 디아코니아 시설의 원형이 되었다고 할 수 있는 모델을 구축했습니다.

요한 알브레히트 벵엘(Johann Albrecht Bengel,1687-1752)은 비텐베르크의 루터파 신학자이자 교구장이였는데, 경건주의(영지주의)를 크게 전파한 인물입니다. 그는 1742년에 '신약 지침서'(Gnomon Novi Testamenti)라는 경건주의 책을 출간했습니다. 감리교의 창시자 존 웨슬리도 이 책을 애독했고 1755년 '신약 강해'를 집필할 때 벵엘의 책을 전적으로 따랐습니다. 웨슬리는 장미십자회 수장 영지주의자 벵엘이 쓴 책을 그리스도교 세계의 위대한 빛이라고 불렀습니다. 벵엘의 영향 때문에 계몽주의(일루미나티. 이성주의 마귀사상)적인 정신에 근거하여 본문 비평이 발전하게 되었습니다.

루터파에서 자유주의가 나왔습니다. 본문비평은 자유주의에서 나온 것입니다. 루터파에서 고등비평과 하등비평(원문비평)이 나와 성경의 무오설에 치명타를 가했습니다. 그들은 성경 비평을 공정한 학문으로 착각합니다. 성경을 인본주의 산물로 만들기 위한 자유주의의 학문에 불과합니다. 본문비평을 하는 자들은 현재도 70인역을 내세우고 있고, 본문비평에 따르면 헬라어 스테파누스의 원문에도 오류가 발견됩니다. 70인역은 문제가 많은 이단 오리겐의 헥사플라(Hexapla)입니다. 교회사적으로 이미 오래전에 확인된 사실입니다.

4) 니콜라스 루드비히 그라프 폰 진젠도르프(1700-1760)

(1) 장미십자단인 모라비안 진젠도르프

진젠도르프(Nikolaus Ludwig Graf von Zinzendorf,1700-1760)는 독일 작센(Sachsen)주 드레스덴(Dresden)에서 출생했습니다. 그의 아버지(게오르그,Georg Ludwig von Zinzendorf 1662-1700)는 독일 경건주의 디아코니아 창시자로 불리는 스페너의 친구였습니다. 그는 어려서 일찍 아버지를 여의고 외할머니 헨리테 카타리나 폰 게르스도르프 밑에서 자랐습니다. 헨리테는 스페너와 프랑케 등과 친했고 라이프니쯔(장미십자회원)와 서신왕래를 하는 사이였습니다.

진젠도르프는 어릴 때부터 외할머니의 영향과 프랑케가 설립한 할레대학교에서 영향을 받고 자랐습니다. 그는 스페너의 뒤를 이은 경건주의 운동의 핵심 인물인 프랑케가 설립한 학교(Paedagogium)와 할레대학교를 졸업했습니다. 그는 루터파 사제(목사)면서 장미십자회수장이였습니다. 진젠도르프가 사탄을 숭배하는 장미십자회 대표를 지냈다는 것을 밝혀주는 전문적이고 역사적으로 입증해 놓은 여러권의 책들이 존재합니다.

모라비아 사람들은 오늘의 체코 공화국에서 1457년에 유행했던 영지주의(그노시스교)의 분파중에 하나였습니다. 모라비안교는 (Moravianism) 경건주의 교단(영지주의 디아코니아 공동체)이었습니다. 진젠도르프는 자신의 백작 영지에 루터파로부터 독립해서 모라비안의 공동체(영지주의 공동체, 헤른후트 형제단)를 시작하게 되었습니다. 후에 진젠도르프는 모라비안 공동체를 독일 뿐만 아니라 영국, 네덜란드, 발틱해협, 미국까지 뿌리내리도록 도왔습니다.

(2) 존 웨슬레와 접촉

진젠도르프의 영향을 받은 형제회 모라비안들이 세계선교를 시작합니다. 감리교의 창시자 존 웨슬리(Rev.John Wesley 1703-1791)도 모라비안을 만났습니다. 존 웨슬리와 그 동생 찰스 웨슬리는 신대륙의 조지아(Georgia)주로 가기 위해 1735년 10월에 영국의 런던을 떠나게 됩니다. 존 웨슬리 형제는 배 안에서 영지주의자들인 모라비안들에게 깊은 감명을 받은 뒤, 조지아 주에 도착한 후에 두 형제는 모라비안의 신도들과 지속적인 관계를 유지 하였습니다.

존 웨슬리와 찰스 웨슬리는 영지주의자들인 모라비안 신자들을 경건하고 엄숙하다고 했습니다. 1735년에 존 웨슬리 형제는, 제임스 오글도르프(James Oglethorpe)장군과 접촉을 하게 됩니다. 이 사람은 유명한 프리메이슨으로 군(軍)의 자선과 사업계에 성공적인 발판을 마련하고 있었던 인사였으며, 1732년 미국의 조지아(Georgia)주의 식민지를 창설했던 인물이기도 했습니다.

두 형제가 프리메이슨이었던 제임스 오글도르프 장군을 만나게 된 것은 우연한 일이 아니였습니다. 존 웨슬리의 아버지가 이미 오래전부터 제임스 오글도르프 장군과 편지를 주고 받으면서 교분을 나누고 있었습니다. 이런 관계로 제임스 오글도르프(James Oglethorpe)장군은 두 형제에게 조지아주의 식민지에 목사가 필요하다는 판단을 내리고, 두 형제를 불러 자초지종을 설명하게 됩니다. 두 형제는 동의하고, 존 웨슬리는 이주민들의 사제(목사)로 활동하게 되었고, 동생 찰스 웨슬리는, 제임스 오글도르프(James Oglethorpe)장군의 개인 비서가 되어 활동하게 되었습니다.

그렇게 해서 미국에서 활동하게 되는데, 웨슬리 일기 1736년1월25일자에도 기록이 있습니다. 그는 자신의 일기에 모라비안의 지도자 스팡겐베르그(Spangenberg)를 미국 죠지아주에서 만나 자신의 신앙에 얼마나 큰 영향을 미쳤는가를 기록하였습니다. 그의 일기 내용에 회심의 상태까지 언급했으며 모라비안은 웨슬리에게 엄청난 영향을 주었습니다. 그 후 1738년 2월1일 두 형제는 다시 영국으로 귀국하여 교회사적으로 잘 알려진 모라비안(Moravian)의 지도자인 피터 뵐러(Peter Boehler)를 자주 만나 신앙상담을 합니다.

이런 관계를 통해 피터 뵐러(Peter Boehler)와 존 웨슬리 두 사람은 1738년 5월 1일에 모라비안 공동체(영지주의자들 모임, 헤른후트 형제단)인 페터래인 신도회(Fetter Lane Society)를 조직하게 됩니다. 이 후 웨슬리 동생 찰스 웨슬리(Charles Wesley)도 같이 자주 동참 했습니다. 1738년 5월1일 이후부터는 웨슬리를 따르는 자들과 모라비안 형제(헤른후트 형제단)들이 페터래인 신도회에서 같이 모여 공동의 영지주의 의식을 가졌습니다. 영국에서 페터래인 신도회(Fetter Lane Society) 헤른후트 형제단은 감리교의 창시자가 되는 존 웨슬리에게 결정적인 영향을 끼쳤습니다.

존 웨슬리는 모라비안의 지도자 진젠도르프를 만났습니다. 존 웨슬리는 1738년 7월6일 그의 어머니(샬로테,Charlotte Justine geb von Gersdorf 1675-1763)에게 보낸 편지속에 마리엔본에 있는 진젠도르프를 만났다고 쓰고 있습니다. 편지내용은 존 웨슬리는 장미십자회 수장 영지주의자 진젠도르프를 마치 예수와 같았다고 고백 했습니다. 모라비안은 오늘날의 체코 공화국에서 1457년에 유행했던 영지주의(그노시스교)의 분파 중에 하나였습니다. 즉 이단이며 사탄을 숭배하는 오컬티스트들이었습니다.

독일의 모라비안의 지도자 진젠도르프(Nikilaus von Zinzendorf, 1700-1769)는 사탄을 숭배하는 장미십자회의 대표였습니다. 프리드리히 크리스토프 외팅어(Friedrich Christoph Oetinger,1702-1782)는 경건주의를 심화시키고 발전시킨 경건주의의 사상가였습니다. 모든 학문을 포괄하며 영지주의 신지학, 범지학이 그의 목표였습니다. 독일 루터파 신비주의자요, 경건주의자 외팅어는 종말에 대한 사회적이며 정치적인 신세계질서를 주장했습니다.

그의 영향을 받은 마르크스주의자들의 견해는 현재도 발견 됩니다. 아직도 자기 세대뿐 아니라 후대에도 큰 영향을 주었습니다. 비텐베르크의 경건주의 전통에서 성장한 거의 모든 사상가가 외팅어의 영향을 받았습니다. 테오도아 프리드너(T.Fliedner,1800-1864)는 장미십자회 수장이자 루터파 목사(사제)였으며, "여성적 디아코니아"를 수십 년 동안 외국과 근동의 디아코니아에 깊은 영향을 주었습니다. 영지주의 디아코니아 공동체의 틀을 형성한 인물입니다.

진젠도르프의 경건주의를 에로틱 신비주의(Zinzendorfs sexual-Masonic)라고 합니다. 또는 헤르메스 에로틱 신비주의(hermetics, the_Sexual Basis of Spiritual)라고도 합니다. 즉 고대 헤르메스 영지주의 에로스 관상철학입니다. 이것은 이미 어거스틴, 위디오니스우스, 아빌라 테레사, 떼제 공동체, 오늘날 신사도 운동에서 실시하고 있는 영체 교환의 신비주의 신부운동의 이론입니다.

(3) 겨자씨 기사단과 진젠 도르프 백작

마이크 비클의 IHOP에 24-7 (24시간365일) 연속기도운동을 접목시킨 주인공인 피트 그리그의 글에서 주요 내용만 간단히 요약합니다.

24-7 연속기도운동은 피트 그리그가 17세기 신비주의 메이슨 집단이었던 겨자씨 기사단을 부활시키도록 영감 받았다고 합니다. 보헤미안 형제회로부터 파생된 영지주의 모라비안 신도들은 카톨릭의 박해로 인해 거의 사라졌고, 목숨을 부지한 몇 가정은 독일 진젠도르프 백작의 초청으로 그의 영지에 헤른후트(Herrnhut)이라는 마을을 세웁니다. 거기에서 진젠도르프와 함께 새 교회를 세우는데 보헤미안 교회와 루터란 교회 간의 정리가 이루어졌습니다.

인류의 개혁을 주장한 신비주의 집단인 장미십자단장(Grand Master of British lodges)을 역임했던 진젠도르프에 의해 겨자씨 기사단이 설립되었습니다. 이러한 사실은 릭 조이너의 말을 통해서도 증명됩니다. "Just as Count Zinzendorf, the true father of modern missions, created the Order of the Mustard Seed,…" 메이슨 사전에는 이 때 모라비안 메이슨단이 설립되었다고 적고 있습니다.

겨자씨 기사단은 "자신을 위해 살지 않는다" 라는 글자가 각인된 반지를 끼었으며, 이를 통해 진젠도르프는 이 땅에 왕국을 세우려고 했습니다. 모라비안의 리더가 된 진젠도르프는 1727년 성령의 분출로 인해 24시간/365일 연속기도운동을 시작했으며, 이 기도운동은 100년간 지속되었다고 합니다.

(4) 반지의 제왕의 왕권주의

선서를 강조하는 겨자씨 기사단은 함께 선서한 단원들을 [아더왕의 형제 기사들을 일컬었던 켈트어인] 쿰브로기(Cymbrogi)라고 부르는데, 이 단어는 "심장의 동료" "칼의 형제(Sword Brothers)"로 번역됩니다. 이유는 모르겠지만, 겨자씨 사이트에서는 "반지의 제왕" 에서 프로도가 한 "나는 반지를 차지하겠다. 방법은 모르지만" 라는 말을 눈에 띄게 보여 줍니다. 소설에서 나오는 반지는 사악한 것입니다.

겨자씨 기사단의 철학과 삶을 추구하는 겨자씨 연합이라는 웹사이트에서는 그들은 스스로를 "세계를 개조하는 새로운 음모자들"이라고 했습니다. 이는 왕권주의인 킹덤나우를 주장하는 급진적인 정치 사회적 어젠다로 단일종교와 신세계질서의 수립를 목적으로 합니다.

왕권주의자들은 교회가 그리스도라고 하며, 그리스도는 교회 안에서 새로운 단계로 다시 태어난다고 주장하는데, 이는 뉴에이저, 영지주의자, 카발리스트, 비밀집단이 믿는 것과 같습니다. 뉴에이저들은, 인간의 집단의식이 일치되어서 그리스도로 탈바꿈하는 "오메가 포인트"로 수렴하고 있다고 가르칩니다. 우리가 신이 될 것이며, 이를 그리스도 의식이라고 부릅니다.

전문 : http://www.deceptionbytes.com/content/hidden-agenda-order-mustard-seed

잠시 살펴본 바에 의하면, 겨자씨 사이트에서는 켈트십자가를 비롯한 많은 오컬트 심볼들이 보이며, 진젠도르프를 반지의 제왕이라고 부르며, 마더 테레사의 가르침을 소개하고 있습니다. "선서는 하나님을 향한 너그러운 마음을 보여주는 것이다"라는 카톨릭 백과사전의 내용을 싣고 있으며, 카톨릭 예수회 기도실, 카톨릭 떼제 공동체, 미로영성, 켈트기도 등으로의 링크가 걸려 있습니다.

(5) 24시간 세계선교 기도운동의 효시

IHOP의 마이크 비클은 IHOP의 24/7 기도운동의 유래에 대해 자신의 입으로 다음과 같이 말합니다.: "많은 이들이 현대의 세계선교 운동의 기원을 모라비안 교도들에게서 찾는다. 모라비안 교도들은 1727년 독일의 헤른후트에서 진젠도르프 백작에 의해 주도된 24/7 기도사역단체로부터 파송 받은 자들이었다. 1960년 이래 지난 50여 년간 선교운동은 놀랄만한 속도로 진척되어 왔다. 전 세계 기도운동은 대략 1990년도부터 20년 동안 급속한 성장을 이루어왔다."

http://www.ihop.org.edgesuite.net/mikebickle/dl/20100430_The_Convergence_of_the_Missions_and_Prayer_Movements.doc

뉴욕 록펠러 센터에 있는 프로메테우스 상의 반지의 사진이 있습니다. 지혜의 신 프로메테우스는 제우스로부터 "불"을 훔쳐서 인류에게 문명을 가져다 준 신으로서, 영지주의의 루시퍼, "빛의 사자"에 해당하는 신이라고 합니다. 불을 나르고 있는 그를 둘러싼 반지에는 12 별자리가 새겨져 있다고 합니다.

반지 하면 한국전쟁을 예언한 데이비드 오워가 빠질 수 없습니다. 그가 환상 속에서 봤다는 "천국 문 앞에 떠 있는 두 개의 결혼반지"입니다.

5) 요하네스 케플러(Johannes Kepler, 1571-1630)

열성적인 루터파 신자인 사탄숭배주의 과학자인 케플러도 장미십자회원이었습니다.

아래 주소는 역사적으로 유명한 장미십자회원들을 소개하는 사이트입니다.

http://orderroseandcross.org/fire-philosophers.html

아래 주소는 장미십자회와 프리메이슨의 관계를 설명하는 사이트입니다.

http://1amendmentcont.blogspot.kr/2010/01/rosicrucians-and-freemasons.html?m=1

6) 조지아 가이드스톤(Georgia Guidestones)과 장미십자회 (Rosicrucian)

조지아 가이드 스톤은 미국판 스톤헨지로 알려졌습니다. 조지아 가이드 스톤은 미국 조지아주 북동쪽 언덕에 세워진 이 건물은 높이 약 4.8미터, 무게는 20톤의 화강암으로 만들어져 있습니다.

조지아 가이드스톤은 "새로운 이성의 시대"(new age of reason)의 십계명이 새겨져 있는 기념물입니다. 이 10계명 중 첫 번째 계명은 "지구의 인구수를 5억 명 이하로 유지하라"입니다. 조지아 가이드 스톤은 조지아주 Elbert에 있는 거대한 건축물입니다. 이 거대한 건축물은 높이가 20피트 (대략6.1m)이고 여섯 개의 거대한 평판으로 구성되어 있으며, 총 무게는 240,000파운드 (대략108.8톤)에 달합니다. 이 건축물은 위에서 보면 장미문양으로 설계되어 있다고 합니다.

이 건축물에 새겨진 메시지는 "이성의 시대"를 위한 십계명. 이 계명들은 대규모 인구감축, 단일 세계정부, 새로운 형태의 영성 도입 등 "신세계 질서"(new world oder)와 관계된 내용을 언급하고 있습니다. 이 계명을 만든 사람은 철저하게 익명으로 하였으며, 조지아 가이드 스톤은 신비주의 비밀조직에서 구상하였던 신세계질서를 언급하고 있습니다. 이 건축물은 비밀 조직과 엘리트 그리고 이들이 추구하는 신세계 질서의 연관성을 보여주는 증거물입니다.

동쪽에서 서쪽으로 움직이는 태양의 궤도를 본뜬 것처럼 세워져 있고, 그 틈새로 북극성을 볼 수 있는 구조라고 합니다. 석판에는 영어, 스페인어, 힌디어, 스와힐리어, 히브리어, 아랍어, 중국어, 러시아 총 8개국의 언어로 십계명이 새겨져 있습니다.

이성의 시대를 위한 십계명은 다음과 같습니다.

1계명 자연과 영원한 조화를 위해 인구를 5억 이하로 유지하라.
2계명 번식을 현명하게 지도하며 다양성과 건강함을 증진시켜라.
3계명 새로운 하나의 언어로 인류를 통합하라.
4계명 감정, 신앙, 전통, 그리고 모든 것을 절제된 이성으로 다스려라.
5계명 오직 공정한 법과 법정으로 사람과 국가들을 보호하라.
6계명 모든 나라에게 자치권을 주고 외부 분쟁은 세계법정에서 해결하게 해라.
7계명 사소한 법과 쓸모없는 관리들을 피해라.
8계명 개인의 권리와 사회의 의무를 조화롭게 만들어라.
9계명 영원 속에서 소중한 진실, 아름다움, 사랑의 조화를 추구하라.
10계명 지구의 암적인 존재가 되지 마라. 자연을 위한 공간을 마련해라.

이 계명은 대 규모의 인구 감축 (인구대략 70억→5억)를 주장하고 있으며 이것 말고도 새로운 국제 단일 언어, 국제 법정 건립을 주장하며, 우생학에 대한 암시도 하고 있습니다. 이것은 신세계질서의 계명입니다. 가이드 스톤을 만든 사람들은 사탄을 숭배하는 프리메이슨 장미십자회조직임이 분명합니다.

이 기념비를 세운 사람이 R.C. Christian라고 밝힌 것인데, 이 R.C.

Christian은 그의 영어 이름인 Christian Rose Cross인 Christian Rosenkreuz 입니다. 이 사람은 장미십자회를 초기 설립자로 유명한 인물입니다. 일루미나티 카드에도 장미십자회가 나옵니다. 그들의 정체는 사탄을 숭배하는 일루미나티 프리메이슨과 형제라는 사실입니다.

http://www.thelivingmoon.com/42stargate/03files/Christian_Wings.html

7) 루터교회의 상징물

루터교회에 사탄의 상징물이 가득합니다. 비둘기는 태양신을 상징합니다. 장미십자회의 또 다른 심볼입니다. 루터교회에서도 흔하게 발견됩니다. 마틴 루터는 사탄숭배자이고 장미십자회 정회원이였습니다. 루터파는 사탄의 회입니다. 이러한 것들을 보고도 마틴 루터가 장미십자회가 아니라고 하는 사람은 영적 소경입니다.

구글에서 Martin Luther Rosicrucian 라고 검색하면 자료가 엄청 많이 나옵니다. 이미지로 보십시오. 자료가 아주 방대합니다. 마틴 루터에 대한 모든 편견을 버려야 합니다.

다음은 한국 루터교에서 소개한 루터의 장미십자입니다. "우선 자연색의 심장 안에 검은 십자가가 있는 것은 십자가에 달리신 이를 믿는 신앙이 우리를 구원한다는 것을 나에게 상기시켜 준다. 마음으로부터 믿으면 의롭게 되기 때문이다. 비록 검정 십자가로 육신을 죽이고 고통을 주지만 이것은 심장의 색조를 그대로 남겨 두고 우리의 본성을 파괴하지 않으며 죽음을 가져오지 않고 생명을 보호한다. 이는 의인은 믿음으로, 십자가에 달리신 이를 믿음으로 말미암아 살기 때문이다. 이 심장은 흰 장미의 중앙에 끼워져 있으면서 믿음이 기쁨, 위로, 평화를 가져옴을 보여준다."

-기독교 한국루터회 Luther Rose 소개하는 글입니다.-

다음은 역사적으로 유명한 장미십자회 사이트입니다.

http://orderroseandcross.org/fire-philosophers.html

칼빈과 제네바 의회를 공격하였던 세르베투스도 장미십자회원이였습니다. 제네바 의회에 그는 국가 질서를 흔드는 반역죄로 간주하여 고발이 되었으며 제네바 의회는 그에게 화형시킬 것을 언도하였습니다. 칼빈은 감옥에 갇혀 있는 그를 여러 차례 찾아가 제네바 의회를 능멸하는 견해를 철회하면 석방하도록 노력하겠다고 권면하였습니다.

그러나 세르베투스는 끝까지 자신의 소신을 굽히지 않았으며, 마침내 제네바 의회를 통해 화형을 언도 받았습니다. 그 때도 칼빈은 그를 찾아가서 화형은 너무 고통스러우니 교수형을 택하라고 권고 하였습니다. 그러나 그는 그것 마저도 거절했던 것입니다.

http://www.scribd.com/doc/110649665/Rosicrucian-Beacon-September-2012

8) 장미십자회의 기원과 전체 개요

(1) 고대 이집트 태양신 이시스 여신의 종교

고대 장미십자회의 비밀롯지가 피라미드입니다. 이집트의 이시스(Isis)여신은 세미라미스입니다. 피라미드는 그들의 마법의식을 하기 위한 고대 장미십자회 롯지였습니다. 그들의 마법의식에는 유아를 제물로 바치는 의식이 있습니다. 그리스 신(新)플라톤파(영지주의)의 철학자이자 시리아파의 창시자인 이암블리코스(Iamblichos, A.D. 245-325)의 저서 〈이집트인들의 신비 가르침에 대하여, Theurgia or De Mysteriis Aegyptiorum〉에는 피라미드 비전에 대한 글이 나오는데, 거기에서 최고 단계의 명칭은 '장미십자가' 입니다.

그리고 피라미드 비전(秘傳)의 과정에서 마주하게 되는 이시스(세미라미스) 여신상의 가슴에는 황금으로 된 장미십자가 문양이 새겨져 있습니다. 고대 이집트의 석상과 유물들을 보면 고대장미십자회의 사인들이 나타납니다. 팔목X자 포즈(싸인)도 이집트의 고대 장미십자회 사인입니다. 파라오의 관, 벽화, 우상, 유물들에 공통적으로 나타납니다.

고대 이집트의 이시스 여신(세미라미스)벽화와 우상에 장미십자회 포즈(사인)를 합니다. 이집트 신관(사제)도 장미십자회 사인을 합니다. 고대이집트의 마법사들은 사탄을 숭배하는 고대비밀 장미십자회였던 것입니다.

(2) 뱀종교의 신지식

장미십자회의 교리는 뱀(사탄)이 십자가를 감싸고 있듯이, 사람은 하나님의 모든 권능을 감싸고 있는 영(Spirit)이라는 교리입니다. 에덴동산에서 아담과 하와를 유혹했던 뱀(사탄)의 교리입니다. 창3:5 "너희가 그것을 먹는 날에는 너희 눈이 열리고 너희가 하나님과 같이 되어 선과 악을 알게 될 것을 하나님께서 아시기 때문에 그렇게 하신 것이다."고 말하였습니다. "너희도 하나님이 될 수 있다."고 역사한 사탄의 교리(영지주의, 뉴에이지)입니다. 장미십자회의 교리는 신지학회의 창시자인 프리메이슨 블라바츠키에게 흡수 되었고, 신지학의 주창자인 프리메이슨 루돌프 슈타이너 프리메이슨 리드비터, 신지학회 수장들이 수십년 동안 장미십자회를 연구했습니다. 19세기와 20세기에는 장미십자회 계열의 수많은 조직들이 결성됩니다.

1888년에 결성된 "황금 새벽회"를 비롯하여, "장미십자 카발라회" "로마 카톨릭 장미십자회" 등이 있었고, "A.M.O.R.C"라는 약자로 많이 알려져 있는 "장미십자 고대 신비회"는 20세기 초에 결성되어 현재 가장 활발한 활동을 하고 있는 단체입니다.

(3) 그리스 영지주의 종교

인간이 물질 세계로 떨어진 신성의 일부라는 영지주의(그노시즘)입니다. 장미십자회의 사상과 교리는 로지크루시아니즘(Rosicrucianism)입니다. 에덴동산에서 사탄(뱀)이 역사한 뱀의 씨앗교리(영지주의, 뉴에이지)입니다. 우로보로스(헬라어:ουροβόρος)는 "꼬리를 삼키는 자"라는 뜻입니다. 영지주의(그노시즘, 뉴에이지) 상징으로 커다란 뱀(사탄)이 자신의 꼬리를 물고 삼키는 형상으로 원형을 이루고 있는 모습으로 주로 나타납니다.

영지주의/신비주의/에소테릭/오컬트/연금술/뉴에이지/카발라/신지학/프리메이슨 등을 대표하는 심볼 중의 하나가 바로 자신의 꼬리를 물고 있는 뱀(사탄) 우로보로스 입니다. 고대부터 전 세계문화권에 나타나는 이 상징은 "시작이 곧 끝"이라는 의미가 담겨 있으며, 윤회사상 또는 영원성의 상징으로 인식되어 왔습니다.

A.D 2세기 무렵부터 활발하게 활동한 기독교계 이단 헤르메스 영지

제5장 종교개혁과 장미십자단

주의에서는 우로보로스야 말로 예수 그리스도를 상징한다고 뱀을 숭배했습니다. "위에서와 같이 아래에서도" 손짓을 하고 있는 마법사의 허리에 둘린 우로보로스 입니다.

독일의 열렬한 루터교 신학자 장미십자회원 야콥 뵈매의 그림에 우로보로스가 전시안과 장미십자가를 둘러싸고 있습니다. 야콥 뵈매(Jakob Bohme,1575-1624)는 독일의 루터교 신비주의자 신학자였습니다. 그는 루터교의 사상에 정통한 신학자였습니다. 뵈매의 신학에서는, 하나님은 무근저(Ungrund/Groundless) 즉 부정(negation)을 통해 창조하는 구별되지 않는 통일체(unity)입니다. 야콥 뵈매는 이머징 운동과 신사도 운동에 영향을 미친 연금술사/신지학자/ 신비주의자/오컬티스트/카발리스트이며, 그의 신학사상에는 만유내재신론(뉴에이지)이 드러나 있습니다. 그의 사상은 우주의식(Cosmic Consciousness)입니다. 즉, 뉴에이지 입니다.

야콥뵈매의 그림들이 있는 사이트입니다.

http://jacobboehmeonline.com/images

흔히 약칭으로 전자는 "파마 Fama", 후자는 "콘페시온 Confession"으로 불립니다. 이 두 문서에는 크리스첸 로젠크로이츠라는 신비한 인물의 삶, 그리고 장미십자회의 창설, 단체의 사상과 목적, 새로운 시대의 도래(신세계 질서) 교단에 대한 가입 권유 등이 적혀 있었습니다. 이 "파마 Fama"에 따르면 ,장미십자회가 소유하고 있는 영적인 지식(그노시즘)은 전혀 새로운 것이 아니고 아담과 하와가 에덴동산에서 뱀에게(뱀의 씨앗교리, 영지주의/그노시즘), 전해 받은 것이라고 합니다.

영지주의(그노시즘)과 파라켈수스주의, 신플라톤주의와 헤르메티즘이 확실하게 주입된 책들입니다. "파마 Fama는 전 세계의 보편적이며 총체적인 개혁, 형제회의 명성, 존경해야 할 장미십자형제회의 짧은 대답"이라는 3개의 문서를 싣고 있는 소책자로 출간 직후 독일은 물론이고 전 유럽에서 선풍적인 인기를 얻고, 네덜란드어 및 영어판으로도 번역되어 출판되었습니다. 이 책들은 세계의 개혁에 대한 공상에 가까운 혁명사상(세계단일정부, 신세계질서)과 헤르메스 철학사상, 영지주의, 연금술 등의 사상을 기반으로 해서 장미십자회에 관한 내용을 언급하고 있는 책으로, 출간 직후부터 엄청난 반응을 얻으며 장미십자회라는 단체의 이름을 전 유럽에 알리게 되었습니다.

장미십자회에 가장 큰 영향을 미친 것은 영적인(그노시즘) 연금술입니다. 장미십자회에 흡수된 영적인 연금술의 목적은 신과의 내적인 접촉(신인합일)을 통하여 결정적인 계시(악령, 채널링)를 받고, 최종적인 구원을 가져다 줄 안식을 얻는 데 있습니다. 장미십자회는 인간은 잠재적인 완전함의 씨(영지)를 자신 안에 지니고 있는 존재라는 사고에 기반을 두고 있습니다.

3. 존 칼빈 John Calvin(1509. 7. 10-1564. 5. 27)

1) 칼빈의 생애와 업적

(1) 출생

칼빈(John Calvin, 1509-1564)은 1509년 7월 10일 프랑스 파리에서 북동쪽으로 약 97km 떨어진 피카르디 지방의 노용(Noyon)에서 신흥 중산층이었던 제라르 코뱅(제라드 칼빈, Gerard Calvin)과 어머니 쟌느(즈앤) 르 프랑스(Jeanne Le France)의 다섯 자녀 가운데 둘째로 태어났습니다. 그의 아버지 제라르 코뱅은 대대로 이어내려 오던 와즈(Oise) 강 뱃사공 일을 하다가, 1500년경에는 퐁 레베크의 고향집을 떠나 노용에 와 노용 시의회 의원의 딸인 쟌느와 결혼했습니다.

그 후 그는 장인 덕분에 노용 시청 서기가 되었고, 그 후에는 대성당의 교구 서기로서의 일을 보았는데 이때 칼빈이 태어났습니다. 칼빈의 어머니 쟌느 르 프랑스는 네델란드 출신으로 당시 교양이 높은 가문으로 알려진 노용의 캉브레 식당과 호텔업자의 딸이었습니다.

칼빈의 어머니는 그가 세 살 때 세상을 떠났으므로 칼빈은 어머니 없이 아버지의 보살핌과 사랑 가운데 자라났으며, 열한 살 때는 노용 성당에 있는 라 게진느(La Gesine) 채플의 사제 보조직에 임명되는 행운을 얻기도 하였습니다.

(2) 교육

칼빈은 노용에서 초등 교육을 받은 후, 1523년 8월 파리로 유학하여 라 마르셰(La Marche) 대학에 등록하고 라틴어의 대가인 마두린 코디어(Mathurin Cordier)를 만나 라틴어를 배웠고, 인문주의 사상에 접할 수 있었습니다. 그러나 얼마 뒤에 아버지의 강력한 권고로 사제가 되기 위하여 몽테귀(de Montaigue) 대학으로 전학하여야만 했습니다.

몽테귀 대학은 금욕적이고 엄격한 훈련을 요구하는 대학이었습니다. 하루 일과는 아침 4시에 시작되었으며 수업은 아침 5시부터 오후 5시까지 계속되었습니다. 여기에서 그는 금욕주의적인 삶과 장시간 공부하는 습관을 익혔습니다. 몽테귀 대학은 영지주의 기독교 신비적 체험을 훈련하는 대학으로 예수회 이그나티우스 로욜라가 수학했던 학교입니다.

5년 간의 대학 생활을 마친 뒤 1528년에 그는 사제 훈련을 위한 다음 단계로써 신학 연구 자격 시험에 통과하였습니다. 교구 성직록(장학금)을 받으며 공부한 칼빈은 1528년 초반에 몽테귀 대학에서 문학 석사 학위를 받았습니다.

그러나 그의 아버지는 18세의 아들에게 신학에서 법학으로 전공을 바꿀 것을 요구하였습니다. 이는 칼빈의 아버지가 1529년 3월 노용의 참 사회와 불편한 관계가 되었을 뿐만 아니라 법조계의 직업이 부와 명성을 얻게 하는데 확실한 보장이 되기 때문이었습니다.

칼빈은 아버지의 권유를 받아들였습니다. 1531년 5월 26일 봄에 칼빈은 법학사 학위를 받고 1532년 1월 오를레앙 대학에서 법학박사학위를 받았습니다.

그는 1532년 "세네카의 관용론 주석"(Commentary on Lucious Anneas Seneca's Two Books on Clemency)을 출판하였습니다. 세네카의 〈관용론〉은 로마의 황제 네로가 기독교를 무참하게 박해하는 것에 대하여 스토아주의적 입장에서 네로의 마음을 돌이키려는 마음에서 쓰여진 책이었습니다. 칼빈이 기독교 강요라는 주해서를 쓴 것은 프랑스 왕 프란시스1세(재위:1515-47)가 개신교도들을 박해하는 것에 대한 의분 속에서 왕의 마음을 돌이키기 위해 유창한 라틴어로 이 책을 기록했습니다.

(3) 칼빈의 프랑스에서의 종교개혁

1533년경 칼빈은 프로테스탄트가 되었으며 종교개혁운동에 합세합니다. 그러나 칼빈의 생애에 있어서 회심의 중대한 전환점이 정확하게 언제 일어났는지에 대해서는 아무도 확실히 알 수가 없습니다. 다만 「시편 주석」(Commentary on the Psalms) 서문에서 다음과 같이 기록하고 있습니다.

'하나님께서는 나를 갑자기 회심시키셔서 나의 마음을 복종시키시고 보다 교훈하기에 쉽도록 인도하셨다. 당시 나는 어렸을 때보다 심정이 보다 강퍅한 상태에 있었다. 이처럼 진정한 신적 경건의 맛과 지식을 약간 음미하게 되자, 나는 즉시 이 방면에 보다 큰 진보를 이루고자 하는 갈망에 불타게 되었다. 내가 이전에 하던 공부를 아주 저버린 것은 아니었으나 열심은 식어가고 있었다.'

칼빈은 "세네카의 관용론 주석"을 출판한 후 오를레앙 지방에 1년간 머물다가 1533년 8월에는 노용을 방문하고, 10월에는 파리로 돌아왔습니다. 만성절(All Saints Day)날 그의 친구인 니콜라스 콥(Nicolas Cop)이 마튀렝(Mathurins)교회에서 파리 대학교 총장 취임 연설을 하게 되었는데, 이 연설문을 칼빈이 초안하였습니다.

'기독교 철학' 이란 제목 하의 연설은 어느 정도 루터의 산상수훈 설교를 반영하고 있습니다. 이 연설은 루터가 주장한 것과 마찬가지로 복음과 율법을 비교해서 복음의 절대성을 강조하고 하나님이 값없이 베풀어주시는 은혜를 강조했습니다. 그리고 종교의 이름으로 상대방을 박해해서는 안된다고 주장했습니다. 칼빈은 검이 아니라 말씀에 기초한 교회의 평화, 모든 학문의 유용성, 성경적이고 복음적인 개혁을 주장한 것입니다.

콥의 학장 취임 연설은 왕실의 진노를 초래하였습니다. 대노한 프란시스 I 세는 12월 10일 의회에 다음과 같은 서한을 보냈습니다. "우리의 사랑하는 도시 파리, 우리 왕국의 수도에서 일어난 사건 때문에 심히 불쾌합니다. 우리 왕국의 최고 대학에는 저주받을 루터파 이단들이 득실거리고 있습니다. 우리는 그들이 더 이상 확산되는 것을 막기 위해서 모든 대책을 강구하여야 하겠습니다."

19세기 칼빈 연구가 아우구스트 랑(August9Lang)의 저서 '칼빈의 회심' (Die Bekehrung Kalvins, 1897)에 의하면, 니콜라스 콥은 루터가 이미 1522년 만성절 설교에서 사용했던 본문(마 5:3)과 제목을 다시 사용하였다고 했습니다.

파리의 소르본느(Sorbonne) 신학부 교수진과 로마 카톨릭 고위 사제들은 이 원고가 이단자 루터의 종교개혁 신학의 영향을 받은 것으로 보고 박해를 가하게 되었습니다. 칼빈과 콥은 당국의 소환 명령을 받았습니다. 소환에 응하면 처형될 것을 짐작한 콥은 바젤로 피신하였고, 칼빈은 경찰들이 갑자스럽게 그의 집을 포위하자 침대보를 꼬아서 옆 빌딩으로 도망한 후 피신하여 파리 남서부 앙그렘(Angouleme)에 있는 친구 뒤 티에의 집에 은신처를 정하였습니다. 뒤 티에의 집에는 4천여 권의 장서가 있어서 연구하기에 최적의 장소였습니다.

칼빈은 이곳에서 계속 연구하면서 그의 불후의 명저 '기독교강요'의 체계를 세웠습니다. 칼빈은 1534년 5월 4일 노용에 가서 사제직을 반납하므로, 공식적으로 로마교회와 결별했습니다.

프랑스 내에서는 날로 긴장이 고조되어 가는 상태였던 차에 마침 발생한 플래카드 사건(the Affair of the placards)으로 드디어 문제는 폭발하게 되었습니다. 1534년 10월 18일 과격파 프로테스탄트들은 '교황제 아래서 실시되는 미사의 잘못된 사용에 관한 조문'으로 시작되는 벽보들을 파리 및 기타 다른 도시들에 붙이게 되었습니다.

그중 하나는 암보아즈(Amboise)에 있는 왕궁 안 왕의 침실문 앞에까지 붙어 있는 형편이었습니다. 프란시스 1세는 이 사태를 더욱 극화시켜서, 이러한 더러움으로부터 다시 파리시를 정화시킨다는 의미로 촛불을 켜들고 노트르담 사원까지 엄숙한 행렬을 진행하기도 하였습니다.

또한 주교의 저택에서 벌어진 향연에 참석한 국왕은 자기 영토에서 이러한 해독을 제거시키겠노라고 서약하기도 하였습니다. 그 후 발생한 일반 대중들의 폭발을 더욱 조장하듯이 수백 명의 프로테스탄트들을 투옥하고, 이중 35명을 화형에 처하였으며, 칼빈의 친동생 하나를 처형하였고, 그 다음 해에는 교황 바오로 3세의 마음을 보다 즐겁게 해 주기 위해 자기 영토 내의 모든 이단들을 완전 섬멸하겠노라는 칙령을 반포하기도 하였습니다. 칼빈도 결국 망명자로 프랑스를 떠날 수밖에 없었습니다.

(4) 기독교 강요 초판 출판

1535년 1월 칼빈은 스위스 바젤로 가서 친구인 콥을 만났습니다. 그리고 뒤 티에의 서재에서 쓰기 시작한 '프랑스 당국에 의해 고난 받는 신앙의 형제들을 위한 교리 문답서요, 그리스도인의 실상을 왕에게 밝히는 변증서인 〈기독교 강요〉의 탈고를 서둘러 1535년 8월 23일에 완성했습니다. 이 때 그의 나이 26세였습니다. 그가 회심하고 2년 만에 쓴 책입니다.

1536년 3월 바젤의 인쇄업자 토마스 플랫터는 칼빈의 〈기독교 강요〉(The Institutes of the Christian Religion)를 출판하였습니다.

1536년 3월 바젤에서 라틴어로 출판된 〈기독교 강요〉 초판은 모두 6장으로 구성되어 있는 140쪽의 소책자였습니다. 이 책을 쓴 목적은 자신을 체포하기 위해 추적하는 왕에 대하여 자신이 추구하는 교회 개혁은 국가와 교회를 분리시키는 재세례파 교회와 다르다는 사실을 주지시키면서 재세례파 교회의 개혁을 공격하는데 사용하였습니다. 그러면서 자신의 개혁을 오해하고 있는 국왕의 마음을 돌이키려고 쓴 책이었습니다.

칼빈은 이 책을 출판하면서 신변 보호 차원에서 자신의 이름 대신 마르티누스 루카니우스(Martinus Lucanius)라는 가명을 사용하였습니다.

(5) 제네바에 오기까지의 칼빈

〈기독교강요〉 출판 이후 칼빈은 친구 뒤 티에와 함께 종교 개혁 운동에 대한 후원을 얻기 위해서 이탈리아 페라라(Ferrara)의 공작부인이요, 공주인 르네(Renee)를 만나려고 페라라를 방문하였지만, 그 모든 노력은 실패로 끝났습니다. 그 후 종교적 관용 조처가 내려지자, 파리로 돌아와 신변을 정리하고 공부를 더하기 위해 그의 동생 앙뜨앙느(Antoine)와 이복 여동생 마리(Marie)를 데리고 1536년 6월 스트라스부르그로 출발하였습니다. 그러나 이때 프랑스의 프란시스 1세와 독일의 찰스 1세 사이에 제3차 합스부르그-발로아(Habsburg-Valois) 전쟁이 발발하여 스트라스부르그로 가는 직행로가 차단되었습니다.

그러므로 제네바를 거쳐 가는 우회 도로를 택하여 1536년 7월에 제네바에 도착했습니다. 칼빈이 제네바에 머문다는 소식을 뒤 티에로부터 들은 제네바의 개혁자 파렐(Guillaume Farel, 1489-1565)이 칼빈을 찾아와 제네바 개혁에의 동참을 권유했습니다. 그러나 칼빈은 학문 연구에 몰두하려는 자신의 계획을 피력하였습니다. 그러자 파렐은 다음과 같이 버럭 화를 내며 소리쳤습니다.

"나는 전능하신 하나님의 이름으로 당신의 학문 연구가 하나의 구실에 불과하다고 선언하오. 만약 당신이 이 주님의 사역을 거부한다면 하나님은 당신을 저주하실 것이오."

이와 같이 칼빈은 파렐의 강권에 의하여 스트라스부르그로 가는 계획을 단념하고 제네바에 정착하였습니다. 제네바는 스위스 연방의 국경 지대에 위치하여 프랑스와 이태리와의 교역 중심지로 유대왕조인 사보이(Savoy)의 지배를 받고 있다가, 16세기 초반 프리브르그(Fribroug)와 베른(Berne)의 도움으로 독립을 했고, 1534년 부도덕한 생활로 악명이 높던 주교를 몰아내었습니다.

제네바의 행정은 200인의 귀족으로 구성된 대 의회와 25인으로 구성된 소위원회가 관할하였고, 시민들로 구성된 총회는 4인의 평의원과 재정관을 선출하여 시정을 행사하였습니다. 제네바 시의회가 로마 천주교회 신앙을 옹호하는 사보이에 대하여 정치적인 반란을 시도한 것과는 달리, 시민들은 성경에 대하여 무지하였고, 교황제의 노예 상태에 매여 있었습니다. 이러한 상황에서 파렐의 설교를 통하여 제네바 개혁 운동이 시작되었습니다.

1536년 1월 프로테스탄트인 베른시는 사보이가를 격퇴시키고 점령하였으나, 오랜 논란 끝에 이 도시를 독립시키는데 합의하였습니다. 1536년 5월 21일 스위스 직접 정치에 따라, 각 가족들의 남자 가장들이 대성당에서 총회를 소집하고 만장일치로 복음주의적 형태의 예배를 실시하기로 가결하였습니다.

교회 재산은 시의회에서 감독하기로 하였으니, 츠빙글리가 취리히에서 실시한 바와 같은 국가교회 형태의 제도가 성립되었습니다. 바로 이

시기에 파렐은 제네바에 잠시 머문 칼빈을 강권하여 이 도시의 개혁에 참여하도록 붙잡은 것이었습니다.

(6) 제 1차 제네바 사역

칼빈은 1536년 8월 말부터 성 피에르(St. Pierre) 교회에서 바울 서신을 강해하는 일로 제네바 개혁을 시작하였습니다. 처음에 제네바시 당국은 칼빈을 그 이름조차도 거명하지 아니하고 '저 프랑스인'이라고 불렀습니다. 제네바에 도착한지 한 달 후인 10월 1일부터 8일까지 로잔에서 카톨릭과 개혁자 사이에 성찬론에 관한 토론회가 열렸는데, 칼빈은 이 회의에 참석하여 원고 없이 교부들의 글을 인용하여 로마교회의 오류를 반박하여 승리함으로써 제네바 당국과 시민들에게 큰 인정을 받게 되었습니다.

1537년 1월 교회의 개혁을 기대하면서 파렐과 함께 '교회 행정에 관한 조례'(Articles Concerning the Government of the Church)를 시의회에 제출하였습니다. 이 조례는 4개 조항의 개혁안을 포함하고 있었는데, 그 내용은 1) 바울의 가르침대로 찬송할 때 시편을 사용할 것, 2) 매주일 성찬을 행할 것, 3) 어린이를 위한 교육을 실시할 것, 4) 결혼법을 개혁할 것 등입니다.

칼빈은 예배의 개혁을 위하여 어린이 성가대를 조직하고, 어른들도 찬송에 참여하도록 유도하였습니다. 어린이들을 위한 요리문답서를 작성하였고, 결혼에 관한 규정을 마련하였습니다.

칼빈은 로마 천주교회와 재침례교도의 교리가 매우 위험한 사상을 포함하고 있다고 생각하였습니다. 왜곡된 사상이 기독교 신앙을 붕괴할 수 있다고 본 칼빈은 제네바를 신앙적인 공통점을 가지는 도시로 만들기 위하여 「교훈과 신앙고백」(Instruction and Confession of Faith)이라는 신조를 작성하여 발표하고, 모든 시민들은 10명씩 그룹을 지어 이 조문을 준수할 것을 선서하도록 하였습니다.

이와 같은 개혁의 노력은 1537년의 포고령이 제정됨으로써 그 절정을 이루었습니다. 칼빈은 세속 정부도 하나님에 의해 수립된 것은 인정하였으나, 정부가 교회의 고유한 특권을 침해하거나 순수하게 영적 문제들에 대해 상관하는 것을 방지하고자 하였습니다.

따라서 그는 점차 국가로부터 독립된 교회 조직을 정비하는 방향으로 진행하였습니다. 특히 사치를 금하는 각종 법규 및 윤리에 관한 규칙들을 통해 전통적으로 시의회에서 취급하던 도덕에 관한 문제들은 사실상 교회의 영역에 속하는 것이라고 생각하였습니다.

이에 따라 주요 인물들을 시의 모든 구역에 배치, 임명하고 부도덕한 행위를 예방하고 악덕한 행위를 보고하도록 시켰습니다. 마태복음 18장에 나타난 그리스도의 말씀을 따라 포고령은 규정하기를, 만약 잘못을 범하는 시민이 있을 때에는 우선 형제의 사랑으로 권면하도록 하고, 그 후에도 개선의 징조가 전혀 보이지 않을 경우에는 교회에 알리도록 하였습니다. 만약 계속 죄를 범할 경우에는 목사가 공개적으로 그 자를 비난하고 회중 가운데서 축출시킨다는 것이었습니다.

지구상에 있는 그리스도의 교회는 자기 시민들의 도덕 생활을 지켜주어야 할 의무가 있다는 것이었습니다. 그러나 이러한 개혁에 반동적 경향을 보이는 반대파의 세력들이 그 힘을 모으기 시작하였습니다. 수많은 제네바 시민들은 칼빈이 본래 프랑스인이라는 사실과, 시내에 프랑스계 난민들의 숫자가 점차 증가해 간다는 데에 반감을 품고 있었습니다.

한편 제네바 자체 내부에서도 쟝 필립페(Jean Phillipe)의 지도하에 강력한 반대당이 결성되기 시작했습니다. 그는 개혁을 반대하고 목사들이 도덕문제를 취급하는 것과 강제로 신앙고백을 시키는 것 등을 반대하였습니다. 시의회는 모임을 갖고 칼빈과 파렐에게 사흘 내에 제네바를 떠나도록 명령하였습니다.

그들은 제네바를 떠나 베른으로 갔으며 그곳에서 다시 취리히에서 열린 회의에 참석하였는데, 이곳에서 교회의 체제, 치리문제 등에 관한 자기들의 입장을 밝히고 일반적인 호응을 받았습니다. 파렐은 뇌샤텔로 돌아갔으며, 칼빈은 바젤로 각각 향하였습니다.

(7) 스트라스부르그에서의 개혁운동

칼빈이 교회 사역을 하지 않고 있다는 소식을 접한 스트라스부르그는 그를 초청했습니다.

스트라스부르그에 대하여 독일의 종교개혁사가인 보른캄(Heinrich Bornkamm)은 다음과 같이 설명하고 있습니다.

"참으로 이 지구상에 종교개혁이 가능하도록 여러 조건이 이곳보다 잘 갖추어진 곳은 유럽 어느 곳에도 없었다. 동시대의 위정자들은 종교 문제를 진지하게 생각하였고 그것을 정치적 입장에서 능란하게 처리했다. 그 결과 스트라스부르그는 저 위대한 시장 요한 스트룸(John Strum)의 지도하에 비록 제국도시 가운데서 최대의 위용과 부를 자랑하지는 못했지만 다른 면에서 지도적 지위를 차지하게 되었다. 끊임없이 드나드는 인문주의자들의 무리, 학문과 교양이 풍부한 시민들, 독일 신비주의 운동이 남겨 놓은 내적 경건의 전통, 라인 강으로 인해 예부터 문명의 통로가 개통되어 자유로운 정신이 교류되던 곳이었다. 이와 같이 약동하는 생명력은 부처라는 한 개혁가의 영혼 속에 깊숙이 흘러 들어가 용해되었으니 축복 받은 환경이 아닐 수 없었다."고 하였습니다.

이와 같이 스트라스부르그는 사가들에 의하여 '종교개혁의 안디옥' 또는 '서남 독일의 비텐베르그' 라고 불려질 만큼 개혁운동의 중심지가 되었습니다.

1540년 8월 칼빈은 부처와 베자의 소개로 세 자녀를 둔 네델란드 출신 과부 이델레트 드 부레(Idelette de Bure)와 결혼하였습니다. 그녀는 자신의 건강이 그리 좋지 못했음에도 불구하고 순복의 성품으로 죽을 때까지 칼빈을 도왔습니다. 그들은 1542년 아들을 하나 얻었으나, 일찍 잃게 되었습니다. 아내 이델레트는 병이 들었고 건강을 회복하지 못한 채 결혼한지 9년만에 1549년 3월 사망하였습니다.

1539년 7월에 칼빈은 스트라스부르그의 시민권을 얻게 되었고 8월에는 〈기독교 강요〉 제 2판을 스트라스부르그에서 출판했습니다. 2판은 초판보다 약 3배정도 큰 420쪽으로 책을 만들었습니다. 1541년에는 프랑스어판 〈기독교강요〉를 출판했습니다. 그리고 칼빈은 로마서 주석을 간행했습니다. 이외 "기도서" 그리고 "성찬론" 등도 집필하였습니다.

(8) 제네바로의 귀환

칼빈과 파렐이 떠난 뒤, 제네바는 로마 천주교회의 공격 대상이 되었습니다. 개혁자들이 빠져 나가자, 1539년 추기경 야콥 사돌레토(Jacob Sadoleto, 1477-1547)는 제네바 시민들에게 편지를 보내 "성령께서 계속하여 교회의 칙령과 종교회의들을 인도하셨으므로 로마 천주교회에 오류가 없으니, 오류 없는 교회의 품으로 돌아오라"고 선동하였습니다.

당시에 프랑스와 베른이 제네바의 독립을 위협하고 있었기에 제네바는 용기 있는 지도자를 필요로 했습니다. 1540년에는 분쟁과 혼란으로 인해 네 명의 목사 중 두 명이 제네바를 떠났습니다. 이런 상황에서 제네바는 칼빈을 필요로 했습니다. 개혁 운동을 계속하는 것이어서, 그들은 칼빈에게 "어두움이 지난 후에 빛을 소망한다."라는 말이 겉봉투에 쓰여진 간절한 내용의 재 청빙 서한을 보냈습니다.

'제네바 시장과 시의회는 우리의 훌륭한 형제요, 탁월한 친구인 칼빈 선생님께 편지합니다. 하나님의 영광과 그의 말씀의 확장만이 당신의 바람이라는 것을 우리가 알고 있는 한 제네바시의 대·소 의회와 총 의회의 이름으로 정중하고도 간절하게 당신을 초청합니다.

우리들이 당신을 절실히 요청하는 이곳에서 당신의 옛 직무를 다시 맡아 주십시오. 우리는 당신이 어떤 어려움이나 곤란도 느끼지 아니하는 그러한 방식으로 모든 면에서 당신을 예우하고자 합니다.'

칼빈은 제네바에서의 삶이 죽음과 같이 힘든 과정이었으므로 돌아갈 마음이 전혀 없었습니다. 그는 "내가 하루에도 수천 번씩 죽어야 하는 그런 십자가보다는 일백 번 죽는 다른 길을 택하고 싶다."고 심경을 토로하면서 갈등하였습니다. 초청장을 받고도 결정을 하지 못한 칼빈은 파렐에게 자문을 구하는 편지를 보냈습니다. 파렐의 편지를 받은 것은 2월 말이었습니다.

파렐은 단호하게 강권했습니다. "제네바의 돌들이 오라고 부르짖을 때까지 기다리겠느냐?" 이와 같이 벼락같은 편지에 칼빈은 굴복하게 되었습니다. 이번에도 파렐의 경고와 권면 때문에 1541년 9월 13일 제네바로 돌아올 수 밖에 없었습니다. 칼빈이 돌아오자 제네바 시의 모든 민중들은 공개적으로 그의 귀환을 환영하였고, 제네바 시의 소위원회는 연봉으로 250플로린스(florins), 12섬의 밀, 1,000리터의 포도주를 책정하고, 칼빈의 계획대로 제네바를 개혁할 것을 약속하였습니다.

(9) 제네바 개혁운동

스위스에 다시 돌아온 칼빈은 제네바를 영적으로나 도덕적으로 깨끗한 도시로 변화시키고자 하였습니다. 그는 먼저 교회 헌법을 만들기를 원해서 위원회 구성에 시의회가 협조해 줄 것을 요청하였습니다. 소위 원회는 칼빈을 돕기 위해 6인의 위원을 임명하였고, 3주 만에 헌법 작업을 마쳤습니다. 위원회는 그 초안을 시의회에 제출하였는데, 소위원회와 중위원회를 거친 후, 마지막 단계로 11월 20일 총회의 승인을 받았습니다.

이것이 바로 '제네바 교회 헌법'(The Ecclesiastical Ordinances of Church of Geneva)입니다. '교회 헌법'은 지역 교회의 자율과 평등사상을 강조함으로 감독 정치에서 볼 수 있는 위계질서 사상을 배제하였고, 신약의 가르침대로 장로 정치의 골격을 유지하였습니다.

칼빈은 치리법원을 세워 세속 정부와는 별개로 파문권을 행사함으로써 정부가 교리 및 교회 내 치리문제에 개입하는 것을 방지하고자 노력하였습니다. 이곳에서는 도시 내에서 각종 부도덕한 사건이 벌어지는 것을 감시하는 데 중추적 역할을 담당하였습니다. 치리법원은 아주 사소한 범죄까지도 검토하고 재판하였으며, 음탕한 춤, 가슴을 깊게 판 여인들의 의상, 카드놀이, 술 취하는 것 등도 심한 제재를 받았습니다.

제네바는 당시 악명 높은 매춘의 도시로 꼽히고 있었으므로 칼빈은 이에 대해 매서운 태도를 취하고자 보다 호된 처벌을 주장하였습니다. 칼빈의 주장에 의해 술집들은 일단 문을 닫고, 보다 깨끗하고 질서 있는 카페들을 다시 열어 이곳에는 심각한 논쟁이 벌어질 때마다 참고하도록 프랑스어판 성경을 비치하도록 하였으나, 얼마 후에는 소비자들의 압력에 못 이겨 다시 술집을 열 수 밖에 없었습니다.

마술, 이단, 간음, 신성모독, 난동 등 공공질서를 어지럽히는 심각한 범죄들은 세속정부에 이관되었습니다. 어떤 시민은 자기 개를 칼빈이라고 이름지었다가 감옥에 가기도 했습니다.

이러한 법 집행 과정에서는 고문에 의해 자백을 얻어내는 사례도 허다하였는데, 4년 동안 58명이 처형당하고 76명이 유배당하였습니다. 칼빈은 법률에 대한 조예가 깊었을 뿐 아니라, 공공질서에 관한 부문에도 밝았기 때문에 순전히 세속적인 문제들에 관하여도 의회들과 평의원들의 자문에 응하였습니다.

(10) 개혁의 반대자들

칼빈의 제안대로 '교회 헌법'이 시정부에 의하여 통과되었지만, 제네바 개혁에는 많은 어려움이 산재해 있었습니다. 다수의 시민들이 칼빈의 도덕적인 개혁에 대해 불만을 품고 대항했습니다. 그 대표적인 세력인 방종파(Livertines)는, 칼빈이 사적으로나 공적으로 엄격한 윤리 생활을 요구하자, 칼빈에 대한 반대 운동을 전개하였습니다.

특히 카드놀이 제조업자였던 피에르 아뫼(Pierre Ameaux)는, 칼빈의 개혁 운동으로 유흥을 멀리하는 풍조가 일어나 막대한 재정적인 손실로 파산지경에 이르자, 1546년 1월부터 칼빈이 잘못된 교리를 가르친다고 중상 모략하였습니다. 칼빈을 제네바로 초청하는데 앞장섰던 아미 페린(Ami Perrin)도, 부도덕한 그의 장인과 아내가 장로 법원에서 치리 받자, 칼빈의 개혁 운동에 대하여 사사건건 반대 하였습니다.

그는 1553년 원로원 회원으로 당선되자, 장로 법원이 가졌던 출교권을 시의회로 환원시키려고 하여 칼빈에게 어려움을 주었습니다. 칼빈은 반삼위일체주의자였던 세르베투스(Michael Servetus, 1511-1553)의 도전도 받았습니다. 세르베투스는 스페인에서 궁정 공증인의 아들로 태어나 사라고사(Saragossa)와 툴루즈(Toulouse)에서 법학과 신학을 공부한 후, 이태리와 독일을 여행하면서 필립 멜랑톤과 마틴 부처를 만났습니다. 그는 개인적인 성경 연구를 통하여 삼위일체 교리를 부인하게 되었는데, 이러한 그의 사상을 '삼위일체 오류론'(De Trinitatis Erroribus)을 통하여 발표하였습니다.

그 후 그는 파리로 가서 의학을 공부하고, 1541년부터 1553년까지 비엔나의 대주교 주치의로 일하였습니다.

이때 그는 칼빈과 교제하게 되었지만, 얼마 못 가서 그의 정체를 발견한 칼빈의 비판을 받게 되었습니다. 세르베투스는 1553년 익명으로 쓴 '기독교의 재건'(Christianismi Restitutio)에서 그의 모든 사상을 설명하면서 삼위일체 교리와 그리스도의 신성에 대하여 부인하였습니다. 칼빈은 세르베투스가 제네바로 온다는 말을 듣고 강력하게 반대했지만, 세르베투스는 제네바에 칼빈의 적들이 많으므로 그들과 합하면 칼빈을 이길 수 있다고 확신하고 제네바로 왔습니다.

그러나 제네바 시 당국은 그가 도착하자마자 체포하였고, 이단과 신성모독 죄로 정죄하였습니다. 당시의 법 형평상, 삼위일체 교리를 부정하는 사상은 성도의 영혼을 죽이는 염병으로 간주되어 화형에 해당되는 벌을 받았습니다. 제네바 시가 세르베투스에게 화형 선고를 내리자, 칼빈은 좀 더 인간적인 방법을 취할 것을 시의회에 요청하였습니다.

그러나 칼빈에게 적대적이던 시의회는 이 요청을 들어주지 않았습니다. 칼빈은 2개월 13일간 세르베투스를 지하 감옥에 가두고 온갖 방법으로 그의 개심과 수정을 요청하였으나 그는 끝내 듣지 않았습니다. 1553년 10월 27일 세르베투스는 화형에 처해졌습니다.

제네바 개혁에 불만을 품은 많은 반대자들이 그가 자주 다니는 골목에 사나운 개를 풀어놓았습니다. 예배 중에 교회를 향하여 총을 쏘았습니다. 그가 설교할 때 크게 기침 소리를 내어 설교를 방해하기도 하였습니다. 그러나 칼빈은 하나님의 은혜로 이러한 모든 어려움을 극복하고 제네바 교회를 하나님의 말씀과 성령이 다스리는 곳으로 만들어 나아갔습니다.

(11) 개혁의 결과

제네바의 개혁을 위한 14년 간(1541-1555)의 계속된 투쟁은 칼빈의 승리였습니다. 1555년 2월 선거에서 소 의회의 행정관 4명 모두 칼빈파에서 선출되었으며 200명의 의회도 절대다수가 친 칼빈파에서 선출되었습니다. 자유파에 속하여 칼빈 반대 운동을 전개했던 페랑과 버틀러 그리고 그의 추종자들도 세르베투스의 죽음으로 제네바를 떠났습니다. 장로회는 정부의 간섭 없이 출교시킬 수 있는 영구적인 권한을 승인 받게 되었습니다.

칼빈이 제네바 개혁 사역의 목표는 하나님의 말씀에 의한 교회 사역의 질서와 규율을 고수 하고, 제네바 시에 좋은 교육 기관을 설립하는 것입니다. 그리고 다른 나라들과 친밀한 관계를 맺음으로 민족과 국경을 초월한 그리스도의 공동체를 설립하는 것이었습니다. 1559년 제네바 시는 칼빈에게 시민권을 줌으로 그에게 경의를 표했습니다.

그리고 학술원 설립 허가를 받았습니다. 그 해 6월 5일에 학술원이 공식으로 개원되었으며 데오도르 베자(Theodore Beza, 1519-1605)가 원장으로 피선되었습니다. 5명의 교수진과 함께 칼빈은 신학을 가르쳤습니다. 처음에는 162명으로 개원했으나 5년 만에 1300명이 넘는 학생들이 칼빈의 신학 강의를 들으러 몰려왔습니다. 이 제네바 아카데미는 오늘날 제네바 대학의 전신입니다.

칼빈의 개혁 운동은 그의 생존시에 이미 큰 영향을 미쳤습니다. 프랑스의 위그노(Hugnote) 들은 1559년 파리에서 프랑스 최초의 위그노 총회를 열고 '프랑스 갈리칸 신조' 라는 칼빈주의적 신조를 채택했고, 네덜란드에서는 칼빈주의자 브라이(Bray)에 의해 1561년 '벨직 신앙고백' 이 채택되었습니다. 그리고 스코틀랜드에서는 1560년 그의 제자 존 낙스 등에 의해 장로교 신조가 채택되어 장로교 국가가 되었습니다. 영국 교회는 칼빈주의 영향 하에 '39개 신조' 를 채택했고 곧 청교도 운동의 효시가 되었습니다. 독일 남부 지역은 칼빈주의 일색으로 변하여 1563년에는 하이델베르크 교리 문답이 채택되었습니다. 스위스에서는 취리히, 바젤, 베른 등이 칼빈주의를 따르게 되었습니다.

또 여러 곳에서 폭정에 시달리던 많은 사람들이 칼빈의 영향력과 그 지배 아래서 안전한 거처를 찾아 제네바로 이주하였습니다. 영국 메리 여왕의 박해를 피해 제네바로 온 영국의 개혁자들은 1560년 '제네바 성경' 이란 영어 성경을 출판했습니다. 칼빈은 죽을 때까지 오직 하나님의 영광만을 위하여 일하였습니다. 칼빈은 중간키에 창백한 안색이었으며, 검은머리와 수염을 지니고 있었습니다. 몸이 약했던 그는 13가지나 되는 병을 지니고 있어, 사람들이 '움직이는 병동' 이라고 부를 정도였습니다. 너무나도 몸이 쇠약해져서 정상적인 업무를 제대로 감당하지 못하게 되자, 그는 자기가 미처 처리하지 못하는 서기의 급료를 받기를 거부하였습니다.

병이 깊어졌을 때에는 들것에 실려 교회당에 가서 강단에 앉아서 설교하곤 하였다.

이와 같이 하나님의 일에 진력을 다하던 칼빈은 1564년 2월 6일에 마지막 설교를 하고 병석에 누웠습니다. 5월 2일에는 최후의 편지를 뇌샤텔에 있는 파렐에게 보내어 빨리 제네바에 와서 함께 마지막 날들을 지내자고 부탁하였습니다.

칼빈은 임종시까지도 '여호수아 주석'을 집필하던 가운데 있었는데, 결국 이를 가지고 약속의 땅에 들어가게 되었습니다. 데오도르 베자는 칼빈의 마지막 날들을 묘사하여 "겨우 영혼밖에는 아무것도 남아 있는 것 같지 않았다."고 하였습니다.

칼빈은 1564년 5월 27일 55세를 일기로 베자의 품에 안기어 임종하였습니다. 다음날 사람들은 그의 유지를 받들어 플랭-팔리에(Plain-Palais)의 일반 묘지에 묘비도 세우지 않은 채 매장하였습니다.

1536년에 시작된 칼빈의 종교개혁은 한때 실패의 위기를 맞기도 하였지만, 좌절하지 않고 점진적으로 개혁 운동을 전개함으로 1555년에 이르러서는 어느 정도 그 틀이 잡히게 되었습니다.

2) 칼빈의 개혁에 대한 평가

(1) 로마 카톨릭을 위한 개혁

이미 마틴 루터의 종교 개혁은 장미 십자단을 중심으로 일어난 이집트 이시스와 그리스 헬라 영지주의(신비주의) 기독교 개혁이라는 사실을 알았습니다. 그래서 루터는 종교 개혁의 결과로 독일 안에 있는 유대인들 중심의 정치, 경제, 종교에 대한 척결을 주장했습니다, 이것은 당시 레오 10세와 로마 카톨릭이 바리새파 유대인들에 의해서 세워진 친유대주의 신정정치였다는 사실을 배격한 개혁이었습니다. 그래서 루터는 형식적으로나마 동방 교회와 같은 사상을 기반으로 독일의 국가 교회를 세운 것입니다.

그러나 칼빈의 종교개혁 방향은 외적으로는 루터의 종교 개혁의 결과를 칭송하고 그 제도를 사용하였지만 그것은 단지 수단일 뿐 개혁 중심의 뿌리는 친 로마 카톨릭의 개혁에 불과했습니다. 쉽게 말하면 루터의 종교 개혁을 통한 로마 카톨릭의 붕괴를 막기 위해 골격은 지키고 개혁의 형식만 변경시킨 것입니다.

1553년 10월 27일 세르베투스는 화형에 처해졌습니다. 세르베투스는 칼빈의 친구였습니다. 그런데 칼빈이 제네바에서 종교개혁 운동을 한 후 루터파 장미십자회 소속이었던 세르베투스는 칼빈의 삼위일체를 반대했습니다. 왜냐하면 장미십자단은 그리스 영지주의자들로 예수님의 신성을 부인했기 때문입니다.

칼빈의 종교 개혁은 이름만 개혁파 교회였지 사실은 약간 변경된 로마 카톨릭에 불과한 것이었습니다. 이것은 종교 개혁이라는 이름으로 루터가 독일을 빼앗아 로마 카톨릭과 다름 없는 루터교를 만든 것과 같습니다. 이들의 종교 개혁은 개혁이란 이름으로 땅과 권력을 장악하고 지키려는 운동일 뿐입니다.

(2) 은행가와 상공업자를 위한 개혁

루터의 종교 개혁의 후원자들은 제후, 영주들이었습니다. 그들의 후원을 받아 독일의 땅을 로마 카톨릭으로부터 빼앗아 그들의 국가를 세운 것입니다.

칼빈의 종교 개혁의 후원자들은 은행가, 무역을 하는 상공업자들이었습니다. 오늘날 스위스가 전 세계의 은행의 메카가 된 것도 칼빈의 제네바 개혁의 결과입니다. 세계의 모든 은행을 죽이고 살리는 정책을 결정하는 세계결제은행의 본부가 스위스 바젤에 있습니다.

제네바라는 시는 피렌체, 베네치아, 밀라노와 함께 르네상스의 발원지입니다. 은행가들과 상공업자, 무역업자들이 주축으로 세력을 키워왔습니다. 칼빈은 직업소명론이란 신학을 통해 중세 시대에 이단으로 여겨졌던 은행업, 여관업, 무역업, 상공업에 종사한 사람들의 신분을 격상시켰습니다. 로마 카톨릭에서 금지한 은행가들에게 이자를 받도록 허용해서 제네바는 금융업자들의 메카로 떠 올랐던 것입니다. 그래서 막스 웨버는 자본주의 창시자로 칼빈을 주목했습니다. 제네바 시가 급속하게 발전하게 된 계기는 이와 같은 민감한 문제들을 종교 개혁이라는 도구로 풀어서 로마 카톨릭의 통제에서 벗어날 수 있었기 때문입니다.

칼빈의 제네바 종교 개혁은 자신들의 이익을 지키고 확대시키려고 시의회를 장악한 상공업자들과 은행가들의 전폭적인 지원을 받으면서 단 몇 년만에 개혁교회국가 체제를 확립할 수 있었습니다. 그렇게 되자 전 세계에서 자리를 잡지 못하고 있었던 무역업자, 상공업자, 은행가들이 몰려와 그들의 천국을 이룩할 수 있었던 것입니다. 특별히 제네바는 은행업이나 호텔업이나 상공업에 오랜 세월동안 종사해온 바리새파 유대인들의 천국이 되었습니다.

(3) 도덕적이고 윤리적인 개혁

칼빈의 제네바 개혁의 특징은 제네바 시에 있는 술집, 매춘, 댄스, 카드놀이 같은 것들을 척결하는 것이었습니다. 이와 같은 일을 하는데 교회의 치리회가 직접 나서서 감독하고 조사를 했습니다. 이것이 나중에 심한 반발을 가져오자 시의회로 넘겨서 교회의 장로들이 직접 감독하였습니다.

칼빈의 제네바 개혁의 목적은 도덕과 윤리의 사회개혁이었습니다. 다시 말해서 사회개혁이란 원리에서 가장 중요한 것은 사람의 영혼의 변화가 아닌 사회 구조적인 개혁인 도덕과 윤리적인 개혁입니다. 칼빈의 제네바 개혁의 목표는 도덕과 윤리를 회복하는 표면적인 개혁에 그치고 말았습니다.

(4) 철권통치와 같은 국가의 무력을 사용한 개혁

칼빈의 종교 개혁의 방법은 과거 로마 카톨릭이 추진했던 것과 다를 바 없었습니다. 로마 카톨릭은 그들의 신조에 반대하는 세력들을 국가의 무력으로 무참하게 살해했습니다. 로마 카톨릭의 선교는 전쟁을 통해서 이루어졌습니다. 칼빈도 제네바 개혁에 대항한 사람들을 국가의 권력을 이용하여 무참한 방법으로 죽였습니다. 칼빈은 4년 동안 제네바 시를 통치하며 58명의 사람을 죽였습니다. 그리고 76명을 추방했습니다. 칼빈이 불과 1만3천명에 불과한 제네바시를 4년 동안 통치하며 그 자신은 물론 그가 장악한 종교국을 통해 종교개혁을 반대한 사람들을 심판한 것입니다. 35명이 화형으로 죽였습니다. 13명은 교수형으로 목을 매달아 죽였습니다. 10명을 목을 잘라 죽였습니다.

그들이 처형당했던 재판기록을 보면 예정설을 비난하고 반대했다고 사형시켰습니다. 삼위일체를 부인한 자들을 처형했습니다. 칼빈을 위선자라고 불렀다는 이유로 사형시켰습니다. 아이들에게 세례 주는 것을 거부했다는 이유로 처형했습니다. 부모를 구타했다고 소녀를 목 잘라 처형시켰습니다. 자신의 신학이론에 반대하는 자들을 국사범으로 취급하여 처형했습니다. 살인자, 매춘자, 알콜 중독자, 강도 등을 처형했습니다. 칼빈의 제네바 개혁은 칼빈의 영적인 능력으로 성공한 것이 아니고 국가의 막강한 권력으로 성공한 것입니다.

역사가들은 칼빈이 사람들을 처형시킨 유형들을 공통적으로 동일하게 증언하고 있습니다. "칼빈의 예정설, 성서 권위의 문제, 삼위일체설, 유아세례, 성만찬, 심각한 도덕과 윤리적인 문제" 등 칼빈과 의견을 달리했기 때문이었습니다.

(5) 신정정치를 통한 왕국 건설을 위한 신국화(神國化) 개혁

칼빈의 제네바 종교 개혁의 목적은 제네바 시의 성시화에 있었습니다. 이런 사상은 이미 알렉산드리아 학파에서 로마 카톨릭을 세울 때 채택한 신정정치라는 구약 메시야 나라에 대한 개념입니다. 이것은 유세비우스가 말한 지상의 천년왕국이요, 어거스틴이 신국론(神國化)에서 말한 하나님의 나라 왕국 개념입니다. 그래서 그들은 무천년을 주장하고 이 세상의 국가를 성국화(聖國化)하고 이 세상의 도시들을 성시화(聖市化)해서 지상의 유토피아라는 메시야 왕국을 세우려 했던 것입니다. 칼빈이 제네바 성시화(聖市化)를 위해 사용한 방법은 국가교회, 유아세례, 성만찬입니다. 이것은 신정정치를 사용했던 로마 카톨릭의 수단입니다.

유아 세례가 탄생한 배경은 로마 카톨릭입니다. 한 아기가 태어나면 세례를 주어 국가와 교회의 구성원이 되는 조건입니다. 왕이 다스리는 한 백성이 되고, 교회의 한 영혼이 되는 것입니다. 국가로 보면 국력이요, 교회로 보면 교세가 되는 것입니다. 유아세례라는 수단을 통해 교회와 국가는 더욱 더 사이가 깊어졌습니다.

칼빈이 제네바 개혁에 사용했던 국가교회 개념은 역시 로마 카톨릭에서 추진했던 정책입니다. 콘스탄틴은 비 기독교인이었지만 로마 카톨릭의 수반이 되었습니다. 칼빈의 개혁교회도 말로는 국가와 교회를 분리시켰지만 실제로는 국가와 교회가 서로 힘을 합쳐 그들이 추구한 이상국가를 만들어 갔습니다. 칼빈의 기독교 초판에서 프란시스 왕에게 보낸 내용이 바로 칼빈이 추구하는 국가관인데 그는 국가와 교회를 분리시키는 재세례파들을 공격하면서 자신이 추구하는 개혁은 국가를 돕고 세우는 개혁임을 강조하였습니다. 칼빈은 하나님의 절대주권이란 개념안에서 교회와 국가를 같은 하나님의 통치수단으로 보았던 것입니다.

칼빈이 주장한 성만찬의 영적 임재설은 로마 카톨릭이 주장한 화체설과 루터가 주장했던 공재설을 절충한 이론입니다. 자유교회에서 주장한 기념설이 있습니다. 기념설은 성만찬 떡과 포도주가 여전히 떡과 포도주로서 오직 영적인 예수님의 구속의 역사를 기념하는 것으로만 보는 것입니다. 화체설은 떡과 포도주가 예수님의 살과 피가 된다는 것입니다. 공재설은 떡과 포도주에 예수님의 살과 피가 함께 한다는 의미입니다. 영적 임재설은 떡과 포도주에 예수님의 몸과 피가 영적으로 임한다는 의미입니다. 이렇게 보면 화체설이나 공재설이나 영적 임재설은 단어만 다를 뿐 내용은 동일합니다. 그래서 성경적인 교회들은 오직 기념설만을 따르고 있습니다.

그렇다면 왜 화체설과 공재설과 영적 임재설을 주장합니까? 그것은 교회의 권위와 연결이 되어 있습니다. 로마 카톨릭은 구원의 방편으로 7성사를 주장합니다. 즉 7가지 성례를 통해서 구원을 인정하는 것입니다. 그런데 루터와 칼빈도 동일하게 교회의 권위를 말씀과 성례에 두었습니다. 즉 성만찬이나 세례를 통해서 지상 교회의 구원받은 일원이 되는 것입니다.

이것은 유아세례를 반대하고 기념설 성만찬을 주장하는 성경적인 교회가 구원을 인정하는 기준을 교회에서 행한 성례 즉 세례와 성만찬에 두지 않고 영적인 개인의 영혼 거듭남을 구원으로 인정하는 것과 차이가 있는 것입니다.

성경적인 교회는 최종 권위를 성경에 둡니다. 그러나 로마 카톨릭은 최종 권위를 교회에 두었습니다. 칼빈의 제네바 개혁의 원리는 성경적인 교회를 따르지 않고 로마 카톨릭의 교회를 따랐습니다. 그 이유는 바리새파 유대인들의 신정정치에 따른 성시화에 있었기 때문입니다.

(6) 장로들을 통한 엘리트 정치를 위한 교회 개혁

바리새파 유대인들의 탈무드 정신은 장로들의 엘리트 정치이론입니다. 엘리트 정치 이론의 철학적 대부는 소크라테스였습니다. 소크라테스는 아테네 민주정치를 비판하면서 엘리트 독재정치를 주장했습니다. 그때 소크라테스가 주장한 것은 인간 양떼 이론입니다. 인간은 계몽이 불가능한 가축인간이기 때문에 아무나 정치를 하면 그 나라는 망하고 만다는 것입니다. 그래서 그가 주장한 것이 엘리트 정치 이론입니다.

즉 장로정치입니다. 이것을 군주제라고 합니다. 또는 과두정치라고 합니다. 이것은 플라톤의 철인정치, 아리스토텔레스의 초인정치, 마키아벨리의 군주정치, 레오스트라우스의 독재정치 이론이 되었습니다.

칼빈은 교황이나 군주와 같은 독재자들의 횡포를 막기 위해 민주정치를 해야 한다고 하면서 장로정치를 주장했습니다. 그리고 장로정치를 제네바 개혁에 도입을 했습니다. 당시 제네바 시의회와 제네바 교회 지도자들이 제네바 시를 다스렸던 장로들입니다. 이들에 의해서 모든 법들이 만들어지고 집행 되었습니다.

그런데 장로 정치에는 무서운 술수가 있습니다. 바리새파 유대인들은 자신들의 비리와 죄악을 감추기 위해 철저하게 장로정치를 했습니다. 다시 말해서 소수 엘리트 집단을 통해 통치를 하면 한 사람의 개인 통치자가 실수하여 순식간에 무너질 수 있는 체제를 구할 수 있는 것입니다. 그리고 많은 피지배자들에게도 안심할 수 있는 명분을 주는 것입니다. 무엇보다도 개인에서 나온 독재 권력보다 더 설득력 있게 철권통치를 수행할 수 있는 제도가 장로정치 즉 집단 지도체제인 것입니다. 이것을 과두정치라고 합니다. 중간에 여러 지도자들을 통해서 다스리는 정치입니다. 로마 제국이 채택했던 정치이론입니다. 칼빈은 이와 같은 장로 정치를 통해서 제네바 시를 강력하게 개혁을 할 수 있었던 것입니다.

(7) 칼빈의 제네바 종교 개혁에 대한 종합적인 평가

칼빈의 제네바 종교 개혁은 루터와 마찬가지로 실패했습니다. 왜냐하면 교회의 근본을 바꾸지 못했기 때문입니다. 칼빈의 제네바 개혁은 제네바 시를 중심으로 뭉쳤던 은행가들과 상공업자들에게 이용을 당한 것입니다. 특히 사탄을 숭배했던 은행가들과 상공업자들은 막강한 로마 카톨릭으로부터 그들의 부와 권력을 지키고 빼앗기 위해 종교 개혁자들의 절대적인 후원자가 되기를 자천하여 교황의 권력과 착취로부터 벗어나기 위한 명분을 찾았던 것입니다.

즉 종교 개혁자들을 방패막이로 삼아 뒤로는 그들의 정치권력과 경제적인 이득을 챙겼던 것입니다. 그래서 결과적으로 칼빈의 종교 개혁은 은행가들과 상공업자들과 정치권력자들을 위한 개혁으로 끝나고 말았습니다. 칼빈이 목숨을 걸고 개혁을 했지만 철벽과 같은 그들의 벽을 넘지는 못하고 눈에 보이는 개혁교회 국가를 탄생시켜 그들에게 통째로 헌납하게 된 것입니다. 제네바 아카데미를 통해서 번졌던 개혁교회 역시 사탄의 세력들의 먹이감으로 사용되다가 각 나라에 개혁교회 국가가 완성되면서 서서히 힘을 잃고 모양과 이름만 개혁교회로 남고 말았습니다.

루터와 칼빈의 종교 개혁이 실패한 증거가 있습니다. 17세기 다시 정통주의 교회가 탄생한 것이 증거입니다. 정통주의 교회 운동은 혼란스럽고 무질서한 개혁교회보다 차라리 로마 카톨릭의 교회가 더 좋다고 하는 복고주의 운동입니다.

종교 개혁이후 국가교회가 탄생했습니다. 그때부터 교세확장과 영토 확장을 위한 종교전쟁들이 일어났습니다. 대표적인 전쟁이 30년 전쟁입니다. 크고 작은 전쟁을 통해 유럽의 인구는 절반이 사라졌습니다. 모든 나라들은 절대 권력과 부를 챙기려는 사악한 무리들을 통해 종교 전쟁과 종교 박해가 이루어졌습니다. 이런 와중에서 전 유럽은 전쟁, 가난, 질병, 억압, 수탈, 강제노역, 실업 등으로 비극적인 삶을 살아야 했습니다. 그래서 다시 찾게 되는 것이 정통주의 신학이론입니다. 그리고 또 하나의 돌파구는 경건주의를 위장한 신비주의 운동이 일어난 것입니다.

칼빈의 성격은 온화하고 따뜻했다고 합니다. 그는 성격이 착하고 순했다고 합니다. 평생동안 13가지 병을 짊어지고 병약한 삶을 살면서 그가 걸어갔던 개혁자의 길은 험하고 어려운 길이었습니다. 그는 성격이 부드럽고 착해서 파렐과 같은 강한 성격의 소유자에게 두 번씩이나 굴복을 당해서 제네바 개혁자의 길을 가지 않으면 안되었습니다.

그리고 그가 존경하는 부처의 권유로 13세 연상인 아내를 맞이하게 됩니다. 그는 루터처럼 강하고 감동스런 웅변적인 설교를 하지 못하고, 학자와 같이 조용히 성경을 풀어 강해 설교를 했습니다. 칼빈이 섬겼던 제네바 교회당에 가서 보면 당시의 교인인 제네바 시의회 장로들이 앉아서 예배드린 의자에 수많은 구멍들을 볼 수 있는데, 그들이 칼빈의 지루한 설교 시간에 팠던 구멍이라고 합니다. 조는 사람, 옆 사람과 이야기 하는 사람 등 수많은 이야기들이 있습니다. 4년 동안 58명을 처형한 사건은 유명합니다. 그런데 이런 악행들의 누명을 모두 칼빈이 썼습니다. 사실은 시의회를 장악한 사악한 장로들이 자신들의 체제를 세우기 위해 행한 범죄입니다. 그들은 눈에 보이는 성시화라는 명분을 위해 사람들을 무참히 학살했던 것입니다.

사실은 칼빈은 그가 평생동안 추구하며 살기를 원했던 것은 정치적인 개혁자가 아니라 개혁적인 학자로 살기를 원했습니다. 그는 책읽기를 좋아하고 글을 쓰는 것을 좋아했습니다. 왜냐하면 그는 인문주의자였습니다. 그러나 그가 제네바에 발목이 잡힌 것은 파렐 때문입니다. 제네바 시의회를 장악했던 태양신 사탄 숭배자들인 은행가, 상공업자, 정치가, 무역상들은 칼빈이라는 당대의 종교적인 석학을 이용하여 그들의 추구하였던 국가권력과 경제적인 부를 얻을 수 있었던 것입니다. 이것이 사탄의 전략입니다.

그러나 하나님은 칼빈에게 그가 수많은 적들 앞에서 하루에도 수천번씩 맞이할 수밖에 없는 영적죽음을 극복하고 이룩했던 제네바 개혁에 대한 보상을 반드시 하나님의 나라에서 해주실 것이라고 믿습니다.

오늘날에도 칼빈처럼 부와 권력앞에서 굴복하지 않고 굳세게 하나님의 교회를 지켜나가는 수많은 분들과 함께 아름다운 칼빈의 착한 신앙을 본받고 위로 받기를 원합니다.

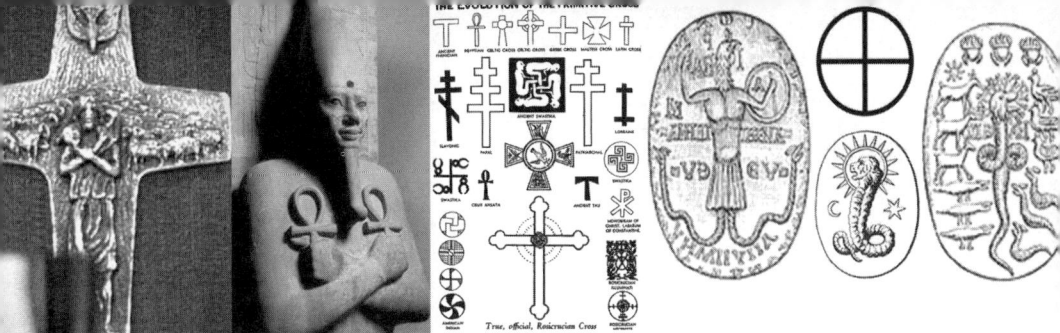

제6장
기독교 이단

1. 이단이란 무엇입니까?
2. 기독교 이단을 판별하는 성경적인 기준
3. 초기 기독교 이단의 역사

제6장 기독교 이단

1. 이단이란 무엇입니까?

1) 역사적으로 나타난 이단의 정의

이단은 분파와 다릅니다. 이단설을 주장하는 사람들은 교리상의 오류를 범하면서도 때로 교회에 그대로 남아 있지만, 분파주의자들은 교리상으로는 정통이면서도 교회에서 갈라져 나간 사람들입니다. 영어 'heresy'는 그리스어 '하이레시스'(hairesis)에서 파생되었는데, 원래 특정한 철학 사상을 주장하는 것을 뜻하는 중립적인 용어에 지나지 않았습니다. 그러나 일단 그리스도교가 이 단어를 쓴 뒤로는 '승인하지 않은 것' 이라는 개념을 갖게 되었습니다.

이렇게 된 이유는 교회가 처음부터 하나님이 주신 계시를 성령의 영감을 받아 해석할 권한을 가진 유일한 수호자로 자처했기 때문입니다. 그러므로 공식적인 해석과 다른 해석에 붙은 '이단' 이라는 용어는 경멸적인 뜻을 가질 수밖에 없었습니다.

2) 성경에 나타난 이단

이단에 대한 이러한 적대적인 태도는 신약성경에 분명하게 나타납니다. 예를 들어 바울은 자기가 전하는 복음이 '12사도들'의 복음과 동일하다고 주장하며, 신약성경 후반에 속하는 책들에서는 승인된 교리들과 이단설을 대하는 태도가 훨씬 더 예리하게 대조됩니다. 2세기 그리스도교 교회는 그리스도교의 가르침이 오염되지 않게 해야 한다는 것을 더욱 자각하여, 교리에서 이탈했는지를 시험하는 기준을 마련했습니다. 사도들을 계승한 교부들과 2세기 그리스도교 저자들은 예언자들과 사도들을 권위 있는 교리를 원천으로 삼았으며, 이레니우스와 터툴리안은 사도 시대부터 전해 내려온 본질적인 그리스도교 신조들을 대충 요약해 놓은 '신앙의 규율'을 크게 강조했습니다. 후에 성직자들이 중심이 된 교회와 교회 공의회는 정통을 정의하고 이단을 정죄하는 도구가 되었습니다. 이것을 교회의 신조라고 합니다. 그 후 서방교회에서는 공의회가 내린 교리적 판단이 효력을 갖기 위해서는 교황의 승인을 받아야 했습니다. 이런 과정을 거치는 동안 때로는 정치적으로 매도되고, 호도된 교리들이 등장하기도 했습니다.

3) 교회사에 나타난 이단들

처음 몇 세기 동안 그리스도교 교회는 많은 이단들을 다루어야 했습니다. 다른 이단들도 많지만, 대표적인 것들로는 가현설, 마르키온주의, 몬타누스주의, 양자론, 사벨리우스주의, 아리우스주의, 펠라기우스주의, 영지주의, 에비온주의 등이 있었습니다.

역사적으로 교회가 이단들과 싸울 때 사용한 중요한 수단은 그들을 파문하는 것이었습니다. 12, 13세기에 교회는 종교재판소를 세웠습니다. 교회에서 재판을 받은 후에도 자기 주장을 굽히지 않은 이단들은 세속 재판소에 넘겨졌고, 대개는 처형되었습니다.

4) 개혁자들의 이단관

16세기 종교개혁과 함께 새로운 상황이 조성되었습니다. 종교개혁은 이전에 서구 그리스도교가 누려온 교리적 통일을 무너뜨렸습니다. 오류가 없는 권위로 무장한 참된 교회로 자처한 로마 가톨릭 교회만이 이단에 대한 고대와 중세의 이론을 충실히 유지했으며, 이단으로 판단되는 교리나 견해를 단죄하기도 했습니다. 프로테스탄트의 거대 교단들도 대부분 그들의 특정 교리들이 그리스도교의 궁극적 진리를 구체적으로 나타낸 것이라는 전제를 가지고 출발했으므로 그들과 다른 견해를 가진 사람들을 이단으로 단죄하는 태도를 가지고 처형을 했습니다.

5) 에큐메니칼 운동과 사라진 이단관

그러나 종교적 관용이 점차 확대되고 20세기에 시작된 에큐메니컬 운동이 영향을 끼치면서 프로테스탄트 교회들은 대부분 종교개혁 이전 교회에서 생각되던 이단 개념을 과감히 고쳐나갔습니다. 이제 그들은 자기 교파의 교리들을 엄격하게 유지하면서도, 다른 견해들을 주장하는 사람들을 이단으로 간주하지 않으며, 이런 태도를 모순으로 보지 않았습니다. 로마 가톨릭 교회도 자기 의지로써 잘못된 교리를 고집하는 사람들과, 다른 신앙 전통에서 자라난 결과 아무 잘못 없이 잘못된 교리를 붙들고 있는 사람들을 구분해서 다루었습니다. 유대인들도 이단이라는 말을 써왔지만, 그리스도교도들 만큼 이단자들을 강력하게 단죄하지 않았습니다. 그리스도교에 비해서 불교 힌두교 이슬람교에서는 이단이라는 개념과 이단과의 싸움이 역사적으로 그다지 중요하지 않았습니다.

문제는 기독교회가 19세기 자유주의, 20세기 신정통주의와 신칼빈주의 21세기 신복음주의와 신사도주의 운동이 일어나면서 종교 통합이라는 명분과 사회참여 신학이라는 명제로 기독교 이단이란 정의가 사라지게 되었다는 것입니다.

6) 기독교 이단과 로마 카톨릭

1-3세기의 교부들은 철저하게 순교의 피를 흘려 가면서 진리를 파수했으며, 교회를 사탄의 세력들로부터 지키기 위해 수많은 저술 활동과 신조를 만들었습니다.

그러나 주후 313년 로마가 기독교를 공인한 후 공식적인 공교회가 탄생되고 로마 황제가 공교회의 수장으로 등극하면서 기독교 교리는 무참하게도 변질되기 시작했습니다.

그나마 다행스러운 것은 최소한의 기독론과 삼위일체 신론 등이 보존될 수 있었다는 것입니다. 그러나 잘못된 성경관, 국가관, 교회관, 구원관 등은 종교 개혁자들을 통해서 바로 정립되지 못하고 다시금 로마 카톨릭을 추종하는 17세기 정통신학과 18세기 계몽주의를 거쳐 19세기 인본주의 신학인 자유주의 신학에 그나마 지켜왔던 기독론과 삼위일체 신론까지 마귀의 세력들에게 빼앗기고 말았습니다.

7) 교부시대 이단들이 득세한 이유

사탄의 세력들은 태양신인 로마 카톨릭을 통해서 성경과 십자가 복음을 말살하고 지상에 구약의 메시야 나라인 유대주의 천년왕국을 세우려고 했지만 마음과 뜻대로 되지 않자 다시금 초대교회 헬라와 바벨론 태양신 영지주의 이단과 에비온파와 마르키온 유대교 이단들을 다시금 일으켜 말세 교회를 삼키는 신사도 운동을 시작한 것입니다.

8) 기독교 이단에 대한 정확한 분별력이 필요한 시대

지금은 말세지말로 이단에 대한 정확한 진단과 참 진리의 옥석을 가릴 수 있는 영적인 분별력과 통찰력이 필요한 시대입니다. 왜냐하면 수많은 기독교 이단의 사상과 교리가 이미 교회를 점령했으며, 세계의 모든 신학교와 공회를 접수해 버렸기 때문입니다.

9) 기독교를 좌우파로 나눈 프리메이슨

헤겔의 정반합(正反合) 변증법적 역사 철학은 사탄주의자들인 프리메이슨들이 신세계질서를 세우는 전략입니다. 세계를 움직이는 정치, 경제, 종교, 사상, 철학, 교육 등의 체계를 정과 반으로 나누어 대립하게 한 후 합이란 해답을 제시하여 그들이 원하는 세계로 이끌어 가는 전략입니다. 한 마디로 평안한 세상을 좌우로 흔들어 체제를 붕괴 시킨 후 그들의 입맛대로 역사를 만들어 가는 것입니다. 그래서 그들은 모든 분야를 진보와 보수, 공산주의와 자본주의, 민주주의와 독재주의, 좌파와 우파로 나눕니다. 그리고 심하게 대립시킵니다.

유대인 아담 스미스를 통해 자본주의를 만들었습니다. 유대인 칼 마르크스를 통해 공산주의를 만들었습니다. 그리고 이제 두 경제 제도를 모두 망하게 한 후 신세계 질서 즉 전체주의 통제국가인 사회주의 국가

제6장 기독교 이단

를 만들어 가고 있습니다.

계몽주의를 일으켜 인간의 이성을 강조하다가 메말라 가는 인간들에게 낭만주의를 심어 흔든 다음 자유주의 포스트 모더니즘을 심었습니다. 그리고 그 다음 철저한 인간 목장화 프로젝트인 통제사회 신세계 질서로 들어가고 있습니다.

신학도 마찬가지입니다. 유명한 신학자들과 목회자들을 양성해서 좌편과 우편 즉 진보와 보수파로 나눈 다음 서로 피터지게 교리 싸움을 하게 한 후에는 종교 통합이라는 합(合)을 제시하여 사탄의 종교를 만들어 가고 있는 것입니다.

10) 기독교 안에 들어와 있는 이단 신학과 사상과 교리와 단체

무천년주의 종말론, 로마 카톨릭, 펠라기우스, 신인협력, 국가교회, 알미니안, 대사론, 이원론, 삼원론, 연옥설, 관상기도, 바리새파 유대인, 메시아닉 그리스도, 시오니즘, 일반은총, 스콜라철학, 관상기도, 신부운동, 땅밟기, 킹덤나우, 킹덤아미(KAM데이비드차), 지저스아미, 요엘군대, 경배와 찬양, 아버지학교, 알파코스, 두 날개, 치유사역, 힐링 송, 24시간 기도운동, 뉴와인, theone, onething, 가정교회, G12, 셀그룹, 아이합(IHOP), 하베스트샬롬교회(박종호), 통일운동, 새천년운동, 유스 스페셜티즈(Youth Specialties), 넥스트 웨이브 컨벤션, 평화운동, 영적도해, 전투기도, 영지주의, 뉴에이지, 뉴라이트, 장미십자단, 우주교회론, 주권영역운동, 레노바레, BAM운동, 장터교회, 에큐메니칼운동, 사회복음, CCC(빌브라트), 예수전도단(로닝커닝햄), 하나님의 대사(김하중), 온누리(손기철, 김성진), 신정통주의(칼바르트), 신칼빈주의(아브라함 카이퍼), 신복음주의(존스토트), 신사도운동(피터와그너), NAE 운동, WCC운동. WEA운동(빌리그래함) 등입니다.

11) 이단들에 대한 성경적인 교회의 태도는 무엇입니까?

(1) 한두 번 훈계한 후 멀리하라

딛3:9-11

"그러나 어리석은 변론과 족보 이야기와 분쟁과 율법에 대한 다툼을 피하라 이것은 무익한 것이요 헛된 것이니라 이단에 속한 사람을 한두 번 훈계한 후에 멀리 하라 이러한 사람은 네가 아는 바와 같이 부패하여서 스스로 정죄한 자로서 죄를 짓느니라"

(2) 사귀지 말라
살후3:13-15
"형제들아 너희는 선을 행하다가 낙심치 말라 누가 이 편지에 한 우리 말을 순종치 아니하거든 그 사람을 지목하여 사귀지 말고 저로 하여금 부끄럽게 하라 그러나 원수와 같이 생각지 말고 형제 같이 권하라"

(3) 떠나라
살후3:6
"형제들아 우리 주 예수 그리스도의 이름으로 너희를 명하노니 규모 없이 행하고 우리에게 받은 유전대로 행하지 아니하는 모든 형제에게서 떠나라"

(4) 분리하라
롬16:17-18
"형제들아 내가 너희를 권하노니 너희 교훈을 거스려 분쟁을 일으키고 거치게 하는 자들을 살피고 저희에게서 떠나라 이같은 자들은 우리 주 그리스도를 섬기지 아니하고 다만 자기의 배만 섬기나니 공교하고 아첨하는 말로 순진한 자들의 마음을 미혹하느니라"

12) 기독교 이단을 판별하는 법

(1) 씨가 다릅니다(출발이 다릅니다).
마13:24-30 알곡과 가라지 비유에서 가라지는 원수가 뿌린 것입니다. 알곡과 가라지는 DNA가 다릅니다.

(2) 이단(異端)은 끝이 다릅니다.
異(다를이) 端(끝단) 하이레시스(hairesis) 헤러시(heresy) 승인하지 않는 것, 인정받지 못한 것, 성경에서 말하는 것이나, 사도들이 세운 교회의 가르침과 다른 거짓교리를 주장하는 무리들입니다.

2. 기독교 이단을 판별하는 성경적인 기준은 무엇입니까?

1) 기독론
예수님의 인성과 신성을 부인한 자입니다.

요일4:1-3

"사랑하는 자들아 영을 다 믿지 말고 오직 영들이 하나님께 속하였나 시험하라 많은 거짓 선지자가 세상에 나왔음이니라 하나님의 영은 이것으로 알찌니 곧 예수 그리스도께서 육체로 오신 것을 시인하는 영마다 하나님께 속한 것이요 예수를 시인하지 아니하는 영마다 하나님께 속한 것이 아니니 이것이 곧 적그리스도의 영이니라 오리라 한 말을 너희가 들었거니와 이제 벌써 세상에 있느니라"

2) 삼위일체 신론
오직 절대 주권자이신 한 분의 하나님을 부인하는 자들입니다.

사45:6-7

"나는 여호와라 다른 이가 없느니라 나는 빛도 짓고 어두움도 창조하며 나는 평안도 짓고 환난도 창조하나니 나는 여호와라 이 모든 일을 행하는 자니라 하였노라"

삼위일체 하나님을 부인하는 자입니다.

마28:18-20

"예수께서 나아와 일러 가라사대 하늘과 땅의 모든 권세를 내게 주셨으니 그러므로 너희는 가서 모든 족속으로 제자를 삼아 아버지와 아들과 성령의 이름으로 세례를 주고 내가 너희에게 분부한 모든 것을 가르쳐 지키게 하라 볼찌어다 내가 세상 끝날까지 너희와 항상 함께 있으리라 하시니라"

거룩하신 하나님을 부인하는 자들입니다.

벧전1:14-15

"너희가 순종하는 자식처럼 이전 알지 못할 때에 좇던 너희 사욕을 본 삼지 말고 오직 너희를 부르신 거룩한 자처럼 너희도 모든 행실에 거룩한 자가 되라 기록하였으되 내가 거룩하니 너희도 거룩할찌어다 하셨느니라" 오늘날 영지주의 사탄의 기독교에서는 오직 사랑의 하나님만을 주장하고 있습니다.

사랑의 하나님을 부인하는 자들입니다.

요일4:7-8

"사랑하는 자들아 우리가 서로 사랑하자 사랑은 하나님께 속한것이니 사랑하는 자마다 하나님께로 나서 하나님을 알고 사랑하지 아니하는 자는 하나님을 알지 못하나니 이는 하나님은 사랑이심이라"

십자가 복음에 나타난 성부 하나님의 두 가지 속성은 거룩하심과 사랑입니다.

3) 성경론

성경의 절대적인 권위를 부인한 자들입니다.

딤후3:15-17

"그러나 너는 배우고 확신한 일에 거하라 네가 뉘게서 배운 것을 알며 또 네가 어려서부터 성경을 알았나니 성경은 능히 너로 하여금 그리스도 예수 안에 있는 믿음으로 말미암아 구원에 이르는 지혜가 있게 하느니라 모든 성경은 하나님의 감동으로 된 것으로 교훈과 책망과 바르게 함과 의로 교육하기에 유익하니 이는 하나님의 사람으로 온전케 하며 모든 선한 일을 행하기에 온전케 하려 함이니라"

성경을 가감한 자들입니다.

계22:18-19

"내가 이 책의 예언의 말씀을 듣는 각인에게 증거하노니 만일 누구든지 이것들 외에 더하면 하나님이 이 책에 기록된 재앙들을 그에게 더하실 터이요 만일 누구든지 이 책의 예언의 말씀에서 제하여 버리면 하나님이 이 책에 기록된 생명 나무와 및 거룩한 성에 참예함을 제하여 버리시리라"

성경의 해석을 문자적이며, 정통 교회가 고백한 역사적 신조로 하지 않고, 비유, 상징, 풍유, 신화 만으로 해석하는 자들입니다.

마5:17-18

"내가 율법이나 선지자나 폐하러 온 줄로 생각지 말라 폐하러 온 것이 아니요 완전케 하려 함이로라 진실로 너희에게 이르노니 천지가 없어지기 전에는 율법의 일점 일획이라도 반드시 없어지지 아니하고 다 이루리라"

4) 구원론
예수님의 십자가 속죄의 은총을 부인하는 자들입니다.
마1:20-21
"요셉아 네 아내 마리아 데려오기를 무서워 말라 저에게 잉태된 자는 성령으로 된 것이라
아들을 낳으리니 이름을 예수라 하라 이는 그가 자기 백성을 저희 죄에서 구원할 자이심이라 하니라"
예수 그리스도 외에 다른 방법으로 구원을 받을 수 있다고 하는 자들입니다.
행4:12
"다른 이로서는 구원을 얻을 수 없나니 천하 인간에 구원을 얻을만한 다른 이름을 우리에게 주신 일이 없음이니라 하였더라"
요14:6
"예수께서 가라사대 내가 곧 길이요 진리요 생명이니 나로 말미암지 않고는 아버지께로 올 자가 없느니라"
사람의 행함과 공덕으로 구원을 받으려는 자들입니다.
엡2:8-9
"너희가 그 은혜를 인하여 믿음으로 말미암아 구원을 얻었나니 이것이 너희에게서 난 것이 아니요 하나님의 선물이라 행위에서 난 것이 아니니 이는 누구든지 자랑치 못하게 함이니라"
인간 구원의 주권이 하나님에게 있음을 부인하는 자들입니다.
롬8:29-30
"하나님이 미리 아신 자들로 또한 그 아들의 형상을 본받게 하기 위하여 미리 정하셨으니 이는 그로 많은 형제 중에서 맏아들이 되게 하려 하심이니라 또 미리 정하신 그들을 또한 부르시고 부르신 그들을 또한 의롭다 하시고 의롭다 하신 그들을 또한 영화롭게 하셨느니라"

5) 교회론

교회는 창세전에 하나님께서 예정하신 성부 하나님의 아들들이며, 성자 예수님의 몸이며, 성령 하나님의 성전임을 부인하는 자입니다.

엡1:3-5

"찬송하리로다 하나님 곧 우리 주 예수 그리스도의 아버지께서 그리스도 안에서 하늘에 속한 모든 신령한 복으로 우리에게 복 주시되 곧 창세 전에 그리스도 안에서 우리를 택하사 우리로 사랑 안에서 그 앞에 거룩하고 흠이 없게 하시려고 그 기쁘신 뜻대로 우리를 예정하사 예수 그리스도로 말미암아 자기의 아들들이 되게 하셨으니"

엡1:22-23

"그를 만물 위에 교회의 머리로 주셨느니라 교회는 그의 몸이니 만물 안에서 만물을 충만케 하시는 자의 충만이니라"

고전3:16-17

"너희가 하나님의 성전인 것과 하나님의 성령이 너희 안에 거하시는 것을 알지 못하느뇨 누구든지 하나님의 성전을 더럽히면 하나님이 그 사람을 멸하시리라 하나님의 성전은 거룩하니 너희도 그러하니라"

교회는 세상에서 분리된 물과 성령으로 거듭난 성도들의 공회임을 부인하는 자들입니다.

행26:17-18

"내가 너를 구원하여 저희에게 보내어 그 눈을 뜨게 하여 어두움에서 빛으로, 사단의 권세에서 하나님께로 돌아가게 하고 죄 사함과 나를 믿어 거룩케 된 무리 가운데서 기업을 얻게 하리라 하더이다"

교회의 최고의 권위는 오직 진리되신 말씀임을 부인하는 자들입니다.

딤전3:15-16

"이 집은 살아 계신 하나님의 교회요 진리의 기둥과 터이니라 크도다 경건의 비밀이여, 그렇지 않다 하는 이 없도다"

6) 성화론

구원도 오직 믿음으로 얻고, 성화도 오직 믿음으로 됨을 부인하는 자들입니다.

롬1:16-17

"내가 복음을 부끄러워하지 아니하노니 이 복음은 모든 믿는 자에게 구원을 주시는 하나님의 능력이 됨이라 첫째는 유대인에게요 또한 헬라인에게로다 복음에는 하나님의 의가 나타나서 믿음으로 믿음에 이르게 하나니 기록된바 오직 의인은 믿음으로 말미암아 살리라 함과 같으니라"

오직 은혜로 성화가 이루어짐을 부인하는 자들입니다.

벧후3:18

"오직 우리 주 곧 구주 예수 그리스도의 은혜와 저를 아는 지식에서 자라 가라 영광이 이제와 영원한 날까지 저에게 있을찌어다"

딛2:11-13

"모든 사람에게 구원을 주시는 하나님의 은혜가 나타나 우리를 양육하시되 경건치 않은 것과 이 세상 정욕을 다 버리고 근신함과 의로움과 경건함으로 이 세상에 살고 복스러운 소망과 우리의 크신 하나님 구주 예수 그리스도의 영광이 나타나심을 기다리게 하셨으니"

전인구원(全人救援론)을 부인하는 자들입니다.

살전5:23-24

"평강의 하나님이 친히 너희로 온전히 거룩하게 하시고 또 너희 온 영과 혼과 몸이 우리 주 예수 그리스도 강림하실 때에 흠없게 보전되기를 원하노라 너희를 부르시는 이는 미쁘시니 그가 또한 이루시리라"

성령의 9가지 열매를 부인하는 자들입니다.

갈5:22-24

"오직 성령의 열매는 사랑과 희락과 화평과 오래 참음과 자비와 양선과 충성과 온유와 절제니 이같은 것을 금지할 법이 없느니라 그리스도 예수의 사람들은 육체와 함께 그 정과 욕심을 십자가에 못 박았느니라"

7) 인간론

모든 사람이 죄인임을 부인한 자들입니다.

롬3:23

"모든 사람이 죄를 범하였으매 하나님의 영광에 이르지 못하더니"
인간이 전적(全的)으로 타락했다는 사실을 부인한 자들입니다.
롬7:18-20
"내 속 곧 내 육신에 선한 것이 거하지 아니하는 줄을 아노니 원함은 내게 있으나 선을 행하는 것은 없노라 내가 원하는 바 선은 하지 아니하고 도리어 원치 아니하는 바 악은 행하는도다 만일 내가 원치 아니하는 그것을 하면 이를 행하는 자가 내가 아니요 내 속에 거하는 죄니라"

8) 종말론

마지막 시대 전 인류적인 배도를 부인하는 자들입니다.
살후2:3-4
"누가 아무렇게 하여도 너희가 미혹하지 말라 먼저 배도하는 일이 있고 저 불법의 사람 곧 멸망의 아들이 나타나기 전에는 이르지 아니하리니 저는 대적하는 자라 범사에 일컫는 하나님이나 숭배함을 받는 자 위에 뛰어나 자존하여 하나님 성전에 앉아 자기를 보여 하나님이라 하느니라"

예수님의 재림 후 지상의 천년왕국을 부인하는 자들입니다.
계20:1-6
"또 내가 보매 천사가 무저갱 열쇠와 큰 쇠사슬을 그 손에 가지고 하늘로서 내려와서 용을 잡으니 곧 옛 뱀이요 마귀요 사단이라 잡아 일천년 동안 결박하여 무저갱에 던져 잠그고 그 위에 인봉하여 천년이 차도록 다시는 만국을 미혹하지 못하게 하였다가 그 후에는 반드시 잠간 놓이리라 또 내가 보좌들을 보니 거기 앉은 자들이 있어 심판하는 권세를 받았더라 또 내가 보니 예수의 증거와 하나님의 말씀을 인하여 목 베임을 받은 자의 영혼들과 또 짐승과 그의 우상에게 경배하지도 아니하고 이마와 손에 그의 표를 받지도 아니한 자들이 살아서 그리스도로 더불어 천년 동안 왕노릇 하니 (그 나머지 죽은 자들은 그 천년이 차기까지 살지 못하더라) 이는 첫째 부활이라 이 첫째 부활에 참예하는 자들은 복이 있고 거룩하도다 둘째 사망이 그들을 다스리는 권세가 없고 도리어 그들이 하나님과 그리스도의 제사장이 되어 천년 동안 그리스도로 더불어 왕노릇 하리라"

9) 심판론
지옥을 부인하는 자들입니다.
막9:47-49
"만일 네 눈이 너를 1)범죄케 하거든 빼어버리라 한 눈으로 하나님의 나라에 들어가는 것이 두 눈을 가지고 지옥에 던지우는 것보다 나으니라 거기는 구더기도 죽지 않고 불도 꺼지지 아니하느니라 사람마다 불로서 소금 치듯함을 받으리라"

두 번째 심판을 부인하는 자들입니다.
계21:8
"그러나 두려워하는 자들과 믿지 아니하는 자들과 흉악한 자들과 살인자들과 행음자들과 술객들과 우상 숭배자들과 모든 거짓말 하는 자들은 불과 유황으로 타는 못에 참예하리니 이것이 둘째 사망이라"

10) 천국론
마음속에 이루어진 하나님의 나라를 부인하는 자들입니다.
눅17:20-21
"바리새인들이 하나님의 나라가 어느 때에 임하나이까 묻거늘 예수께서 대답하여 가라사대 하나님의 나라는 볼 수 있게 임하는 것이 아니요 또 여기 있다 저기 있다고도 못하리니 하나님의 나라는 너희 안에 있느니라"

이 세상의 정치 경제를 통해 하나님의 나라를 세우려 하는 자들입니다.
요18:36
"예수께서 대답하시되 내 나라는 이 세상에 속한 것이 아니라 만일 내 나라가 이 세상에 속한 것이었더면 내 종들이 싸워 나로 유대인들에게 넘기우지 않게 하였으리라 이제 내 나라는 여기에 속한 것이 아니니라"

새 하늘과 새 땅, 새 예루살렘이 최종적으로 완성된 하나님의 나라임을 부인하는 자들입니다.

계21:1-4

"또 내가 새 하늘과 새 땅을 보니 처음 하늘과 처음 땅이 없어졌고 바다도 다시 있지 않더라

또 내가 보매 거룩한 성 새 예루살렘이 하나님께로부터 하늘에서 내려오니 그 예비한 것이 신부가 남편을 위하여 단장한 것 같더라 내가 들으니 보좌에서 큰 음성이 나서 가로되 보라 하나님의 장막이 사람들과 함께 있으매 하나님이 저희와 함께 거하시리니 저희는 하나님의 백성이 되고 하나님은 친히 저희와 함께 계셔서 모든 눈물을 그 눈에서 씻기시매 다시 사망이 없고 애통하는 것이나 곡하는 것이나 아픈 것이 다시 있지 아니하리니 처음 것들이 다 지나갔음이러라"

3. 초기 기독교 이단의 역사

1) 에비온주의 (Ebionism, 에비온파)

기독교 역사 초기에 발생한 교회내의 가장 큰 분쟁은 유대파 기독교인과 헬라파 기독교인 사이의 갈등이었습니다. 원래 에비온주의(Ebionism)는 구약성경의 '가난한 자'라는 뜻의 'evionism'에서 나왔으며, 본래는 예루살렘 신자들에 대한 경칭으로 사용된 단어였습니다. 에비온주의자들은 모세 율법의 유효성을 신봉하면서 유대인들의 율법과 전통 위에 기독교를 이식시키려는 주장을 하였습니다.

그들 중의 한 분파는 모세의 율법은 자신들에게만 적용되는 것이라고 주장하는 반면, 또 다른 극단적인 분파에서는 이교도에서 기독교인으로 개종한 자들까지도 모세의 율법에 대한 복종의 의무를 가진다고 했습니다. 다시 말하면, 모세의 율법이 하나님의 뜻을 명문화한 것이며, 전 세계의 모든 역사를 일관하는 유일한 진리이기 때문에 그것을 준행하지 않으면 어떤 인간도 구원받을 수 없다고 주장했습니다. 따라서 에비온파는 정통교회에서 배교자로 분류되었고, 그들은 그들 나름대로의 방식으로 분파를 지어서 무리를 이루었습니다.

그들은 마태복음을 제외한 모든 복음서를 거부했거나 무시했으며 그리스도의 동정녀 탄생을 부인했습니다. 나아가, 그리스도는 마리아와

제6장 기독교 이단

요셉의 아들로서 과거의 위대한 예언자들 중에 한 사람에 불과하다고 주장했는데, 특히 에비온주의자들의 저작물 가운데 그들이 가장 중요시 하고 있는 위클리멘트(Psedo-Clement)에서는 그리스도를 구약 성경에 나타난 선지자들과 동일한 위치에 올려 놓고 있습니다.

여기서 그리스도는 참 선지자에 대한 새로운 형태의 계시로 묘사되면서 특히 그리스도는 이전에도 아담과 모세 가운데서도 나타난 바 있었다고 했습니다. 바로 그 예수 그리스도가 세례시에 성령을 받았고 예수는 메시야로 택함 받았다고 주장함으로서 그리스도의 신성을 부인하는 단계에까지 도달하게 되었습니다.

이 에비온주의를 기독교 역사적으로 볼 때에 기독교 신학에 큰 영향을 끼치지 못하고 곧 소멸되고 말았습니다만 이들의 사상은 마호멧교에 대해서는 많은 영향을 끼쳤습니다. 마호멧교에서 주장하는 참 선지자의 개념이나 모세와 예수님을 동일선상에서 취급하는 사상이 바로 그것입니다.

지금까지 우리는 간략하게 에비온주의에 대해서 살펴 보았습니다. 그러면 이들에 대해서 성경은 어떻게 말씀하고 있습니까? 바울은 갈라디아서 1장 7-9절에서 "하나님으로부터 저주받은 자들"이라고 경고하는가 하면 골로새서 2장 8절에서는 "철학과 헛된 속임수를 전하는 이단"이라고 말씀하고 있습니다.

마지막으로 에비온주의를 한 마디로 규정한다면 '유대교적 율법주의자들로서, 기독교의 유대주의화를 주장했던 이단' 이라고 말할 수 있습니다. 원시 기독교가 직면했던 최초의 교리적 문제는 유대교와의 관계였습니다.

휜네케(Hoennke)는 유대주의적 기독교의 특징을 오직 유대교의 중개를 통해서만 온전히 구원이 확보된다고 주장하였습니다. 이리하여 예수의 복음을 선포하는 일과 더불어 유대주의적, 민족주의의 결합이 유지되었다고 하는 것입니다. 이러한 원리 속에서 에비온파는 이단적 기독론을 주장하였습니다. 그들에게 있어서 예수는 단순히 한 인간에 지나지 않았습니다. 기묘하게도 여성으로 생각되었던 성령이 예수께서 세례를 받을 때에 처음으로 그에게 임하였다고 주장하였습니다.

에비온 주의자들에 의하면 이 세상에는 선의 원리와 악의 원리가 있습니다. 후자는 현 세상을 다스리지만 전자는 장차 올 세상을 통치합니다. 한편 선의 원리는 선지자들을 통해서 여러 차례 성육신합니다. 그러나 아담 이후 계속해서 선의 선지자가 성육신 할 때마다 악의 원리도 또한 상대역으로 따라 다녔습니다. 가인, 이스라엘, 세례요한 등은 악의 원리의 현현으로 또한 여성 원리라고 부릅니다. 이러한 사상 체계에서 볼 때 예수는 남성 원리의 선지자이며 무엇보다도 뛰어난 선의 원리입니다.

이것을 떠나서 보면 예수는 하나님께서 자신의 뜻을 알리시기 위해서 선택한 인간에 불과합니다. 이 예수를 통해 선한 지상의 나라가 세워진다는 것입니다. 이러한 사상의 유대교적 기독교인 에비온파는 엣세네파 유태교의 한 변형이라고 보며 다만 예수를 그 신학적 체계 내에 인정하는 것만이 다를 뿐입니다.

신세계질서와 시오니즘 운동으로 부활한 에비온주의

에비온주의는 널리 퍼지지는 못했고 교회의 구성원중 이방인들이 많아지고 유대인이 줄어들면서 자연히 소멸된 듯 했습니다. 그러나 이 사상이 고대 교회에게 큰 도전이 아니었다는 뜻은 아닙니다. 그들의 사상은 오늘날까지 영향을 미치고 있으며 시오니즘과 메시아닉주 기독교에 이러한 사상들이 전달되었습니다.

에비온파 사상의 특징은, 유대교와 기독교를 혼합한 혼합주의라고 할 수 있습니다. 그들은 모세의 율법을 중시하여 토라를 경전으로 받아들이고 바울의 서신들은 무시했으며 마태복음만을 복음서로 받아들였습니다. 에비온파의 견해는 1세기 예루살렘에 거주하던 유대인-기독교인(Jewish Christians)에게서 호응을 받고 퍼져나갔습니다. 그렇지만 에비온파들은 연이어 발생한 영지주의(Gnosticism)에 대부분 흡수되었고 그들의 주장 중 일부는 이슬람의 발생에도 영향을 주었습니다.

초대교회 당시의 아리우스는 그리스도의 '완전한 신성을 부정'하고 인간 예수의 '神格化'를 주장했으며, 역시 아폴리나리스는 '신적 로고스에 의한 그리스도의 上昇'을 주장했습니다.

2) 영지주의(Gnosticism)

(1) 영지주의 정체

고대로부터 사탄 숭배자들은 밀교를 통해 뱀 즉 루시퍼(태양신, 빛의 신)를 섬겼으며 이때 인신제사와 사탄숭배가 이루어 졌습니다. 그러나 자칭 신이라고 말하는 자들의 이와 같은 밀교는 철저하게 보통 사람들에게는 공산주의, 과두정부, 전제정치, 독재정치, 엘리트 정치와 같은 통제 체제속에서 철저하게 감춰져 왔으나 고대 아테네와 같은 도시를 중심으로 민주주의가 발달하고 자유화된 폴리스라고 하는 도시들이 발달하면서 통제 사회속에서 이루어졌던 밀교가 더 이상 격리될 수 없는 상황에 이르게 되자 사탄숭배자들은 소크라테스와 같은 철학이라고 하는 학문을 만들어 자신들의 사탄숭배 종교를 감추고 미화시켜 보통 사람들을 사탄종교의 노예화로 줄을 세우려한 시도가 바로 영지주의의 정체입니다.

영지주의 정체는 간단합니다. 이미 그들은 그들이 섬기는 사탄 루시퍼를 통해 영적인 지식을 가지고 있습니다. 여기에서 말한 영적인 지식은 귀신들과의 만남을 통한 신비적인 체험입니다. 이것들을 통해 그들은 이미 세계적인 부와 명예와 권력을 가지고 있었습니다.

사탄 숭배자들은 영지주의란 복잡한 철학교리를 만들어 사람이 신이 될 수 있는 어렵고 험란한 방법을 제시하고 이를 미끼로 인간을 노예화 시켰던 것입니다. 영지주의는 크게 두 줄기입니다. 스토익과 에피쿠르스입니다. 그들은 금욕운동을 통해 신과의 만남을 추진했습니다. 그래서 그들은 최소한 신을 만난 영지를 가지려면 물질의 세계를 버리고 고행의 길을 가야 한다고 했습니다. 자칭 신들이라고 말한 엘리트 인간이란 존재들은 철학자, 신비가, 마술사, 초인, 군주들이 이에 포함된 사람들입니다.

그리고 육체의 노예가 되어 세상의 쾌락을 추구하며 살아가는 사람들을 가축 인간이라고 했습니다. 그리고 이들은 절대로 신에 대한 지식을 가질 수 없다고 했습니다. 이것이 바로 소크라테스의 인간 가축인 양떼론입니다. 그래서 영지주의 정체는 엘리트 인간 운동입니다.

지금도 사탄주의자들은 인간을 두 종류로 분류합니다. 엘리트 인간과 가축 인간입니다.

(2) 영지주의 어원

영지주의는 나스티시즘(영어: Gnosticism)의 뜻에 따라 번역한 것으로, 음을 따라 그노시스파 또는 그노시즘이라고도 합니다. '영지주의자' '영지주의파' 또는 '영지주의적'이라고 번역되는 나스틱(Gnostic)이라는 낱말은 그리스어로 '신비적이고 계시적이며 밀교적인 지식 또는 깨달음'을 뜻하는 그노시스(gnosis)로부터 따온 것으로, 이 낱말은 고대의 영지주의 종교 운동의 반대자들이 이 운동에 속하는 사람 또는 단체를 지칭하는 용도로 주로 사용되었습니다.

(3) 체험을 중요시 하는 밀교

영지주의자들과 정통파 기독교인들과의 가장 큰 차이점은 믿음이 아니라 앎(그노시스)이 구원의 수단이라고 여겼다는 것에 있었습니다. 영지주의 운동가들은 그노시스를 통해 인간의 참된 기원이 지고한 신성(神性)에 있다는 것을 깨닫고, 이 깨달음을 통해 인간의 성품 중 영적 요소가 물질계를 벗어나서 자유롭게 된다고 주장합니다. 따라서 영지주의 운동에서는 그노시스를 영적 요소가 물질계의 속박으로부터 해방된 상태를 얻고자 할 때 반드시 갖추어야 하는 필수적인 요인이자 구원의 수단이라 여겼습니다.

'영지주의(Gnosticism, 나스티시즘)'이라는 낱말은 현대에 만들어진 낱말입니다. 하지만 이 낱말은 아무런 근거 없이 만들어진 낱말이 아닙니다. 이 낱말은 고대의 언어적 표현을 토대로 만들어졌습니다. 이 낱말은 '지식(knowledge)'을 의미하는 그리스어 낱말인 '그노시스(gnosis)'로부터 유래하였습니다. 그노시스는 아주 특별한 형태의 지식을 의미하며, 이러한 의미는 원래의 그리스어 낱말의 정확한 의미와 그 낱말이 플라톤 철학에서 사용된 용법에 근거하여 도출되었습니다.

(4) 참 지식의 의미

고대 그리스에서는 여러 가지 형태의 앎(knowing)을 구분하는 단어들이 있었습니다. 이들 중 일부는 현대의 언어로는 서술적인 지식과 경험적인 지식이라고 할 수 있습니다. 서술적인 지식은 다른 사람들이 한 진술이나 자신의 추론을 통해 간접적으로 획득된 지식을 의미합니다.

예를 들면, "나는 이순신 장군에 대해 알고 있다" 또는 "나는 서울에 강남이 있다는 것을 알고 있다"라고 할 때는 지식입니다. 그리고 경험적인 지식은 직접적인 참여를 통해 습득한 지식을 의미합니다. 예를 들면, "나는 이순신 장군을 개인적으로 만나서 알고 있다" 또는 "강남이 서울에 있는 것을 직접 가서 보고 알고 있다"라고 할 때의 지식은 영지주의에서 말하고 있는 경험적인 지식입니다.

그노시스는 두 번째 종류의 경험적 지식을 의미합니다. 그러므로, 종교적인 문맥에서, '그노시스적(Gnostic)'이라고 말할 때는 일반적 의미의 서술적 지식을 가지는 것을 의미하는 것이 아니라 신성(divine)에 직접 참여함으로부터 온 신비적 또는 내부 밀교적인 경험을 가지는 것으로 이해 되어야 합니다. 실제로, 거의 모든 영지주의 체계들에서 구원에 도달하게 하는 직접적인 수단 또는 원인은 이러한 경험적 지식으로서의 '신을 아는 것'입니다. 이와 관련하여, 영지주의의 일파인 오피스파(Ophites)에서는 그노시스에 대하여 다음과 같은 금언을 가지고 있었습니다: "완전해지는 것의 시작은 인간을 아는 것이고 완전해지는 것의 완성은 신을 아는 것이다." 이러한 앎은 통상적으로 '내적인 앎(inward knowing)'의 과정 또는 '자아 탐구(self-exploration)'의 과정과 동일한 것으로 여겨지고 있습니다.

그리고 이러한 앎은 플로티노스(Plotinus: AD c.204-270)에 의해 권장되었던 지식에 비견됩니다. 그러나 '그노시스적(gnostic)'이라는 낱말은 고대의 여러 철학적 전통들에서 이미 사용되고 있었던 말로서 이에 따른 선행하는 용법들이 있었습니다. 고대의 종교 그룹들의 한 집합에 대하여 붙여진 영지주의자 또는 영지주의라는 호칭에 대해 그 안에 담겨진 의미를 사유할 때는 이러한 선행하는 용법들이 함의하고 있는 미묘한 의미들도 고려되어야 합니다.

(5) 윤회를 믿었던 영지주의

많은 영지주의자들이 윤회를 믿었습니다. 정통파 기독교의 교부로 알렉산드리아파를 대표하였던 오리겐에 따르면, 유력한 영지주의 분파

중의 하나였던 바실리데스파의 창시자인 바실리데스는 사람이 구원을 성취하지 못하고 죽었을 때 받는 유일한 벌은 이 세상으로 다시 태어나는 것이라고 가르쳤습니다.

영지주의 운동가들은 인간을 정신(영혼)과 물질(육체)의 두 요소로 구성된 존재가 아니라 영·정신(영혼)·물질(육체)의 세 요소로 구성된 존재로 보았으며, 이에 따라, 현재의 영적 발달 정도에 따른 구분으로, 인간을 영적인 인간(Pneumatics)·정신적인 인간(Psychics)·물질적인 인간(Hylics)의 세 부류로 구분하였습니다. 이 구분에 따라, 영지주의자들은 자신들이 이 세 부류 중 구원을 성취할 가능성이 가장 큰 영적인 인간의 부류에 들어가며, 다른 기독교인들, 즉 당시의 로마 가톨릭교회의 교인들은 정신적인 인간의 부류에 들어간다고 주장하였습니다. 영지주의자들은 이들 세 부류의 사람들 중 영적인 인간과 정신적인 인간만이 그노시스를 가질 수 있으며, 물질적인 인간은 이번 생에서 그노시스에 도달할 수 없을 것이라 여겼습니다. 그 이유는 물질적인 인간은 물질에 너무 몰입해 있으며 따라서 더 높은 차원의 실체가 있다는 것을 인지하지 못할 것이라고 보았기 때문이었습니다.

예수에 대해서도 영지주의자들은 여러 견해를 가졌습니다. 다수의 영지주의자들은 예수를 지상의 인류를 구원할 수단인 그노시스를 인류에게 가져다 주고 가르치기 위하여, 지복(至福)의 플레로마를 떠나 고통이 가득 찬 물질계에 탄생하는 희생을 기꺼이 감수한 존재로, 지고한 존재의 물질적 화신이라 여겼습니다.

(6) 영지주의 최고의 신 모나드(theone)

많은 영지주의 체계들과 이단 연구들에서, 모나드라고 하는 신은, 하나인 존재(theone), 절대 존재, 아인쇼프, 아이온 텔레오스(Aion teleos, 완전한 아이온), 뷔토스(Bythos, 심연, 심원한 존재), 프로아르케(προαρχη, Proarkhe, 태초 이전의 존재), 그리고 에 아르케(η αρχη, E Arkhe, 태초의 존재)라고 알려져 있습니다. 신은 플레로마, 즉 빛의 세계의 시원입니다. 신의 다양한 발출물들은 아이온들이라고 말합니다.

히폴리토스(c.170-c.236)에 따르면, 이러한 견해는 피타고라스 학파로부터 영감을 받은 것이었습니다. 피타고라스 학파는 존재하게 된 최초의 것을 모나드 라고 불렀습니다. 그리고 피타고라스 학파는 모나드 가 뒤아드(dyad)를 낳았고, 뒤아드가 수들(numbers)을 낳았으며, 수들은 점(point)을 낳았고, 점은 선(lines)을 낳았다는 등의 진술을 하였습니다. 이러한 개념은 또한 플라톤(BC 428/427-348/347), 아리스토텔레스(BC 384-322)와 신플라톤주의를 확립하였던 플로티노스(AD c.204-270)의 저작들에서 더 명확해졌습니다. 이 가르침은 또한 신피타고라스주의자이자 신플라톤주의의 선구자였던 누메니오스(Numenius: fl. AD 2세기 후반)를 통하여 신피타고라스 학파의 가르침이 되었습니다. 그들은 원주의 파이 숫자인 3.14…를 신의 수라고 했습니다. 이것이 그들이 섬기는 원모양의 우로보로스 즉 뱀신의 원리입니다.

영지주의의 모나드는 플레로마를 발출한 만물의 영적 근원(theone) 입니다. 그리고 모나드는 물질을 지배하는 구약의 창조자 데미우르고스(얄다바오트)와 대비될 수 있습니다.

(7) 플레로마

플레로마(πληρωμα, Pleroma)라는 낱말은 일반적으로 신의 능력들의 총합을 지칭합니다. 플레로마는 '충만' 또는 '충만한 상태'(fullness)를 의미합니다. 플레로마는 기독교 신학의 문맥 속에서도 사용되며 영지주의에서도 일반적으로 사용됩니다. 신약성경에서는 골로새서 2:9에서 사용되고 있습니다. "그리스도의 인성 안에는 하나님의 완전한 신성이 깃들어 있습니다." 영지주의는 물질 세상이 악한 아르콘들에 지배 당하고 있다는 견해를 가졌습니다. 그리고 이들 중의 하나가 데미우르고스인데, 데미우르고스는 인간의 영혼을 물질 세상 속에 묶어두고 있는 구약성경의 신이라고 보았습니다.

천상의 플레로마는 신의 생명의 중심부를 이루는 빛의 세계입니다. 이 빛의 세계는 아이온들(aeons: 영원한 존재들)과 같은 영적인 존재들이 거주하고 있습니다. 어떤 문헌들에 따르면 아르콘들도 거주합니다. 예수는 플레로마로부터 보냄 받은 중재자 아이언들 중 한 명인 것으로 해석했습니다. 나스틱 파들은 중재자 아이온인 예수의 도움으로 인류는 인간이 본래 신과 일체였다는 상실된 지식을 회복할 수 있게 되었다고 보았습니다. 때문에, 플레로마라는 용어는 영지주의자의 우주론에서 핵심적인 요소입니다. 칼 바르트는 인간의 실존에서 참 인간의 1호가 바로 예수라고 했습니다. 그리고 그를 신인간 1호라고 했습니다. 그래서 구원 받은 모든 그리스도인들은 예수와 같은 신인간이 되는데 이것이 영지주의에서 말하고 있는 참 지식입니다.

(8) 소피아

영지주의 전통에서 소피아(sophia, 지혜, wisdom)는 신의 가장 마지막의 최하위 발출물을 지칭합니다. 모든 영지주의 신화는 아니지만, 거의 대다수의 영지주의 신화에서 소피아는 데미우르고스를 낳았습니다. 그리고 데미우르고스는 다시 물질 세상을 창조했습니다.

3) 플라톤주의 (Platonism)

영지주의의 최초 기원이 어디에 있는가 하는 것은 아직까지 불분명하며 논쟁 중인 사항입니다. 그러나 플라톤, 중기 플라톤주의 그리고 신피타고라스 학파의 사상들이 영지주의의 발생에 영향을 끼쳤을 것이라는 것은 모든 학자들이 대체로 동의하고 있습니다.

영지주의자들은 많은 개념들과 용어들을 플라톤주의로부터 빌려왔습니다. 영지주의자들은 그리스 철학의 용어들과 일반 코이네 그리스어를 아주 잘 알고 있었으며 자신들의 문헌들 전반에 그리스 철학의 개념들을 사용하였습니다. 예를 들어, 실재·존재를 의미하는 휘포스타시스(hypostasis), 에센스·본질·존재를 의미하는 우시아(ousia), 창조신·조물주를 의미하는 데미우르고스(Demiurgos) 등의 컨셉들을 사용하였습니다. 그리스 철학에 대한 영지주의자들의 이러한 예리한 이해를 잘 보여주는 문헌으로는 지배자들의 실재성을 의미하는 《아르콘들의 휘포스타시스》(Hypostasis of the Archons)와 세 가지 모습으로 존재하는 최초의 생각을 의미하는 《트리모르픽 프로테노이아》(Trimorphic Protennoia) 등이 있습니다.

(1) 영지주의를 비판하고 기독교 교리로 접목시킨 플로티누스

비기독교 신비가였던 플로티노스는 자신의 반대자들을 플라톤주의의 이단자들이며, 엘리트주의 신성 모독자들이라고 여겼습니다. 플로티노스는 자신의 반대자들이 '악의 문제'(problem of evil)에 대한 해결책으로 악신론에 빠졌다고 보았습니다. 그리고 이러한 견해는 전통적인 헬레니즘 철학 또는 신비주의가 아니라고 보았습니다. 즉 자신의 반대자들이 주장하는 진리들은 모두 플라톤으로부터 빌려와서 만들어진 것인데, 이러한 빌려온 진리들을 플로티노스 자신이 표명하였던 하나인 존재 즉 모나드인 무한한 힘은 지식과 비지식을 통해서 다가갈 수 있는 존재가 아니라는 개념과 혼합시켜 만들어진 것이 영지주의자들의 교의라고 주장하였습니다.

자신이 알고 있던 영지주의파를 반대함에 있어 플로티노스의 주된 논점은 이들이 데미우르고스 즉 뒤아드(dyad)의 선함과 물질 세상의 선함을 거부했다는 점이었습니다. 플로티노스는 이들이 《티마이오스》에서 서술된 것과 같은 플라톤의 우주적 존재론을 끌어내려서 천하고 타락된 것으로 만들고 있다고 공격하였습니다. 플로티노스는 나스틱파들이 데미우르고스 즉 물질 세상을 창조한 조물주를 중상 모략하고 있으며 나아가 물질 세상이 악하며 감옥이라고 생각한다고 비판하였습니다. 영지주의자들의 이러한 견해와는 달리, 데미우르고스는 누스(nous) 즉 모나드의 첫 번째 발출물인 뒤아드(dyad)이며, 만물을 질서 있게 하는 원리 즉 마음(mind)이며, 또한 이성(reason)이라고 플로티노스는 말하였습니다.

또한 플로티노스는 데미어지가 소피아라고 불리는 여신으로 묘사된 지혜의 자식이라는 영지주의자의 데미우르고스의 소피아 기원설에 대해서도 반대하였습니다. 플로티노스에 따르면, 소피아 즉 지혜는 그리스 신화의 아테나 여신이나 기독교의 성령처럼 모나드의 여성적인 속성들 중 하나를 의인화하여 표현한 것일 뿐이었습니다. 또한 플로티노스의 영지주의파에 대한 비판은 다소 과도하게 격해져 논점을 벗어난 경우가 한 번 있었는데, 만약 영지주의자들이 이 세상이 감옥이라고 믿는다면 자살함으로써 언제든지 이 세상으로부터 자유로워질 수 있을 것이라는 말을 한 것이 그 경우였습니다.

(2) 하위신들의 발출

영지주의 체계에 따르면 지고한 모나드적 근원으로부터 발출을 통해 나타나는 하위의 신적인 존재들인 아이온들이 있습니다. 이들은 신이지만 동시에 자신들이 분리되어 나온 근원인 지고한 신성의 속성들이라 할 수 있습니다. 이러한 신적인 존재들의 점차적인 발출은 전체 구조의 하부로 내려갈수록 그 존재들이 궁극적인 근원으로부터 점차적으로 멀어지는 것으로 이해되는데, 이에 따라 아래로 내려갈수록 신성의 구조에 불안정성이 초래된다고 여겨지기도 해서 물질의 세계를 악하게 보았습니다.

(3) 플로티누스가 선하게 본 창조신 데미우르고스와 영지주의자들이 악하게 본 데미우르고스

영지주의 체계에는 물질계, 즉 물질로 이루어진 우주를 창조하는, 지고한 존재와는 별개의, 독립적 창조자인 데미우르고스가 있습니다. 이는 환영이자 유일한 근원으로부터 가장 늦게 분리되어 나온 존재입니다. 이 두 번째 신은 하위의 신이며, 열등하거나 거짓된 신입니다. 많은 영지주의자들은 이 창조신을 플라톤주의자들이 사용하던 그리스어 낱말에서 따와 '데미우르고스'(demiourgos)라 불렀습니다. 데미우르고스의 원래 의미는 공공 작업자를 뜻하며, 작업 또는 에너지, 숙련된 작업자, 대중의 신, 또는 거짓 신을 뜻하기도 했습니다.

데미우르고스의 탄생은 우주에서 특히 물질계와 관련하여 어떤 의도하지 않은 커다란 부정적인 사건이 일어나 신성의 구조 즉 우주의 구조 이전에 없었던 큰 불안정성 또는 무질서가 생겼다는 것을 의미합니다. 특히 '지혜(소피아)'에 큰 문제가 생겼다는 것을 의미합니다.

같은 영지주의에서도 중세 기독교 신학의 원리로 받아 들여졌던 플로티누스의 영지주의는 구약의 창조신의 개념인 '데미우르고스'(demiourgos)를 선한 신으로 구별하여 관상기도를 통해 만날 수 있다는 사실을 역설했습니다.

반면 많은 영지주의자들은 '데미우르고스'(demiourgos)라고 불리는 구약의 창조신을 악하고 추한 신으로 정죄하고 참된 소피아 지혜를 인간 아담과 하와에게 전달했던 뱀인 루시퍼를 참 신으로 섬기고 있는 것입니다. 소피아에 의해서 창조된 '데미우르고스'(demiourgos)가 잘못 창조되어서 결국은 그가 창조한 물질의 세계가 타락하게 되었다고 했습니다.

 영지주의에서 묘사되는 데미우르고스는 플라톤의 "티마이오스"와 "국가"에 나오는 존재들과 유사성이 있습니다. "티마이오스"에서 데미우르고스는 중심적인 존재이며, 물질계를 창조하는 자애로운 창조자로 물질적인 한도 내에서 우주를 자애롭게 만드는 작업을 행하는 존재로 묘사되었습니다. "국가"에서 소개되는 소크라테스의 영혼에 대한 묘사에서 욕망이 사자의 모습으로 묘사되고 있는 대목은 영지주의에서 데미우르고스가 사자의 형상으로 묘사되는 것과 유사하며, 이러한 묘사와 관계가 있는 "국가"의 구절들이 나그함마디 문서 중에 있는 주요한 영지주의 문건들 중 하나에서 발견되었습니다. 이 문서에서는 데미우르고스를 사자 얼굴을 한 뱀으로 묘사하는 문장도 존재했습니다. 이는 데미우르고스가 때때로 지고한 신성에 대해 무지하며, 어떤 경우에는 신성에 반대되기도 한다는 의미입니다. 따라서 "국가"에서 묘사되는 데미우르고스는 악의적인 존재입니다. 그러나 플라톤의 제자 플로티누스는 데미우르고스를 선한 창조신으로 등장 시켜 신플라톤주의 중세 기독교 신학을 접목시켰습니다.

(4) 영혼의 장애로서의 데미우르고스

 전체적인 신으로써 데미우르고스는 불완전한 물질 세상과 그 안에 있는 모든 고통을 초래하였으며, 데미우르고스는 전형적으로 아르콘이라 불리는 일군의 동료 지배자들을 창조하여, 이들로 하여금 물질계를 주재하게 하며, 어떤 경우에는 물질계로부터 상위의 세계로 올라 가려는 영혼을 가로막는 장애물로 존재하게 합니다.

 영지주의 운동의 물질 우주는 데미우르고스라고 불리는 불완전한 하위의 신이 최고신의 스피릿, 즉 프네우마의 일부를 사용하여 창조한 세계라는 가르침에 대해서는 분파와 무관하게 대체로 견해가 일치합니다. 이 교의에서, 데미우르고스는 종종 아브라함 계통의 종교의 신이나 그리스 신화의 제우스와 동일한 신으로 생각되며, 최고신으로부터 발출되어 형성된 상위의 세계인 플레로마나 지고한 존재인 최고신을 뜻하는 아인 소프나 일자(theone)의 신성(神性)과는 대비가 됩니다.

 데미우르고스에 대한 견해는 분파 사이에 큰 차이를 보였습니다. 어떤 분파는 데미우르고스가 악의 물질적 화신이라고 주장한 반면, 다른 어떤 분파는 최고신에 비해 불완전한 선한 신적인 존재일 뿐이라는 견해를 가지고 있었습니다.

(5) 이원론과 일원론

영지주의 체계들은 대체로 전형적인 이원론적인 성격을 가졌습니다. 다시 말해, 영지주의자들은 세상이 두 개의 근본 원리 또는 실체로 구성되어 있다거나, 두 개의 근본 원리 또는 실체를 통해 세상을 설명할 수 있다는 견해를 가졌습니다.

급진적 이원론, 또는 절대적 이원론은 동등한 권능의 두 신적인 힘의 존재를 전제합니다. 마니교는 빛과 어둠이 각자 자신의 영역에 있으면서 서로 공존하고 있었으나, 어둠의 영역이 자행한 혼란스러운 행위 때문에 두 영역이 갈등에 휘말리게 되었으며, 이 결과 빛의 영역의 일부 요소가 어둠의 영역에 갇히게 되었다고 보며, 물질 우주가 창조된 목적은 마침내 빛의 영역이 어둠의 영역에 대해 승리를 거둘 때까지 어둠의 영역에 갇혀 있는 요소들을 빼내는 느린 과정을 시행하기 위해서라고 생각합니다. 마니교는 조로아스터교의 한 분파인 주르반교로부터 이러한 이원론적인 신화 또는 교의를 이어 받았습니다. 주르반교에서는 영원한 영인 아후라 마즈다가 자신의 안티테제인 앙그라 마이뉴와 우주적인 전쟁을 벌이고 있으며 이 전쟁은 최종적으로 아후라 마즈다의 승리로 끝날 것이라고 생각했습니다.

그런데 뉴 플라톤 철학자인 플로티누스를 통해서 이원론의 영지주의가 일원론으로 통합이 되었습니다. 그리고 통합된 일원론의 영지주의 철학은 중세신학의 근간이 되어 중세 1000년의 암흑시대를 만들었고, 현대 자유주의 신학을 만들어 기독교회를 공중분해 시키고 있습니다.

(6) 기독교 영지주의

계시지식과 신비체험을 기초로 한 현대 늦은 비와 신사도 운동 뿐 아니라, 역사적으로도 많은 이단의 이면에는 "스스로 신이 될 수 있다"는 영지주의가 도사리고 있었고, 어둠의 학문인 오컬트 마법의 이면에는 유대 신비주의인 카발라가 있었습니다. 이 글에서는 우선 기독교 영지주의에

제6장 기독교 이단

대해 간단히 소개를 한 후에, 영지주의와 유대 신비주의, 그리고 현대 뉴에이지 운동에 이르기까지 사탄적 운동의 공통점을 찾아보겠습니다.

영지주의는 우리가 보는 세상은 참된 현실이 아니며, 불완전한 창조로 인해 야기된 여러가지 문제들을 가진 감옥과 같은 껍데기입니다. 모든 사람은 내면에 신적 빛인 불꽃과 같은 영지를 가지고 있어서, 참 근원적 신인 일자(theone)와 연결되어 있습니다.

이 사실을 깨달은 자들은 그 영지로 인해 저급한 육체의 감옥에서 벗어나서 더 높은 자아로 상승하여 신과 연합할 수 있으며, 그 깨달음은 초월적 존재인 "빛의 사자(使者)"들의 계시로부터 이루어집니다.

영지주의에 의하면, 구약의 조물주는 불완전할 뿐 아니라 무식하고 무례한 저급한 신입니다. 한편, 조물주가 우리를 참 신으로부터 분리시키기 위해 금지한 지혜의 사과를 먹도록 가르쳐준 뱀은 지혜의 사자이며 빛의 사자입니다. 따라서 영지주의에서는 뱀을 높이며, 뱀의 상징이 자주 등장합니다. 그들은 주장하기를 밤하늘의 별빛이 그 너머의 참 빛의 파편을 전달하고 있듯이 모든 사람들에게 신성의 방출이 이루어지고 있다고 합니다.

영지주의는 신비주의와 떼어 놓을 수 없는 관계입니다. 영지주의의 그노시스는 말로 표현할 수 없는 신비적 체험이며, 그노시스를 얻기 위해서는 신비술을 통한 초월적 존재의 도움을 필요로 하기 때문입니다. 영지주의자들은 성경을 풍유적으로 해석하며, 비유와 상징들을 좋아합니다. 영지주의와 유대 신비주의인 카발라는 많은 공통점들을 소유하고 있습니다.

카발라는 탈무드를 통해 전승되어 내려오는 바리새파 유대 신비주의로서, 초자연적인 힘을 다루는 비의를 가지고 있으며, 정통 서구 오컬트 마법철학의 기원을 이루고 있습니다. 카발라는 유대인들에게 토라, 탈무드에 이어서 세 번째로 인정받는 전승으로서 그 신비적 위험성 문제 때문에 40세 이상의 기혼의 랍비들에게만 전승이 되어왔다고 합니다.

(7) 조물주의 불완전한 창조와 이로 인한 육체의 감옥으로부터 해방, 구원

영지주의 신화에서는, 구약의 조물주는 하강한 지혜의 여신 소피아의 아들 데미우르고스로서 불완전하고 뻔뻔스러운 창조자로 치부됩니다. 마르시온이 이 세상을 "조물주에 의해 만들어진 감옥"이라고 불렀듯이, 조물주에 의해 불완전하게 창조된 세상에서 인류는 그로 인해 슬픔과 고통을 당하고 있지만, 깨달은 자들은 영지를 통해 이로부터 해방된다고 합니다.

신적 존재는 우리를 해방시키기 위해 지혜로운 스승인 빛의 사자를 지속적으로 우리에게 보내고 있다고 합니다. 뉴에이저들은 그들에게 나타나는 빛의 사자들을 스피릿 가이드, 마스터 또는 대사(大使)라고 부릅니다. 이들은 초자연적으로 나타나서 빛의 메시지를 전달합니다. 때로는 채널러라는 영매를 통해서 메시지를 전달하기도 합니다.

승천 마스터들은 인간세계에서 인간이 진화를 통해 도달할 수 있는 최고의 정점에 이른 자들로 받아들여집니다. 이들은 다음 단계인 영계에서도 계속 진화하고 있으며, 그와 동시에 아직 진화의 정점에 이르지 못한 사람들을 돕는 임무도 수행합니다. 이 중에서 가장 진화 정도가 높은 집단을 '샴발라'라고 부릅니다. 샴발라는 영적 에너지와 우주적 에너지를 받아 들이고 이것을 니르마나카아(중계자)를 통해 하이어 라키에 전달하며, 하이어 라키는 그것을 인류에게 공급합니다. 이것은 오컬트 명상 수행을 한 사람과 의식이 고도화된 준비된 집단에게 먼저 알려지고 그들을 통해 대중에게 알려집니다.

'보이지 않는 위대한 스승들'이 존재한다는 신지학회의 주장은 16세기부터 19세기에 출현한 거의 모든 마법 단체와 사이비 종교의 공통적 주장입니다.(나그함마디 문서에도 '영의 안내자들'이라는 표현이 나온다. 이것은 이교주의의 특성 중의 하나이다). 이 중에서 장미 십자회와 프리메이슨이 대표적입니다. 신지학회 설립자 블라바츠키는 장미 십자회와 마법에 관한 이야기를 적은 "ZANONI"(마법사 자노니)로부터 큰 영향을 받은 것으로 알려져 있습니다.

물론, 우리는 하나님이 초혼(招魂)을 금하셨으며, 이런 스피릿 가이드들이 악령이라는 것을 잘 알고 있습니다. 이런 영접(靈接)은 프리메이슨 지부에서도 행해지고 있습니다. 종교적 유형에 속하는 특별한 (프리메이슨) 결사 지부는 취리히에 본거지를 둔 소위 '영적 결사단(Spiritual

Lodge)'이라고 부르는 것입니다. 이 영적 결사단은 예배를 거행하는데 예배 시에 성경을 읽고 기도를 합니다. 그러나 설교는 목사가 하지 않고 저편 세계에서 온 요셉이란 영이 하는데 이 영은 영매 베아트리체를 통하여 그 존재를 알립니다.

- 〈사탄의 전술전략〉 쿠르트 코흐

(8) 관상과 명상을 통한 깨달음과 마스터와의 접촉

기독 변증가 레이 영엔의 말에도 있듯이, 명상의 목적은 자신 속에 있는 신적 본질인 "더 높은 자아"로의 상승에 있습니다. 하지만 이 과정은 혼자만의 힘으로만 이루어지지는 않습니다. 많은 경우, 가이드 또는 마스터라고 불리는 "빛의 사자"는 명상 수행을 통해 메시지(계시)를 전달하기 때문입니다. 다음은 나그 함마디 영지주의 문서 등에서 볼 수 있는 영지에 이르는 실질적인 방법에 대한 소개 내용입니다.

스승은 "마음 속의 혼돈"을 잠재우기 위해 명상을 한다. "영원한 빛의 지식을 전하는 전령"의 환상을 보았고, 여타 수많은 환상을 경험하기에 이른다.

- 영지주의문서 〈조스트리아노스〉의 영적훈육방법 중에서

그들은 주문형 기도를 반복하는 관상기도를 통해 영지를 얻습니다. 그들은 "할렐루야"라는 단어를 1000번씩 외웁니다. "예수"라는 단어만 두 시간씩 반복합니다. 이런 기도를 영지주의 기독교 주문식 기도라고 합니다.

〈침묵으로 말씀하시는, 완벽하고 눈에 보이지 않는 하나님께 기도를 올린다. 기도는 신성한 단어와 모음으로 이루어진 성가[만트라]로 옮겨 간다. "조하타조 아오오 에에 오오오 에에에 오오오오…"…그리고 그는 무아경의 상태로 들어간다.〉

"유대교는 하나님을 더욱 의식할 수 있기 위해서 다양한 관상 요법을 제시한다. 관상은 뉴에이지에서도 매우 중요한 행위인데 그 이유는 관상은 우리의 의식을 신속하고 강력하게 변환하기 때문이다. 수년에 걸쳐 나는 관상 수행을 통해 나의 학생들이 가장 기적적인 방법으로 변환되는 것을 목격하였다…" - 유대 카발리스트 멜린다 리브너

〈생명나무는 우리의 의식을 상승시키는 명상에 가장 적합하도록 만

들어진 상징 문자이다…생명나무를 통해 명상을 하는 수행자의 혼은 세계 혼과 합일을 이루게 된다. 결국 놀랍게도 우주의 에너지가 그의 혼에 입력되고 마법 능력을 얻게 된다.〉
  - 다이온 포춘 〈미스티컬 카발라〉

(9) 엘리트 주의와 형제애, 입문과 신비 의식

모든 신비주의자들에게 그렇듯이 자신의 주관적 신비체험은 다른 어떤 것보다 우선합니다. 영지주의자들에게는 그들 자신이 속한 "깨달은 자"들의 그룹과 그렇지 못한 다수의 사람들의 그룹이 있을 뿐입니다. 심지어, '베드로 묵시록'에서 예수는 "눈먼 자들을 그냥 내버려 두어라"라고 말한 것으로까지 나와 있습니다. 하지만 "영지를 전수받은 사람들"은 구별 없이 모두 한 형제가 됩니다. 그들은 동등한 지식을 공유하였고, 동등하게 참여했으며, 엄격하게 평등하였습니다. 이런 면에서, 관상가인 존 웜버와 리차드 포스터를 배출했으며, '내면의 빛'을 강조하는 신비주의 퀘이커(몸이 진동한다는 뜻에서 유래된 이름)교도들이 형제단의 형태를 가지고 있는 것은 우연이 아닐 것입니다.

발렌티누스와 그 추종자들은 "살아계신 신"과 직접 접촉을 한 사람이면 누구든 상관없다고 대답했습니다. 그들은 개개인의 경험만이 진리의 궁극적인 판단기준을 제공하며, 간접적으로 전달된 증언과 영지주의 전통보다 우선한다고 주장했습니다. 이런 영지주의 전통은 후에 프리메이슨의 입문 의식과 형제애에 관한 사상에 영향을 주었습니다.

16세기 예수회 이그나티우스 로욜라의 장미십자단과 18세기 이후 프리메이슨 등의 입문 형제단 대부분은 비교적(秘教的)이고 영지주의적인 가르침에 심취했으며 당대의 역사에서 중요한 역할을 했습니다. 카타르파 연구학자이자 비교주의자인 두아넬은 1890년 신비체험을 한 뒤 고대 영지주의 교회를 부활시킬 영적 권능을 얻었습니다. 그가 신비체험을 한 곳은 블라바츠키의 친구 신지학 회원이었던 여백작의 저택에 있던 예배당이었습니다. 영지주의 교회의 설립은 카톨릭으로부터 파면당한 프리메이슨단과 프랑스의 수많은 비교주의자들에게 큰 힘이 되었습니다. 예배는 프리메이슨 신전에서 행해지는 때도 많았습니다.
  - 스티븐 횔러(226)

이들의 신비체험은 장미 십자단을 통해 루터와 진젠도르프의 모라비아 교도들의 경건주의에도 큰 영향을 끼쳤습니다. 존 윔버의 빈야드 운동과 카톨릭의 은사운동, 켄자스시티 예언가들의 운동, 신사도운동, 뉴에이지 운동으로 오늘에 이르게 되었습니다.

(10) 만물교회인 우주교회 운동

영지주의자들의 마지막 목표는 지상에 만물교회를 세우고 온 우주 만물과 인간이 하나 되는 시스템을 만들어 통제사회를 이룩하는 것입니다. 그것이 바로 666 시스템입니다.

"우주적 그리스도(Cosmic Christ)는 모든 창조물 속에 있는 '하나님(I am 스스로 있는 자)' 이다."

"우리는 우주적 그리스도를 알아야 한다. 즉, 모든 존재는 그 안에 그리스도의 빛이 있음을 깨달아야 한다." - 매튜 팍스

"하나님은 우리가 신 자체가 되기를 원한다. 우리는 신성을 향해 자라나고 있다. 하나님은 진화의 목표이다. 진화를 할 수 있는 힘의 근원도 하나님이며 진화의 목표도 하나님이다…"

- 뉴에이지 크리스천 스콧 팩

"사람이 자아의 길로 들어 갔을 때 그는 자신이 신인, 소우주적 세계의 책임을 받아들임으로서 신성의 의미를 배우는 거대한 창조적 모험으로 들어가는 것이다… 사람이 이러한 시점에 도달하도록 돕는 존재는 루시퍼이며… (그는) 인간 진화의 천사이며…소우주적 세계의 빛의 영이다." - 뉴에이지 리더 데이빗 스팽글러 [2009/11/11 추가]

"21세기는 내면에 있는 창조주를 만나는 계몽의 때가 될 것이다. 많은 사람들이 하나님과의 하나 됨을 체험할 것이다. … 이 세상에는 지금 그러한 많은 사람들이 있다. 교사들, 메신저들, 사범들과 환상가들은 이 비전을 인류 앞에 제시하며 그 비전을 이룰 수 있는 수단을 마련하고 있다. 이러한 메신저들과 환상가들은 뉴에이지의 전령관들이다."

- 뉴에이저 도날드 월쉬

"모든 개인들 안에는 우주 전체의 본질을 나누어 가진 것들이 있으며 그것이 작용하는 우주는 하나님이다. 그것이 임마누엘의 의미이며 그리스도라는 단어의 의미이다."

- 〈마음의 과학〉 어니스트 홈스 저

4) 플로티누스의 신플라톤주의 (Plotinos)(205-270년)
(1) 신의 유출설

신플라톤주의는 플라톤의 이데아 사상을 보다 복잡하게 전개시킨 것으로 신플라톤주의를 집대성한 학자는 플로티누스(Plotinos)입니다. 그는 자신의 저서 에네아즈(Enneads)에서 "일자(theone)는 흘러 넘치고 새로운 것들을 생산한다."라고 말하고 있습니다. 절대신인 일자로부터 정신(nous)이 흘러나오고, 다음에는 영혼(psyche)이 흘러 나오며 마지막으로 질료가 흘러나온다고 합니다. 이렇게 만물의 본원으로부터 이 세계가 나오는데 거기에는 일종의 계층이 있어서 근원에 가까운 것일수록 보다 더 진실하고 완전하고 하위 계층으로 갈수록 복잡, 불완전하고 악한데 만물은 '관조'에 의해 계층적으로 근원으로 돌아가려고 한다고 합니다.

'이 상하 두 방향에의 운동이 실제를 구성합니다. 상승운동과 하강운동입니다. 인간도 이 운동에 의해 감각적인 것을 벗어나 일자(the One)를 향하며, 이것과의 직접적인 합일, 즉 탈아의 경지에 도달하기를 희구해야 한다고 하였습니다.'

그리스 철학의 형이상학은 유일 절대 신을 인정하는 그리스도교와 아주 잘 맞았습니다. 중세의 교부 철학자들은 플로티누스의 일자를 신으로 대체하여 플로티누스의 철학을 기독교의 세계관을 설명하는데 사용합니다. 신플라톤주의가 기독교에 제공한 것은 무엇보다 아리스토텔레스에 의해 제시된 계층적 우주개념입니다. 즉, 천상과 지상 사이에는 위계적 질서가 성립되어 있다는 것입니다. 이처럼 낮은 세계와 높은 세계, 감각계와 예지계로 나누어진 세계들은 서로 대비될 뿐만 아니라 바로 그와 같은 상호 부정과 대극적인 대립성 속에 자신의 본질을 내포 한다는 것입니다.

디오니시우스의 9계급 천사론을 보면 천상으로부터 지상으로 그리고 지상에서 천상으로 이끄는 사다리에 대해서 잘 묘사되어 있습니다.

오리겐, 그레고리우스 등이 신플라톤주의를 받아들여 그리스도 신학

제6장 기독교 이단

체계를 집대성한 학자들입니다. 그래서 기독교 영지주의자들인 알렉산드리아 오리겐 등은 로고스 개념을 일자(theone)에서 파생한 개념으로 설정하여 예수님을 성부 하나님에게 종속된 개념으로 성경을 번역했습니다.

플로티누스는 플라톤으로부터 '일자' 라는 개념, 즉 '이데아 중의 이데아' 라는 개념을 적극적으로 받아들이고 거기에 '유출설' 이라는 자신만의 사상을 끼워 넣어 더 구체적으로 설명하고 있습니다. 유출설이란 한 마디로 '흘러넘친다' 는 것입니다. 즉 '일자' 의 존재가 너무 풍만해서 그 존재가 마치 넘치는 우물처럼 우리가 살고 있는 세계로 넘쳐서 우리 세계의 '존재' 들을 떠받치고 있다고 생각하는 것입니다. 이런 생각 때문에 플로티누스는 만물 그 자체가 곧 '신' 의 존재라는 '범신론' 으로 향합니다.

그런데 기독교 사상에서 이러한 범신론은 '이단' 에 가깝습니다. 기독교는 하나의 인격화된 '하나님' 이라는 신을 섬기는 것이며 바로 그 분이 모든 만물을 '창조' 했다고 설명하고 있으니 반발했던 것이 당연합니다. 하지만 플로티누스의 설명이 대단히 매혹적이며 '일자' 라는 개념 역시 기독교에서는 간과할 수 없기 때문에 그를 받아 들이면서 비판하고 수정하는 방식으로 어거스틴의 신학철학이 전개되는 걸 볼 수 있습니다.

플로티노스의 중요성은 바로 이 중세철학을 설명하는 과정에서 플라톤과 아리스토텔레스 철학의 매개자로서 매우 중요해지는 겁니다. 그러므로 어거스틴 관련 서적에서 그의 이름을 찾는 것도 어려운 일이 아닙니다. 어거스틴 관련 서적은 상당히 많습니다. 토마스 아퀴나스의 경우는 좀 더 애둘러서 어거스틴과의 비교 시점에서나 등장하기 때문에 오히려 찾기가 힘듭니다.

하지만 아퀴나스도 만물에서 신의 존재를 찾으면서 또 동시에 하나님이라는 일자를 보존하는 방식으로 나가기 때문에 플로티노스의 영향을 부인하지 못합니다. 많은 언급이 있을 겁니다. 신비주의가 언급되는 것도 사실 이 '존재' 에 대한 생각 때문입니다. 플로티노스는 '일자' 를 '만물' 에서 직관하는 것으로 보았습니다. 언어적으로 증명하는 그런 것은 아니라고 봤습니다. 아퀴나스는 이를 수정해서 언어적이고 철학적인 증명으로 바꿔놓게 되었습니다.

　가장 좋은 방법은 플로티노스에 관한 논문을 찾아보는 것입니다.

　형이상학이란, 말 뜻 그대로 '형태' 배후에 있는 '이상'을 엿보려는 인간의 시도를 체계화한 것입니다. "물질의 본질은 그 물질 속에 있다". 눈에 보이는 현상에 머무르지 않고 그것의 본질을 탐구하는 것은 좋은데 과유불급이라 인간은 한 발 더 나아가 우주의 본질은 어떻고, 만물의 생성원리가 어떻고 하면서 그럴듯하게 우주의 본질을 설명하고 그 원리를 설명합니다.

　그러나 문제는 증명할 수 없다는 것입니다. 왜냐하면 아리스토텔레스의 형이상학 철학은 물질선재론에서 시작하기 때문입니다. 아리스토텔레스의 형이상학의 철학은 형상과 질료의 끝없는 진화를 통해 윤회를 거듭하는 것입니다. 여기에서 칼 마르크스의 자본론이 나오고, 다윈의 진화론도 나오게 된 것입니다.

　플라톤은 만물의 본원인 '일자'로부터 모든 실재가 생겨나고 그 모든 실체에는 질적인 차이가 있어서 하위에 있는 것이 상위의 것을 모방하게 된다는 식의 우주론을 말합니다. 그리고 인간도 이 만물 중의 하나고 그 모든 실체들 중의 하나이므로 보다 상위의 단계로 나아가기 위해 노력해야 한다는 것입니다. 그래서 궁극적으로는 '일자'와 합일의 경지에 도달해서 신인합일을 이루어야 합니다.

(2) 기독교 신학의 최대 비극인 뉴 플라톤 철학

　신플라톤 주의가 중세 신학의 근간이 된 것은 아주 불행한 일입니다. 왜냐하면 플로티누스가 설정한 일자라는 신의 개념은 영지주의에서 말하고 있는 빛의 신 루시퍼이기 때문입니다.

　이미 영지주의에서도 언급되었습니다, 데미우르고스 라는 구약의 창조신은 악한 신이고 반면에 참된 소피아를 인간에게 공급한 뱀인 루시퍼는 참 신이었습니다. 그런데 신플라톤 플로티누스는 데미우르고스를 선한 신(神)인 일자의 개념으로 바꾸어 유출설을 통한 창조를 설명합니다.

　만일 신플라톤 철학에서 말한 대로 영혼상승을 통해 신인합일을 이룬다고 해도 악한 반쪽짜리 하나님과 만날 뿐입니다. 다시 말해서 뉴 플라톤 철학에서 말한 신인합일은 사탄주의자들이 기독교를 말살하고, 인간을 사탄종교로 노예화하기 위한 속임수에 불과한 것입니다. 뿐만 아니라 플로티누스의 뉴 플라톤 철학과 이것을 근거로 기독교 신학을 만들었던 오리겐과 어거스틴은 사탄주의 신학을 만들었던 것입니다. 분명히 그들이 말한 일자라는 개념은 성경에 나타난 절대적인 하나님입니다. 그렇다면 분명히 창세기에 기록된 내용을 근거로 해서 창조주 하나님을 설명하고, 역사속에서 구속의 섭리를 이룩하시기 위해 오신 예수 그리스도를 당당하게 역사 앞에 구세주로 소개를 해야 할 것입니다.

그러나 사탄주의자들은 이것을 감추고 사탄 숭배 루시퍼를 사람들이 만날 수 있도록 철학과 신학을 만들어 기독교에 접목을 시킨 것입니다. 오늘날 신사도 운동과 뉴 에이지 기독교, 신복음주의, 신정통주의, 신칼빈주의 신학이 모두 뉴 플라톤 철학에서 접목된 중세신학에서 나온 것들입니다.

5) 뉴플라톤 관상(contemplation:테오리아, theoria)기도

(1) 뉴 플라톤 철학에서 나온 관상기도

관상기도는 플라톤, 플로티누스 그리고 僞디오니시우스로 이어지는 그리스 영지주의 철학의 신비전통으로부터 나왔습니다. 그리고 영지주의 신비철학은 신과 일치하는 소위 "영혼의 상승" 과정 전체를 "관상"으로 부르기도 하며, 또는 이것을 세분해서 정화(katharsis), 조명/관상(theoria) 그리고 합일/일치(union)의 세 단계로 구분해서 말하고 있습니다.

관상기도는 마귀의 영지주의로부터 나온 것입니다. 또한, 관상(contemplation)과 조명(illumination)이 그들의 철학에서는 비슷한 의미를 가진다는 사실도 재미있습니다.

관상기도의 목적 : 인간이 신이 되는 것

관상기도는 신비신학의 전통에서 출발합니다. 기독교 신비신학은 플라톤-플로티누스로 연결되는 신플라톤주의의 신의 초월과 내재의 철학적 기초의 바탕 위에서 생성 되었습니다. 인간의 본질은 영혼입니다. 영혼은 신과 동족성(syngeneia)을 갖고 있습니다. 따라서 영혼은 신 아래에 있는 그 어떤 것에도 만족할 수 없습니다. 본성적으로 영혼은 감각계를 떠나 영혼의 본래 고향인 신에게로 회귀하려고 합니다.

이런 영혼의 상승의 종국은 신과의 합일입니다. 절대자에게로 귀의하는 것을 플라톤은 테오리아(theoria, 관상)라고 했습니다. 이미 인간속에 내재되어 있는 신을 찾아 자신이 신이 되는 것을 관상 기도라고 합니다. 테오리아 라는 관상의 의미는 내 안에 있는 신을 바라보는 것입니다. 그리고 내 안에 있는 신을 체험하는 과정입니다. 이것은 사탄의 약속입니다. "너희가 선악을 아는 열매를 따 먹으면 하나님과 같이 되리라"

(2) 관상기도의 3단계

플라톤은 관상을 위한 단계를 제시합니다. 각성, 교육, 정화(윤리적 정화, 지성적 정화)를 거친 이후 영혼은 절대선과 합일하게 됩니다. 합일의 단계가 테오리아, 즉 관상인데, 이는 지성적 활동이 아닙니다. 영혼은 절대 선을 결코 인식할 수 없으며, 단지 접촉하고 합일 할 수 있을 뿐입니다. 플로티누스는 플라톤의 구도를 좀 더 세분해서, 세계의 과정은 일자의 유출(흘러넘침)과 회귀(epistrophe)로 설명했습니다. 유출되어 감각계에 존재하는 영혼은 영혼의 고향인 일자(플라톤의 선 자체)에게로 회귀하려고 합니다.

플로티누스는 기독교 신비학의 중요한 단서를 제공합니다. 일자는 개념도 없고 학문도 가능하지 않은 존재 저편에 있습니다. 그러므로 신학은 부정신학(否定神學)이 됩니다. 부정신학은 기독교 신비학의 일반적인 신학적 관점이 됩니다. 기독교 신비학에 대한 플로티누스의 다른 공헌은 영혼의 상승을 내면화 한 것입니다. 영혼이 자신에게서 벗어나 일자에게로 향하는 상승은 자아의 내면으로 깊이 들어가는 것입니다.

어거스틴이 '당신은 내 마음의 깊이보다 오히려 깊은 곳에 계시고, 내 마음의 높이보다 오히려 높은 곳에 계십니다' 라고 쓰는 것은 플로티누스의 영향입니다. 플로티누스는 영혼의 회귀를 정화(katharsis)-조명(illumination)-합일(union, mystica)의 3단계로 설명했고 이는 기독교 신비학의 구도로 차용되었습니다.

(3) 에로스 사랑의 관상을 통한 영혼상승

교부들은 지식과 영성 혹은 신비신학을 별개의 영역으로 취급하지 않았습니다. 이런 통찰이 6세기에 僞디오니시우스의 저술과 신 플라톤적 요소와 융합하여 신비신학을 형성하게 되었습니다. 僞디오니시우스의 주요한 공적 중 하나는 영혼의 상승을 정화, 조명, 합일, 세 단계로 공식화한 것입니다. 이 형식은 그 후 서방 신비주의의 표준이 되었습니다. 정화의 단계는 영혼을 정결케 하는 것을, 조명의 단계는 하나님의 빛이 영혼을 비추어주는 것을, 그리고 합일의 단계는 하나님과 하나가 되는 체험을 말합니다. 정화의 단계는 유한한 본성과 관련된 것으로부터 영혼을 벗어나게 하는 것입니다. 조명의 단계에 속하는 것이 관상입니다. 그것은 창조의 계층 구조를 통해 하나님을 바라보는 능력입니다. 합일은 신화와 동일한 것입니다. 영혼은 에로스에 의해 상승되어 하나님과 연합되고 신화(神化)됩니다. 이것은 어거스틴의 에로스 사랑의 신학이었습니다.

(출처: 신비주의 목표는 하나님과의 합일)

(4) 알렉산드리아 학파에서 완성된 기독교 신비주의 관상기도

관상에 대한 플라톤의 사상은 알렉산드리아의 클레멘트(Clement of Alexandria, 150~215)에게 전수되었습니다. 기독교적 영지주의를 주장했던 클레멘트는 영지자 삶의 목표는 철저하게 보는 것이기 때문에 '지식'(gnosis)의 목표와 열매도 하나님을 보는 것이라고 주장하였습니다. 클레멘트는 플라톤의 이데아 세계를 향한 영혼의 상승이라는 개념을 받아 들여 현세에서 하나님을 바라보는 것은 점진적인 과정이라고 보았습니다.

믿음은 실재(reality)에 대한 훈련되지 않고 열등한 반응이었습니다. 그는 믿음은 구원의 지식에 대한 텅 빈 지식 혹은 해골과 같은 것이며, 참된 지식(gnosis, 영지)만이 우리가 믿음으로 받았던 골격과 같은 지식에 살을 채우게 한다고 보았습니다. 클레멘트에게 있어서 이러한 참된 지식은 오직 하나님을 바라봄을 통해서, 즉 하나님을 관상함을 통해서만 얻어질 수 있는 것이었습니다. 이러한 믿음과 지식에 대한 클레멘트의 구분은 전적으로 플라톤 철학에서 온 것입니다.

클레멘트의 영향을 받은 오리겐(Orineses, 185~254)은 그리스도인의 삶을 하나님을 향한 영혼의 순례라고 보았습니다. 오리겐은 영혼은 '윤리적 단계'(ethike), '자연을 관상하는 단계'(physike), 그리고 '하나님을 관상하며 상승하는 단계'(enoptike)를 거쳐야 한다고 주장하였습니다. 그가 말하는 윤리적인 단계란 플라톤이 〈파이도스〉에서 이야기한 것과 같이 육체의 정욕을 죽이는 단계를 말합니다. 그리고 자연을 관상하는 단계는 세상의 무상함을 깨닫고 세상을 초월하려는 것을 소망하는 것을 말합니다. 이 두 단계의 목표는 육신을 영혼에 순응하게 한 후에, 육신으로부터 영혼을 해방하게 하는 것입니다.

이렇게 영혼이 육신으로부터 해방하게 될 때 비로소 하나님을 관상하는 길로 들어서게 됩니다. 이러한 관상을 통해서 인간은 '하나님과 같이'(being like God or being deified) 됩니다. 오리겐은 인간의 영혼은 '되어짐의 세계 혹은 변화의 세계'(The world of becoming)로부터 일어나 '존재의 세계'(the realm of being)로 들어가야 한다고 보았습니다. 그리고 이러한 도약은 오직 영지적인 그리스도인에게만 가능한 것이라고 보았습니다.

(출처: 그리스철학 전통과 중세 신비주의에서의 관상)

(5) 로마 카톨릭 관상기도

"신의 모방"(The Imitation of God)은 카톨릭의 핵심 개념 중의 하나입니다. 이것은 그리스인들이 神化(theosis)라고 일컬었던 사람이 점점 신을 닮아간다는 개념입니다. 이는 정화와 조명(관상)으로 이루어지며, 조명의 최고점은 신과의 합일입니다. 로마 카톨릭에서는 십자가의 요한과 아빌라의 테레사에 의해 같은 개념의 다른 이름(정화의 길, 조명의 길, 일치의 길 Via purgativa, via iluminativa and via unitiva)으로 다루어져 왔습니다. 로마 카톨릭의 정화의 길(Via purgativa), 관상(theoria)은 조명과 신비적 합일로 나눕니다. (출처: Wiki: Imitation of God《)

(6) 이머전트 브라이언 맥클라렌 관상기도

이머징 운동의 리더인 브라이언 맥클라렌의 고대 수행으로 "우리의 길을 다시 찾자" "Finding Our Way Again: The Return of the Ancient Practices" 원서가 있습니다. 이 책의 번역서에는 관상가들인 이동원 목사와 최일도 목사의 추천사가 들어 있습니다.

정화의 길(via purgativa)의 목적은 우리에게 조명의 길(via illuminativa)을 준비시키는 것이며, 조명의 목적은 우리에게 - 우리의 본성과 신의 본성과의 합일(union)인- 일치의 길(via unitiva)을 준비시키는 것입니다.

우리가 조명의 수련을 통해 우리 자신을 하나님의 빛과 불 속에 놓을 때, 우리는 신의 본성에 제압되어 신의 광채로 타오르기 시작할 것입니다. 우리는 불이 되어서 신에 참여 할 수 있습니다.

(7) 어거스틴 관상기도

그에게는 정화의 전 단계인 "각성"의 단계와 조명의 직전 단계인 "영혼의 어두운 밤" 단계가 더 들어 있습니다. 어거스틴은 354년에 알제리에서 태어난 고대 기독교 신비가였습니다. 그의 자서전 "고백록"에서 그는 그의 영적 여정을 상세히 기술합니다. 그가 따랐던 신비적 길을 명료하게 글로 묘사한 그는 신비가일 수 밖에 없습니다.

그의 길은 고전적 신비 단계인 정화, 조명, 그리고 합일을 포함하고 있습니다. 그뿐 아니라, 여기에는 이블린 언더힐의 부가적 단계인 "각성"과 "영혼의 어두운 밤"도 포함됩니다. 어거스틴은 또한 윌리엄 제임스의 신비체험의 특성들과 일치하는 "조명"의 세 가지 사례를 기술함으로써, 그가 그에게 주어졌던 환상들의 영적 효과를 통한 신비가였음을 확인해 주고 있습니다.

상기 맥클라렌의 책 "다시 길을 찾다"의 18장 신화(일치의 길)Theosis (via unitiva)章이 프리메이슨의 신화 사상을 설명하는 설교에서 무더기로 인용된 점은 상당히 의미심장합니다. 역시 영지주의끼리는 통하는 것이 당연하다고 하겠습니다.

영지주의 카발라의 구루 옴람 미카엘 아이반 호프도 만유내재신적 "신과 합일되는 조명" illumination을 체험했다고 합니다. "16세 때… 호흡법을 읽고 몇 시간 동안 수련을 하고 있었다. 그 순간 갑자기 천상의 불을 삼킨 듯한 기분이 들더니 황홀경에 빠져 다른 고차원의 세계로 들어가게 되었다. 거기서 나는 만물이 빛으로 이루어져 있고 그 빛은 신성한 불꽃 속에 있는 하나의 근원으로부터 투사되어 나왔다는 것, 그리고 만물이 서로 교감하고 있다는 사실을 깨닫게 되었다. 우주의식과 합일되는 이 일루미네이션(조명illumination)의 체험은 나의 내면에 영원히 꺼지지 않는 혼의 불을 당겼다."

관상을 통한 정화, 합일의 개념이 요가협회의 탄트라에 관한 글에서도 보입니다.

"금강살타 수행을 성취하기 위해서는 먼저 수행처에서 금강 결가부좌의 상태로 선정인을 유지한다. 그리고 나서 금강살타에 대한 본격적인 관상법을 시작한다. 먼저 유가행자는 자신의 정수리 위에 연화좌와 달의 좌복 위에 붓다와 스승의 본질을 구족하신 금강살타의 희고 빛나는 얼굴을 관상한다. 그리고 금강살타의 가슴 쪽으로 향한 오른손에는 금강저를, 허리 쪽으로 향한 왼손에는 요령을 들고 계신 것을 구체적으로 세밀하게 관상한다. 대락의 불모가 금강살타를 안고 계신다. 금강살타의 가슴에 있는 연화대 위 월륜의 중앙에 만트라 종자 훔이 있고, 그 주위를 시계 반대방향으로 금강살타 만트라가 돌면서 빛나고 있다. 거기에서 하얀 감로수가 끊임없이 흘러내린다. 쌍신의 연결 부위에서 흘러 나와서 자신의 정수리로 녹아 들어와서 몸과 마음의 모든 카르마를 정화시킨다. 이러한 예비적인 금강살타 수행이 탄트라의 본 수행에 들어가서는 금강살타와 내가 하나가 되는 합일의 경지에 이르게 된다. 티벳 수행은 탄트라 입문 이전부터 직접적이고 생동감 넘치는 구상화로 이루어진다는 사실을 다시 한번 확인할 수 있었다"

(8) 에로틱 신비주의 영체 교환 관상기도
어거스틴, 僞디오니시우스, 십자가 성 요한, 아빌라 테레사

"신비주의"란 "체험을 통해 신을 인식하는 것"(cognitio dei experimentalis)이며, 이 "인식"에는 "합일" 즉 "신과 내가 하나"라는 영지주의, 만유 내재 신적 귀결이 절대적 요소로 포함됩니다. 표현은 조금 다르지만, 브루노 보르체르트는 "신비주의는 모든 것이 하나의 근원에서 비롯되고 있다는 경험적 인식"이라고 정의하면서, "신비적 경험"을 "사랑에 빠진 전율감"과 동일시합니다. 이와 같은 신비주의의 특성을, 신비주의의 역사에 항상 먼저 등장할 정도로 중요한 위치를 차지하고 있는 신비가 위(僞) 디오니시우스와 십자가 성 요한, 아빌라 테레사입니다.

대부분의 신비주의에서 누차 보았듯이 僞 디오니시우스의 신비주의에서도, 관상이 수반되며, 에로틱 합일에는 탈혼(무아)적 황홀상태가 따릅니다. 여러가지로 IHOP을 비롯한 예수신부운동 권에서 주장하는 (각자 모두가 그리스도의 신부들이라고 주장하는) 에로틱 신부 신비주의와 매우 유사하다고 하겠습니다.

스페인 아빌라의 성녀 테레사를 이야기할 때 함께 이야기해야 할 성인이 있습니다. 성녀 테레사와 함께 가르멜 수도회를 개혁하고 이른바 맨발의 가르멜회를 창설하였을 뿐 아니라 스스로 깊은 영성의 신앙인으로 그리스도교 신비주의 역사에게 길이 남을 저작을 남긴 십자가의 성 요한(1542-1591, St. John of the Cross)입니다. 그가 사용한 '영혼의 어두운 밤'은 그리스도교 신비 사상을 이야기할 때 빼놓을 수 없는 용어가 되었습니다.

이미 어거스틴도 같은 체험을 했습니다. "영혼의 어두운 밤"은 영혼이 어느 날 밤에 자기 집을 떠나서 신과 하나 되기 위해 신을 찾아가는 여정을 그린 것이다. "가르멜 산에 오름"의 첫 문장이기도 하고, "영혼의 어두운 밤"에도 나오는 문장으로 거의 후렴처럼 등장하는 문장이 있다. "어느 어두운 밤 사랑의 강렬한 갈망으로 불 붙은 채 '아, 오로지 은총일 뿐' 나는 보이지 않게 집에서 빠져나왔다. 내 집은 아직도 그저 고요할 뿐."

다른 작품에서도 그렇지만 특히 "불타는 사랑의 불길" 같은 데서 십자가의 성 요한은 영혼과 신이 하나 됨을 "솔로몬의 아가"에서 볼 수 있는 것처럼 신부와 신랑의 에로틱한 관계로 표현합니다. 이런 것들은 자기의 종교적 삶을 통해 직접 얻은 체험에 바탕을 두고 있다고 볼 수 있습니다. 그런 의미에서 십자가의 성 요한을 "경험주의적 신비가"라 하기도 합니다.

아빌라 성 테레사의 신비주의 체험의 그림은 스페인 빅토리아 성당의 코르나로 가족 경당을 장식하고 있습니다. 성령을 통해 계시를 받아 가르멜 수도회를 개혁하고 여러 수도회를 설립한 예수의 성녀 데레사

(1515-1582)로, 그녀는 1622년 시성되고 1970년에 교회학자로 선포되었습니다.

  그녀는 이즈음의 수도원이 너무 세속화하여 세속적인 향락에 도취되기 쉬운 곳에 있음을 느끼고는 교회와 수도원의 개혁을 절실하게 원했습니다. 그러던 중 말라리아에 걸려 그 쇼크로 쓰러지기를 반복했습니다. 결국 혼수상태에서 깨어날 기미가 보이지 않자 사람들은 병자성사를 청하고 그녀의 무덤을 준비합니다. 그러나 기적적으로 회복한 그녀는 3년 동안을 온몸이 마비되는 고통 속에서 살았습니다. 이런 시련은 오히려 영적으로 도움이 되어 그녀는 4년 간 오로지 기도에만 매달리게 됩니다. 그녀는 기도 중에 하나님의 빛을 체험하는 등 신비한 체험을 많이 합니다. 특히 그녀의 자서전에는 1560년 4월의 어느 날 신비한 체험이 기록되어 있습니다.

  "나는 인간의 모습으로 나타난 한 천사를 보았다. 아주 작고 잘 생긴 귀여운 천사로, 불붙은 것 같은 그의 얼굴이 지체 높은 신분을 말해주고 있었다. 그의 손에는 끝에 불이 붙은 긴 황금 쇠창이 들려 있었다. 그 창은 내 몸을 아주 여러 번 아주 깊숙이 관통했는데, 그때마다 내 몸은 온통 하나님에 대한 위대한 사랑으로 불붙었다. 그 고통이 얼마나 강렬했는지 내 입에서는 신음소리가 절로 나오고, 이 견딜 수 없는 고통이 가져다 주는 달콤함이 지극해 이 고통이 완화되지 않기를 얼마나 바랐는가! 이 고통은 결코 육체적 고통이 아니었다. 이는 하나님과 내 영혼이 나눈 지극히 감미로운 사랑이었다."

  이런 데레사 성녀의 신비한 정신적 체험을 위대한 조각가인 베르니니는 우리 눈앞에 보여주고 있습니다. 천사 앞에서 무기력하게 공격을 감내하는 사람이 성녀 데레사입니다. 그녀는 지금 신비로운 관상 속에서 하나님과 합일하는 무아지경의 상태에 있습니다. 견신(見神)을 하며 하나님과 사랑의 소통을 하는 절대적이며 지극한 황홀경에 빠져있는 것입니다. 심장을 수없이 찔러대는 불붙은 쇠창의 고통조차 이 순간엔 지극한 희열로 들뜨게 하는 것입니다. 지금 데레사는 육신과 사지는 황홀한 경험으로 전율하면서 옷자락 아래로 무기력하게 거의 탈진한 상태로 늘어져 있습니다. 특히 고개를 젖힌 모습과 반쯤 감긴 눈, 깊은 한숨

제6장 기독교 이단

으로 약간 벌어진 입이 지금의 도취가 얼마나 감미로운지를 단적으로 보여줍니다.

　종교적인 신비한 체험의 수난이 오히려 세속적 사랑의 황홀경과 닮아 있는 것은 아닌가! 불타는 화살로 화한 하나님의 극적인 사랑을 받았을 때 느낀 영적 고통과 환희 절정이, 극도의 흥분상태에 빠진 에로틱한 여인의 모습으로 드러난 것입니다. 마치 큐피드의 황금 화살에 사랑의 전율을 느끼는 여인처럼 말입니다. 그래서 이 작품은 영적이라기보다는 선정적이라는 이유로 비난을 받으며 바티칸의 성 베드로 대성당에 전시되지 못했습니다.

　베르니니는 성적 오르가슴을 체험한 여성의 무아경을 통해 종교적 신비경을 표현한 것입니다. 종교적으로 겪는 희열의 순간이 세속의 절정과 다르지 않다는 형상을 통해 베르니니는 정신과 육체, 영혼이 하나 되는 완전에 이르는 경지를 보여 줍니다. 그리고 그 순간 겪는 환희의 열정이 하늘에서 쏟아지는 황금빛 햇살로 표현되어 있습니다. 바로 하나님과 사랑을 나누는 신비롭고 정신적인 희열을 겪는 한 여인의 정신과 마음을 간접으로 드러낸 것입니다.

　이 작품을 수문한 사람은 이탈리아 베네치아의 추기경 코르나로였습니다. 이 작품은 지금 빅토리아 성당의 코르나로 가족 경당을 장식하고 있는데, 양쪽에 커다란 기둥이 있는 제단 위에 놓여 있습니다. 그리고 그 맞은편 2층에 좌석이 마련되어 있습니다. 아마도 성녀 데레사의 무아경이 성령을 열망하는 사람들의 종교적 신심을 더욱 공고히 하는 한 편의 드라마가 되지는 않았을까?

(9) 아이합 (IHOP) 의 신비주의 신부 운동

　교회를 그리스도의 신부로 묘사한 성경과는 달리, 마이크 비클과 그의 동역자들은 각 성도들로 하여금 하나님과의 연인 관계로 들어가도록 가르칩니다. 이것은 에로틱한 관계 속에서 하나님과의 합일을 추구하는 카톨릭과 일부 동양종교에서 나타나는 에로틱 신부 신비주의 일환으로 볼 수 있습니다. 신부 신비주의는 참으로 에로틱한 사랑의 체험에 관해서는 아빌라의 테레사 관련 글을 참고 바랍니다. 다음은 IHOP의 형제 사역인 더콜(The Call) 캠퍼스 집회에서 일어난 일을 참석자가 묘사한 내용입니다.

"수 천 명의 젊은이들이 신부 신비주의 의식을 집행한다. 이런 집단 신비주의 의식에서 입회자들은 현대 크리스쳔 신비주의 음악을 통해서 의식의 변성(變性)상태로 들어가게 된다. 수 천의 젊은이들에게 '성령께서 오셨음'을 알린 후에, 그들은 '예수와의 결혼식'을 가지는데, 리더들은 '주여! 우리와 결혼하소서!!!' 라고 외치며 전 회중으로 하여금 엎드리거나 '신부 캐노피' 밑을 지나가도록 한다"

(10) 신인합일의 결과는 무엇입니까?

이미 에로틱 신비주의에서 보았듯이 신인합일이 이루어지는 순간 사탄주의자들이 말한 신인간이 되어 마인드 콘트롤, 환생, 입신, 뜨거움, 텔레파시, 환청, 집단 최면, 유체이탈, 공간이동, 초혼과 같은 초능력을 경험하게 됩니다. 프리메이슨에서는 이들을 Master라고 합니다. 이들은 프리메이슨 정식 단원으로 입단식을 거쳐 그들의 조직안에서 한 형제애를 누릴 수 있습니다. 그리고 사탄주의 운동에 Master로 쓰임을 받게 됩니다. 그리고 입단식이 끝나면 사탄숭배 인신제사와 밀교의식에 참여해야 합니다. 그리고 만일 배반하면 즉결 처분이 됩니다.

제7장
기독교 이단 신학 교리와 사상가들

1. 무천년주의(無千年主義, A-Millenenialism)신학의 비밀

2. 자유주의 신학

3. 신칼빈 주의

4. 칼 바르트 신정통 주의

5. 신복음주의 신학

6. 신사도 운동

제7장 기독교 이단 신학 교리와 사상가들

1. 무천년주의(無千年主義, A-Millenenialism)신학의 비밀

1) 종말론 신학의 중요성

　기독교의 본질을 알아보는 방법중에서 가장 중요한 것은 종말론입니다. 종말론에 대한 태도는 신앙의 가치관을 알아 볼 수 있는 척도와 기준이 되기 때문입니다. 그가 가진 종말론의 신앙을 보면 그 사람의 신앙의 뿌리를 알아 볼 수 있습니다. 어떤 종말론을 가지고 있는가에 따라서 세상을 평가하는 기준이 다릅니다. 미래를 예측하는 방향도 달라집니다. 이것은 결코 신학적인 요소만 아닙니다.

　기독교 역사 2000년 동안 가장 큰 파장을 일으킨 종말론 중에 하나는 무천년주의입니다. 알렉산드리아 학파로부터 시작된 무천년주의는 오리겐, 어거스틴, 칼빈을 통해 오늘에 이르렀습니다. 오늘의 보수교단이라고 상징하는 상당수가 무천년주의를 따르고 있습니다. 왜냐하면 장로들의 유전을 지킨 탈무드를 따르는 바리새파 유대인들의 전략이기 때문입니다. 무천년주의라는 교리안에 감춰져 있는 비밀은 구약성경의 메시야 신국(神國) 사상입니다. 이것은 메시야 대망론에 빠진 바리새파 유대인들이 바벨론 포로 이후에 줄기차게 추구해온 세계주의 사상입니다.

　지상에서 유일하게 지켜온 이 세계주의 사상은 바벨론 탈무드를 가진 알렉산드리아 학파를 통해 로마 카톨릭이 세워지고 어거스틴의 신국론을 통해 개혁교회에 전달된 후 아브라함 카이퍼에 의해 오늘날 신사도 운동의 주된 교리가 되었습니다. 참고로 말씀드리면 무천년주의는 전천년주의를 반대한 세력들을 지칭한 용어일 뿐 어느 누구도 주장한 사실이 없습니다. 만일 누가 무천년주의를 신학교리로 주장한 사람이 있다면 그것 자체가 음모입니다. 그래서 무천년주의를 이해하실 때는 항상 전천년주의 반대되는 교리로 생각해 주시면 쉽게 그들의 음모를 깨달을 수 있을 것입니다.

2) 무천년주의가 탄생하게 된 배경

무천년주의 비밀을 알아보는 가장 좋은 방법은 탄생의 비밀을 알아보는 것입니다. 무천년주의는 알랙산드리아 학파 클레멘트(Clement) 오리겐(Origen), 디오니시우스(Dionysius)가 계시록은 요한이 쓴 것이 아니며 문자적으로 이해해서는 안된다고 주장하면서 교회를 통해 이루어지는 지상의 천년왕국을 부인하고 유대주의 신국을 세우기 위해 전천년주의를 반대한 것입니다. 이것은 사탄이 하나님 나라를 훼방하고 도리어 사탄의 배도의 나라를 세우기 위한 음모였습니다. 알렉산드리아 학파를 제외한 초대교회 모든 교부들은 전천년주의를 따라서 경건한 삶을 살았습니다.

3) 무천년주의 사상

알렉산드리아 유대인 공동체는 성서시대의 유대교와 초기 기독교를 이해하는데 매우 중요합니다. 제 2 성전시대 가장 큰 디아스포라 집단이었던 이 공동체는 그리스-로마 문화를 그들의 바벨론 탈무드라고 하는 전승에 접목시키면서 헬라주의적 유대교를 형성시켰고, 예루살렘을 중심한 팔레스틴 유대교(Palestinian Judaism)와 함께 당시 유대교의 두 축을 이루었습니다. 이들의 사상은 초기 기독교 교부들에게 영향을 주어 알렉산드리아 학파의 형성을 가능케 했습니다. 알렉산드리아 학파 사람들은 플라톤주의 철학과 영지주의 철학과 바리새파 유대인들의 바벨론 탈무드라는 비전(秘傳)에 나타난 신비주의를 추구한 학파였습니다.

특히 이들은 바벨론 포로 이후 유대인 디아스포라를 형성하면서 집약된 헬라문화를 유대의 종교와 문화에 종속시키면서, 유대화를 시도했습니다. 그래서 그들은 하나님을 형이상학적으로 이해했습니다. 초월적 존재로서의 하나님에 대한 개념은 중기 플라톤주의와 신피타고라스 학파(Neopythagoreanism)의 신인동형론적(anthropomorphic)으로 이해했으며, 유대교를 헬라주의적 신비종교로 변형시켰습니다. 헬라주의적 유대교는 이집트의 유대교에서 시도 되었던 것입니다. 그러나 실상은 태양신 루시퍼를 섬기는 사탄종교였습니다.

그들이 이렇게 유대주의를 헬라화한 이유는 바리새파 유대인들이 추구하고 있었던 구약에서 예언하고 있는 메시야 신국론(神國論)을 대망했기 때문입니다. 메시야 신국론은 메시야가 나타나서 지상의 유토피아 즉 우주를 회복한다는 개념입니다. 이것이 바리새파 유대인들의 세계주의입니다. 지상에서 유일하게 소유하고 있는 세계관입니다.

이들에게 있어서 이런 유대주의 메시야 신국론은 수많은 전쟁과 포로 생활, 방랑과 핍박 등을 받으면서 더욱 더 구체화 되었던 것입니다. 특히 바벨론 포로생활과 페르시아 제국을 거치면서 바리새파 유대교는 바벨론의 태양신인 조로아스터교를 흡수합니다. 그 후 그리스 제국을 거치면서 플라톤 철학과 그리스와 이집트의 비밀종교인 영지주의와 결합합니다. 알렉산드리아 바리새파 유대인들은 당시 헬라문화가 지배하고 있는 세계를 정복하기 위해 헬라문화를 유대문화에 흡수해서 유대주의 세계화를 추구했던 것입니다.

알렉산드리아 학파인 바리새파 유대인들의 헬라 문화의 세계화는 오리겐의 성경 번역작업과 비유, 상징, 알레고리칼한 성경해석을 통해 기독교와 접목을 시켰습니다. 그래서 탄생한 것이 로마 카톨릭입니다. 로마 카톨릭을 공인한 콘스탄틴은 알렉산드리아 학파이며 교회 역사가인 유세비우스의 친한 친구로서 태양신인 조로아스터교 즉 미트라교를 믿고 있었는데 유세비우스를 통해 알렉산드리아 학파에서 흡수한 유대주의 기독교를 받아들이고 밀라노 칙령을 통해 미트라 기독교를 세계종교로 공인하게 된 것입니다.

바리새파 유대인 알렉산드리아 학파는 그들이 만든 유대교화 된 로마 카톨릭을 통해 그들이 추구한 구약 메시야 신국 건설을 하려 했던 것입니다. 유세비우스는 콘스탄틴을 페르시아 제국을 건설하고 유대인들을 포로에서 해방시킨 고레스(사이러스)대왕이라고 추켜 세웠습니다. 그리고 그가 선포한 세계평화헌장을 모델로 하여 주후 313년 팍스로마를 건국하기 위해 밀라노 칙령을 발표하게 한 것입니다.

유세비우스는 콘스탄틴 대왕의 로마 신국 통치를 위해 오리겐의 70인 성경을 차용해서 50권의 성경은 새롭게 번역하여 황실에 헌정을 했습니다. 제롬도 역시 로마 카톨릭을 통한 유대주의 신국을 건설하기 위해 라틴어 성경을 번역해서 1000년동안 사용하게 했습니다. 암브로스와 어거스틴도 로마 카톨릭을 지상의 천년왕국으로 세우기 위해 철학과 신학의 논리를 세웠습니다.

그래서 알렉산드리아 학파 오리겐 등은 철저하게 전천년주의를 반대하고 무천년주의를 주장하여 지상의 그들의 메시야 신국을 세우려 했던 것입니다.

4) 무천년주의 교회관

무천년주의 교회관은 어거스틴의 신국론을 통해 최초로 교리화되었습니다. 어거스틴이 신국론(神國論)을 쓰게 된 배경은 주후 410년 고트족의 로마점령 사건입니다. 당시 모든 사람들은 로마제국이 지상의 유토피아 천년왕국 신국(神國)으로 이해를 했습니다. 그러나 고트족에 의해서 로마가 점령당하자 큰 충격에 빠진 것입니다. 그래서 로마는 흔들리기 시작했습니다.

그리고 신국인 로마가 망해가는 원인을 찾기 위해 수많은 주장들이 나오게 되었습니다. 그중에 가장 큰 목소리는 로마가 콘스탄틴 대제가 믿었던 태양신 미트라교를 버렸기 때문이라는 주장이 나왔고, 결국 기독교가 로마를 망하게 하였다는 기독교 실패론이 등장하게 된 것입니다. 이때 어거스틴은 신국론(하나님의 도성)이라는 책을 써서 기독교를 변호했던 것입니다.

신국론에서 어거스틴은 두 개의 신국을 설명합니다. 현재 보이는 신국과 보이지 않는 신국으로 나누었습니다. 보이는 가시적인 신국은 현재 불안한 로마제국입니다. 그리고 보이지 않은 불가시적인 신국은 미래의 로마제국입니다. 그는 현재 불안한 로마 제국은 잠시 현상일 뿐 보이지 않는 로마 제국은 영원하다는 사실을 강조하고 있는 내용입니다.

어거스틴의 신국론은 칼빈에 의해서 구체화 되었습니다. 칼빈도 제네바 종교 개혁을 통해서 이룩하고자 한 것은 제네바 신국 모델이었습니다. 그리고 제네바 아카데미를 통해서 세계로 퍼져 나간 개혁주의 교회도 역시 신국(神國)을 세우기 위한 국가교회주의였습니다.

무천년주의자들의 교회론은 교회와 국가를 하나의 체제로 보는 국가교회입니다. 이것은 구약 이스라엘의 신정정치 이론입니다. 이것을 제국주의 기독교라고 합니다. 군함과 대포를 통해 무력으로 세계를 선교하려고 했던 무리들이 모두 다 지상의 메시야 신국(神國)을 세우려 했던 바리새파 유대인들이었습니다.

국가교회의 신정정치의 산물중에는 유아세례 제도가 있습니다. 국가가 법으로 정해서 모든 유아는 세례를 받도록 했습니다. 그 이유는 태어난 어린아이는 신국의 국민이기 때문입니다. 구약의 할례제도를 세례라는 명칭으로 대체시켜 메시야 신국을 세우려 했던 것입니다. 구약의 할례제도를 유아 세례로 제정한 사람이 오리겐입니다. 이런 유아세례를 통한 신국제도는 아브라함 카이퍼에 의해서 더욱 더 견고해 졌습니다. 그는 어린아이는 태어날 때부터 중생한 상태로 태어난 것이라고 주장했습니다.

5) 무천년주의 복음

무천년주의자들은 보편적 구원을 주장합니다. 이것은 만인 구원설입니다. 오리겐, 칼 바르트, 존 스토트, 아브라함 카이퍼, 빌리그래함이 주장한 것입니다. 헬라 영지주의 철학과 독일의 관념주의 철학에서 나온 유기체 철학은 우주를 하나의 생명으로 이해합니다. 이것이 그들이 본 우주관이고 교회관입니다. 도여베르트가 우주법 철학에서 주장한 우주교회론입니다.

예수님이 십자가에 구속하신 목적은 타락한 인간만을 위한 구속이 아니라 우주적인 회복을 위한 대속이라고 합니다. 그래서 결국은 예수님의 대속의 은총으로 온 만물이 다 회복된다는 구원론입니다. 여기에는 종교의 차별이 없습니다. 민족의 차별도 없습니다. 여기에는 자연도 포함됩니다. 우주의 해와 달과 별들도 포함됩니다. 심지어 사탄의 세력들까지 예수님의 구속에 포함됩니다. 그래서 악의 뿌리가 사라지는 영원한 신국이 세워지는 것입니다.

그래서 그들은 우주를 포함한 자연을 구원의 대상으로 이해합니다. 정치구조나 경제구조도 구원의 대상으로 포함합니다. 범신론적인 구원론입니다.

그들이 주장한 최종구원은 영겁회귀입니다. 즉 윤회설입니다. 영원히 더 나은 신적존재로 신인합일로 복귀하는 과정을 영겁회귀라고 합니다. 그래서 지옥은 없는 것입니다. 자연주의 철학은 사람과 자연을 하나로 이해한 헬라철학에서 나온 철학입니다. 현대 최고의 영성가 유진 피터슨이 말하고 있는 기독교 영성은 사기입니다. 그는 관상기도를 통해 자연의 영성을 경험하고 기독교 영성인 것처럼 속이고 있는 것입니다.

6) 무천년주의 세계관

무천년주의가 바라보는 세상과 인간은 어떤 존재입니까? 전천년주의와 무천년주의는 세상을 바라보는 신학의 관점이 전혀 다릅니다. 인간을 평가하는 관점도 전혀 다릅니다. 미래를 예측하는 방법도 전혀 다릅니다. 얼마만큼 다릅니까? 하늘과 땅만큼 다릅니다.

무천년주의는 세상을 긍정적으로 봅니다. 그래서 항상 일으켜 세워서 지상의 신국을 세울 수 있는 재료들로 가득한 세상으로 봅니다. 정치, 경제, 사회, 가정, 교육, 미디어, 예술 등의 세계를 변화시켜 신국으로 만들 수 있다고 생각합니다. 인간에 대한 평가도 아주 후합니다. 인간속에 스스로를 살릴 수 있는 신의 영성이 많이 존재한다고 합니다. 왜냐하면 원래 인간은 신인동격체(神人同格體)였기 때문입니다. 아브라함 카이퍼는 이것을 하나님의 일반은총으로 설명을 했습니다. 하나님의 일반은총이 세상과 사람을 완전히 타락하는 것을 막아서 세상이 예수님의 십자가 구속의 은총으로 만물이 회복된다는 것입니다.

무천년주의가 탄생한 동기는 구약 바리새파 유대인들의 메시야 신국 이론입니다. 그리고 그들이 세웠던 신학이 신플라톤주의 우주론입니다. 그래서 그들의 주장은 성경과 정 반대가 되는 것입니다. 성경은 인간이 완전히 타락해서 일으켜 세울 것이 전혀 없기 때문에 예수님이 죽으셔야 한다는 사실을 강조하고 있습니다. 성경은 이 세상이 비록 하나님께서 세우신 제도이지만 동일한 말씀으로 불태워 버릴 타락한 존재로 말씀을 하고 있습니다. 세상에 있는 모든 것이 육신의 정욕과 안목의 정욕과 이생의 자랑이라고 했습니다. 예수님도 세상이 악한자에게 처해 있다고 정죄하셨습니다, 세상을 사랑하지 말라고 했고, 세상을 사랑하는 자들은 간음하는 자들이라고 했습니다. 그래서 사탄주의자들은 야고보서를 성경에서 제외시켰습니다.

7) 무천년주의 종말관

전천년주의와 무천년주의는 종말을 이해는 관점이 전혀 다릅니다. 무천년주의는 종말을 아주 밝게 봅니다. 세상의 정치, 경제, 교육, 과학의 힘으로 세상에 신국이 세워질 것을 교육합니다. 그리고 그 신국의 주인공들이 자신들이 될 것을 기대합니다. 그러나 전천년주의는 성경에 기록된 종말을 비관적으로 봅니다. 세상은 종말이 다가올수록 더욱 더 타락하고, 부패하고, 결국은 온 세상이 바벨론 음녀에게 삼킴을 받아서 하나님을 배도할 세상으로 봅니다. 그래서 종말의 세상을 심판의 대상으로 보는 것입니다.

천국의 개념도 다릅니다. 무천년주의는 전천년주의 반대로 이 세상에 신국이 세워질 것을 주장합니다. 그러나 전천년주의는 진정한 신국은 하늘에 세워질 것을 강조합니다. 무천년주의는 눈에 보이는 정치나 경제나 체제속에 하나님의 나라가 임한다고 합니다. 그러나 전천년주의는 사람들의 마음속에 하나님의 나라가 임한다고 봅니다.

8) 무천년주의와 신세계질서

이상에서 정리해 보았듯이 전천년주의와 무천년주의는 정반대입니다. 지상이냐 천국이냐, 사람이냐 제도냐, 하늘이냐 땅이냐, 물질이냐 영이냐, 십자가 복음이냐 영지주의 철학이냐, 하나님의 능력이냐 사람의 힘이냐 …

처음부터 전천년주의를 반대한 무천년주의는 지상의 유토피아 신국론입니다. 이것은 바리새파 유대인들의 메시야 나라입니다. 이것을 교회라고 사기를 친 것입니다. 이 사람들이 오리겐을 중심으로 한 알렉산드리아 학파입니다. 곧 바리새파 유대인들입니다. 그들은 가짜 유대인들입니다. 바벨론 탈무드를 가지고 사탄을 숭배하는 루시퍼 태양신 숭배자들입니다. 그들이 2000년 동안 로마 카톨릭을 통해 세계를 지배해 온 것입니다. 세상에서 세워지고 있는 하나님의 나라인 교회의 비밀을 알고 훼방할 수 있는 자는 오직 사탄밖에 없습니다. 그 유일한 세력이 바로 바리새파 유대인들입니다. 사탄의 회입니다.

그들은 엘리트 아리안주의 기독교를 만들었습니다. 유럽의 최초의 왕국 프랑크 왕국의 친 유대 왕조인 메로빙거 왕조를 세웠습니다. 알렉산드리아 바벨론 탈무드 유대인으로부터 시작해서 오르므즈 영지주의, 시온수도회, 템플기사단, 장미십자단, 르네상스, 종교개혁, 예수회 일루미나티, 프리메이슨, 오늘날 네오콘에 이르기까지 전 세계 정치, 경제, 종교를 통해 세계를 그들의 신국으로 만들어가는 자들이 바로 바리새파 유대인들입니다. 그들의 세계정복의 시나리오가 신세계질서입니다. 기독교 무천년주의 종말론은 그들이 사용하고 있는 무기입니다.

전천년주의(前千年主義, Pre-Millenenialism)는 초대교회 교부들이 순교의 피를 흘려 지켜왔던 십자가 복음입니다. 후천년주의(後千年主義, Post-Millene-nialism)나 무천년주의(無千年主義, A-Millenenialism)라는 교리는 처음부터 없었습니다. 종교 개혁자들이 소수 광신적인 시한부 종말론자들을 빌미로 해서 자신의 신국을 왕성하기 위해 만든 성경적인 교회를 말살시키는 도구로 사용했던 이론입니다.

지금도 사탄의 세력들은 무천년주의를 참 진리라고 주장하면서 전천년주의를 세대주의로 몰아서 이단시하고 있습니다. 특히 네델란드 개혁파 신학의 줄기가 그 본류입니다. 네델란드 암스텔담의 아브라함 카이퍼가 세운 자유대학, 네델란드 사람들이 미국으로 이민 가서 세운 친 네델란드 신학교 칼빈대학, 웨스트민스트 신학교, 풀러신학교 등이 주장하고 있습니다. 신학자는 아브라함 카이퍼, 헤르만 바빙크, 벌까우어, 도여베르트, 프란시스 쉐퍼, 루이스 벌코프 등입니다. 전천년주의를 지켰던 교부들은 순교자 저스틴, 이레니우스, 이그나티우스, 터툴리안, 바나바, 메쏘디우스, 락탄티누스 등입니다.

2. 자유주의 신학

1) 자유주의 신학의 원리

자유주의 신학은 신학적인 인물로 슐라이어마허, 역사 철학적이며 동시에 종교 철학적인 면에서 헤겔, 그리고 비판 철학에 있어서 칸트가 있었습니다. 따라서 자유주의 신학은 이 세 사람을 중심으로 그 논리와 신학적 체계를 형성하고 있습니다. 이 세 사람 이후에 나타나는 학자들은 모두가 직접 혹은 간접적으로 그들의 영향권에 들어 있습니다.

(1) 슐라이어마허의 감정이입신학

슐라이어마허는 역시 자유주의 신학의 아버지로서 감정 이입이라는 감정과 직관을 신학의 도구로 사용하였습니다. 그는 사유주의의 신학적인 방법론을 최초로 정립시킨 사람이었습니다. 많은 자유주의 신학자들의 이름을 거론할 필요도 없이 그 이후의 대부분의 유럽 신학자들은 그의 영향을 받지 않은 자가 없습니다. 비록 칼 바르트도 그의 로마서 강해에서 강하게 비판했지만 그 자신의 말처럼 슐라이어마허의 영향을 벗어나는 자는 아무도 없다고 했습니다.

(2) 칸트의 이원론 윤리학

칸트는 흄의 회의론적 지식론을 가지고 플라톤의 이데아 세계와 감각 세계를 구분한 것처럼 현상계와 오감으로 인식되는 본체계를 구분하였습니다. 그는 이성의 한계에서 종교의 가능성을 논하는데 사실상 칸트는 초자연의 세계를 거절한 것입니다. 그는 종교의 초자연적이며 영적인 주제들을 도덕의 영역으로 격하시켰습니다. 칸트의 영향으로 자유주의 신학자들이 윤리를 강조하게 되었습니다. 리츨과 그의 학파들이 대표적으로 이런 경향을 가지고 있습니다. 슐라이어마허가 감정을 신학의 중심에, 헤겔이 정신에 역점을 두었듯이, 리츨은 윤리에 그의 신학의 중심을 두었습니다. 리츨이 신앙의 중심주제로 윤리적 가치를 인정하게 된 것은 예수와 인간이 따를 위대한 윤리의 모범자로 함께 발전하고 성숙하게 되는 하나님 나라를 도덕적으로 보기 때문이었습니다. 이것은 종교를 단지 도덕활동으로 본 것에 지나지 않으며, 결국 칸트에서 나타나는 현재적이며 세속적 왕국에 불과합니다. 한편 리츨은 죄론에 있어서도 윤리적인 관점이 확연하게 나타납니다. 그는 죄를 의지가 약한 것이 아니라 무지인데 도덕적 양육과 교육에 의해서 교정될 수 있다고 믿었습니다.

(3) 헤겔의 변증법 철학

헤겔은 대표적인 관념론자였습니다. 슐라이어마허는 감정을 강조한 반면에 헤겔은 관념론자였기 때문에 이성의 관념을 확대하여 정신의 모든 측면들과 동일시하는 모습을 보여 주었습니다. 이 둘은 같은 대학에서 별로 좋지 않은 관계를 가지고 있었으나 신학을 다루는데 있어서 많은 공통점이 있었습니다. 최근에 헤겔의 철학적 동기가 신학적이라고 발표되었습니다. 즉 그의 전체 철학체계가 원래는 기독교 신앙을 사람들이 이해하고 수용할 수 있도록 하기 위하여 노력하였던 그의 초기의 노력에서 직접 발전되었습니다. 헤겔의 철학은 가장 포괄적인 체계로서 인정받고 있습니다. 그의 문제의식은 절대적 진리의 주장들이 어떻게 역사와 관계를 갖고 있는가 하는 것이었습니다. 따라서 그는 생각하기를 역사 전체를 하나의 합리적인 체계로 나타내 보여줄 수 있는 시각을 발견할 수만 있다면 절대적 진리를 주장할 수 있다고 생각했습니다. 여기서 그의 변증법이 창출되었습니다. 헤겔에 의하면 "상대의 세계는 자기에 대한 존재하는 세계이며, 모순을 지닌 채 운동과 생성하는 세계이다. 그런데 생성은 이 자기 모순을 지양하고 보다 높은 단계에 이르러 자기 안전을 추구한다는 것이다. 그러나 이 운동은 무한한 진행은 아니고 일체의 상대적 단계가 경과함에 따라 절대 정신이 개현된다고 본다. 절대자는 정적 실체자일 수 없고 일체의 상대를 그 안에 포괄하고 있는 살아 있는 주체이다. 이 운동은 이성과 실체에 통하고, 그 이성의 법은 변증법이다." 헤겔의 변증법을 성경과 기독교의 본질에 적용한 사람들은 스트라우스와 바우어가 있었습니다. 이들은 역사적 예수와 이상적 예수의 관계를 변증법으로 해결하려고 시도했습니다.

2) 자유주의 신학의 특징

자유주의 신학은 인간을 신뢰하는 특징을 갖고 있습니다. 즉, 인간의 이성과 양심, 도덕 등을 신뢰하는 것입니다. 이런 자유주의 신학은 다음과 같은 다섯 가지로 설명이 가능합니다.

(1) 성경에 대한 새로운 해석입니다.

자유주의 신학자들도 성경을 굉장히 존중히 생각합니다. 그들은 성경이 하나님을 이해하는데 있어 매우 중요한 책이란 사실을 인정합니다. 그러나 정통주의자들과는 다른 이해를 갖고 있습니다. 성경은 인간이 기록한 책이므로 많은 오류가 있다고 본다는 것입니다. 그래서 성경을 비평학적으로 해석합니다. 그리고 신화화 했습니다.

성경의 원문비평인 문서설은 루터의 장미십자회에서 알렉산드리아 학파의 오리겐의 부패성경을 사용한 것입니다.

(2) 이성을 중시하는 신학입니다.

자유주의 신학자들은 비록 성경의 기록일지라도 이성에 맞지 않은 것들은 거부합니다. 그리하여 초자연적인 교리들이 전부 잘려나가는 상황이 발생하게 됩니다. 동정녀 탄생, 예수의 부활, 마귀를 쫓아내심 등을 거부하는 것입니다. 뿐만 아니라 예수의 신성, 삼위일체 교리 등도 이성에 합하지 않으므로 거부합니다. 이런 이성 중심적 신학은 크게 두 가지 흐름이 있습니다. 하나는 "슐라이어마허의 자유주의"가 있고 다른 하나는 "헤겔적 자유주의"가 그것입니다. 슐라이어마허의 자유주의는 종교의 본질이 인간의 내적 본성에 있다고 보고, 인간 마음 깊은 곳에는 신과 교류하는 어떤 장소가 있다고 생각합니다. 또한 계시는 우주에 대한 근원적이며 새로운 직관이며, 이것은 신에 대한 이념보다 더 가치 있다고 봅니다. 반면 헤겔적 자유주의는 인간의 이성을 통해서 하나님께서 하나님의 나라를 이루어간다고 생각합니다.

(3) 인간 예수를 강조합니다.

자유주의 신학은 예수를 삼위일체 하나님의 제 2위격인 성자로 보지 않습니다. 근본적으로 삼위일체론 자체를 거부하기 때문에 이것은 당연한 귀결이라 생각할 수 있습니다. 슐라이어마허에 의하면, 예수는 신성이 충만한 사람으로서 모범적인 최초의 그리스도인이었습니다. 예수가 하나님의 아들이라는 성경의 표현은 예수께서 하나님의 뜻을 너무나도 정확하게 받들었기 때문에 하나님께서 예수를 당신의 아들로 삼으셨다는 것입니다. 이것이 바로 자유주의적 양자론입니다.

(4) 사랑의 윤리입니다.

자유주의의 핵은 예수 그리스도의 인격을 닮는 것입니다. 예수의 인격이란 위로는 하나님을 사랑하고 아래로는 이웃을 사랑하는 것입니다. 자유주의 신학이 십자가의 대속을 거부한 것은 심각한 오류입니다. 그들이 닮기를 원하는 예수님의 사랑 역시 인간적인 사랑일 뿐입니다. 이것을 사랑의 윤리학이라고 합니다. 오직 사랑만을 강조합니다. 거룩하신 하나님은 그들에게 너무나 버거우신 하나님이기 때문입니다.

(5) 헤겔적 역사의 진보를 믿습니다.

자유주의 신학자들은 인간의 이성과 양심을 잘 사용하면 하나님의 나라를 발전시키는 것이 가능하며, 마침내 유토피아, 즉 하나님의 나라가 도래할 것이라고 믿었습니다. '하르낙'은 "역사 앞의 경외"라는 말을 썼습니다. 역사를 보면 경외심을 가질 수밖에 없다는 것이 역사 앞의 경외인 것입니다. 그 이유는 역사 속에 신의 영이 활동하고 있기 때문이라는 것입니다. 자유주의 신학은 역사를 거의 신적인 운동과 동일시 합니다. 이것을 "역사적 범신론"이라고 부릅니다.

3) 자유주의 신학의 사상적 배경

19세기 자유주의 신학은 현대 정신에 대한 개신교의 응답인 동시에 그 시대의 산물이었습니다. 개신교는 18세기에 여러 측면으로 변화를 겪었습니다. 정치적으로는 30년 전쟁, 영국 시민 전쟁, 프랑스 혁명, 미국의 독립 전쟁과 같은 수많은 갈등과 투쟁이 일어났으며 이런 과정을 통해 현대 민주주의가 출현했습니다.

계몽주의와 과학과 기술이 발전함에 따라 과학과 인간의 이성이 모든 문제를 해결할 수 있다는 신념이 확산 되었습니다. 이러한 변화와 도전에 대응하여 자유주의 신학은 계몽주의와 조화하여 또는 계몽주의의 관점으로부터 기독교 신앙을 재해석하려 했습니다. 계몽주의는 17세기에 시작되어 18세기에 전성기를 누리며 전 유럽 사상의 주류를 형성했던 사조로서 개인의 자유와 이성의 능력을 무한히 신뢰하고 강조한 것이 특징이었습니다. 이 외에도 경건주의와 19세기 초의 독일 낭만주의가 자유주의 신학 형성에 적지 않은 영향을 끼쳤으며 자유주의 신학이 성장하고 발육한 토양이 되었습니다.

(1) 계몽주의

계몽주의는 18세기에 유럽에 나타난 철학적 문화 운동인데, 인간적 경험의 모든 가능한 영역에 이성적 분석을 적용하면서, 미신, 선입견, 무지를 타파할 것을 제안했습니다. 이 문화의 영향 아래 전례는 사목을 위한 유용성의 관점에서 단순하게 파악되었고, 공동체적 성격이 강조 되었으며, 단순성과 합리성에 더욱 도달할 것을 도모했습니다.

(2) 경건주의

18세기와 19세기 개신교 교회와 신학자들에게 큰 영향을 준 또 다른 사상운동이 경건주의입니다. 17세기 정통주의 개신교는 종교개혁의 생명력 있는 신앙을 상실하고 형식과 교리화 되었습니다. 성서의 권위가 약화된 반면 세례단, 설교단, 고백실 등이 무언의 우상이 되었습니다. 이러한 현상에 대한 반동으로 나온 것이 경건주의입니다. 경건주의는 사상의 체계라기보다 감정의 체계이며, 신학적 분위기와 종교적 부흥 운동이라 할 수 있습니다.

독일 경건주의의 창시자 스페너는 교회개혁의 필요성을 통감하고 자신의 집에서 기도와 성서 연구 및 종교적인 문제에 대한 자유스런 토론을 병행하는 모임을 가지는 한편 "복음적 교회의 개혁을 위한 열망"이란 책을 저술했습니다. 이 책에서 그는 성서의 진지한 연구, 평신도의 교회 행정 참여, 기독교인의 실천적 삶이 교리 지식에 대한 본질적인 보충물이라고 했습니다. 이단자들에 대한 관대한 취급 대신 혹독한 공격과 처벌을 할 것, 대학에서의 기도와 경건 생활, 수사학적 설교를 순수하고 신앙심 있는 설교로 대치할 것 등을 제의했습니다.

이러한 스페너의 호소에 많은 사람들이 호응하여 하나의 운동이 되었습니다. 스페너의 사후에는 프랑케, 진젠도르프 등이 지도자가 되었으며, 프러시아 왕 프레드릭 3세가 경건주의를 적극 돕고, 1694년에 할레 대학을 설립함에 따라 이 대학이 경건주의 운동의 중심이 되었습니다. 그 후 합리주의의 영향으로 세력이 약화되었습니다. 18세기 말과 19세기 초에 신경건주의가 일어났으며 멘켄 등이 이를 대변했습니다.

(3) 낭만주의

1790년대 루소와 레씽에 의해 독일에서 시작되어 18세기 후반과 19세기에 이르기까지 예술 문학 과학 등 여러 방면에 걸쳐 광범위하게 전개되었던 낭만주의가 그것입니다. 낭만주의 운동은 형태와 동기가 다양할 뿐만 아니라 낭만주의란 말 역시 너무 자유스럽게 사용되므로 통일된 정의를 내리기가 쉽지 않습니다.

웰치에 따르면 낭만주의는 자유와 역동주의의 이름으로 형식주의와 구조주의에 저항한 것이며, 개체성 감정의 직접성 및 역사에 대한 관심을 강조하는 것이 특징입니다.

독일 낭만주의는 루소와 레씽에 의해 시작되어 헤르더와 쉴러에 의해 육성되고 노발리스, 슐레겔 형제, 피히테 등에 의해 개화되었습니다. 낭만주의는 헤겔, 쉐링 등과 같은 철학자와 슐라이어마허, 코러리지, 뉴우맨 같은 신학자들에게 많은 영향을 끼쳤습니다.

4) 자유주의 신학의 태동

자유주의란 이성과 자유를 강조한 계몽주의와 프랑스 혁명으로 대표되는 정신적 자극에 의해서 19세기에 출현하였습니다. 따라서 인간의 자율성이 최대한 활동하는 계기가 되었습니다. 자유는 인간으로 하여금 스스로 결정하는 기회와 과제를 제공해 준다는 의식이 널리 인정되었습니다. 자유주의의 태동과 더불어 개인주의가 점점 퍼지기 시작하여 신학자들에게 도전을 주었습니다.

이 때 슐라이어마허가 계몽주의의 영향으로 종교를 멸시하는 풍조가 있었는데 그 이론은 현재적 경향을 공격하고, 종교는 형이상학도 아니요, 도덕도 아니며, 또 그것들에 종속되지도 않는 종교의 독특한 본질을 가지고 있다고 주장하였습니다. 이런 시도는 당시 아주 창의적인 것이었습니다. 비록 자유주의로 흘렀지만 종교에 대해 뭔가 자기 나름대로 철학을 갖고 세상의 사조에 대해 반기를 들고 독창적인 방법을 창출한 점은 대단한 것이었습니다. 슐라이어마허는 종교를 직관과 감정의 영역으로 설명하면서 새롭게 자유주의 신학의 완전한 논리 체계로 만들었습니다.

자유주의 신학이란 전통적인 신학 방법론을 버리고 인간의 이성, 직관, 감정, 기타 체험을 이용하여 성경과 신학을 자유롭게 역사 비평에 근거하여 재해석하는 신학입니다. 앞에서 우리는 자유주의 신학을 이해하기 위한 배경으로 이 신학이 경건주의, 계몽주의, 그리고 낭만주의라는 사조들을 그 기반으로 형성되었음을 살펴보았습니다. 특히 자유주의 신학의 아버지로 불리우는 슐라이어마허가 자유신학을 전개할 때 이 세 가지의 조류에 큰 영향을 받았음을 보여 줍니다.

5) 자유주의 신학의 비판

자유주의 신학은 현대 정신을 신학에 반영하여 현대인이 이해할 수 있는 방식으로 기독교를 재해석한 것입니다. 그러나 이러한 과제를 인간의 종교적 의식이나 경험에 근거하여 수행함으로써 인간 중심적인 신학이 되었습니다. 뿐만 아니라 이성과 과학을 진리의 척도로 간주하여 복음의 본질적인 부분을 거부하거나 왜곡하게 되었습니다. 그리스도의 선재성, 동정녀 탄생, 부활, 승천, 성경의 무오성 등을 부정하는 것입니다. 이러한 자유주의 신학의 오류는 그릇된 출발점으로부터 비롯되었습니다. 하나님의 말씀이 아닌 인간의 능력이나 경험을 신학의 출발점으로 삼은 것입니다. 잘못된 시작은 잘못된 결론에 이를 수밖에 없습니다. 자유주의 신학은 복음의 핵심을 상실하고 기독교를 계시 종교로부터 윤리종교로, 하나님의 말씀 중심의 종교로부터 인간 중심의 합리적인 종교로 만들었습니다.

자유주의 신학은 정통주의 신학을 비판점으로 삼아 종교개혁 신앙으로 돌아가고자 했으나 오히려 종교개혁 전통으로부터 단절되는 결과를 초래했습니다. 건전한 신학은 신학의 네 가지 근원인 성서, 전통, 이성 및 경험이 균형을 이룰 때 가능합니다. 우리는 어떤 문제를 다룸에 있어 그것이 성서에서 어떻게 고려되고 있으며, 전통에 의해 어떻게 해석되고 있는지 이성에 의해 어떻게 체계화되고 있으며 존재론적으로 어떻게 인간 경험에 관련되어 있는지를 제시해야 할 것입니다.

자유주의 신학은 우리가 신학을 성경적이며, 개혁주의 방법으로 다루어야 함을 역설적으로 보여줍니다. 자유주의 신학의 개인주의적 자유적인 특성은 기독교의 신학의 공동체를 약화시켰습니다. 즉 신학을 다루는 성경적 공동체의 중요성을 다시 한번 일깨워줍니다. 한 개인의 신학의 방법과 내용은 성경과 기존의 건전한 신학적인 전통에 의해서 검증이 필요합니다. 여기서 말하는 전통이란 로마 카톨릭 교회가 만든 종류의 전통이 결코 아닙니다. 성경을 올바르게 이해했던 역사적 신조들이나 성경적 신학사상을 말합니다.

자유주의 신학은 성경의 초자연적인 것을 부인함으로서 기독교의 역사성을 흔들어 놓았습니다. 그러나 복음주의적이며 보수적인 기독교회는 언제나 건재한 가운데 어떠한 자유주의 신학 사상도 이를 무너뜨리지 못할 것입니다.

6) 자유주의 신학의 정체 그노시스 영지주의(Gnosticism)

19세기 출현한 자유주의 신학은 초대교회에 출현했던 그노시스의 영지주의 재출현에 불과합니다. 알렉산드리아 학파 오리겐 등은 성경을 알레고리칼하게 비유와 상징으로 해석하여 인간의 이성과 철학과 국가 권력과 이교문화에 적용을 시켰습니다. 특히 그들이 사탄적인 이유는 이와 같은 시도를 통해 성경을 무력화 시키고, 성경에 나타난 유일신교를 다신교로 만들 뿐 아니라 메시야를 혼돈시켜 영원한 생명을 감추는 데 있었습니다.

A.D. 1세기부터 3세기까지 그리스-로마 세계에 널리 퍼져 있었던 그노시스 영지주의는 헬라 철학을 기독교에 접목시켜 다채로운 종교적

제7장 기독교 이단 신학 교리와 사상가들

사고와 예배의 형태를 만들었던 종교사의 용어입니다. 때때로 초기 기독교인들이 신앙을 설명하기 위하여 그노시스적인 상징을 빌어 쓰기도 하였으나, 대부분의 형태의 그노시스주의는 기독교에 위협을 가하는 이단이었습니다.

그노시스주의의 기원을 설명하기 위한 시도들이 대단히 많았지만, 대체로 이집트, 시리아, 바벨론 등지에 이미 기독교 이전 시대부터 있어왔던 신비 종교의 여러 가지 흐름들이 합쳐진 것이라는 데에 의견이 모아지고 있습니다. 하지만 그러한 다양한 흐름 속에도 공통의 동기들이 있습니다. 그 중 가장 중심이 되는 것은 종교세계에 갇혀 있는 영을 해방시킴으로써 구원이 이루어지고, 그 영의 해방은 비의적인 신적 지식, 혹은 그노시스에 의하여 우주적인 구원이 가능해진다는 것입니다. 어떻게 영이 갇히고, 어떻게 해방될 수 있는가 하는 것은 매우 정교하고 복합한 철학과 신화들로 표현되어 있습니다. 그것들 중 공통의 요소는 인간속에 내재된 신을 스스로 찾아 우주적인 신과 연합하려는 시도는 자유주의가 시도하고 있는 원리와 동일한 것입니다.

3. 신 칼빈주의(Neo-Calvinism)

1) 아브라함 카이퍼의 생애(Abraham Kuyper, 1837-1920)

아브라함 카이퍼는 1837년 홀란드(네덜란드) 남부의 Maassluis에서 태어났습니다. 아버지는 J.F. Kuyper. Dutch Reformed Church에 속했으며, 중도노선을 걸었던 사람이었습니다. 어릴 때부터 영특했던 아브라함 카이퍼는 알파벳을 배우고 나서부터 책읽기를 좋아하게 되고, 12살 때 Leiden의 짐나지움에 입학해서 6년 동안 공부하고, 우등(with distinction)으로 졸업하게 됩니다. 그 이후 자유주의 Leiden 대학에서 7년 간 수학하고, 1862년 졸업하게 되는데, 최우수성적으로 신학박사학위를 받게 됩니다.

그는 학교생활을 통해서 이전의 선친으로부터 물려받은 신앙체계와는 상당히 다른 신앙적 견해를 취하게 되는데, 그 이전의 상당히 보수적인 신앙에서 자유주의 신학적 견해를 취하게 됩니다. 이런 변화에는 그 당시 현대주의(modernism)의 대표적인 기수 중의 한 명이었던 Scholten박사가 배경이 되었습니다.

2) 카이퍼의 사회개혁 활동

카이퍼는 교회개혁에만 관심이 있었던 것이 아니고, 국가문제와 정치영역에 대해서도 관심이 깊었습니다. 주간지였던 De Heraut (The Herald)지의 편집장이 되고, 기독교 일간지 De Standaard (The Standard)도 편집을 맡았습니다. 결국 국회에 진출하게 되고, 반혁명당의 지도자가 됩니다. 여기서 반혁명당이란 프랑스 혁명의 무력적인 사고방식에 반대하는 것을 기치로 내세운 일종의 기독교당이라고 할 수 있습니다. 카이퍼는 이런 프랑스 혁명의 무력정신에 반대하면서도 또한 동시에 그 혁명정신에 영향을 받게 되었다는 것이 일반적인 평가입니다. 1901년부터 1905년까지 정부의 수상이 되어서 빈민구호정책을 위한 여러가지 법들을 통과시키고, 사회정의를 구현하는데 열중하게 됩니다.

3) 화란의 자유대학 설립

카이퍼는 또한 Free University대학의 설립자. 이 학교는, 성경과 개혁주의 원리에 기초한 고등학문을 주창하는 학교. 이러 저러한 활동들로 카이퍼는 화란의 교회 및 정치사에 있어서 거의 반세기 동안을 지배했던 사람이라고 평가 됩니다. 카이퍼의 활동으로 '칼빈주의' 라는 말과 개념이 화란의 국가적인 차원에서 회자되면서 영향력을 미쳤습니다.

4) 카이퍼가 자유 대학을 설립한 목적

화란의 깜뻰 신학교는 화란의 국가 교회인 '헤르포름더 교회' 가 부패했다고 해서 분리해 나왔던 교회들이 세운 신학교입니다. 화란의 국가개혁교회가 처음에 분리된 사건은 1834년에 있었는데, 이 때의 사건을 '분리(Afscheiding)' 라고 부릅니다. 물론 그 때 분리되어 나온 교회는 몇 개 안 되었지만, 이들을 중심으로 교회들이 계속 탈퇴를 해서 2년 후에는 120여 교회가 모이게 되었습니다. 이렇게 해서 모인 사람들은 '분리자들(Afgescheidenen)'이라 불리웠으며, 이들은 서로 긴밀한 유대 관계를 맺고 있었습니다. 이들의 수는 많지 않았지만 모든 핍박과 어려움을 각오하고 나온 사람들이라 신앙이 좋은 사람들이었습니다. 그래서 이들은 나중에 '기독분리개혁교회(Christelijke Afgescheidene Gereformeerde Kerk)'라는 교단을 이루고, 1854년에 깜뻔신학교를 세웠습니다.

사실 아브라함 카이퍼가 자유대학을 세운 가장 큰 동기는 복음주의적인 깜뻔신학교를 견제하고 자유주의 신학을 통해 사회구원을 이루기 위함이었습니다.

이는 1929년 프린스톤이 좌경화 된 후 메이첸을 중심으로 웨스트민스트 신학이 세워지자 빌리 그리함과 헨리와 풀러가 복음주의 웨스트민스트를 견제하기 위해 신복음주의 학교인 풀러 신학교를 세워서 미국의 교회를 삼켰던 자유주의자들의 전략과 같았던 것입니다.

카이퍼가 죽고난 후 화란의 개혁교회는 통합되었다가 다시 분리된 후 자유교단이 설립됩니다. 자유교단의 공식 이름은 '화란개혁교회(Gereformeerde Kerken in Nederland)'인데, 별칭으로 '프레이허막트(Vrijgemaakt)'라고 부릅니다. 이것은 총회의 잘못된 권위 즉 교권정치로부터 '자유롭게 되었다', '해방되었다'는 의미로, 영어로 표기할 때는 '리버레이티드(Liberated)'라고 합니다. 우리말로는 '자유 교단' 또는 '해방 교단'이라고 부르는 게 좋을 것 같습니다. 이 '자유 교단'은 한국의 '고신 교단'과 1967년에 자매관계를 맺었는데, 지금까지 밀접한 관계를 맺어 오고 있습니다. 신사 참배에 반대하고 진리 운동을 한 고신 교단이 진리를 위해 싸운 자기들과 신앙이 같다고 해서 그들이 크게 기뻐했다고 합니다. 전에 부산 송도에 있는 고려신학대학원 건물도 이 화란개혁교회에서 상당 부분을 헌금해 주어서 지었으며, 초기에 학교 운영이 어려울 때에는 학교 재정의 일부를 그 쪽에서 보조해 주기도 했습니다. 그 후로는 주로 고신 교단의 신학생을 받아서 교육하고 있습니다.

교세를 보면, 아브라함 카이퍼가 중심이 되어서 출발한 교단을 통상

'신오달'이라고 부르는데 '총회측'이란 뜻입니다. 80년대 후반 기준으로 교인이 약 80만 명쯤 되는데, 교인들의 교회 출석이 충실하지 않습니다. 교회에 가더라도 한 달에 한 번 가는 교인, 또는 1년에 몇 차례 절기 때만 가는 교인도 많이 있습니다. 아브라함 카이퍼가 속한 '신오달' 교단은 1944년의 분열 이후 점차 전통적인 개혁 신학에서 멀어져 갔습니다. 1979년에는 동성연애자에 대해 관용할 것을 결정하였으며, 1980년에는 성경 비평을 받아들이는 보고서가 채택되었습니다. 그 후로는 성경 비평과 동성 연애가 그 교단에서 일반적으로 받아 들여지게 되어서 신앙 있는 성도들은 이 교단의 몰락에 대해 안타까워하고 있습니다. 그러나 아이러니 한 것은 카이퍼의 주권신앙과 일반은총은 신사도 운동을 통해 세계를 삼키고 있습니다.

한편, 화란개혁교회에서 분리되어 나온 '자유 교단(프레이허막트)'은 교인 수가 약 십일만 명 정도 되는데(1990년 기준. 2000년말에는 약 12만 명 정도), 여기서는 철저하게 성경 중심으로 신앙생활을 하고 있습니다. 최소한 거의 모든 교인이 1주일에 두 번씩 교회 예배에 참석하며, 모든 생활을 하나님의 말씀에 따라 생각하고 행하려고 애쓰고 있습니다. 자기 자녀들을 자기의 신앙과 같은 선생 밑에서 교육받게 하기 위해 초등학교와 중고등학교를 따로 운영하고 있으며, 이를 위해 모든 교인이 별도로 헌금을 하고 있습니다.

5) 칼빈주의와 신칼빈주의 차이

카이퍼가 주창한 신칼빈주의(Neo-Calvinism)는 고전적인 칼빈주의와 어떻게 다른가? 첫째로, 신칼빈주의는 칼빈주의 원리를 교리와 신학의 한계를 넘어서 생활의 전 영역으로 확대 적용하자는 운동입니다. 둘째로, 신칼빈주의는 칼빈주의를 개신교회 전체로 확대하자는 운동입니다.

6) 아브라함 카이퍼의 절대 주권 영역과 다원주의

카이퍼는 하나님의 주권 영역을 우주적 보편교회와 시대적 지역교회로부터 국가를 비롯한 세속적 일반사회의 모든 영역으로 확장시켰습니다. 그는 교회뿐 아니라 피조세계의 모든 영역에 영향을 끼치고 변화시키는 세계관으로서 하나님의 주권을 이해했던 것입니다.

그는 칼빈주의의 중심사상에는 모든 피조세계의 각 영역에 영향을 미치는 하나님의 절대주권이 자리 잡고 있는 것으로 보았습니다. 그러므로 그는 전통적인 칼빈주의의 교회론적 사고의 틀을 넘어 세상과 세속 국가와 우주와 자연 만물까지 포함한 모든 영역에 확장시킨 새로운 신학적 틀을 확립했던 것입니다. 그러나 칼빈의 전인격적 신앙인으로서 하나님의 주권으로 모든 영역에서 그리스도인으로서의 삶을 살아야 한다는 신학적 사고와 아브라함 카이퍼의 세상에 대한 공격적인 참여적 사고 사이에는 상당한 차이가 있습니다.

아브라함 카이퍼의 국가와 사회를 향한 신칼빈주의적 신학사상이 20세기에는 미국의 풀러신학교를 중심으로 한 헤롤드 오켄카, 칼 헨리 등의 '신복음주의 운동'과 영국의 존 스토트를 중심으로 하는 로잔언약 운동 등에 영향을 미치게 됩니다. 아브라함 카이퍼의 영역주권 운동은 신사도 운동의 킹덤나우 운동과 예수 전도단의 영적도해, CCC 성시화 운동, 빌리 그래함의 보편적 구원과 종교통합의 우주교회론 등으로 발전했습니다. 이러한 추세는 현재에 이르기까지 전 세계 복음주의 교회들에게 막강한 영향을 끼치고 있으며 한국교회의 경우 스스로 보수주의라 일컫는 거의 모든 교회들이 그 영향 아래 놓여 있습니다. 즉 한국교회에는 이미 전통적인 칼빈주의는 거의 사라지고 없으며, 칼빈주의라 주장하는 사람들은 대개 신칼빈주의자들입니다. 정통 장로교 신학교가 모두 신칼빈주의 사상에 점령된 것입니다.

그런 의미에서 신칼빈주의를 바로 이해하는 것은 2000년 교회사에 가장 심각하게 위기를 맞고 있는 마지막 시대에 하나님의 교회를 바로 세우는 일에 큰 도움이 될 것입니다.

7) 신복음주의 신학의 뿌리가 된 신칼빈주의

말씀으로 영혼을 깨우는 순수한 '복음 전도(evangelism)'로 만족하지 못하고, 더 나아가서 세상에서의 영향력을 더불어 추구하는 '복음화(化 evangelization/evangelicalism)'를 주장하는 사상을 흔히 일컬어 신복음주의라고 부릅니다. 신복음주의는 '세상'에서의 기독교(인)의 '영향력'의 필요성을 강조하며, 그리고 이를 위해 카톨릭을 포함한 범기독교적인 '일치'를 통해서 세상의 변화를 추구하는 사상입니다.

신복음주의가 사회변혁주의자 아브라함 카이퍼로부터 많은 영향을 받았음을 볼 수 있습니다. 그런 의미에서 카이퍼의 영향을 강하게 받았다는 한국 교회들의 신복음주의화에 대해 우려가 생기지 않을 수 없습니다. 실례로, 보수적 복음주의를 표방하는 사랑의 교회는 존 스토트의 로잔 언약의 입장인 사회참여 기독교 문화를 따르고 있으며, 빌리 그래함의 신복음주의 잡지 크리스채니티 투데이를 발간하고 있습니다.

8) 카이퍼의 반정립(Antithesis)사상과 일반 은총론

왜 카이퍼는 하나님의 절대주권을 강조하게 되었습니까? 왜 그는 칼빈주의의 핵심과 골자를 "하나님의 절대주권사상"에 두었습니까? 카이퍼 당시의 네덜란드 사회 속에서 이해되었던 칼빈주의가 주로 내향적이고 경건주의적 요소가 강했기 때문입니다. 그 당시의 칼빈주의의 이러한 경향은, 카이퍼가 보기로는, 문화적으로, 사회적으로, 분리주의를 추구하는 경향이 강했다는 것입니다. 이런 경향을 극복하고, 기독교 칼빈주의자들은 고립된 교회내에서 사회의 모든 영역으로 부름을 받아서 적극적으로 활동을 해야 한다고 카이퍼는 느꼈던 것입니다. 기독교인들은 이 세상의 빛의 역할을 감당해야 하고, 세상 속에서 살아가고 있는 그리스도인으로서의 자신들의 소명을 진지하게 받아들여야 한다는 것이었습니다. 물론, 세상에 속하지 않았다는 것을 또한 분명하게 보여주어야 한다는 것은 두말 할 것도 없습니다.

네덜란드에서의 이런 카이퍼의 사회와 문화 속에서의 그리스도인의 과제에 대한 강조가 바로 미국의 풀러신학교를 중심으로 해서 일어났던, 헤롤드 오켄카, 칼 헨리 등의 "신복음주의"운동, 그리고, 로이드 존스 등의 청교도 연구관심과 대조되고, 존 스토트 등으로 대변되는 영국과 유럽에서의 로잔언약운동 등으로 발전이 되었습니다. 20세기 초반에서 중반까지는 모더니즘에서 포스트모더니즘으로 변화되어가는 전이과정 속에 있었습니다. 이러한 전 세계적인 범위에서의 교회사의 변화추세는 현대교회의 배경이 되는 세계문명사적 흐름 속에서 이해되어져 나갔습니다.

9) 아브라함 카이퍼의 고민

카이퍼의 두 가지 목표, 곧, 세상에 살아가지만, 세상에 속하지 않은 자로서의 그리스도인의 삶의 과제로서의 모든 영역에 하나님의 주권을 선포하는 바로 이 일을 어떻게 조화시킬 수 있었겠는가? 여기에 등장하는 개념이 바로 카이퍼의 반정립사상과 일반은총론입니다.

반정립사상이란, 종교나 철학의 영역에서 상호 반대하는 입장에 선 견해나 이론을 의미합니다. 카이퍼에 의하면, 세상과 교회 사이에는 근본적인 반대 입장으로 서로를 반대하는 적의(enmity)가 있습니다. 구원함을 받은 자들은, 하나님에 대한 사랑의 원리를 가지고 있고, 그 외의 모든 사람들은, 그것과는 반대되는 곧, 하나님에 대한 적의감을 갖고 있습니다.

이렇게 본다면, 두 그룹 사이에는 절대 협동, 협조하는 것이란 있을 수 없습니다. 하지만, 카이퍼는 "일반은총"이란 개념으로 이 문제를 극복합니다. 즉 근본주의자들이 가지고 있었던 구별된 신앙으로 인한 세상과의 단절을 카이퍼는 일반은총이란 사다리를 통해 연결하려고 한 것입니다. 이 "일반은총"론은 물론, 칼빈과 개혁주의 신앙인들이 이미 이전부터 지니고 있던 개념입니다. 하지만, 카이퍼의 "일반은총"론은 그 이전의 "일반은총"론과는 그 강조점이 사뭇 다르다는 것을 알아야 합니다.

그 이전에는 일반은총의 "결과"나 "효과"로서의 그 부산물(products)에 대해서 강조했다면, 카이퍼는 일반은총의 "방편성"(means)을 강조하였다는 것입니다. 곧 그의 이전에는 일반은총론은 중생한 사람들이 그 중생과 회심의 감격의 동기로서 이루어지는 것이 학문과 예술을 통한 그 결과로 사회변혁에 이르게 된다는 것을 강조한 반면, 카이퍼는, 학문과 예술이라는 행위가 사회변혁의 도구나 수단이 되어 결국 모든 사람들이 하나님을 알게 되고 하나님의 나라가 이루어 진다고하는 것을 강조했다는 것입니다. 이것은 아주 미세한 차이입니다. 미세한 차이처럼 보입니다. 그런데, 이 미세한 차이가 큰 차이를 낳게 되는 것이 역사입니다. 특별히 카이퍼 이후 몇 세대를 거쳐오면서, 이 미세한 강조점의 차이는 이제 커다란 입장의 차이를 낳고 말았습니다.

그 차이를 좀 더 구체적으로 살펴보기 위해서, 카이퍼의 일반 은총론을 살펴 봅시다. 카이퍼에게 있어서는 두 가지 하나님의 은총이 있습니다. 하나는 하나님의 택하신 자들에게 주시는 특별한 은총, 곧 구원에 이르게 하는 은총이고, 다른 하나는, 모든 사람에게 베푸시는 일반은총입니다. 특별은총은 사람의 마음을 중생에 이르게 하는 반면, 일반은총은 인간사회 일반에 있어서의 죄의 효과가 극대화되는 것을 방지하고, 중생하지 않은 사람이라 할지라도 하나님의 창조 속에 잠재되어 있는 가능성을 개발시킬 수 있게 하고, 그래서, 인류의 타락 이전에 주어졌던 인류의 문화적 사명을 성취하는데 긍정적인 공헌을 할 수 있게 하는 것입니다.

모든 인간에게는 타락 했지만 남아있는 하나님의 형상으로 인해서 일반은총을 공유할 수 있기 때문에, 기독교인들은 불신자들과 더불어서 동역하여 삶의 상태를 개선하고, 빈곤을 퇴치하며, 사회정의를 개선해 갈 수 있고, 또한 그렇게 해야만 한다는 것입니다. 그렇게 할 때 하나님의 일반은총은, 창조세계 안에 있는 모든 선한 것과 아름다운 것을 감지할 수 있게 하며, 감사함으로 그것들을 즐길 수 있도록 한다는 것입니다. 그러므로, 그리스도인들은, 예술과 과학, 문화의 발전과 향상을 위해서 적극적으로 이 사회 속에서 활동하면 결국 그것들이 세상 사람들을 하나님 앞으로 인도해 낼 수 있는 일반은총이 된다는 것입니다.

이런 식으로 카이퍼는 그 당시의 개혁주의 신앙인들을 도전해서 그들의 "경건주의적 이원주의", 곧 주일과 평일을 구분하는 것, 영적인 것과 물질적인 것을 구분하는 것을 폐지해야 된다고 주장 하였던 것입니다. 자연과 은혜를 분리시키는 일은 해서는 안된다고 도전하였던 것입니다.

카이퍼는 일반은총론을 통해 경건주의적 이원주의는 폐지되어야 한다고 주장합니다. 그리스도인들의 삶은, 주일에만 제한되어 있는 것이 아니고, 모든 날 가운데서 실행되어야 하는 것이라고 말했습니다. 이 말이 사실이라면 당시 화란의 개혁교회는 주일성수라는 바리새파적인 율법주의에 빠져 있었고 진정한 생명력을 잃어버린 교회임이 틀림이 없습니다. 그리고 카이퍼의 말은 진리입니다.

그러나 카이퍼가 주장하고 있는 일반은총은 진리가 아닙니다. 왜냐하면 이미 생명력이 없는 교회는 진정한 생명을 세상에 공급할 수 없기 때문입니다. 즉 그가 말한 정치, 경제, 사회속에서 그리스도인들이 빛과 소금으로 활동하면 세상이 변하는 것은 확실합니다. 그러나 그 변화는 카이퍼가 말한 일반은총으로 변한 것이 아니고, 그리스도인들이 가지고 있는 새로운 영적 생명력이 변화시킨 것입니다.

카이퍼가 진정으로 그 시대의 영적인 변화를 원했다면 일반은총이란 새로운 철학을 만드는 것이 아니라 목숨 걸고 특별은총을 외쳐야 했었습니다.

아브라함 카이퍼의 일반은총은 사기입니다. 인간속에 예수님의 십자가 복음이외 일반은총으로 다시 일으켜 살릴 수 있는 선한 것이 있다는 전제는 이미 칼빈의 5대 교리 중에 있는 전적타락이라는 주제를 파괴하고 있는 것입니다. 수많은 그리스 영지주의 이단들이 사용한 사탄 철학을 카이퍼가 기독교 전도 방법과 국가와 도시 성시화 전략에 적용한 하나의 악세사리에 불과한 것입니다.

우리나라의 개혁주의 진영에서는 카이퍼의 신학과 사상이 소개되었지만 누구도 강하게 그의 잘못된 자유주의 사상을 비판하지 못했습니다. 왜냐하면 개혁주의 신학의 거두였기 때문이고 화란 자유대학이라는 개혁주의 신학의 창시자였기 때문입니다. 그래서, 카이퍼의 신학과 사상이 견제될 수 있는 기회를 상실하고 말았으며 이제는 아브라함 카이퍼의 주권신학과 일반은총이 신사도 이단운동의 조직신학이 되어 버리고 말았습니다.

짐짓 카이퍼의 이런 신칼빈주의에 대해서 비평해 온 사람들이 카이퍼보다 화란국교회로부터 먼저 이탈했던 사람들(1834년의 The Secession 때)이었습니다. Lindeboom이나 Ten Hoor같은 사람들은 심지어 카이퍼의 가르침이 아주 중요한 어떤 면에서 성경으로부터, 그리고 개혁주의의 신앙고백으로부터 이탈했다고 지적 하였습니다.

10) 카이퍼 사상의 문제점
(1) 문화 대사명에 대한 오해

카이퍼에 의하면, 오늘날 우리 크리스챤들에게 주어진 과제는, 타락 이전의 아담에게 하나님께서 주셨던 바로 "문화대사명"(the Cultural Mandate)이라고 합니다. 오직 그리스도인들만이 이 과제를 적절하게 실행할 수 있는 능력을 갖고 있습니다. 하나님의 영에 의해서 중생하게 되어서, 아담의 타락으로 말미암아 상실해 버렸던 원래의 그 관계로 회복되어진 자들이 바로 그리스도인들이기 때문입니다.

창세기1:28의 이 "문화대사명"은 인간을 향하신 하나님의 실제 목적을 요약하고 있다고 카이퍼는 말합니다. 다시 말하자면, 궁극적인 면에서 볼 때, 하나님의 목적은, "죄인들의 구원"(the salvation of sinners)에 있는 것이 아니고 "우주의 대구속"(the redemption of the cosmos)에 있다는 것입니다. 구원이란 궁극적 그 목적을 향한 일종의 수단(means)이 됩니다. 곧, 우리를 구원하신 하나님의 궁극적인 목적은, 아담에게 주어졌던 원래의 그 문화적 대사명을 실행하게 하는 것입니다.

한국의 이미 신칼빈주의화 되어져 있는 "칼빈주의자들", "개혁주의 신앙인들"의 관점에서 보면, 별 심각한 문제가 있을 수가 없습니다. 그렇게 배워왔고, 그렇게 살아가고 있기 때문입니다. 이 "문화대사명"은 카이퍼와 그의 추종자들의 사상체계에 있어서 아주 중요한 것입니다. 문제는, 그렇게 중요한 것이 되다보니, "선교적 대사명"(the Great Commission, 마28:19-20)과 비교해 볼 때, 이 문화대사명이 더욱 중요한 의미를 가진 것으로 주장하는 것처럼 보인다는 것입니다.

카이퍼는 이 두 요소에 있어서, 균형을 추구하려고 애씁니다. 그리스도는 그래서 구속의 중보자가 되실 뿐만 아니라, 창조의 중보자이십니다. 잃어진 바 된 죄인들만 아니라, 잃어진 바 된 세계와 우주를 위해서도 그리스도께서 죽으셨다는 것입니다. 하지만, 두 요소를 강조하면서도 어디에 중점이 있는지를 관찰할 수 있어야 합니다. 그리고 그러한 강조점의 전이는 그 추종자들에 의해서 강화 되어집니다.

심지어는 이러한 문화대사명을 실행하는 것이야말로 그리스도의 재림을 준비하는데 있어서 절대 필수적인 요소가 됩니다. 이 대사명이 완수되지 않으면 그리스도께서 오시지 않을 것이라고까지 주장하게 되기 때문입니다. 이 점에 있어서 지나친 감이 있음을 간과해서는 안됩니다. 성경적으로 적절한 강조인가 하는 것입니다.

그리스도의 재림이 우리의 문화적 대사명을 성취해가는 것으로 이루어지는 그 진보에 수반되는 것이라고 주장하는 것은, 이치에 어긋납니다. 우리 주님의 재림의 시기가 우리의 활동과 관련된 점을 지적하자면, 이 문화적 대사명과 관련되어 있는 것이 아니라, 바로 선교(전도)적 사명에 있다는 것이 신약성경입니다. 마태복음24:14을 보라. "이 천국복음이 모든 민족에게 증거 되기 위하여 온 세상에 전파되리니 그제야 끝이 오리라." 주님께서는 문화적 대사명을 완수해야만 그제야 끝이 오리라고 하지 않으셨습니다.

그렇다면, 우리에게 창세기1:28절은 아무 의미가 없습니까? 아닙니다. 큰 의미가 있습니다. 문제는 그 의미를 지나치게 강조하여서, 마태복음28:19-20을 대치 시켜버릴 정도가 된다면 문제가 된다는 것입니다. 카이퍼의 신학적 강조점이 그런 방향으로 치우치고 있다는 것입니다.

하나님께서는 분명히 모든 인류에게 사명을 주셨습니다. 인류에게 주어졌나는 소위 '문화대사명' 이 원래 아담에게 주어졌던 그 방식으로 우리들에게 주어졌습니까? 주의해야 할 것은, 이 '문화대사명' 이라는 개념 자체가 일종의 율법주의적 의미를 함축하고 있다는 것입니다. 곧, 은혜와 은혜의 언약이라는 맥락에서 논의되는 것이 아닙니다. 이 사명이 주어졌던 것은 아담이 타락하기 이전이었고, 이젠 이 사명을 실행할 수 없는 위치로 전락해 버렸습니다. 그래서 무슨 일이 생겼습니까? 바로 그리스도께서 그 사명을 성취시켰다는 것입니다. 그렇다면 우리가 할 일이 없단 말입니까? 우리의 사명, 우리의 문화적 대사명은 바로 그리스도 안에서, 그리스도께서 주시는 은혜와 그 능력과 그 동기에 의해서 실행되어야 하고, 실행될 수 있는 것입니다. 문화대사명을 바로 강조하는 것과, 그리스도 안에서 이미 성취된 이 사명을 그리스도 안에 있게 된 우리들이 그런 구원의 감격과 은혜에 대한 감사로서 실행하게 된다는 것에는 조그만 차이인 듯 하지만, 엄청난 차이가 있게 됩니다. 문화대사명에 대한 강조가 자칫 신율법주의적 강조가 되기 쉬운데, 이 위험성을 간과해서는 안된다는 것입니다. 그래서, 우리의 어떤 행위에 의해서 그리스도의 재림이 앞당겨 진다는 식의 주장은 단호하게 거부되어야 할 것입니다. 우리가 주님의 행하심보다 더 앞서 행하기 쉬운 경향이 있음을 우리가 조심해야 한다는 것입니다.

그렇다고 해서, "문화적 대사명"이란 개념이나 용어 자체를 부인하는 것은 아닙니다. 조심하며, 경계해서 사용해야 한다는 것입니다. "복음의 원형"에 대한 감각을 상실하지 않고 이것을 주장해야 합니다. 사실, 영국의 경우를 치자면, 이 문화적 대사명에 대한 강조는 존스토트의 신학과 연관이 되고, 로이드 존스의 신학과는 별로 관계가 없다는 그 사실들을 유념하기 바랍니다. 어느 쪽의 신학을 취할 것인가? 무엇을 우선적으로 강조해야 하겠는가? 로이드 존스목사의 "중생과 회심"의 청교도신학이 우선 강조되고, 그런 강조에 기초해서, 존 스토트목사의 사회적 책임에 대한 그리스도인의 과제를 균형 있게 강조해야 할 것입니다.

문제는, 이 두 요소를 균형있게 강조할 수 있는 신학이 현재 한국의 개혁주의 신학계에서 개진되고 있는가 하는 것입니다. 중생과 회심의 신학이 회복되어야 할 이유가 바로 여기에 있을 것입니다. 우리가 과연 중생에 대해서, 회심에 대해서 알아야 할 만큼 알고 있는 것일까? 과연 한국교회는 이 "중생"의 신학을 지금까지 너무 지나치게 강조하여 이제는 이 문제를 고리타분하게 여길 정도까지 되었는가? 그래서 이젠 그리스도인의 "윤리와 책임"에 대해서 강조해야 할 단계에 이르게 된 것일까? 그리스도인 됨에 대해서 확실하고 분명하지 않으면, "윤리와 그 책임"을 강조하는 것은 "율법주의"가 되기 쉽다는 것은 교회사의 교훈입니다.

(2) 일반 은총의 문제점

카이퍼 신학의 문제점은 그의 일반 은총론과 긴밀한 관계에 놓여져 있습니다. 곧 그의 일반은총론은 세속 문화활동에 크리스챤들이 활동하는 것을 강조하게 되고 결국 칭의나 중생의 개념에 있어서의 외현화(externalization)를 낳게 되는데, 이 항목에서는 일반은총론에 집중해서 살펴보기로 합니다. 카이퍼 이전에는 일반은총이라는 것을 선인에게나 악인에게나 동시에 햇빛을 비춰주시는 그런 분으로서의 하나님의 자비하심을 일컬었었습니다. 그들에게 있어서는 하나님께서 모든 세상에, 모든 사람들에게, 복음이 차별 없이 전파되기를 원하신다는 것을 원하기도 하였습니다. 카이퍼의 일반은총론이 여기에 머물러 있었다면 별다른 문제를 지적할 것이 없을 것입니다. 하지만, 카이퍼에게 있어서의 일반은총이란 주로 우주와 문화의 구속을 향한 하나님의 은총을 의미하는 것이 되었습니다.

이런 일반은총의 개념은 그의 예정론과 결합되어, 하나님의 창조의 계획이 두 가지 길을 통해서 성취 되어진다는 식으로 설명하는 신학체계가 형성되었습니다. 한편으로는, 택함 받은 자들이 특별은총을 통해서 구속의 중보자가 되시는 그리스도에 의해서 구원에 이르게 되고, 다른 한편으로는, 창조의 중보자가 되시는 그리스도의 일반은총을 통하여서 우주가 그 모든 문화의 가능성을 담지한 채로 구속된다는 것입니다.

이런 생각이 결국 문화와 세상에 대한 대단히 낙관적인 견해에 이르게 될 것이라는 것은, 어쩜 당연합니다. 카이퍼는 천재였었고, 은혜를 많이 입은 자였기 때문에, 이 부분에 있어서 균형을 잃지 않았습니다. 그는 죄에 대하여, 그리고 그 죄의 이 우주와 인간에게 미친 엄청난 결과에 대한 성경적 시각을 잃지 않았음에 분명합니다. 반정립의 사고방식이 철저해서, 일반은총과 특별은총 사이의 근본적인 차이를 분명히 인식하고 있었습니다. 하지만, 이런 분명한 차이에 대한 인식이 그 추종자들에게도 적용되지 않는다는 것이 불행의 단초입니다.

개혁주의를 표방하면서도 실제 개혁주의 신학으로 목회하는 분들이 별로 없습니다. 이것이 바로 현대 개혁주의의 자화상이라고도 할 수 있겠습니다. 신칼빈주의가 바로 세속화의 길로 치닫게 되는데 있어서 이 일반은총론이 작용하게 되었다는 것입니다. 물론, 칭의라는 개념이 부인되는 것은 아니지만, 더 이상 그 칭의가 "체험적으로" 이해되지 않게 되었습니다. 칭의가 단지, 교리적으로 신학적으로 혹은 철학적으로 이해되는데 그치고 일종의 신조상의 고백으로 이해되고 마는 불행이 빚어지게 되는 것입니다.

살아있는 생명의 교리가, 생명력을 불러 일으키는 교리가 되지 못하게 된 것입니다. 체험에 대한 지나친 경계가 아예 체험을 무시하는 신학체제로 변형 되어버리게 된 것입니다. 그리고 이것은 신사도운동으로 전이되어 실제적인 그리스도인의 삶을 변화시키는 생명의 체험이 아닌 현상으로만 나타나는 은사주의 체험으로 변해버리고 말았다는 것입니다.

이런 신칼빈주의의 경향을 W. Aalders같은 학자는 "The Great Derailment"(엄청난 탈선)라고 평가하였습니다. 은혜의 교리가 외현화(externalization)되어 버렸다고 탄식했던 것입니다. 카이퍼의 이 세상 가운데서의 그리스도의 왕국에 대한 열심이, 영적 가치를 세속화시켜 버리는 과정을 가속화시키게 되었다는 것입니다. 하지만, 이런 일은 교회사를 통해서 흔하게 있었던 일이 아닙니까! 세상과의 계속되는 접촉의 과정을 통해서 그리고 세상의 영에 노출되면서, 점점 더 개혁주의 신앙은 외현화되어지고, 공허해지게 되었던 것입니다. 이런 경향은 바로 카이퍼의 생애에서도 지적되었던 문제였음을 우리는 기억하고 있어야 할 것입니다.

카이퍼의 신학에 동조해서 시작된 교회(the Gereformeerde Kerken in Netherland)가 세속화의 길을 걷고 있는 것에도 또한 주목해야 할 것입니다.

(3) 유기체 교회를 통한 문화 대명령 완성

카이퍼가 활동하던 시대에 유행하던 철학적 개념이 바로 "유기체"라는 개념입니다. 독일 관념론적 낭만주의 철학의 중심개념이 바로 이것입니다. 이 "유기체"란 말은, 생물학적 용어로서 자기 법칙적 발전과 내재주의 사상을 담고 있습니다. 바로 이 개념을 카이퍼와 바빙크가 차용하게 됩니다. 그래서 나온 것이 바로 그의 제도적 교회와 유기체적 교회의 구분입니다. 세상 철학의 개념과 용어를 빌려서 성경적 개념을 설명하려고 하는 것은 언제나 교회사에서 시도되어 왔습니다. 문제는 철학을 통해 복음이 왜곡될 가능성이 있기 때문에 문제입니다. 카이퍼의 교회론에 있어서도 이런 왜곡이 있었습니다.

카이퍼에 의하면, 제도로서의 교회와 유기체로서의 교회가 구분되어서 이해되어야 한다고 합니다. 제도로서의 교회는 세 가지 직분(목사, 장로, 집사)이 주어져서 가르치고, 성례를 베풀며, 권징을 행하는 일을 합니다. 신자들의 몸인 유기체로서의 교회는 사회적 활동에 연루되는

데, 그래서 문화적 대사명을 실행하게 됩니다.

　문제는 제도로서의 교회가 유기체로서의 교회를 위해서 존재할 뿐이라고 하는 것입니다. 그에 의하면, 제도로서의 교회는 단지 유기체로서의 교회인 성도들을 무장시켜서 세상 속에서 그 세상을 그리스도를 위해서 구속시켜 가도록 사회적 활동을 활발하게 개진해 나감으로 문화적 사명을 성취시켜 가도록 하는 일을 위해서 존재하게 된다는 것입니다.

　카이퍼 이전의 개혁주의 신앙인들 속에서는 사회에서의 그리스도인의 활동을 강조하지 않았던 것은 아니지만, 그럼에도 불구하고, 교회의 기본적인 존재 이유는 바로 죄인의 구원에 있었습니다. 이제 카이퍼의 신학에서는, 택함을 받은 자들이 이미 중생되어진 채로 이 세상에 들어옵니다. 태어날 때 이미 중생되어져서 태어난다는 것입니다. 그렇게 유아가 중생되었다고 여겨지기 때문에 유아세례를 베풀게 됩니다.

　결국 교회의 주된 직무는, 이렇게 이미 중생한 사람들을 양육해서 세상에서의 삶을 위해서 그들을 준비시키는 것입니다. 그가 "회개"의 중요성을 강조하지 않은 것은 아니지만, 이런 그의 교회관에 근거하면, 불신자의 상태에서 신자로의 변화에 이르게 되는 회개나, 믿음, 새로운 출생, 칭의, 성화 같은 것에 대해서는 그렇게 많은 관심을 기울이지 않게 됩니다.

　성령께서 말씀을 통해서 죄인들의 심령 속에 역사하게 되는 것을 강조하기 보다는, 그리스도인들이 사회와 문화를 구속하기 위해서 활동해야 하는 것이 우선적으로 중요한 일이 되어 버린 것입니다.

　유기체라는 독일 관념적 낭만주의 철학의 개념이 카이퍼의 신학을 통해서 교회 내에 들어오게 된 것입니다. 이러한 유기체 개념은, 그 당시의 정통주의 교회의 기계론적 초자연주의나 19세기의 물질주의나 진화론을 어느 정도는 극복할 수 있었지만, 인과론을 극복하지 못함으로, 성령의 역사를 일종의 유기체적 원리로서 이해하게 되는 길로 인도하게 되었습니다. 결국 성령의 역사와 은사에 대한 세속화된 이해나 무관심에 기여하게 된 것입니다.

　유아세례에 대한 개념도 역시 유기체적인 철학적인 교회론을 통해서 이해하는 것입니다. 이렇게 유기체적인 교회가 결국 문화 대명령을 이

록할 수 있다는 것입니다.

(4) 언약에 대한 철학적 개념화

"유기체"라는 개념의 차용에 대해서 살폈거니와 이젠 "언약"의 개념 자체가 카이퍼 이전과는 달라진다는 것에 대해서 살펴봅시다. 한 마디로, 카이퍼에 이르러서, "언약"의 개념이 형이상학적으로 변화됩니다. 곧 그 이전에는 "언약"이 "하나님과 인간사이의 어떤 관계"를 설명하는 도구였습니다. 그런데, 카이퍼와 그 후예들은 이것을 형이상학적으로 확장해서, 하나님과 인간사이의 관계뿐만 아니라, 인간과 인간, 인간과 자연, 인간과 국가 사이의 모든 관계들에 대하여서도 적용시켜 사용하게 되었던 것입니다.

이런 "언약" 개념은 위에서 언급한 "유기체"의 개념과 밀접하게 연결됩니다. 곧, 세계와 신과의 유기체적 관계를 설정하는 독일 관념주의 철학적 전제를 받아들이게 되면, 이런 유기체적 관계를 성경의 "언약"의 개념 속에 잡아넣게 되는 것은 식은 죽 먹기처럼 쉬운 것입니다. 이런 유기체적 관념론은, 범신론적 경향을 갖고, 결국, 슐라이어 마허의 자유주의 신학과도 연결되는 것에 유의해야 합니다.

그렇기에 우리가 세상의 철학의 흐름에 대해서 잘 파악하고 있어야 합니다. 왜냐하면 기독교 2000년 역사에서 항상 사탄주의자들은 철학을 가지고 신학을 변경시켜 왔기 때문입니다. 그래서 철학의 단점과 문제점을 염두에 두어야만 합니다. 성경을 통해서 계시되어진 예수 그리스도와 성령 외에는 우리의 삶과 신앙에 기준과 근거가 될 수 있도록 주어진 것은 절대 없습니다.

우선, 이렇게 언약의 개념이 확장이 되면, 자연스럽게 언약의 최우선적인 의미가 "죄인의 구원"에 있는 것이 아니라, "세상의 문화변혁"에 있게 됩니다. 신칼빈주의에서 창세기 1:28의 소위 "문화대사명"에 초점을 맞추는 이유가 바로 이것입니다.

(5) 잘못된 중생 개념과 유아 세례관

카이퍼 신학의 가장 심각한 문제점은 바로 그의 중생의 개념입니다. 이 중생개념에서 파생된 것이 그의 유아세례관입니다. 지금까지의 신칼빈주의의 언약개념에 대한 설명을 통해서, 어느 정도 감지될 수 있었던 것이, 바로 이런 아담과의 맺어진 언약이 모든 인간과 더불어 맺어진 언약이었고, 이 언약은 인간이 인간으로서 출생하게 되는 바로 유아 때부터 맺어지게 된다는 것입니다. 신자의 자녀는, 태어나면서부터 "중생"이 되어서 태어난다는 것입니다. 이미 하나님과의 언약관계 속에서 태어난다는 것입니다. 성인이 되어서도, 이 언약관계를 거부하지 않는다면, 그리고 그 언약관계를 거부하기까지는, 이 신자의 자녀는 "구원에 이르는 은혜"(saving grace)를 담지하고 있는 사람으로 간주됩니다(presume). 그래서, 이런 카이퍼의 중생관을 "간주된 중생"(presumptive regeneration)론이라고 합니다.

카이퍼가 "중생"만을 이야기하지 않고, 그 이후의 "회심"에 대해서 강조하기는 하지만, 그런 주장은, 중생과 회심의 관계를 신학적으로 오해하고 있을 뿐만 아니라, 중생에 대한 혼란으로 수많은 가짜 신자를 만들 수 있는 교리를 갖게 됩니다. 즉 "거의 그리스도인"(Almost Christian)임에도 "전혀 그리스도인이 아닌 사람"(Non-Christian)을 양산해 낼 가능성이 바로 여기 카이퍼의 신학체계 속에 숨어 있음을 깨닫지 못한 채로, 카이퍼의 신학에 물들여져 왔기 때문입니다.

전통적인 칼빈주의자의 입장에서는 신자의 유아라 하더라도 중생하지 않는 자로 여깁니다. 언약을 근거로 해서 유아세례를 베푼다 하더라도, 이 점을 분명히 했습니다. 유아세례를 받은 자라 하더라도, 자신의 지정의로 구원의 필요성을 깨닫고 참된 믿음과 회개를 통한 중생의 표지를 보여주기까지는, 중생하지 않은 자로 여겼다는 것입니다. 이것이 카이퍼와 동시대에 살았던 헤르만 바빙크의 견해이고, 프린스톤 신학교의 찰스 핫지나, 아키발더 알렉산더의 입장입니다.

카이퍼의 견해에 따르면, 사울이 다메섹 도상에서 회심하게 되기 전에도 중생한 상태가 됩니다. 그래서, 그는 회심 이전의 사울을 "중생한 신성모독자"라고 불렀습니다. 여기서 주목하고자 하는 것은, 바로, "중생"의 개념이 얼마나 천박해지고 있는가 하는 것입니다. 현대의 복음주의자들에게 있어서의 천박한 "중생" 개념과 거의 유사해 집니다. 은사주의자들의 "중생" 개념과도 거의 비슷한 수준입니다. 이런 중생관은 신복음주의자들에 의해서 보편적 구원론을 통한 우주적인 교회가 탄생합니다. 이런 "중생" 개념을 전제하기 때문에, 중생 이후의 "회심"을 강조하는 이상한 신학체계를 우리가 만나게 됩니다. "중생" 이후에 "제 2의 축복"으로서의 "성령체험"을 강조하는 현대은사주의자들, 오순절주의자들과 그 논리의 맥이 일치하는 것에 주목해야 합니다.

(6) 잘못된 회심관

카이퍼 신학의 중생관의 오류를 제대로 이해하면, 그의 회심관이 잘못되어 있다는 것은, 쉽게 간파 할 수 있습니다. 무엇보다도 큰 잘못은, 구원에 이르는 회심을 중생과 분리시키고 있다는 점입니다. 곧 그의 신학체계에 의하면, 앞에서 지적했던 것처럼, 중생했지만, 회심하지 않은 자들이 있을 수 있다는 것입니다.

물론, 이 문제는, 구원의 서정이라는 구원의 과정에 있어서, 중생, 믿음, 회심, 회개 등의 순위에 대한 논의를 이해해야 좀 더 분명하게 이해될 수 있겠습니다.

회개는 회심의 과정 중에 있는 결정적인 변화의 단계를 말합니다. 이런 회심관은, 종교개혁 이후로부터 17-19세기까지 강조되어 왔던 "기질과 성품으로 변화로서의 회심"과 일치하고, "새로운 기질", "새성품"을 입게 되는 변화의 동반을 강조하는 회심관이며, 인간의 의지적인 결단을 강조하면서도 그것만으로는 되지 않은 전적인 하나님의 은혜의 역사임을 강조하는 회심관이고, 예수를 나의 구주로 믿는 것만이 아니고, 바로 "내가 그리스도와 함께 십자가에 못박혔다"는 것을 선언하는 회심관이며, "나의 정과 욕심을 그 육체와 함께 십자가에 못박아 버렸음"을 선언하는 회심관입니다.

카이퍼도 그의 책, "The Work of the Holy Spirit"에서 누누히 강조하고 있습니다. 문제는 중생과 회심을 분리시켜 버림으로 인해서, 이 회심에 대한 강조가 왜곡되어 버렸다는 것입니다. 중생이란, 거듭남을 말하고, 그 거듭남을 통해서 새로운 기질과 성품을 부여받게 됩니다. 그런데, 이런 중생이 유아 때부터 이미 일어나 버린 것으로 간주되어 버리기 때문에, 비록 회심을 강조한다고 하더라도, 그 강조의 위치가 제대로 되어 있지 않기 때문에, 효과적으로 들리지 않습니다. 잘못하면 회심(conversion)과 회개(repentance)가 혼동되어 버립니다. 곧, 회심을 생각할 때, 인간의 의지적 결단을 강조하는 식으로 이해하게 된다는 것입니다.

그래서 어떤 사람들은 유아세례와 같이 이미 하나님께서 창세전에 구원해 주시기로 작정된 사람이기 때문에 중생을 전제로 한 자기 의지적인 결단의 회개를 통한 회심을 인정하는 것입니다. 뿐만 아니라 특별 은총을 받은 성도들을 통해 나타난 일반은총이 중생의 기틀을 마련했기 때문에 인간의 의지적인 결단으로 회개할 때 회심이 이루어 진다고 믿는 것입니다. 이것은 어거스틴이나 칼 바르트나 빌리 그래함이 가지고 있는 보편적인 구원론입니다. 이런 혼동이 바로 현대의 신칼빈주의자들 사이에서 빈번하다는 것은 두 말 할 것도 없습니다.

신칼빈주의자들 사이에서는 단초부터 회심과 회개를 구분하지도 않습니다. 구분할 수 있는 신학적 지평이 처음부터 없기 때문입니다. 이런 혼동은, 찰스 피니의 부흥신학, 그리고 그 이후의 복음주의 운동의 득세와도 연결되어서 더욱 깊어져 갑니다. 현대교회의 복음주의운동의 흐름이 바로 이런 맥락에서 이해될 수 있을 것입니다.

(7) 자연과 은혜를 하나로 보는 도여베르트의 우주법 철학

기독교 세계관 운동은 한 마디로 말해 문화에 대한 성경의 가르침을 따르려는 운동이라고 볼 수 있습니다. 기독교 세계관 운동은 20세기 초 아브라함 카이퍼에 의해 처음으로 시작되었습니다. 카이퍼는 문화의 성경적 근거로써 "일반은총"을 제시하고 있습니다. 카이퍼는 하나님의 일반은총이 죄의 세력을 제어하며, 인간의 문화발전을 가능하게 만들고, 또한 구원을 위한 기초를 예비한다고 말합니다. 그리하여 그리스도 안에서 구속된 문화는 이 땅에서 사라지지 않고 영원한 하나님 나라에 들어가는 것이라는 "문화적 낙관론"을 제시하였습니다.

카이퍼에 의해 시작된 기독교 세계관 운동을 더욱 발전시키고 체계화시킨 사람은 1922년부터 헤이그에 있는 카이퍼 연구소의 소장으로 재직하였던 도여베르트입니다. 도여베르트는 기독교 세계관을 창조, 타락, 구속의 구조로 체계화시킨 장본인입니다. 도여베르트는 성경적 세계관의 핵심이 "창조질서(Creation-Order)"에 있다고 말합니다. 도여베르트는 태초에 세계가 창조되었을 때, 창조 안에 완전한 창조질서가 있없는데→죄로 인해 창조가 파괴되자→하나님이 일반은총을 베푸시어 창조질서가 무너지지 않게 보존하시므로→죄가 창조질서를 파괴하지 못하고 단지 "창조방향"을 왜곡하게 만들었으며→인간의 마음도 왜곡된 창조방향으로 가게 되었지만→그리스도의 구속으로 창조질서와 방향이 완전히 회복될 것이라고 말합니다. 도여 베르트는 예수님의 십자가 구속의 의미는 개인의 영혼구원이 아니고 우주적인 회복이고, 창 1:28 말씀의 우주적인 완성으로 보았습니다.

뿐만 아니라 문화와 자연과 우주에 대한 하나님의 회복된 주권이 하나님의 은혜와 동일하다는 사실입니다. 기독교 신앙을 자연법으로 해석을 하여 체계화시킨 우주법 철학은 아리스토텔레스의 형상과 질료의 철학 체계를 통해 완성한 것입니다. 토마스 아퀴나스의 자연법 신학이론이기도 합니다. 이것이 빌리 그래함의 우주교회론입니다. 빌리 그래함의 우주교회는 문화대명령의 완성을 통한 우주생명체의 회복입니다. 이것을 그는 그리스도의 몸 즉 교회라고 정의했습니다. 기독교 영지주의자들이 말하는 하나의 신, 하나의 생명, 하나의 우주, 하나의 구원을 의미하는 더원(theone)의 원띵(onething)철학 사상입니다. 즉 범신론적 구원의 완성입니다.

11) 아브라함 카이퍼의 신칼빈주의에 대한 평가

아브라함 카이퍼의 신칼빈주의 사상에서는 교회가 하나님의 일반은총으로 불신자와 함께 사회정의를 위해 활동할 수 있으며, 인간적인 삶을 구현하기 위해 공동으로 노력할 수 있다고 합니다. 이것은 에큐메니칼 교회를 전제로 한 자유주의신학 사상입니다. 아브라함 카이퍼는 종말의 배교의 두 개의 주제인 "주권주의"와 "에큐메니즘"이라는 큰 배교의 흐름에 단초를 제공했습니다. 이것이 유기체 철학과 언약신학을 통해 이루어지는 문화대명령으로 우주적인 교회가 완성이 되고 있습니다. 결국 하나님의 주권주의와 에큐메니즘을 적그리스도의 정치통합과 종교통합을 합리화 시켜주는 도구로 넘겨준 것입니다.

카이퍼의 제자 도여베르트가 체계화 시킨 우주법 철학은 오리겐, 제롬, 어거스틴, 칼 바르트 등 영지주의 기독교 신학자들이 주장하고 있는

제7장 기독교 이단 신학 교리와 사상가들

구약의 메시야 나라인 타락한 천사까지 포함한 우주 만물교회 무천년주의 지상 천년왕국입니다. 이것이 계시록 17-18장에 나타난 바벨론 음녀의 교회와 적그리스도입니다. 그들이 말한 완성된 문화 대명령의 지상 유토피아는 예수님께서 재림하셔서 적그리스도의 나라를 멸하시고 지상에 세우시는 전천년주의 천년왕국의 짝퉁에 불과합니다. 사탄이 마지막 때 성도를 속이는 수준 높은 전략입니다.

예수전도단의 창시자 로렌 커닝햄 목사와 대학생선교회(C.C.C)의 창시자 빌 브라이트박사는 십 수년 전 하나님께로부터 사회의 각 영역에서 그리스도인들이 영성회복을 통해 변화되어 사회를 변혁하는 주체가 되는 것이 중요하고 이를 통해 전 세계 열방의 추수가 일어날 것이라는 비전을 받았습니다. 이 영역들을 7개의 전략적 산들이라고도 하고 또는 그리스도인들이 변화시켜야 할 사회의 7가지 영역들로 불려지고 있습니다. 이 일곱가지의 주권영역은 가정, 교회, 교육, 미디어, 정부, 예술·스포츠, 사업의 영역들이 있으며, 이는 각 나라의 문화를 형성하는 영역들이 되었습니다. 오늘을 살아가는 그리스도인들이 이 전략적 산지들을 여호수아, 갈렙의 세대와 같이 일어나서 유업으로 취하며 얼빙의 부흥과 영혼 추수의 군대로 일어나길 희망했습니다.

그래서 땅밟기 운동을 합니다. 전략적 영적인 전투기도를 합니다. 성시화 운동을 합니다. 그리고 가정과 직장과 학교에 이런 일들이 일어나도록 하나님의 군대들을 모집하여 임파테이션을 합니다.

하나님은 세상을 변혁시키시려고 애쓰지 않습니다. 하나님께서는 천하보다 귀한 영혼을 변화시키시기를 원하십니다. 하나님께서는 세상은 그대로 마귀의 권세 하에 죄악 가운데 내버려 두시고, 오히려 우리를 세상으로부터 불러 내십니다. 하늘의 시민으로써 이 땅에서 거룩하고 구별된 나그네로서 살게 하십니다. 하나님께서 세상을 우리에게 주셨기 때문에 세상을 점령해서 예수님께 바쳐야 한다는 비성경적 미혹과 강박에서 벗어나야 합니다. 우리는 복음화로 세상을 바꾸려 말고 "말씀을 가르쳐 지키게 하는" 복음 전도에 매진해야 합니다.

우리는 세상이란 메트릭스는 하나님께서 영혼들을 추수하시고 하나님의 교회를 준비하시는 장소라는 사실을 알아야 합니다. 비록 세상이 마귀에게 점령당하고 있지만 그 마귀도 하나님의 손에 잡혀 있음을 알아야 합니다. 하나님이 하나님의 뜻대로 세상을 사용하시다가 더 이상 필요 없으시면 불에 태워 영원히 없이 하실 것입니다. 하나님의 관심은 성도들이 세상의 제도를 바꾸는 것이 아니고, 나 한 사람이 하나님의 말씀을 통해 하나님의 나라 백성으로 온전케 되는 것입니다. 사탄은 눈에 보이는 세상의 화려한 것들을 가지고 미혹하고 있습니다. 마치 선악과를 가지고 미혹했듯이 말입니다.

"이제는 불의를 행하는 자는 그대로 불의를 행하도록 내버려 두고, 더러운 자는 그냥 사람이 더러운 채로 내버려 두어라. 의로운 사람은 그대로 의를 행하게 하고, 거룩한 사람은 그대로 거룩한 사람이 되게 하여라"(요한계시록 22:11)

12) 네델란드 바로알기

(1) 네델란드를 바로 알아야 적그리스도의 세력들을 알 수 있습니다.

이미 타작기1,2를 통해 사탄의 세력들이 어떻게 지난 6000년 동안 세상의 정치, 경제, 사회, 문화, 철학, 종교를 지배해 왔는지 기록했습니다. 다시 한 번 네델란드에 대하여 간단하게 정리를 합니다. 왜냐하면 반드시 역사적인 배경을 알아야 비로소 사탄의 세력들을 분별할 수 있기 때문입니다.

현재 전 세계를 지배하고 있는 프리메이슨이란 사탄의 세력들은 3개의 큰 파벌이 있습니다. 영국과 화란과 미국입니다. 영국의 황실, 네델란드 황실, 미국의 백악관입니다.

영국은 경찰역할을 하고 네델란드는 조폭역할을 하고 미국은 유엔과 함께 신세계질서를 세워가는 중추적인 역할을 합니다. 그리고 일본과 독일은 기동타격대와 같은 일을 합니다.

헬라 영지주의 문화는 이집트 룩소르와 알렉산드리아를 통해 완성된 이시스 여성 태양신의 문화입니다. 로마의 라틴 제국주의 문화는 가나안 7족속인 바벨론, 페르시아, 페니키아 문명을 이어 받은 카르타고를 통해 이룩된 니므롯, 담무스 남성 태양신인 정복과 제국의 문화입니다.

거대한 두 세력의 문화와 종교가 어거스틴을 통해 로마 카톨릭에서 연합을 했습니다. 그리고 두 거대한 세력을 움직이고 있는 주축 세력들이 바로 가짜 유대인들입니다. 이집트 유대인은 430년 애굽 종살이를 통해서 애굽의 문명을 배웠습니다. 페르시아가 그리스에 망할 때 알렉산드리아에 유대인 디아스포라를 통해 혼혈족들이 생겨났습니다. 이들이 바로 헬라 철학을 만들었던 소크라테스, 플라톤, 아리스토텔레스, 필로, 오리겐, 제롬 등입니다.

라틴 유대인들은 페니키아 문명의 중심지였던 카르타고와 스파르타를 중심으로 로마를 점령하고, 유대인 왕조인 메로빙거 왕조를 통해 유럽의 첫 번째 왕국인 프랑크 왕국을 세웁니다. 로마와 그리스 시대에 지중해 중심의 세계 정치 경제 무대가 전 유럽으로 확대되면서 알렉산드리아, 스파르타에서 세계 상권을 주름 잡았던 유대인들이 스페인, 이태리 로마, 피렌체, 베네치아, 밀라노, 제네바로 이동을 합니다. 그후 신항로와 신대륙이 발견되면서 시장이 전 지구적으로 넓어지고 또 십자군전쟁, 흑사병, 엔크르져 운동, 르네상스운동, 종교개혁 등을 통해 세상이 크게 넓어지자 세계 경제권을 가진 자들이 종교 개혁자들의 힘을 이용하여 로마 카톨릭의 통제를 벗어나서 피렌체, 베네치아, 밀라노와 스페인을 떠나 16세기에 유토피아인 네델란드로 집결을 합니다. 왜냐하면 118개의 산호섬을 베네치아 인공섬으로 만들고 1000년 동안 안전하게 전 세계를 상대로 은행업과 무역으로 돈을 벌었던 유대인들이 쓸모없이 버려져 있는 네델란드 저지대 땅을 개발하고 그들의 금융메카로 만들면서 수많은 종교적인 박해를 받았던 사람들과 개혁자들의 피난처가 되었습니다.

(2) 세계 최초로 상장 주식시장의 효시

1602년 세계 최초로 주식회사 동인도 회사가 출범하고, 1611년 세계 최초의 증권거래소가 암스텔담에서 오픈했습니다. 동인도 회사와 서인도 회사를 통해서 인도와 중국을 사버렸던 사람들이 네델란드 유대인들입니다. 13세기 영국에서 추방당한 유대인들이 모여 살다가 청교도 혁명 때 크롬웰을 지원하여 승리로 이끈 철기군들이 암스텔담 은행가들이 훈련시킨 정예부대입니다.

명예혁명을 주도적으로 이끌어 윌리암 3세를 영국왕에 오르게 한 사람들이 네델란드 유대인들입니다. 1588년 엘리자베스를 통해 스페인의 무적함대를 물리친 사람들이 네델란드 유대인들입니다. 1200년 4차 십자군 원정 때 콘스탄틴 제국을 멸망시키고 라틴 제국을 세웠던 베네치아 사람들이 바로 네델란드 주인공들입니다. 네델란드를 기지로 엘리자베스, 찰스, 크롬웰, 윌리암 왕들을 거치면서 네델란드 유대인들은 영국 조폐공사, 영국 중앙은행을 사유화하여 소유했으며, 동인도회사, 서인도회사를 통해 세계의 모든 부를 지배했습니다.
　네델란드에 자유대학을 세우고 미국으로 넘어가서 칼빈대학을 세워 신복음주의 운동을 주도하고 풀러신학교를 세워 오늘의 바알 기독교 번영신학과 존 윔버를 통해 은사주의를 일으켰습니다. 존 칼빈의 어머니와 아내가 네델란드 태생이고, 칼빈이 태어난 곳도 네델란드 인접한 곳으로 칼빈은 스스로 자신은 네델란드 사람이라고 했습니다.
　루이스 벌콥, 벌까우어, 도여베르트, 아브라함 카이퍼, 프란시스 쉐퍼, 헤르만 바빙크 등 현대 신복음주의와 신칼빈주의를 통해 보수 개혁 신학을 자유주의 사회참여신학으로 만들어 신사도 운동의 신학을 만들었던 장본인들이 모두 네델란드 태생들입니다.
　네델란드 프리메이슨들은 영국을 점령한 후 미국 신대륙으로 진출하여 오늘의 네오콘의 주축 세력들이 되었습니다. 현재 뉴욕은 처음에는 뉴 암스텔담이었습니다. 그 이유는 네델란드 암스텔담의 은행가 유대인들이 세계적인 금융 메카로 만들었기 때문입니다.
　네델란드는 장로교 개혁 신앙의 보루이기도 합니다. 그러나 세계에서 가장 타락하고, 퇴폐적인 국가가 되었습니다. 동성애, 프리섹스, 낙태, 마약, 스와핑의 천국이 되었습니다.

4. 칼 바르트의 신정통주의 (Neo-Orthodoxism)
(Karl Barth, 1886년 5월 10일~1968년 12월 10일)

1) 사탄의 정반합(正反合)의 음모인 신정통주의
　사탄의 역사 철학은 헤겔의 정반합 변증법입니다. 사탄은 모든 역사

제7장 기독교 이단 신학 교리와 사상가들

를 정반합의 법칙을 통해서 어리석은 인간을 지옥으로 몰아갑니다. 16세기 종교 개혁자들의 활동을 명분상으로나마 기독교를 바로 세웠던 정(正)의 역사라고 한다면, 19세기 슐라이어마허를 통해 일어난 자유주의 신학은 반(反)의 역사입니다. 그리고 20세기 칼 바르트를 통해 만들어진 신정통주의 신학은 합(合)의 역사입니다.

칼 바르트의 신정통주의는 개혁자들의 신학이 자유주의 신학을 통해 벼랑 끝에 몰렸을 때 혜성처럼 나타난 구원투수와 같은 역할을 한 신학입니다. 그러나 사실은 사탄의 지옥 철학일 뿐입니다. 자유주의 신학을 비판하고 신정통주의를 일으켰던 칼 바르트에 대하여 많은 사람들은 그나마 다행스럽게 생각하면서 칼 바르트의 용기 있는 선전에 박수를 보냈습니다. 그리고 사탄의 음모에 속아 그의 편에 선 개혁교회가 많이 있었습니다.

지금도 로이드 존스가 말한 대로 그의 말장난에 속아 피로 값주고 산 교회를 통째로 사탄에게 바치는 정신없는 사람들이 점점 더 많아지고 있습니다.

전 세계에서 가장 저명한 신학자 가운데 한 사람이자, '토미스 아퀴나스 이후 가장 위대한 신학자' 라고 칭했던 칼 바르트가 바로 '만인 구원론' 을 가르쳤다는 사실 자체가 이것을 더욱 심각하게 만들고 있습니다. 그러나 이것은 전혀 놀랄 일이 아닙니다. 왜냐하면 칼 바르트가 성경을 믿는다고 말했지만, 사실 그는 신학자가 아니라 철학자였기 때문입니다.

칼 바르트의 허망한 사색을 따라가다가는 오직 멸망일 뿐입니다. 그는 기독교를 파괴하고, 하나님의 택하신 영혼을 꾀어내기 위한 사단의 도구입니다. 그런데 수많은 목회자, 신학자, 교단과 교회가 그의 허울 좋은 말놀음에 속고 있습니다. 그럴듯한 미사여구로 꾸며놓은 한 위장 신학자의 말에 이리 저리 휘둘리고 정신 차리지 못하고 있다는 것입니다. 그것이 사람들이 보기에 유식하게 보이거나 좋아 보였는지는 모르겠으나 그 길은 필경 사망의 길입니다!

- 로이드 존스, 로마서 강해 6에서

"어떤 길은 사람이 보기에 바르나 필경은 사망의 길이니라"(잠언 14

| 283 |

장12절)

2) 칼 바르트의 성경관

바르트의 하나님의 말씀의 신학은 성서의 문자주의에 기울어진 신학이 아니고 하나님의 말씀 자체인 예수 그리스도에 초점을 두고 있는 신학입니다. 바르트에 의하면 성서의 권위는 철저히 예수 그리스도에 의존하고 있습니다. 바르트의 신학이 그리스도 중심적 신학이라고 하는 것은 바르트의 신학이 하나님의 말씀의 신학이라는 것과 대립되는 개념이 아닙니다. 바르트에 의하면 예수 그리스도께서 하나님의 계시 자체이고 하나님의 말씀 자체이기 때문에 당연히 그리스도교 신학은 그리스도 중심적 신학일 수 밖에 없다는 것입니다.

칼 바르트의 성육신(인카네이션)신학은 영지주의자들이 주장하고 있는 로고스 신학에 불과합니다. 헬라 철학인 영지주의를 통해서 신인합일을 이룬 그노시스주의가 바로 칼 바르트의 신정통주의 정체인 것입니다. 성육신한 예수님은 태양신의 아들 담무스입니다.

3) 성경을 신화로 믿는 신정통주의

현대 자유주의 신학자 중 비교적 보수적이라고 알려진 칼 바르트도 아담의 창조와 타락의 이야기가 그 자체로는 거짓이라고 단언하였습니다. 또 "아브라함과 모세와 같은 인물들이 후대의 신화 제작의 산물들이든지 아니든지 무슨 문제가 되는가!" 라고 담대히 말하였습니다. 또 그는 성경에 오류가 있다고 단언하였습니다. (김희보 : 자유주의와 칼 바르트 이해)

칼 바르트의 추종자인 C. H. 다드는 성경의 외적 권위는 절대적이지 않으며, 하나님의 계시 진리는 객관적 형태로 주어지지 않는다고 단언했고, 심지어 성경의 무오성을 주장하는 것은 종교와 공중 도덕에 위험물이라고까지 말하였습니다.

4) 개인적인 체험을 성경이라고 주장한 칼 바르트의 성경관

신정통주의 신학에서는 성경이 객관적인 하나님의 말씀은 아니지만,

사람들이 성경에 마음의 문을 여는 의미 있는 순간에 그들의 마음에 호소할 가능성은 있다고 주장합니다. 신정통주의에 따르면 하나님은 말씀 속에서 명제적으로 말씀하신 적이 결코 없습니다. 오히려 하나님은 우리가 하나님과 만나는 순간 사적인 계시를 통해 개인적으로 말씀하십니다.

신정통주의에서는 성경은 좋은 모델이자 역동적인 증언이지만 본질적으로 객관적인 하나님의 말씀은 아니라고 믿습니다. 다시 말해 성경은 책장위에 꽂혀 있을 때는 하나님의 말씀이 아닙니다. 성경은 인간의 마음에 호소할 때라야 비로소 하나님의 말씀이 됩니다. 이러한 주장은 언뜻 보면 그럴듯하게 들립니다. 그러나 거기에는 치명적인 결점이 있습니다. 이러한 가르침은 하나님의 계시를 전적으로 주관적인 것으로 전락시킨 것입니다. 이것은 각 개인이 진리를 자기 식으로 정의하여 개인적인 감정을 궁극적인 척도로 삼을 가능성을 활짝 열어 두는 것입니다. 결국 이는 단지 성경 밖에서 계시된 진리를 찾으려는 또 다른 시도일 뿐입니다. 이러한 가르침은 은사주의 운동과 마찬가지로 그러한 진리를 찾기 위해 경험에 의존하게 합니다.

노먼 가이슬러(Norman Geisler)와 윌리엄 닉스(William Nix)는 탁월한 저서인 『성경개론』(A General Introduction to the Bible)에서 신정통주의적 관점을 다음과 같이 분명하게 정의합니다.

신정통주의의 관점은 성경이 오류를 범할 수 있다는 인간의 책이라는 것입니다. 그럼에도 불구하고 성경은 우리를 향한 하나님의 계시의 도구입니다. 왜냐하면 그것은 그리스도 안에서 하나님의 개인적 계시의 기록이기 때문입니다. 계시는 개인적입니다. 성경은 축자영감으로 기록된 하나님의 계시가 아닙니다. 성경은 단지 한 인간의 개인적 계시, 즉 그리스도와 만날 수 있는 방편이 되지만 오류가 있는 인간적 수단일 뿐입니다. 성경 그 자체는 하나님의 말씀이 아닙니다. 기껏해야 성경은 한 개인이 성경을 통해 그리스도와 만날 때만 비로소 하나님의 말씀이 됩니다.

5) 은사주의를 정당화하는 칼 바르트의 성경관

신정통주의의 배경이 되는 사상은 성경이 인간에게 경험을 창출할 때 비로소 영감을 받은 말씀이 된다는 것입니다. 리드(J. K. S Reid)는 이렇게 주장합니다. "하나님은 위풍당당하게 성경 곳곳을 행진하시며 말씀의 길이와 너비 전체에 걸쳐 어느 지점이든지 당신의 말씀을 소생케 하신다. 그래서 성경은 하나님의 말씀이 된다고 말해도 무방하다……성경은 정해진 확고한 약속으로 하나님의 말씀이 된다." 에밀 브루너(Emil Brunner)는 성령이 "기록된 말씀의 덮개 안에 갇혀 있다."고 말합니다. 성령은 인간의 경험속에서 해방됩니다.

신정통주의에서는 성경만이 전부가 아니라고 말합니다. 하나님은 지금도 계시하시며, 지금도 성경 기자들을 감동하셨던 것처럼 다른 사람들도 감동하십니다. 신정통주의의 입장을 대변하는 또 다른 대표적인 신학자인 도드(C. H. Dodd)는 "성경이 참으로 '하나님의 말씀'이라면 그것은 성경이 최종적인 말씀이라서 그런 것이 아니다."라고 말합니다.

성경의 영감이 주관적인 체험에 의존한다면, 성경 자체가 최종적인 말씀이 아니라면, 어떤 일이 벌어집니까? 성경적 권위란 존재하지 않습니다! 오늘날 기록하고 말하는 다른 모든 것에도 성경 못지않게 사람들에게 '영감'을 줄 가능성이 있습니다. 따라서 사실상 어떤 것도 잠재적인 '계시'의 원천이 되는 것입니다.

은사주의자들도 신정통주의와 비슷한 말을 하고 있지 않습니까? 많은 사람이 그런 말을 하고 있습니다. 몇 년 전, 찰스 파라가 "신앙생활"(Christian Life)이라는 잡지에 기고한 글 한편이 좋은 예입니다. 파라는 이렇게 썼습니다. "그리스도인들은 신약의 세계로 점점 더 깊숙이 들어감에 따라 궁극적인 지식 획득 방식으로 이성과 경험에는 점점 덜 의존하고 신령한 지식에 점점 더 의존하게 될 것이다." 파라는 '신령한 지식'을 어떻게 정의합니까? 그는 신령한 지식이란 '모든 지식을 초월하는 지식, 모든 인식을 초월하는 인식, 모든 확실성을 초월하는 확실성, 모든 이해를 초월하는 이해'라고 말합니다.

찰스 파라의 진술은 순전히 신비주의처럼 들립니다. 그는 20세기판 영지주의를 옹호하고 있는 것일까요? 영지주의(gnosticism)도 계몽된 소수의 사람들만이 얻을 수 있는 은밀한 영적 지식을 뜻하는 '신령한 지식'을 언급한 2세기의 이단이었습니다.

6) 칼 바르트의 만인 구원설(萬人救援說 Universalism)

엄격한 의미에서 만인 구원설은 사람뿐 아니라 모든 사물을 포함한 하나님의 전 창조물의 회복을 의미합니다. 교리서적으로 이 말은 가끔 예수 그리스도 안에 나타난 하나님의 화해 사역의 넓이와 깊이를 표기하기 위해 사용되기도 하지만 일반적으로 모든 인류는 비록 죄로 말미암아 타락하였을지라도 그리스도의 보편적 속죄를 통하여 궁극적으로 다 구원 받게 된다는 설을 말합니다.

이 설은 죄의 형벌을 부정하거나 하나님의 진노를 표면적으로 약화시키려고는 하지 않지만 그러나 하나님의 진노와 심판은 모든 사람의 구원을 지향한다고 봄으로 결국 죄와 진노는 일시적이 되고 따라서 그리스도의 제한적 속죄와 영원한 유기와 심판을 함께 부인하게 됩니다.

7) 오리겐과 제롬의 주장

역사적으로 만인구원설을 맨 처음 제기한 사람은 오리겐(주후254년)입니다. 오리겐은 하나님은 결국 그의 창조의 목적을 성취하시는데 이 목적에는 그의 적(敵)의 복종까지 포함된다고 주장하였습니다. 제롬의 번역에 의하면 그는 하나님의 심판은 사람들 뿐만 아니라 마귀와 사탄까지 깨끗케 하는 작용을 하기 때문에 지옥도 마침내 천국처럼 되어 진다고 보았습니다.

오리겐의 주장은 제 2차 콘스탄티노플 회의(533년)에서 정죄 당했습니다. 오리겐 이후 오래 동안 이 설은 별로 나타나지 않았는데 18세기 이후부터 합리주의의 영향 아래 다시 고개를 들기 시작하였습니다. 특히 18세기 이후부터 하나의 교파로 형성 되어진 유니테리안파 사람들에 의해 그들의 가장 중요한 교리로 내세워졌습니다. 금일에 이르러 이 만인 구원설은 새로운 신학 사조와 함께 여러 가지 형태로 교회에 침투하여 성경적 진리를 왜곡(歪曲)시키고 있습니다.

8) 칼 바르트의 교리

현대 만인 구원설의 배후에는 칼 바르트(Karl Barth)의 신학이 놓여 있습니다. 물론 바르트 자신은 어느 곳에서도 보편적 구원을 직접적으로 가르치지 않습니다. 그러나 그는 사람을 구원 받은 자와 버림 받은 자로 구분하지 않습니다. 대신 그는 모든 사람들을 버림받고 동시에 구원 받은 자로 간주합니다. 따라서 바르트의 견해에 의하면 모든 사람은 그리스도 안에서 궁극적으로 구원 받게 된다는 결론을 피하지 못합니다. 이것은 만인 구원설의 주장과 같습니다.

9) 사랑의 하나님만 강조

만인 구원설의 주장자들은 어떤 영혼이라도 궁극적으로 영원한 생명으로부터 배제된다면 이는 분명히 하나님의 무한한 자비와 사랑에 배치된다고 봅니다. 그들은 죄에 대한 하나님의 진노와 죄인에 대한 하나님의 진노 사이에 구별을 지워 성경이 가르치는 것은 전자이기 때문에 사람은 아무도 영원한 하나님의 진노의 대상이 되지는 않는다고 주장합니다. 그러나 성경은 그 어느 곳에서도 이 양자를 구별하지 않습니다. 성경은 오히려 악을 행하는 사람들 자체 즉 죄인을 문제 삼고 있습니다.

만인 구원자들은 그들이 성경적이라고 하면서 그들의 주장을 뒷받침하기 위해 고전15:22-28, 엡1:9,10, 빌2:9-11, 골1:19-20 등의 성경을 내세웁니다. 이 모든 구절은 참으로 하나님의 장막이 사람들과 함께하며 하나님이 모든 사람의 하나님이 되는 새 하늘과 새 땅의 재창조 및 만물의 회복을 말합니다. 그러나 그 어느 구절도 그들이 주장하고 있는 바와 같이 모든 개인의 회복을 의미하지는 않습니다.

결국 그들의 주장 근거에는 그리스도께서 모든 사람을 위하여 죽으셨다면 하나님은 마땅히 모든 사람을 구원해야 한다는 보편적 속죄 교리(敎訓)가 전제 되어 있다고 볼수 밖에 없습니다. 그러므로 우리는 그들의 주장을 다음과 같이 요약할 수 있습니다.

그리스도는 어떤 한정된 사람을 위하여 죽으신 것이 아니라 예외나 제한 없이 모든 사람을 위하여 죽으셨습니다. 이 주장의 근거로 그들은 요1:29, 3:16-17, 롬5:6, 고전15:3, 살전5:10, 히2:9, 벧전3:18, 벧후3:29, 요일2:2을 내세웁니다.

하나님의 선하시고 기뻐하시는 뜻은 그의 아들 예수 그리스도의 죽으심으로 인하여 모든 사람이 보편적으로 구원 받게 되는 데 있습니다. 이 주장을 위하여 그들은 롬5:12, 8:19-24, 엡1:9-10, 4:10, 골1:19-20, 딤후1:4을 각각 듭니다.

불원간에 하나님은 모든 사람을 그의 도덕적 통치에 복종시킬 것이라고 합니다.(시8:5-6, 마1:21, 요1:29, 고전15:24-29, 빌2:9-11. 히2:6.9, 요일3:8)

이상의 주장을 위하여 그들이 내세운 성경 구절은 얼핏 보면 그들의 주장처럼 그리스도가 모든 사람을 위하여 죽으셨기 때문에 모든 사람이 다 구원 받게 된다는 결론을 내릴 수 있을 것 같이 보이기도 합니다. 그러나 우리는 이 소수의 인용 구절이 결코 그리스도의 우주적 속죄나 만인 구원을 의미하지 않음을 알아야 합니다. 이 구절들은 그 형식에 있어서는 보편적이나 이 구절에 나타난 '모든 사람들' '세상' 등이 인류의 모든 개개인을 말하지는 않습니다.

10) 칼 바르트의 교회론

1886. 5. 10 스위스 바젤~1968. 12. 9/10 바젤. 스위스의 신학자.

(1) 칼 바르트의 영향

칼 바르트는 자유주의 신학에서 교회를 구한 구세주가 아니라 16세기 개혁신학-17세기 정통신학-18세기 계몽신학-19세기 자유신학을 거쳐 20세기 신정통주의 신학-신복음주의 신학- 신사도 운동의 신학의 교리를 세운 사탄주의자입니다.

칼 바르트의 "로고스 그리스도의 교리를 통한 우주 선택교리, 현대 뉴 에이지 기독교, 에큐메니칼 교회 선구자, 만물교회인 우주교회 현대판 설계자, 초대교회 오리겐의 후계자, 만물회복 킹덤사상의 선구자, 이스라엘 회복과 하나님의 나라 킹덤 사상의 교회론 등을 부활시킨 현대판 유세비우스, 오늘날의 모든 이단을 양성화 시킨 바르트의 성경관, 교회관, 기독관, 구원관"을 이해하는 것은 말세지말에 살고 있는 평신도와 목회자의 선택이 아니라 필수가 되어야 합니다.

그는 현대에 막대한 영향을 끼친 사람으로서 19세기 자유주의 신학의 인간중심주의에 대해 '하나님의 전적인 타자성(他者性)'을 강조함으로써 프로테스탄트 사상의 근본적인 신자유주의 신학의 변화를 주도했습니다. 독일의 국가사회주의에 강력히 저항해 본에서 신학회 의장직을 박탈당하기도 했는데, 그 덕분에 바젤에서 기념비적인 저작 〈교회교의학 Kirchliche Dogmatik〉(4권 완성) 집필을 계속했고 500회가 넘는 설교를 했습니다.

(2) "고백교회"의 투쟁기(1933-1945)에 나타난 바르트의 교회관

제 3제국 치하의 독일에서 "국민교회"가 태동하고, 교회와 복음이 왜곡되고 오용되던 이 시대에, "고백교회" 운동은 독일에서 살아 있는 교회가 움직이고 있음을 보여준 사건입니다. 1934년 바르멘 선언을 통해서 "오직 예수 그리스도만이 유일한 계시"라고 하는 것을 역설한 사건에서, 바르트는 핵심적인 역할을 감당했습니다. 여기에서 바르트는 참된 교회의 본질을 찾습니다. 그것은 "하나님이 인간에게 말씀하셨기 때문에 인간이 그 말씀을 듣는 바로 그 곳에 교회가 존재 한다"라고 하는 사실입니다. 교회의 본질은 하나님의 말씀을 듣는 것에 몰두하는 것입니다. 이러한 의미에서 바르트는 말씀을 중시하는 칼빈의 전통화에 있다고 볼 수 있습니다. 바르트는 또한 예수 그리스도가 교회의 주님이시라는 것을 특별히 강조합니다. 이러한 교회의 사명은 증언 봉사의 주체이며, 시대사건 속에서 증언을 하는 책임을 지는 것입니다. 교회는 시대적 상황 속에 있기 때문에 시대적 사건 속에서 말씀을 증거하는 임무를 갖습니다. 교회의 형태를 논함에 있어서 바르트가 중시한 것은 일체의 형식주의를 배격하고, 봉사와 사랑의 형태를 갖는 것입니다. 교회는 참된 교회가 되느냐, 거짓 교회로 머무느냐의 투쟁의 와중에서 성서와 고백에 머물 용기가 있어야 합니다. 이러한 바르트의 교회관은 시대 속에서 하나님의 말씀을 증거하는 예언자의 직분을 감당하는 교회의 모습을 지니고자 하는 것이었다고 요약할 수 있습니다.

(3) 공동체의 선택 이스라엘과 교회 (교회교의학 2/2, 1942)

바르트의 선택론은 그의 전체 신학의 열쇠라고 할 수 있습니다. 선택론의 근거는 예수 그리스도에게 있습니다. 바르트에 의하면, 예수 그리스도의 선택 안에는 또 다른 선택이 포함되어 있는데, 선택하시는 하나님의 길은 예수에 대한 증언의 길, 그분에 대한 신앙의 길이기 때문에, 예수 그리스도의 선택은 공동체의 선택을 포함합니다. 바르트는 이러한 의미에서 일단 이스라엘과 교회에 대해서 고찰합니다. 그리고 바르트의 교회론은 그리스도론적인 근거를 통해 준비됩니다. 하나님의 선택된 공동체는 예수 그리스도가 십자가에 달린 이스라엘의 메시야임과 동시에 부활한 교회의 주님이라고 하는 이중적 규정 속에서 예수 그리스도 안에서 일어난 하나님의 행위에 봉사하도록 선택되었습니다.

(4) 바르트와 카톨릭의 교회관 비교와 평가

바르트와 카톨릭 교회는 교회론을 전개함에 있어서 "그리스도의 몸"의 표상을 통해 전개하는 공통점을 가지고 있습니다. 여기에서 바르트는 그리스도 중심적 사고와 성령론적 사고를 통해 자신의 입장을 피력합니다. 바르트의 교회론에서는 교회 설립이 예수 그리스도가 모든 인류의 대리자로서 자신의 몸 안에서 죄의 몸을 지고 죽으심으로 설명되는데 반해, 비오 12세는 교회가 그리스도의 피를 통해 그의 몸으로 설립되었거나 사들여졌다고 설명하는 점입니다. 카톨릭 교회에 있어서, 그리스도의 몸으로서의 교회는 그리스도의 권위와, 기능과 직분에 연관을 맺고 있습니다. 또한 바르트에게 있어서 예수 그리스도는 교회이지만, 교회는 그리스도일 수 없습니다. 그러나 카톨릭 신학에서는 그것이 가능합니다. 결론적으로 카톨릭 교회는 자신들의 권위를 위해서 이 말을 쓰고 있는 것으로 보이지만 바르트에게 있어서는 그렇지 않습니다. 이 점은 바르트의 "하나님의 백성"론과 2차 바티칸 공의회의 "Lumen Gentium"(인류의 빛, 그리스도의 빛, 교회의 빛)에서도 비슷합니다. "Lumen Gentium"은 교회의 구원사적인 차원에 역점을 두어 "하나님의 백성" 개념을 구원사적 관점과 결합하였습니다. 영원전부터 결정된 하나님의 구원의지는 인류의 모든 역사를 포괄하면서 여러 단계 속에서 실현된다는 것입니다. 이 새로운 약속은 그리스도 안에서 성취되었습니다. 비오 12세의 교서와 비교해 볼 때, "Lumen Gentium"은 교회 일치를 도모하는데 많은 공헌을 한 바 있습니다.

바르트의 "구원사" 개념 또한 제 2바티칸 공의회의 구원사 개념과 그리 큰 차이가 나지 않습니다. 하나님의 선택은 예수 그리스도의 몸 된 교회안에서 전 인류가 포함되어 있다는 것입니다. 이것이 신복음주의 빌리그래함의 우주 교회론이 되었습니다. 바르트는 교회의 보편성을 논하면서, 그것은 교회의 머리이신 예수 그리스도 안에서 기초되는 내용하에서 가능하다고 보았습니다. 교회 밖에는 구원이 없는가라는 질문에 대해서 바르트는 교회 밖에 있는 자들, 계시, 신앙, 구원에 대한 인식이 없는 자들도 숨어 있는 방법들을 통해 구원을 받을 수 있다고 보면서, 바르트는 세상을 예수 그리스도 자신의 교회로 지칭하고 있는 특징입니다. 이런 면에서 바르트는 카톨릭 교회와 일치점을 가집니다. 종말론적 교회론의 현실을 강조함에 있어서도 바르트는 카톨릭 교회와 접촉점을 가집니다. 메시야 사상의 구약 이스라엘 국가의 연속성에서 기인한 하나님의 나라 왕국의 개념입니다.

(5) 바르트와 신복음주의 교회관 비교와 평가

신복음주의 선두주자인 빌리 그래함은 우주 교회를 말하면서 하나님께서 마지막에 그리스도 예수의 몸된 교회인 우주교회를 통해서 전 인류를 부르셔서 구원하신다고 주장합니다. 이것을 하나님의 섭리 회복이라고 합니다. 이미 제롬이나 오리겐과 같은 알렉산드리아 학파 사람들에 의해서 선포된 무천년주의 지상 유토피아 메시야 나라는 구약에서 예언한 메시야 나라로 신약의 교회이며 구약의 할례제도는 신약의 유아 세례 제도라고 주장합니다.

이미 칼 바르트의 만인 구원론에서 보았듯이 하나님께서는 창세전에 예비하신 그리스도 예수님의 몸된 교회안에서 인류를 택하셨기 때문에 마침내 하나님의 교회가 우주적으로 완성되는 마지막에는 전 인류가 그리스도 예수님의 몸된 교회안에서 종교의 유무를 막론하고, 심지어 하나님과 예수님의 이름조차 알지 못하는 자들이라도 하나님께서 다 불러 우주 교회안에 구원하십니다. 사람 뿐 아니라 모든 만물과 심지어 타락한 천사까지 포함합니다.

11) 칼 바르트의 신론
공의와 사랑의 하나님 중에 오직 사랑만을 강조한 반쪽 신론(神論)

칼 바르트가 새로 각색한 "신의 본질"에서 그의 신론이 자세히 드러났습니다. 칼 바르트가 주장한 신은 심판하시고, 진노하시는 두려우신 공의의 하나님이 아니십니다. 오직 사랑의 하나님이십니다.

"복음주의 신학의 하나님은 스스로 만족하여 자신을 폐쇄하고 있는 고독한 하나님도 아니요, 절대적인 하나님도 아니다. 이처럼 그는 자기와 구별되는 실재에 대하여, 원칙적으로 뿐만 아니라 사실상 자유하시다. 그러나 그는 인간 옆에 계시다가 인간 위에 군림하시는 하나님이 아니라, 인간 안에 그리고 인간과 더불어 계시며, 무엇보다도 인간을 위한 하나님이시다. 이 하나님은 인간의 주님이실 뿐만 아니라, 그의 아버지, 형님, 친구로서 인간의 하나님이시다. 이것이 결코 하나님의 신적인 본질을 축소시키거나 희생시키는 것이 아니라, 도리어 그것을 확인하는 것이다."

칼 바르트는 정통 신학에서 주장한 하나님에 대하여 다음과 같이 악평을 했습니다.

"인간에게 좋은 소식 대신에 나쁜 소식을 가져오며, 또한 인간을 경멸하며, 심판하며, 죽음을 가져오며, 고상하기만 하여 비인간적이고, 초인간적이기 때문에, 사람들이 두려워하여 꺼리며, 피할 수 있으면 피하고, 이러한 하나님은 인간으로서는 만족시킬 수 없기 때문에, 알려고도 하지 않고, 이러한 비인간적인 신에게는 복음신학이 헌신할 수 없다고 하였습니다."

그런데 바르트가 좀定하고, 비방한 것은 다 하나님의 절대 주권과, 공의와, 심판 부분에 해당하며, 성경이 교훈하는 하나님 본질이며, 교회가 2,000년간 고백해온 사도신경입니다.

12) 칼 바르트의 창조론

(1) 칼 바르트는 창시자(originator)로서의 신개념을 부정함
인간과 만물이 발생(發生)한 기원(紀元)을 신의 창조에 두느냐, 진화설이나 빅뱅설(Big Bang)에 두느냐에 따라서, 유신론(有神論)과 무신론(無神論)이 갈라집니다. 그러므로 아무리 하나님을 말하여도, 하나님을 인간과 만물의 창시자(originator)로 믿지 아니하면, 무신론자가 됩니다. 기독교는 2,000년간 창세기 1, 2장을, 천지만물의 기원(the origin)을 말해주는 역사문서(歷史文書)로 받아왔습니다. 그러기에 하나님을 천지와 만물의 창시자(originator)로 고백합니다. 그러나 바르트는 창시자로서의 신개념을 거부하였습니다. 만일 바르트가 신개념을 창시자로 받아들였다면, 바르트는 기독교를 믿은 신학자로 남았을 것입니다. 다음 인용문을 읽어봅시다.

"나는 하나님 아버지, 전능하신 천지의 창조주를 믿는다. 기독교적으로 이해된 이 창조의 신비가, 어떤 어리석은 자들이 생각하는 것처럼, 세계의 창시자(originator)라 할 하나님이 존재하느냐 하는 문제가 아니다. 창조를 세계의 존재 원인이라고 정의할 때, 우리는 기독교 신앙의 견지에서 보아, 전혀 무의미한 것을 말하는 것이 된다."

인용문에서 세 번째의 부분은 벨 까우어 글입니다. 바르트의 글에 벨 까우어의 글을 덧붙여도 무방한 것은, 인용한 벨 까우어의 책은 바르트를 잘 이해한 글로, 바르트 자신이 환영하였기 때문입니다. 실제로 두 사람의 글 내용이 마치 한 손의 손등, 손바닥과 같아서, 글 뜻이 더욱 선명해졌습니다. 이 글에서 바르트는, "하나님을 만물의 창조주로는 믿으나, 하나님을 만물의 창시자로는 믿지 아니한다."고 하였습니다. 하나님을 만물의 창시자로 보는 것은, 도리어 어리석은 자들이나 하는 짓이라고 하였습니다. 네델란드 칼빈주의 신학자 벨까우어(Berkouwer)도 이 바르트의 견해를 동조하여 말하기를, "창조를 세계의 존재 원인으로 보는 것은, 기독교에서는 전혀 무의미한 짓이다."라고 하였습니다.

그러나 대부분의 독자들은 이러한 글을 접하면서 당혹스러워할 것입니다. 즉 창조주와 만물창조는 한 사건으로 보는 것이 당연한데도 창조주를 믿으면서도 만물 창조는 그 창조주와 다르다고 하는 것은 영지주의자들이 만물 창조를 악으로 보기 때문입니다. 그래서 바르트는 이 두 용어를 전혀 별개의 뜻으로 하여, 창조주는 받아들였으나 만물창조는 배격하였으니, 바르트의 글을 읽을 때에는 창조주와 만물창조를 엄격히 구별해야 합니다.

(2) 영지주의 창조론

바르트는 창조를 세계의 존재 원인으로 보거나, 하나님을 세계의 창시자로 보는 것은 바벨론 신화에서나 볼 수 있는 것이니, 하나님을 세계의 존재원인으로 보거나, 세계의 창시자로 보지 말라고 하였습니다. 만일 하나님을 세계의 존재원인으로 보거나, 세계의 창시자로 본다면, 창세기와 하나님을 바벨론 신화가 되게 한다는 것입니다. 그렇다면 창세기를 어떻게 보자는 것입니까? 다음에서 주장하기를, 창세기를 설화(고대소설)로 보고, 고대소설을 해석하여 교훈을 받자고 하였습니다.

(3) 바르트는 창세기 1, 2 장은, 설화(고대소설)라고 주장

칼 바르트는 창세기의 창조기사를 설화 즉 고대소설이라고 주장하였습니다.

"창조 자체는 신화로 얻어지지 아니하므로 창조신화라는 것은 없다. 예를 들면, 바벨론 창조신화에서는 이 사정이 밝히 나타나 있다. 바벨론 신화에서는 생성(生成)과 소멸(消滅)에 관한 신화를 취급하고 있는데, 이러한 것을 창세기 1, 2 장은 전연 문제 삼지 않고 있다. 바벨론 신화에서는 신화적 요소가 있다는 것을 확실히 입증할 수가 있지만, 성서에는 신화에 비할만한 것이 전혀 취급되어 있지 않다. 우리가 성서의 설화(geschichte)에다가 이름을 주어 한 범주에 넣는다면, 전설(sage)이란 범주 속에 넣을 수 있다."

13) 칼 바르트의 기독론

기독교는, 예수 그리스도가 동정녀에게서 출생하였고, 장사 후에는 육체가 살아났고, 승천하심으로 신인양성(神人兩性)을 겸전하신 하나님의 아들로 가르쳐왔습니다. 그러나 바르트는 그리스도의 신성(神性)을 불신하였고, 인성(人性)뿐인 단성으로 보았습니다. 그는 사도신경 주석, "탄생의 신비(mystery)와 기적" 이란 글에서, "동정녀 출생은 거리낌을 주니, 믿을 수 없다"고 하였습니다.

바르트는 성경에 거리낌이 되는 곳이 많지만, 동정녀 출생이 가장 큰 거리낌을 주는 장소라고 하였습니다. 수강생들도 거리낌이 되는 다른 것을 수강하는 동안에는, 초조한 마음이기는 하나 비교적 잘 따라왔지만, 이 동정녀 출생의 항목에 이르러서는 무언 정지하여, 목석처럼 말문이 닫혀 버릴 것이라고 염려하면서, 다음과 같이 말하여 안심시켰습니다.

〈우리는 불안한 마음으로 동정녀 탄생을 납득하려는 것이 아니다. 지금까지 비교적 안정하게 길을 걸어 왔듯이, 이 구절에서도 편안한 마음으로 다만 진리에 접근하려고 한다. 그러므로 풀어야할 과제도, "성령수태를 믿어야하는가?" 하는 질문이 아니다. 다만 "성령수태를 긍정할 수 있는" 진리를 찾아내는 것이다.〉

결국 바르트는 기적 사건으로서의 성령수태와 동정녀탄생은 화제에서 삭제하였고, 성령수태와 동정녀탄생이 주는 교훈(진리)을 수용하자고 주장하였으니, 바르트는 자기 신학에서 기적은 불신하여 폐기한 것입니다.

바르트는 "동정녀 출생은 마리아의 배(belly)에서 출생한 것이 아니라, 마리아의 귀(ear)에서 출생했다고 하였습니다. 바르트가 답변한 내막은 이렇습니다. 여인이 아직 남자를 접한 일이 없는 동정녀 하니, 배(belly)로 애기를 출산한 일은 없을 것이므로, 동정녀가 애기를 잉태하고 출산했다는 것은, 마리아가 천사에게서 귀로 들었던 설화(geschichte, 고대소설)에서의 잉태와 출산을 가리킨다는 것입니다. 즉 동정녀의 출산은 고대소설(성서)이 말하는 출산이라는 것입니다. 이렇게 바르트는 천사가 전했던 예수의 잉태와 출산을, 동정녀가 실제로 잉태하고 출산한 기적으로 믿지 않았습니다. 천사가 전했던 동정녀의 잉태와 출산을 설화(고대소설)로 돌려서, 설화에서 출산한 것으로 해설하고, 설화에서 교훈을 끌어냈던 것입니다.

14) 칼 바르트의 구원론

칼 바르트가 성령수태와 동정녀 출생을 불신하고, 예수 그리스도가 육신(肉身)으로는 요셉의 혈통을 받은 요셉의 아들이지만, 그가 살고 간 생애와 교훈과 죽음은, 인류의 역사상 단 한 번만 있었던 위대한 사건으로서, 이것이 "참 인간의 출현"을 뜻하고, 이것이 참 "인간 실존의 출현"을 뜻한다는 것이 바르트의 주장이고, 현대주의 신학자들의 일반적인 주장입니다. 그러므로 예수 그리스도의 생애에 나타났던 이 위대한 "인간의 실존"을 "紀元 제 1년"으로 삼자는 것은, 예수의 인격을 모델로 하는 "전 인류의 새 紀元"을 열어보자는 것입니다. 다시 말해서 공자님이나 석가님도 훌륭하셨던 분들이지만, 예수님의 행적과 교훈이 더욱 훌륭하므로, 예수님의 생애에 나타났던 "인간의 실존"을 모델로 하여, 전 인류의 "새 紀元과, 새 세상을 열어보자"는 것입니다.

바르트의 구원론에서 꼭 명심해야 할 것이 있습니다. 바르트가 말한 그리스도의 구원은 전통적인 기독교의 구원 교리와는 전혀 무관하다는 점입니다. 왜냐하면, 바르트가 믿은 그리스도는 요셉의 혈통을 받은 보통 인간이었기 때문에, 예수가 준다는 구원도 제자가 스승의 인격을 본받아서, 고매한 인격을 갖추어 가는 것이 구원이고, 또한 인류가 지상에서 평화롭게 살아가는 것이 구원이기 때문입니다. 그러므로 바르트가 비록 31권의 방대한 9000쪽의 "교회 교의학"을 썼지만, 이 책에는 최후 심판과 내세의 영생 등은 항목에도 들어 있지 않습니다.

15) 유대 카발라 영지주의에서 말한 신인합일의 참 인간 1호인 예수

그렇다면 칼 바르트의 진짜 정체는 무엇입니까?

칼 바르트는 바리새파 유대인들의 종교인 카발라 영지주의 사탄종교 철학자입니다. 바벨론 탈무드와 헬라 영지주의 철학에서는 관상기도를 통해 도달한 마지막 신인합일의 존재가 바로 참 인간의 모습으로 설명하고 있습니다. 이것이 바로 칼 바르트가 말하고 있는 인간 실존 참 인간론입니다. 예수님이 그 1호라는 것입니다. 사탄 숭배자들이 말한 신인간 1호가 되는 것입니다.

뱀은 선악과를 따먹으면 너희가 하나님처럼 된다고 했습니다. 사탄의 약속이 칼 바르트를 통해 현대신학에 적용되어 신학교에서 가르쳐지고 있는 것입니다. 사람이 즉 신이라는 것입니다. 우리 모두가 예수를 닮아서 신인간이 되는 것이 사탄숭배자들이 헬라 철학을 통해서 인간을 미혹하고 있는 사상입니다. 이것이 뉴 에이지 기독교입니다. 이것이 종교통합을 통해서 이룩하고자 하는 구원입니다. 그들이 말한 성경이나 교회나 예수나 신은 모두 가짜입니다. 그들이 말한 신학은 사탄 루시퍼 뱀을 만나는 원리입니다.

5. 신복음주의 신학(新福音主義神學 New Evangelical Theology)

1) 전체 개요

(1) 혼합주의 이단인 신복음주의

한국 신학계에서 그 정체를 가장 분간하기 힘든 것이 '신복음주의(新福音主義)'입니다. 왜냐하면 신복음주의는 국내에서 소위 '복음주의'란 이름으로 활동을 하기 때문입니다. 그러나 실상 신복음주의는 신정통주의와 함께 자유주의(로마카톨릭)와 개혁주의 교회를 통합시키는 혼합주의 이단입니다.

20세기 상반에는 칼 바르트의 새로운 자유주의 신학이 "신정통"이라는 이름으로 진전되더니 지금 20세기 하반에는 다른 하나의 자유주의로 향하는 신학사상 운동이 "신복음주의"라는 허울 좋은 탈을 쓰고 움직입니다. 이 위험한 새 신학사상 운동이 우리 한국 보수교계에도 말과 글로 진전되어 풍파를 일으키고 있습니다.

(2) 신복음주의 유래와 역사

프린스톤 신학교가 자유주의화 되자 메이첸을 중심으로 보수 신학자들이 1929년 웨스트민스트 신학교를 세웁니다. 이에 긴장한 자유주의 신학을 추종하고 있었던 빌리 그래함, 칼 헨리, 챨스 풀러가 보수 신학인 웨스트민스트 신학교를 견제하기 위해 1947년 풀러 신학교를 세웁니다.

'신복음주의'는 1940년대 미국에서 시작된 신학 사조로서, 자유주의와 싸우며 기독교의 근본 진리를 수호하던 '근본주의' 진영이 갈라지면서 발생한 자유주의 신학운동입니다. 이 명칭은 풀러신학교의 초대 교장인 헤롤드 오켄가(Herold Ockenga)가 1948년 그 학교 강연에서

'신복음주의'라는 말을 처음 사용함으로 시작된 것으로서, 그는 이 강연에서 '전통신학의 새 시작'을 부르짖으며, 근본주의와의 결별을 선언하였습니다. 이들은 자유주의와의 '철저한 분리(分離)'를 주장하는 근본주의와는 달리 신복음주의는 그 전략을 분리에서 침투(浸透)로 바꾸는 노선(路線)을 채택하였습니다.

(3) 신복음주의 신학의 주장

헨리는 과거 자유주의 신학자들이 과학의 결론을 성경의 진리보다 더 중시하는 데에 잘못이 있음과 마찬가지로, 근본주의자들은 무조건 과학을 적대시(敵對視)하였기 때문에 학적으로 인정을 받지 못했다고 지적합니다. 본체론적 의의를 깨닫지 못했기 때문에 칸트(Kant)는 영적 세계에서 이성을 분리시켜 버렸고, 다윈(Darwin)은 이성을 자연 세계에만 국한시켜 버렸고, 듀이(Dewey)는 실용적(實用的) 가치만 인정하고 말았다는 것입니다. 그러므로 크리스챤은 이와 같은 이성의 오용(誤用)을 버리고, 진리 이해를 위해 활용(活用)하자는 것입니다.

카넬은 한 걸음 나아가 신학과 과학의 차원분리(次元分離)를 시도(試圖)함으로 상호모순성을 극복하려 했습니다. 그는 세 가지로 신학과 과학의 차원을 분리합니다.

첫째로, 신학은 궁극적인 원인(Ultimate Cause)을 취급하는 반면, 과학은 비궁극적인 원인(Proximate Cause)에 대해서만 말할 수 있습니다. 예를 들어 소돔과 고모라에 유황불이 내린 사실(창 19:24)은 과학적인 표현이 아니라, 이것은 심판에 대한 신학적인 표현이라는 것입니다.

둘째로, 성경은 자연을 표현할 때 단순히 시각적(視覺的)인 용어를 사용하였습니다. 왜냐하면 생활인(生活人)을 위해 쓰여 졌기 때문입니다. "해는 서쪽으로 진다"는 성경적 표현은 참된 것이지만 과학적으로는 참된 것은 아니라는 것입니다.

셋째로, 신학은 섭리(攝理)와 자유를 말하지만 과학은 다만 통일성 있는 자연 법칙만 말합니다. 그러므로 신학의 영역과 과학의 영역이 서로 다르기 때문에 신학이 섭리와 자유라는 명목으로 통일성(자연법칙)을 배척한다면 벌써 신학의 한계를 넘는 것이며, 과학이 통일성이란 명목으로 섭리와 자유를 배척 한다면 그것은 과학의 한계를 넘는 것이라는 것입니다. 이러한 차원 분리를 통하여 카넬은 신학과 과학의 궁극적인 조화를 말하고 있습니다.

(4) 복음의 사회적 적용

근본주의 신학이 지나치게 영혼 구원만을 강조한 나머지 기독교를 타계적(他界的)인 것으로 잘못 소개한 것을 고쳐, 복음의 사회적 적용을 강조하여야 한다는 것입니다. 자유주의 신학이 지난날 복음을 하나의 사회 개혁 운동과 동일시(同一視)하여 사회 복음주의로 기울어진 데에 대한 반동으로 근본주의는 지나치게 복음의 현실성(現實性)을 외면하고 불변성만을 강조하고 말았기 때문에 '사회 도피주의'(社會逃避主義)라는 비난을 받아 왔다는 것입니다.

헨리는 기독교의 사회성을 다음과 같이 지적하고 있습니다. "기독교는 중생하지 않은 인간들의 노력을 통하여 이루어지리라고 기대하는 자유주의적인 사회 복음은 결단코 아니다. 그러나 기독교는 구속적(拘束的)인 종교로서 사회적인 변화를 가져오게 하는 감화력이 있다. 그러므로 복음의 메시지를 생명력 있게 전하려면 결혼, 가정, 노동, 경제, 정치, 국가, 문화, 예술 등 생의 각 분야에서 그리스도의 주권(主權)을 나타내도록 해야 한다. 심지어는 자고 깨는 시간까지 그리스도 중심으로, 그리고 하나님의 백성으로 봉사(奉仕)가 되는 방향으로 조정해야 한다." 한 걸음 더 나아가 그는 기독교의 사회 참여와 관련해서 기독교인의 생활 윤리면에서 근본주의적 윤리관을 탈피해야 된다고 주장합니다.

(5) 사회 참여 복음의 함정

사회복음(Social gospel)이란 무엇입니까? 이는 세상의 악의 근원이 사람인 개인에게 있기 보다는 정치, 경제, 사회의 구조적인 결함에 있다는 것입니다. 그래서 한 사람이 구원을 받기 위해서는 정치, 경제, 사회의 구조가 구원을 받을 수 있는 좋은 환경으로 바뀌어야 한다는 것입니다. 그렇게 되면 누구나가 다 구원을 받고 교회안으로 들어 온다는 것입니다.

그렇지만 성경적인 교회에서는 사람이 전적으로 타락하여 선한 것이 없을 뿐 아니라 선을 행할 수도 없기 때문에 예수님이 대속하시기 위해

십자가에 돌아 가셨고, 사람이 새 생명으로 거듭나야만 그가 속한 가정과 사회와 정치와 경제를 변화시킬 수 있기 때문에 영혼 구원을 최우선으로 하자는 것입니다. 이와 같은 세상을 향한 다른 관점은 지옥과 천국으로 갈라지는 복음에 대한 이해력에서 출발합니다. 사회복음을 주장하는 사람들은 인본주의 기독교입니다. 다시 말해서 십자가의 영생의 복음을 전혀 알지 못하는 형식적인 그리스도인들입니다.

신복음주의는 개인 구원보다 사회 구원에 우선 순위를 둔 신학 운동으로 인간의 불행이 하나님 앞에서 떨어져 나간 원죄에 있지 않고, 건전치 못한 환경의 영향에 기인한다는 관점에서 출발합니다. 그래서 하나님의 나라는 사회악과 부조리 등의 척결을 통해 사회 유기체를 구원하고 지상생활을 하늘 나라의 생활에 조화시키는 데 있다고 주장하면서, 노동조합의 결성, 노동자의 복지, 부의 평등화 등에 앞장 섰으며, 교육과 사회봉사와 정치개혁에 큰 공헌을 하였습니다. 결국 기독교 행동주의가 미국의 전형적 종교 형태로 등장하게 되었는데, 이것은 반 개인적이고 반 종말론적인 요소와 그리스도의 속죄보다 사회개혁을 중시하는 문제점이 내포되어 있습니다. 그러한 의미에서 신복음주의가 말하는 복음이란 바로 다른 복음입니다. 즉 가짜 사탄의 복음입니다. 그래서 그들은 그들이 원하는 세상을 만들기 위해 다른 종교 통합까지 추진하고 있는 것입니다.

(6) 복음화(Evangelism)와 복음(Gospelism)의 차이점

복음주의란 영어로 두 단어가 있습니다. Evangelism이란 복음주의는 전도의 방법과 수단을 나타내는 단어입니다. 그러나 Gospelism이란 복음주의는 복음의 내용과 본질을 나타내는 단어입니다. 개혁자들이 말한 복음주의는 Gospelism입니다. 그러나 신복음주의자들이 강조한 것은 Evangelism입니다. 하나님을 아는 것과 하나님에 대해서 아는 것은 전혀 다른 것입니다. 참 기독교는 하나님 자신을 아는 것이지 하나님에 대하여 아는 것이 아닙니다.

(7) 세력확장

비분리주의를 표방하며 시작된 이 운동은 자유주의와의 유화적 태도를 취하면서 점차 세력을 넓혀갔습니다. 1942년 미국 복음주의 협의회 (NAE)가 결성되고, 1951년 세계 복음주의협의회(World Evangelical Fellowship)가 형성되면서 자유주의와 손을 잡는 활동이 더욱 활발해졌습니다. 그 대표적 예가 바로 전도자 빌리 그래함(Billy Graham)입니다. 빌리 그래함은 지난 70년대 중반부터는 에큐메니칼 선교 운동을 주도하기 시작하였으며, 현재는 천주교가 합세한 종교 다원주의 운동을 개신교 내에서 자유주의와 더불어 이끄는 세력이 되었습니다.

(8) 복음주의라는 이름으로 활동

신복음주의자들은 자신들의 정체를 감추기 위해 단순히 '복음주의자(Evangelicals)'로 불렀습니다. 그래서 신복음주의 역사가 복음주의로 변장해서 오늘날까지도 복음주의로 불리웁니다. 하지만 원래 복음주의는 종교개혁 때에 카톨릭의 교황주의와 성례주의에 대항하여 성경의 절대 권위와 오직 믿음으로 구원을 얻는 이신칭의의 복음을 재확인했다는 의미에서 붙여진 이름입니다. 그러나 신복음주의자들이 역사 전면에 복음주의자들의 이름으로 등장하면서 현대교회는 사탄의 밥이 되기 시작했습니다.

(9) 신복음주의의 문제성

신복음주의의 문제성은 그 안에 다양한 신학적 성향을 내포하고 있다는 것이며, 둘째는 자유주의 및 카톨릭 심지어는 이단들과도 '협력'(cooperation)하고, 셋째는 오히려 건전한 개혁주의를 가혹히 비판한다는 것입니다. 이를 간단히 설명하면 다음과 같습니다.

첫째, 신복음주의 안에는 기독교의 근본 진리를 수용하는 자들과 '성경의 영감을 믿지만 무오는 인정할 수 없다'는 애매한 성경관과, '성경과 과학을 조화시킨 기독교 진화론'을 주장하는 신학적 여러 갈래가 있습니다.

둘째, 신정통주의와 자유주의 신학자를 교수로 채용하거나 협력 전도라는 이름으로 손을 잡는 일, 특히 카톨릭과 이단까지도 포용합니다. 예를 들면, 빌리 그레함은 그의 전도 집회시 예수의 신성을 부인한 목회자를 대회장으로 임명하였고, '카톨릭과 자유주의는 이단이 아니고 우리와 견해가 다른 형제'라고 하는 등 "그의 언행을 보면" 그 사상을 알 수 있습니다.

셋째, 신복음주의는 정통 기독교를 '20세기 분리주의자'라고 혹평하며 이는 '교리논쟁'을 빌미삼아 습성적으로 분열하는 자들이며, 타 교파에 대한 무례한 심판관이라고 하여, 개혁주의 교회를 고립화 시키고 있는 것입니다.

이러한 문제점을 가진 신복음주의는 오늘날 여러 교회의 세속화와 혼합주의화의 주된 범인으로 지목되고 있습니다. 이러한 사실에 대하여 신학자 우드 브릿지는 "신복음주의의 타협적 태도의 결과로 성경의 정경성, 완전 영감, 무오에 대한 회의와 진보적 창조 개념의 수납 등의 신학적 변질과 춤과 영화 등에 대한 개방적 태도에서 볼 수 있는 윤리의 세속화를 볼 수 있다"고 지적하였습니다. 한 마디로 '적과의 동침'이 결국 그 순결 상실과 타락으로 연결된 결과를 가져오고 말았습니다.

(10) 신복음주의에 대한 성경적 교회의 입장

신복음주의가 한국에 들어온지 30-40년이 지났습니다. 현 시점에서 많은 한국 교회들이 신복음주의에 물들어 '오류와의 디협'을 하고 있습니다. 교회의 전통을 율법주의로 간주하고 선교와 대 사회봉사를 위해 교리를 초월한 협력과 연합을 강조하며, 세속적 윤리관으로 교회를 평가하려는 시도를 하여 교회의 권위를 땅에 떨어뜨리는 일을 영웅적으로 합니다.

이들의 특징은 하나님의 주권보다는 인권이 중심이 되며, 교회의 신본적 통치와 질서를 배격하고 민주적 합리적 운영의 목소리를 높입니다. 교회관이 희박하며, 교리적 순수성이 결여되어 있습니다.

신복음주의를 가리켜 박형룡 박사는 "신자유주의 내지 신이단 운동이다"라고 하였습니다. 작금의 한국 교회에 신복음주의의 '협력과 화합'의 목소리가 높아지고, 개혁주의 교회는 설 자리를 잃어가고 있습니다. 이런 때 우리는 외롭더라도 '타협'하지 않는 무리로 남길 원합니다. 타협은 결국 변질을 가져 온다는 역사적 사실의 교훈을 잊지 말아야 합니다.

2) 박형룡 박사의 신복음주의 비판

하나님께서 예수 그리스도의 보혈로 사서 세우신 교회는 하나님의 것이며, 하나님의 뜻을 바르게 세워나가야 합니다. 현대 장로교회 안에서 신복음주의 사상이 퍼지고 있는 관계로 개혁주의와 신복음주의가 어떻게 다른 것인가를 밝히고자 개혁신학을 고수하며 성경을 사랑했던 선배들의 글을 찾아보고 소개하려 합니다. 한국교회 보수 개혁신학의 선구자인 박형룡 박사의 신복음주의 신학에 대한 성경적 개혁 신학적 평가와 비평을 읽어 보시기 바랍니다.

(1) 박형룡 박사, "신복음주의 신학"

이 글은 박형룡 박사 저작전집 IX권 현대신학선평 하권에 수록되어 있는 신복음주의 편을 요약한 것입니다.

20세기 상반에 칼 바르트의 새로운 자유주의 신학이 신정통이라는 이름으로 선전되더니 지금 20세기 후반에는 다른 하나의 자유주의 신학 사상 운동인 신복음주의라는 허울 좋은 탈을 쓰고 움직인다. 이 위험한 새 신학사상 운동이 우리 한국 보수교계에도 말과 글로 선전되어 풍파를 일으키고 있다.

신복음주의란 미국에서 20세기 초에 자유주의가 득세하고 정통신학이 실세(失勢)한데 대한 반발로 어떤 보수주의 신학 교육을 받은 소장 신학자들이 신학의 새 노선을 밟아 행진하기로 발족한 새 신학운동이다. 신복음주의 신학의 교육기관으로는 1947년 캘리포니아주 파사데나에 풀러 신학교(FTS)가 설립되고 초대 교장 하롤드 존 오켄가, 차기 교장 에드워드 존 카넬, 교수 중에 칼 헨리, 에버 해리슨 등이 신복음주의를 유력하게 주창했다. 후에 칼 헨리는 풀러 신학교를 떠나 와싱톤에 Christianity Today라는 기독교잡지를 간행하여 신복음주의 확포에 크게 활동하여 왔다.

1948년 풀러 신학교 개학식에서 교장 오켄가 박사는 신학계에 신복음주의라는 새 말을 도입했다. 10년 후 1957년 12월 8일에 오켄가의 지상발표를 신복음주의와 근본주의의 상이를 정확히 정의해 신복음주의의 강령을 제시했다. 그는 사회문제에 관해 근본주의는 사회적 영역에서 지도력과 책임을 포기했다고 보았다. 신복음주의자들은 사회적 문제들을 취급하여 개인구원과 함께 그의 사회적 철학을 포함할 것이라고 단언했다. 그는 신복음주의 그룹은 오류를 포옹하는 인물들을 깊이 탐색하지 않을 것이라고 하였다.

또 그는 그리스도인은 창조, 사람의 연대, 홍수의 보편성, 기타 변론될 만한 성경적 문제들에 관한 과학적 문제들에 있어 몽매주의자가 되지 말 것이라고 하였다. 또 신복음주의자들은 영적 교회의 정통적 지파에 사회적 강조가 주입된 것으로 확인될 것이라고 하였다. 오켄가에게 매우 명백한 점은 신복음주의 전략은 침투해 들어가는 것이며 분리해 나가는 것이 아니라는 것이었다.

또 그는 신복음주의 세력 기구로 NAE, 풀러신학교, Billy Graham, Christianity Today를 지명했다. 또 새 변증문서들의 입장을 제시함으로 자랑했다. 그들은 칼 헨리, 에드워드 카넬, 조지 래드와 그 자신의 저서들이었다.

(2) 근본주의에 대한 혹평

신복음주의는 신정통주의와 자유주의의 관계를 끊고 정통적 교리체계를 받아들인다고 자천한다. 1958년 오켄가는 "신복음주의가 성경의 권위를 받아 들인다고 선언하므로 신정통주의와의 관계를 단절하고 있으며…신복음주의는 현대주의자들이 받아 들인 교리체계에 반대하여 전적으로 정통적 교리체계를 수락하여 자유주의자와의 관계를 단절하고 있다"고 하였다.

그러나 실제로 신복음주의는 철저한 정통주의적 근본주의에 대해 가혹히 비평했다. 이는 그들이 전적으로 정통적 교리 체계를 수락한 것이 아니며 신정통주의와 자유주의를 향해 움직이는 자임을 스스로 나타낸다.

이 운동의 창시자이며 Christianity Today의 전 편집자인 칼 헨리는 신학으로서의 고전적 근본주의가 부정적이고 반동적인 정신으로 미묘하게 변천하여 신학의 위치에서 실격했다고 한다. 신근본주의는 신학적 역사적 전망이 결여, 교리표현의 모호성, 학자성 자질의 결여, 적절한 문서 운동의 결여, 반교파주의, 시대주의 입장에서 사는 일, 문화나 사회와의 관련 결여, 반동적 부정주의 및 쟁투, 복음을 개인적 종교 체험으로 축소함 등의 특징을 가진다고 비난했다.

　미국 신근본주의는 본래 근본주의의 약화된 체계로서 결점들이 있음은 사실이지만 정통적 교리들을 철저히 수호하려는 그 열정을 본받아야 한다. 근본주의에 대한 가혹한 비평은 비평자의 정통성을 의문케 한다.

(3) 신정통과 타협하는 새 기독교 운동

　미국 칼빈신학교 교수 클로스터 박사는 신이라는 말에는 옛것에 대한 불만의 뜻이 다분히 있는 것으로 보여 진다고 했다. 만약 새 기독교 운동이 있다면 어찌 되겠는가? 그리고 그들의 역점은 신정통주의와의 타협이었던 것이라고 하여 신복음주의란 신정통과 타협하는 새 기독교 운동임을 표시했다.

　신복음주의의 옹호자 휘튼 대학의 에릭슨 교수도 신복음주의는 신정통의 일반적 방향으로 움직이고 있어 왔다고 했다. 칼 메킨타이어나 밥 존스대학과 관계된 인사들에게는 신복음주의가 현대주의와 신정통주의보다 더 위험한 것으로 지탄 받았다.

(4) 성경의 파괴적 비평을 감행한다

　신복음주의 운동은 성경의 파괴적 비평을 받아들이는 것으로 출발한다. 신정통주의자들과 기타 자유주의자들이 하듯 신복음주의자들도 성경을 파괴하여 그 권수를 죽이는 자가 종종 있다. 어떤 신복음주의 신학교의 구약 교수는 에스더를 구약정경에서 제외하기를 원한다고 표시했고, 다니엘서의 저작 연대를 주전 2세기 마카비 시대로 물려 구약 정경에 들지 못하도록 양보했다. 신약 교수는 베드로후서의 정경성에 반대하는 증거가 늘어가기를 계속하는 때에 어찌할 것인가라고 했다.

　성경의 내용에 대한 신복음주의자들의 파괴적 태도도 점점 드러나고 있다. 신복음주의 과학자는 창 1-11장의 진정성을 의문하며 창세기 첫 장들의 해석에 진화론을 적용해 창조의 본래의 의미를 포기한다. 어떤 신복음주의 신학교의 구약학자도 여호수아의 태양이 머물고 달이 그쳤다는 이야기는 단지 본래의 성경에 기록되지 않았다고 진술했다. 신복음주의자들은 노아 홍수의 보편성에 대해서도 자주 의문한다.

　정통신학은 성경의 파괴적 비평에 대해 가능한 답변을 가지고 반박하지만 신복음주의자들은 자유주의 노선을 취해 성경을 파괴한다.

(5) 성경 무오의 부정

신복음주의자들은 성경의 영감과 무오는 서로 다른 사건이고 성경이 영감 되었으나 무오하지는 않다고 주장한다. 그리고 이 주장은 다른 말로 성경 유오설이다. 풀러신학교의 해리슨 교수는 성경은 그 자체의 영감을 가르치며, 그것은 하나님의 책이나 그것은 우리에게 무오를 주장할 것을 강요하지 않는다고 하였다. 이것은 성경은 영감 되었으나 무오하지 않다는 것을 교묘하게 표현한 것이다. 롤랜드 H, 내쉬도 이에 동의하고, 랄프 어얼, 다니엘 풀러도 이에 동의한다.

신복음주의 지도자들은 성경의 무오를 부정함에 매우 솔직하다. 버나드 램과 카넬은 과학과 성경의 관계를 많이 취급했다. 과학을 성경의 빛에 의해서가 아니라 성경이 과학의 빛에서 해석되어야 한다는 인상을 남겼다. 카넬은 자기가 성경의 무오성을 믿어 왔다고 주장했으나 B.B. 워필드와 고전적 보수신학의 여러 견해에 대해 비평하여 구약사에 부조화로 보이는 것들이 있다고 하였다.

오랫동안 타협 없는 정통주의와 경건으로 알려진 노드팍 신학교 NPTS의 성경학 교수 렘크 박사는 성경이 과학적 이론이나 사실의 사건들에 대하여 무오하다고 말하는 것은 그릇 인도하는 듯 하다고 했다. 그는 비록 성경이 전통적 의미로 무오하지 않을지라도 오히려 하나님의 말씀이라고 하였다.

(6) 성경에 대한 악평

신복음주의자들의 성경 영감과 무오의 상이를 역설하며 성경이 무오하지 않아도 오히려 하나님의 말씀이라고 하여 꼬리를 감추는 변론들은 다 성경이 영감은 되었으나 무오하지 않고 그래도 하나님의 말씀으로 믿자는 성경유오설이다.

근본주의자 R.P. Lightner는 신복음주의자들이 성경을 과학의 광명에 비추어 해석하기를 의욕한다는 것, 영감에 관해 축자라는 명사를 사용하기를 주저한다는 것, 성경의 다양 부분들에 상이한 정도들의 권위를 돌린다는 것을 포함한다고 했다. 이는 신복음주의자들이 성경의 축자

영감을 믿지 않고 완전영감도 믿지 않는다는 진술이다. 신복음주의자 옹호자는 신복음주의들 중에 성경 무오를 믿는 이들도 있다고 변명할 것이다. 그들 중에는 성경 무오를 열심히 변호하는 사람들도 있다고 한다. 그러나 그것은 WCC 운동에 가담한 자들 중에도 성경 무오를 믿는 자들이 있다고 변명하는 것과 같다. 설득력이 없는 것이다. 신복음주의의 다수 또는 유력한 지도자들의 성경관이 성경유오설이라면 그 운동 전체의 성경관은 결국 유오설로 되고 말 것이다. 그들이 과학의 빛 아래서 성경을 해석하는 한 그렇게 되는 것은 자연스러운 일이다.

(7) WCC 사회복음 운동에 따라간다

신복음주의 아버지 오켄가는 신복음주의는 신근본주의가 회피한 사회적 난제들을 취급하기를 추구함에서 근본주의와 다르다고 했다. 그러나 사회철학과 사회복음이란 말은 복음에 무엇을 더한다는 말로 들린다. 복음에 추가 되는 그 무엇은 오래 전에 사도 바울이 경고한 다른 복음이다. 그리스도의 사신들인 우리는 이 악한 세상에 새로운 사회철학을 만들기 위해 임재한 것이 아니다. 자유주의 신학자 하르낙도 교회는 세계로 더불어 하는 것을 가장 적게 가진 때에 세계에 가장 큰 영향력을 가졌던 것이라고 하였다.

오켄가는 대부흥사 빌리 그래햄을 신복음주의자로 소개한다. 신복음주의의 대변인 그는 복음은 수직선적 차원과 지평선적 차원을 아울러 가진다고 했다. 이들 중 하나만을 전파하는 복음은 불완전한 복음이라고 한다. 그는 적어도 그의 전도의 1/3을 사람들의 개인적 사회적 생활에 기독교의 윤리를 적용할 것을 가르치는데 바친다고 했다.

(8) WCC의 사회적 정치적 투쟁에 협력

오켄가가 말한 사회복음이나 빌리 그래햄의 복음 지평선적 차원은 WCC운동의 사회복음적 활동의 자극을 받은 결과이다. 즉 그 운동을 따라 가려 함이다. 신복음주의가 사회적 수요에 대한 확실한 반응과 성경적 사회윤리를 촉구하는 것을 사회복음주의에 돌아감이라고 강하게 규탄하는 자들은 신근본주의자들이라고 한다. 그러나 미국에서 신복음주의 지도자들이 민권투쟁, 빈민행진 같은 과격한 사회적 정치적 투쟁에 가담해 협력하는 것은 WCC, NCC의 사회복음 운동에 따라감이 분명하다. 신복음주의의 사회복음 운동이 결국 WCC, NCC에 휩쓸려 따라 가고 만다는 것이 증명된다.

(9) 성경적 국민의무

개혁파 장로교회는 모두 프로테스탄트 교회들과 함께 구령복음을 전하는 것을 본무로 삼는 동시에 위정자들을 위해 기도하고 그들의 인물들을 존경하고 세와 기타 줄 것을 주고 양심을 위해 그들의 합법적 명령에 순종하며 그들의 권위에 굴복하는 것은 백성의 의무라고 인정한다. 또 그리스도인이 위정자의 직분에 소명을 받으면 그것을 받아들여 수행하는 것이 합당하다고 가르치고 실행해 왔다(웨스트민스터신앙고백 23장 2,4조).

신복음주의가 주장하는 복음주의적 사회 윤리는 실로 상술 성경적 신조적 교훈 이상의 무엇, 사회개량에 맹렬한 활동을 뜻하는 것이다. WCC식 정치적 사회적 투쟁을 지향하는 것이다. 성경적 정통신앙을 지키는 교회로서 받아들이기 어려운 제안이다.

(10) 세속화 운동

신복음주의가 사회운동에 따라 간다는 것은 기독교의 세속화에 향한 운동이다. 신복음주의 지도자들이 민권투쟁, 빈민행진 같은 사회적 정치적 험악한 운동에 가담하여 신학생들, 대학생들을 가두 시위행진에 세우는 것은 세속화 운동이다. 이런 세속화 운동에는 또 윤리사상의 세속화와 타락이 내포된다.

휘튼 대학은 미국에서 근본주의 기독교 대학으로 명성을 높였다. 그러나 근년에 신복음주의의 미혹을 받았다. 전 교장 어드만과 현 교장 허드슨 에메딩은 신복음주의 활동 기관 NAE의 열렬한 지도자들이고 에릭슨 교수는 신복음주의를 옹호하는 저서를 간행했다. 그런데 이 대학 교수진에서 혼전 동거를 허용하는 언론이 나오고 구내에서 세속 지도자들을 높이는 기념예배가 거행되었다.

(11) 과학의 빛에 성경해석

1957년 오켄가의 신복음주의 강령의 한 부분에서 그는 성경을 과학의 빛에서 해석하라고 하였다. 신복음주의는 과연 이 원칙에 따라 성경을 해석하여 자유주의 견해를 산출하게 되었다. 특히 램의 조화작업은 성경을 과학에 예속하려는 노력이라고 비평을 받았다. 하나님이 인류에게 진리에 대한 두 가지 계시로 성경과 자연을 주셨다는 것이다. 우주 인류 및 거대한 홍수의 근원과 같은 문제는 신학자에게가 아니라 과학자에게 맡겨 풀도록 하자는 식의 방법을 제시한다.

(12) 유신진화론과 진보적 창조론

신복음주의자들은 과학과 우호하며 신학과 과학 사이에 조화를 노력하면서 진화론을 승인하고 유신 진화론이라 칭했다. 그리고 그들은 진화론을 창조의 교리에 적용하여 진보적 창조라는 자유주의적 새 교리를 가르쳤다. 1954년 버나드 램이 진보적 창조라는 술어를 만들었다. 진보적 창조론은 지질학적 역사의 수 백 만년 동안에 하나님은 생명의 보다 더 고등한 종류들을 창조하여 오셨다고 한다. 오랜 시간에 심어 들인 법칙들이나 원리들을 통해 발전이 있어 새 종이 일어났다.

다음에 하나님은 다른 한 종류를 시작하시니 다시 발전이 있었다. 각 종류 안에 진화가 있었으나 다른 한 종류에서 다른 종류에의 진화는 없었다고 한다. 화석학적 기록의 과도적 종류들이 없는 몇 간극들을 제시한다. 진화론자들은 지금 영구히 잃어진 종류들이 있었거나 새 종류들이 돌연변이에 의해 자연적으로 일어났으리라고 말할 것이다. 그러나 진보적 창조론자들은 이 간극들을 하나님이 새 무엇을 만드시는 일련의 행동들과 상관시킴으로 보다 더 상세히 설명한다. 버나드 램과 카넬은 유신 진화론이 성경적 보도에 전적으로 배치하지 않는다고 표시했다.

(13) 사람의 진화적 창조

성경에 하나님은 사람을 직접 창조물로 묘사한다. 성경적 묘사는 하나님이 창조의 제 6일에 자기의 형상대로 사람을 특별 창조하셨다고 한다(창 1:27, 2:7). 정통신학은 성경적 묘사에 따라 사람의 육신과 영혼이 다 하나님의 특별 직접 창조를 받았다고 확신한다.

그런데 신복음주의 신학은 유신 진화론을 채택하여 가르쳐 사람의 육체적 조성은 진화의 과정에 의해 발전 되었다고 한다. 그리고 어떤 시점에서 하나님이 어떤 생존하는 고등한 영장류를 취해 그것에 영혼을 추가하여 그를 사람으로 만드셨다고 한다. 신복음주의자들 중에는 인류의 시조의 연대에 관해 의견이 분열되어 어떤 이는 1백만 년 전의 최초 화석인과 동일시하며 다른 사람들은 그가 약 4만 년 전의 인생 아닌 형태였거나 혹 어떤 아담 이전 인종에 속하였다고 한다.

카넬은 정통주의는 인생 진화의 증거가 압도적이라고 생각하지 않지만 그 증거는 생각해 보게 할 만큼은 충분하며 생물학의 판단은 경건한 조소로 물리칠 수는 없다고 하였다. 그는 또 다른 사람과 함께 현재의 사람과 구조적으로 흡사하나 시간적으로 앞서고 천부의 재능에 있어 열등한 아담 이전의 종족을 가정하기를 주저하지 않는다.

신복음주의자들이 과학과 우호(友好)하기 위해 진화론을 승인하고 유신 진화론을 주장하는 것은 그것이 과학자들의 주장이라고 생각하기 때문이다. 그러나 그들은 과학자들 중에 반 진화론자들이 있다는 사실을 왜 살피지 않는가? 많은 수의 과학자들은 진화론은 일종의 가설에 불과하다는 사실을 우리에게 명확히 기억시켜 준다. 그리고 금일에 진화론에 대한 반항 중에 어떤 유명한 과학자들은 진화론의 가설로서의 가치도 의문하여 마지 않는다. 진화론에 반대하는 저명한 과학자들은 암브로스 플레밍, G. F. 브라이트, 물톤, 프라이스, D.H. 스카트, 플라이쉬만, B. 키드, 윌리암 도우손등이 있다.

(14) 이적 부인의 경향

정통신학은 하나님의 초월성과 내재성을 둘 다 믿어 왔다. 그러나 자유주의 신학은 하나님의 내재성을 편중하며 하나님이 자연 안에 임재하여 자연의 과정에 의해 자연 안으로부터 그의 목적을 수행 하신다고 보았다. 진화는 특수적으로 하나님의 간접적 사역의 적당한 표현으로 인정되었다. 어떤 이들은 그것을 진화라 칭하고 다른 이들은 그것을 하나님이라 칭한다. 지금 신복음주의자들도 근본주의자들이 하나님의 내재성을 등한히 보는 경향이 있다고 무리하게 비난하면서 하나님이 간접적으로 즉 자연과정을 통해 일하신다는 것에 치중한다. 이것은 점진적 창조의 개념에서 보여 진다고 한다. 이것은 하나님이 진화를 통해 사역하신다는 말과 같은 말이다. 신복음주의는 여기서 자유주의와 악수

한다.

(15) 처녀 성탄 부인의 경향

신복음주의는 자유주의가 하듯 처녀 성탄의 교리적 중요성을 의문한다. 그리스도의 처녀성탄의 사실을 부인하려는 준비 공작에 착수한다. 자유주의 신학은 그리스도의 처녀 성탄의 사실을 부인하면서 그 교리적 중요성을 부인한다. 우리가 그리스도의 처녀 성탄을 믿거나 안 믿거나 그의 신성을 믿는 신앙에는 영향이 없다고 자유주의자들은 주장한다. 그것은 물론 자신들의 처녀 성탄 부인을 정당화하려는 궤변이다. 신복음주의는 그리스도의 처녀 성탄의 교리적 중요성을 부인하려 함으로 자유주의와 동조한다. 카넬은 성경이 그리스도의 처녀에게서 나셨다고 말하면서 그 이유를 상술하지 않았다고 보고 보수주의 신학자들이 이미 제출한 어떤 설명을 그릇된 설명으로 보았다. 처녀 성탄은 그리스도의 신성에도 그의 무죄성에도 중요하지 않기에 사도들이 전도와 저서들에 언급한 것이 없다고 하였다.

(16) 지옥과 천당의 희미한 이해

신복음주의는 지옥과 천당의 이해에서 근본주의와 다르다고 한다. 근본주의는 흔히 천당과 지옥을 물리적 표현들로 사고하여 지옥은 현실적 물리적 화염이었고 천국은 여자적(如字的), 지리적 면적과 황금을 편 거리들을 가진 처소였다. 신복음주의자들에게는 내세론이 보다 적게 여자적이고 보다 더 영적이다. 지옥은 하나님의 임재로부터 분리되어 생긴 수난, 물리적 고통보다 정신적 고민을 포함하며 천당의 영광들은 값진 금속들과 보석들에 의해 상징된 것 뿐이라고 한다. 천당은 순전히 지리적인 장소들인 것도 아니다. 그것은 강력있는 로케트로 멀리 여행함으로 도달할 수 있다는 의미의 처소가 아니다. 그것은 전적으로 다른 차원이니 통상으로 죽음에 의해서만 과도된다.

빌리 그래함은 남침례교의 근본주의에서 자란 인물로 그의 사상적 변천은 그의 성경의 여자적 해석이 감해진 데서 나타난다. 그의 초기 설교에는 그가 물질적 불이 붙은 지옥을 믿은 증거가 있고 천국은 한 면이 1,600마일되는 입방체라고 하였다. 그러나 후에 그는 지옥불은 하나님

앞에서 영원히 추방된 자들의 하나님께 대한 열망일 수 있다고 믿게 되었고 천국은 우리의 이해 건너편에 있는 곳으로 생각하게 되었다.

(17) 폭넓은 혼합주의

신복음주의는 폭 넓은 사상운동이어서 칼빈주의와 알미니안주의를 아울러 포섭하며 신앙적 요소와 불신앙적 요소를 함께 종합하는 일종의 혼합주의이다. 칼빈신학교의 클로스터 교수는 신복음주의자들은 근본주의의 반지식주의의 역점을 알고 지식 추구의 영향으로 나아가다가 지나치게 되어 신앙적 요소와 불신앙적 요소를 종합하려 한데서 문제가 있게 된 것이라고 하였다. 순전한 개혁주의 정통신학을 보수하는 교회로서는 이같은 혼합주의 신학인 신복음주의를 결코 받아들일 수 없다.

(18) 자유주의와 대화로 타협

신복음주의자들은 자유주의적 또는 신정통주의적 신학자들로 더불어 관념들의 교환을 행할 필요를 근본주의자들보다 더 의식한다. 버논 그라운드는 복음주의자는 모든 그리스도를 부인하는 교제로부터 기관 조직적으로 분리될 수 있으나 오히려 복음주의자들이 아닌 자들로 더불어 판념들의 교환에 유익하게 종사할 수 있다고 했다. 에쉬부룩은 신복음주의를 신중립주의라고 하였다. 이는 정통주의와 자유주의 중간에 서는 운동이라는 의미이다. 신복음주의는 정통주의를 떠나 자유주의와 타협하는 새로운 이단 사상운동이다.

(19) 자유주의자들과의 우호

신복음주의가 보수주의 신학교를 하나 둘 점령해 자유주의자들과의 우호적 대화를 널리 전개하는 것은 매우 비참한 일이다. 오켄가가 풀러 신학교 초대 교장으로 사회적 치중의 중요성을 강조하면서 다른 복음주의 학교들이 풀러신학교를 모범하리라는 신념을 표현했다. 그 후 이런 사상은 달라스 신학교, 베델신학교, 휘튼 대학, 웨스트몬트 신학교, 바링톤 신학교, 킹스 칼리지, 브라이언 신학교, 무디 신학교, 휴톤 신학교, 고든 신학교, 바이올라 신학교, 필라델피아 신학교 등 많은 학교들이 신복음주의의 감화를 받아 자유주의자들과 우호하는 무대로 되었다.

(20) 타락한 교회에 머물러 있기를 주장

신복음주의의 지도자들은 교회의 고수와 분리의 문제를 주목해 전자를 역설하고 후자에 반대한다. 1957년 말에 오켄가는 신복음주의와 근본주의의 상이의 정의에서 선언한 대로 신복음주의 전략은 침투해 들어가는 것이며 분리해 나가는 것이 아니라고 했다. 그러므로 신복음주의의 세력 기구인 NAE의 성원들은 신학적으로 타락한 옛 교파들 안에 머물며 자유주의자들의 교회정치 아래서 개인적으로 신앙을 보수하려고 타협적인 노력을 하고 있다. 칼빈은 변질된 교회는 점점 부유해가고 위세를 떨치며 반면 진정한 의미의 교회는 변질의 본거지에서 이탈해 특히 적은 수효라 하여도 참되게 복음을 증거하며 그 본래의 명맥을 고난 중에서도 이어가게 된다고 했다.

(21) 종교통합을 향한 에큐메니칼 운동

신복음주의자 에릭슨은 신복음주의가 그리스도인 중에 크게 필요한 통일에 가는 길을 제시한다. NAE는 하나의 통일하는 요인이며, 1966년 베를린 전도대회도 그런 것이라고 하였다. 복음주의자들이 비복음주의자들과의 대화를 위해 NCC같은 단체들 안에 머물러 있는 것을 찬성하며 근년에 가톨릭과 개신교 사이에 대화가 있는 것을 높이 평가한다.

신복음주의자들은 WCC의 포용주의와 관용을 비평하는 동시에 ICCC의 배타주의와 협량을 비난한다. 그리고 신복음주의 여론은 자유주의자와의 신학적 대화, 성경적 에큐메니칼주의를 정의하려는 시도, 현 에큐메니칼 운동에 대한 복음주의적 비평, 복음주의적 협동을 위한 깊은 계획 등을 촉구한다. 이뿐 아니라 신복음주의자들은 실제적으로 에큐메니칼 운동에 전진한다.

(22) NAE를 통한 에큐메니칼 운동

NAE는 National Association of Evangelicals의 약자로 WEF 즉 World Evangelical Fellowship의 미국과 다른 각국의 지부의 명칭이다. 한국에서는 복음주의 연맹이라고 하나 한국에서는 NAE가 더 잘 알려진 명칭이다. 이 단체는 신복음주의자들을 중심으로 진행되는 연합운동이다. WCC에 속한 교파들 안에 머물러 있으면서 개인적으로 바른 신앙을 지킨다는 국제적 연합이다.

신복음주의라는 명칭의 창시자 오켄가가 1942년에 조직한 NAE는 그가 초대회장이었고 그의 기조 연설에서 WCC와 NCC의 자유주의 사상은 묵인하여 두고 신복음주의의 사상을 적극적으로 선포하였다. NAE는 WCC의 주요 인사들을 다 초대하여 함께 일하며 친선 우호하는 일들을 하고 있다.

3) 빌리 그래함의 종교 통합 운동

(1) WCC 운동과의 우호

빌리 그래함은 신복음주의의 선도자로 그의 양떼를 WCC 우리로 몰아갑니다. 그는 민권투기장에서 세계교회의 연합 강단까지 짧은 한 걸음이 있을 뿐이라고 하였습니다. 1966년 영국 런던에서 모인 WCC 회의에서 그는 복음주의 메시지와 에큐메니칼 심정을 가진 사람이라고 하였습니다. 그는 3회, 4회 총회에 다 참여했습니다. 그는 WCC의 광범한 포섭 정책을 본받아 자유주의자들과 우호하고 로마 가톨릭과 친선하며 공산주의에 대해서도 호의를 표시했습니다.

(2) 세계 전도대회

베를린 세계 전도대회(1966. 10. 26- 11. 4)는 신복음주의의 큰 회의로 신복음주의자 칼 헨리가 의장으로 빌리 그래함이 명예의장으로 주최하고 1300여명의 신복음주의자들, WCC, NCC, 자유주의자들이 대거 참여하고, 근본주의자들은 제외되었습니다.

로잔 대회(1974)에서는 WCC 본부직원들, 옵저버로 로마 가톨릭, 공산국 대표들이 포함된 약 4000명 정도가 참여하였습니다.

(3) 빌리 그래함과 보편 구원론

빌리 그래함은 1997년 5월 31일 로버트 슐러 박사와의 텔레비젼 인터뷰에서 다음과 같이 대답했습니다. "나는 그리스도를 사랑하는 모든 사람 혹은 그리스도를 아는 모든 사람, 그들이 그것을 의식하든지 못하든지 간에 그들은 그리스도의 몸의 지체들이라고 생각한다. 그들은 심지어 그리스도의 이름을 알고 있지 못한다 할지라도 그들은 그들의 마음

속에 그들이 가지고 있지 않은 어떤 것을 필요로 한다는 것을 알고 있고, 그들은 그들이 가지고 있는 유일한 빛으로 향하는 마음이 있기에 나는 그들이 구원을 받았고 그들이 우리와 함께 천국에 있을 것이라고 생각한다. 그들은 그들의 마음으로 하나님이 계시다는 것을 믿었고 그들 주위의 사회와 전혀 다른 삶을 살려고 노력하였다."

빌리 그래함은 현대 교회를 가장 혼란시킨 대표적인 신복음주의자입니다. 그는 전도대회를 할 때 보수주의 교회들과 자유주의 교회들을 구별하지 않고 지원을 받고, 심지어 천주교회들의 지원도 받았습니다. 그렇게 함으로 그는 보수주의와 자유주의, 그리고 개신교회와 천주교회의 구분선(線)을 앞장서서 지우고 있습니다.

빌리그래함은 오리겐, 제롬, 어거스틴, 칼 바르트, 존 스토트, 아브라함 카이퍼와 같이 보편적 구원론과 보편적인 교회론을 가지고 있습니다. 그래서 그의 구원관은 개인적인 예수님 영접의 속죄구원이 아니라, 우주속에 포함된 만물의 회복구원을 말하고 있습니다. 이것은 로마 카톨릭으로부터 일관성 있게 역사적으로 흐르고 있는 사탄숭배 기독교 영지주의 구원론입니다.

그들은 이렇게 하여 사탄을 포함한 전 인류와 자연과 우주(宇宙)에게 구원의 시대가 다가오고 있다는 사실을 강조하고 있는 것입니다. 이것이 그들이 주장하고 있는 에큐메니칼 교회론입니다. 즉 우주 교회론입니다. 이것은 하나의 절대적인 신으로 복귀하는 영지주의 구원론입니다. 그들은 태양의 12황도를 중심으로 자연주의 철학과 영지주의 철학을 통해 태양신 루시퍼를 섬겨 왔던 것입니다. 이것은 사탄숭배자들이 스스로 파고 있는 멸망의 함정입니다. 신복음주의자들이 말하고 있는 그리스도의 몸인 교회는 온 우주만물을 하나의 생명체로 보는 영지주의 철학입니다. 우주의 구원속에 인간은 하나의 부속품으로 포함된 것입니다.

4) 신복음주의 이머징 쳐취 운동(Emerging Church Movement)

(1) 포스트 모던 교회 운동을 표방한 이머징 교회

우리나라의 교회와 리더 역시 이머징 교회 리더들과 교류를 하고 있으며, 그들의 영향을 무분별하고 급속하게 받아 들이고 있는 실정입니다.

그러나 자세히 보면, 현대 문화에 발맞춰 포스트 모던 기독교를 정의하려는 운동쯤으로 보이는 이 이머징 처치 운동(Emer-ging/Emergent Church Movement)의 핵심에는 이교도적인 사상으로 무장한 이단 크리스찬이 자리 잡고 있다는 것을 알 수 있습니다.

특히 로마 카톨릭 등의 이단 영성과 신학적, 도덕적 타협을 통해 우상숭배를 합법화한 신복음주의자들이 이머징 운동으로 변모하며 나타나고 있는 형국이므로, 이머징 운동의 근원에는 신복음주의가 있다는 것을 알 수 있습니다.

사단은 복음주의라는 탈을 쓰고 다가오기 때문에 우리는 복음주의를 가장하며 다가오는 자들을 다 믿어서는 안됩니다. 이에 대처하기 위해 우리는 정확한 말씀 지식 안에서 이러한 것들을 분별하며 나가야 합니다.

(2) 타락한 미국 개혁교회와 오순절 교회의 연합인 신복음주의

독자들의 신복음주의에 대한 정확한 이해를 돕기 위해 신복음주의자들의 형성 과정에 대해서 살펴봅시다. 미국의 신복음주의는 타락한 미국 개혁주의와 미국 오순절과 결합되면서 생성되었고, 로마 카톨릭 등 타종교의 사상, 에큐메니칼 운동을 수용하면서 종교 다원주의적 사상으로 발전하게 되었습니다. 신복음주의자들은 요가를 크리스찬 요가라고 해서 받아들이며, 마술도 기독교 마술, 전도 마술이라고 하여 받아들였습니다. 그리고 이슬람이나 불교도 기독교 이슬람, 기독교 불교라고 하여 거리낌 없이 받아들이는 것은 이와 같은 사상적인 토대에서 비롯된 결과입니다.

우리에게 말이 안되는 것으로 여기는 일들이 신복음주의자들 사이에서는 수용할 만한 것으로 여겨지고 있는데, 한 예로 기독교로 개종한 이슬람인이 예수만 영접을 하고 교회에 나가는 대신 이슬람 사원에서 코란을 읽어도 이슬람 크리스찬이 된다는 것입니다.

단편적인 부분만 보더라도 신복음주의는 사단의 영광을 위해 탄생한 것임을 확실히 알 수 있습니다. 그리고 이 '신복음주의'를 효과적으로 펼치기 위해 현대 문화의 옷을 입고 오늘날 창궐하고 있는 것이 바로 '이머징 처치운동' 입니다.

타작기 3

(3)유스 스페셜티즈(Youth Specialties)와 넥스트 웨이브 컨벤션

오늘날 이머징 처치 운동에 앞장서고 있는 단체는 1960년대 말에 20대의 마이크 야코넬리(Mike Yaconelli)와 웨인 라이스(Wayne Rice)에 의해 설립된 유스 스페셜티즈입니다.

유스 스페셜티즈는 존더반(Zondervan) 출판사가 소유하고 있는데, 존더반 출판사는 교황 요한 바울 2세로부터 "교황의 기사(papal knighthood)"라는 칭을 받은 미디어 재벌 루퍼트 머독의 소유이며, "목적이 이끄는 삶"을 출판하고 있습니다. 특별히 이 기관은 관상, 미로, 요가를 장려하고 증진하고 있는 기관으로 유명합니다. 유스 스페셜티즈의 대표 마크 오스트레처가 발언한 내용을 보면 이 기관의 성격을 뚜렷하게 파악할 수 있습니다.

"기독교는 동방 종교(eastern religion)이다. 기독교의 모든 뿌리는 동양에 있다! 사람들이 이 사실을 보지 못하고 동양 종교와 서양 기독교 사이를 잘못 알고 분리시키려고 할 때 나는 당황스럽다. 만약 어느 불교 신자가 그의 삶에 평안을 가져 오도록 호흡 훈련을 사용한다면, 나는 그것들이 잘 되기 바란다. 하지만, 이 사실은, 내가 신이 창조한 나의 호흡에 집중하기로 결정하는 것과는 아무 상관이 없다."

"요가는 참으로 스트레칭과 늦춤에 관한 것에 불과하다. 물론, 요가가 힌두교나 불교의 신들에게 집중할 수는 있겠지만 마찬가지로 나도 그리스도에 집중할 수 있다. 전국 목회자 컨퍼런스에서 우리가 제공한 요가(프로그램)에 대해 '몸을 그런 상태로 하면 몸 안으로 힌두의 신들을 초청하는 것이다'라는 맹렬한 불평을 두어 번 받았다. 미안하지만, 나에게는 그것이 이단적으로 들린다. 우리가 힌두의 신들의 존재를 믿지 않는다면, 그들이 우리 몸으로 들어오는 것에 대해서 왜 신경을 쓰는가?"

특히 이러한 유스 스페셜티즈의 한국지부로써 빠르게 그 교세를 확장시키고 있는 '한국 유스 스페셜티즈'는 주요 경계 대상입니다. 한국 유스 스페셜티즈는 미국 유스 스페셜티즈와 청년 목회자 연합(YOUNG2080)의 고직한 선교사 등이 2008년부터 손잡고 시작한 조직입니다.

한국 유스 스페셜티즈 / 넥스트 웨이브 조직의 고문은 사랑의교회 옥한흠목사, 지구촌교회 이동원목사이며 대표는 사랑의교회 고직한선교사(2080대표)와 찰스 김목사입니다.

한국 유스 스페셜티즈/넥스트 웨이브 조직을 중심으로 넥스트 웨이브 컨벤션이 계속적으로 열리고 있는데, 2009년 5월 11~14일까지 열렸던 한국 유스 스페셜티즈의 넥스트 웨이브 컨벤션의 주최는 사랑의교회(오정현목사), 영락교회(이철신목사), 만나교회(김병삼목사), 한국 유스 스페셜티즈, 미국 유스 스페셜티즈였다는 것을 기억할 필요가 있습니다.

우리가 살펴 봤듯이 한국 유스 스페셜티즈/넥스트 웨이브의 키워드는 사랑의교회, 옥한흠목사(사랑의교회 전원로목사), 오정현목사(사랑의교회 담임목사), 고직한선교사(사랑의교회 소속 선교사)임을 알 수 있으므로, 이에 대해 성경적 복음주의자와 성경적 개혁주의자, 성경적 오순절주의자 들은 참고하시기를 바랍니다. 이를 통해 한국 유스 스페셜티즈를 매개로 한국의 유명 교회 및 리더들이 이머징 운동에 깊은 연관을 맺고 있음을 분명히 알 수 있습니다.

문제는 이 운동이 매우 광범위하며, 기독교에 심각한 영향을 주고 있는 사난의 걸작품이라는 것입니다. 특히 한국 유스 스페셜티즈는 미국 것이라면 무조건 좋은 줄로 착각했는지 미국 유스 스페셜티즈와 전략적 제휴를 맺어 한국의 대표적인 교회, 교단, 청소년, 청년대학, 예배와 문화 사역을 하는 그룹과 급속하게 연계되고 있습니다.

그들은 스스로를 "한국의 대표적인 교회, 교단, 청소년, 청년대학, 예배와 문화사역을 하는 그룹들과 함께 다음 세대를 더욱 효과적으로 섬기고, 여러 프로그램을 통해 배움의 장을 마련하고 열어가는 단체"라고 홍보하고 있습니다. 그러나 그들의 주장과는 달리 많은 한국의 뜻있는 목회자들은 명백한 이단 신복음주의의 도구인 유스 스페셜티즈에 철퇴를 가해야 한다고 이구동성으로 말하고 있습니다.

(4) 신사도 운동으로 발전하고 있는 신복음주의 운동

한국 유스 스페셜티즈의 고직한 선교사는 뉴 와인 잡지의 표지 인터뷰에 나오는 등 최근 빠르게 신사도 운동권과 가까워지고 있는 것으로 알려져 있습니다. 이머징 컨퍼런스(2008년 9월 2일~5일, 주관 : HIM

NEXT, 주최: 한국 HIM선교회 "대표: 홍정식목사", NCN "대표: 손종태목사", The Day Ministry "대표: 조지훈전도사")에 관한 기사의 내용에는 다음 기관들이 열거되었습니다. "이머징 컨퍼런스 행사를 위해 한국 HIM선교회, VISION G-12, 청년목회자연합(YOUNG2080), New Wine(뉴와인), WLI Korea, 한국대학생선교회(CCC), 한국기독학생회(IVF), ANI선교회, 죠이선교회, The Heart, One Thing House, 에스더기도운동 등이 협력한다."

유스 스페셜티즈(Youth Specialties)가 주도한 넥스트웨이브 컨벤션의 2009년, 2010년도 강사로는 뉴에이지 양자 영성의 레너드 스위트, '십자가는 하나님에 대한 거짓 선전'이라고 말한 이머징 처치의 브라이언 맥클라렌, 유스 스페셜티즈 대표 마크 오스트레처, 고대 동방정교회의 예전과 관상기도 영성훈련, 유대전통의 회복을 주장한 이머전트(emergent) 댄 킴볼(Dan Kimball), 영화 '엑스맨 탄생: 울버린' 등을 제작한 랄프 윈터 등이 들어 있었습니다. 참고로 이머전트는 이머징처치 운동을 하는 자를 일컫는 용어입니다.

(5) 십자가의 구속을 부정하라

기독교 믿음의 핵심과 중심은 인류의 죄를 유일하게 대속할 수 있는 예수 그리스도의 보혈입니다. 복음의 메시지는 예수님의 보혈을 토대로 합니다. 그러나 사탄은 복음의 메시지를 싫어합니다. 그는 복음이 무엇을 의미하는지 알고 있습니다. 그의 계획은 인류가 복음을 이해하지 못하거나 믿지 못하도록 하여 영원히 자신과 함께 고통을 받게 하려는 것입니다.

성경은 우리가 구원 받기 위해 그리스도가 죽어야 한다는 점에 대해 매우 분명합니다. 성경은 말하기를, "피흘림이 없은즉 사함이 없느니라"(히9:22)라고 했고, "이제 자기를 단번에 제물로 드려 죄를 없이 하시려고 세상 끝에 나타나셨느니라"(히9:26)라고 했습니다. 그러나 이머징 운동 지지자들은 이러한 가르침은 하나님을 피에 굶주린 미개인으로 만드는 것이라고 믿습니다.

유스 스페셜티즈의 리더인 브라이언 맥클라렌의 발언을 살펴봅시다. "가장 큰 문제 중에 하나는 지옥에 관한 전통적인 이해이다. 만일 십자

제**7**장 기독교 이단 신학 교리와 사상가들

가가 예수의 가르침이라면 나는 분명히, 확실히, 자신 있게, 하나님의 나라는 이 세상 나라들처럼 사람들에게 폭력을 행사하고 강요함으로 임하지 않고 고통과 자발적인 희생을 통하여 올 것이라고 말할 수 없다. 지옥의 교리는 이러한 하나님의 왕국에 관한 바른 가르침을 근본적으로 반대한다. 결국 하나님은 이 세상의 모든 왕국들처럼 강요와 폭력과 위협과 독재로 왕국을 세운다는 것이다. 그러나 그럴 리 없다. 따라서 지옥의 존재를 지지하는 십자가의 가르침은 없다. 십자가는 하나님에 대한 거짓 선전이요 거의 정신 착란이다."

이 얼마나 한참 벗어난 생각이요 또한 기독교 믿음을 얼마나 강하게 공격하는 발언인가?

만일 맥클라렌이 맞다면 그리스도의 속죄를 믿으며 살았던 모든 사람들이 다 속은 것이요 틀린 것이 됩니다. 맥클라렌이 재정립하는 그의 믿음은 성경을 왜곡하고 있으며, 그의 믿음은 하나님의 영감으로 기록된 말씀과 정면 대치하고 있습니다. 이는 참으로 참람한 것입니다!

맥클라렌이 믿는 예수님은 단지 '우리의 삶의 본으로서 희생을 하신 분' 입니다. 이렇게 예수님의 보혈에 의한 속죄를 거부하는 자들에게 성경을 문자 그대로 취하는 근본주의자들은 가장 큰 위협이 되는 존재가 될 것입니다.

주의 보혈을 통한 그리스도의 속죄를 거절하는 맥클라렌을 지지하는 성공회 사제인 알랜 존스도 같은 의견입니다. 알랜 존스는 그의 책 '재발상의 기독교 (Reimagining Christianity)'에서 말하기를 하나님은 예수의 십자가 상의 희생을 우리의 죄악을 위한 구속으로 간주되도록 뜻하신 적이 없다고 합니다.

"예수님의 죽음을 전 우주적 구원의 행위로 보는 교회의 관점은 이제 끝나야 한다. 기독교의 믿음에 있어서 십자가는 재 발상되어야 한다. 왜? 십자가의 속죄의 개념은 고통스런 사교이며 그 뒤에는 보복하는 하나님이 있기 때문이다. 정당한 비평가들은 예수의 십자가에서의 희생이 분노하신 하나님을 달래기 위한 것이라는 가르침을 비판한다. 이러한 악한 교훈이 십자가의 대리 형벌을 만들어 놓았다는 것이다."

브라이언 맥클라렌은 이러한 '재발상의 기독교'를 추천하면서 다음과 같이 말합니다.

"존스는 새롭게 등장한 공인된 영성을 지니신 분으로서 기독교의 믿음을 재 발상하는데 있어서 선구자이다. 그의 글은 내게 깊은 위로와 자극을 주었다."

맥클라렌이나 알랜 존스와 같이 복음에 대한 거부감을 드러내는 이들은 다른 사람들의 가르침에도 많이 퍼져 있습니다. 윌리암 샤논(William Shannon: 카톨릭 수도사 및 신비주의 토마스 멀톤의 전기 작가)은 1991년 다음과 같이 말한 바 있습니다.

"족장들은 전형적으로 하나님에 대한 이러한 인식을 가지고 있었다. 노아의 하나님은 죄 가운데 깊이 빠진 인간들을 보며 그들을 창조하셨음을 후회하고 그들을 멸망시키기로 결정한 하나님이었다. 그는 자신을 향하여 불평하는 백성들에게 뱀을 보내어 물게 한 광야의 하나님이었다. 다윗의 하나님은 실제적으로 어마 어마하게 많은 백성들을 죽여 그 수를 급격하게 줄인 하나님이요, … 그 하나님은 아들의 마지막 피까지 자아내는 하나님으로서 죄에 의하여 끓어오르는 자신의 의분을 잠재우는 하나님이다. 이 하나님은 은혜와 맹렬한 분노 가운데 그 기분이 수시로 우왕 좌왕한다. … 이러한 하나님은 존재하지 않는다."

또 다른 이머징 운동 지도자인 포스디크는 다음과 같이 설명합니다.

"만일 당신이 근본주의 목사와 대화를 나누면 그는 의심할 여지없이 당신이 속죄의 '대속적' 교리를 믿어야 한다고 주장할 것이다. 즉, 예수 그리스도께서 우리의 죄악 때문에 우리가 받아야 할 형벌을 대신 받으셨다는 것이다. 그러나 당신은 문명국에서 무고한 자가 다른 사람의 죄를 위해 의도적으로 벌을 받는 것을 상상할 수 있는가? … 대속의 속죄는 역사 속에서 여러 형벌 제도에 있어왔다. 그러나 이는 미 문명화된 야만성이다. 이 세상의 그 어느 법정도 단 한 순간이라도 이러한 생각을 허용하지 않는다. 오직 미개한 신학만이 우리 주님의 죽음을 이렇게 설명하고 있다. … 그리스도의 희생적인 삶과 죽음은 너무나 고결하기 때문에 결코 오해 되어서는 안된다."

이와 같이 이머징 지도자들은 대속의 속죄를 야만적이라고 비난하며, 성경과 하나님의 구원의 계획을 대항하여 자신들도 이해하지 못하는 대속의 교리로 바꾸어 조롱하고 있습니다. 그러나 하나님의 방법은 사람의 방법이 아닙니다. 하나님의 방법을 인간의 이성으로 판단하는 것은 가소로운 것입니다.

"내 생각은 너희 생각과 다르며 내 길은 너희 길과 달라서 하늘이 땅보다 높음같이 내 길은 너희 길보다 높으며 내 생각은 너희 생각보다 높으니라"(사55:8-9)

(6) 성경과 예수님의 부활을 부인함

마르커스 보르그는 오레곤 주립 대학에서 종교 연구 분야의 100번째 석좌 교수이며 종교와 문화의 저명한 교수입니다. 그는 예수와 부처, 우리가 알지 못했던 하나님, 처음으로 성경을 다시 읽기, 성경을 문자적으로 보지 말고 심각하게 보기 등의 여러 책들을 썼으며 강연을 하기도 합니다.

더불어 그의 사고는 이머징 처치 지도자들과 운동에 지대한 영향을 끼쳐왔습니다. 브라이언 맥클라렌은 보르그를 "대단히 존경한다"고 말했습니다. 보르그와 맥클라렌은 함께 2006년 오레곤 포틀랜드의 영성 교류 센터에서 열린 여름 세미나 시리즈에서 참여하여 강연하였습니다.

롭 벨(Rob Bell)은 그의 유명한 책 '벨벳 엘비스'에서 보르그를 언급하며 칭찬합니다. 콜럼비아 신학교의 교수이며 리차드 포스터의 레노바레 영성 형성 스터디 바이블(Renovare Spiritual Formation Study Bible)에 기여한 사람들 중에 하나인 월터 브루그게만(Walter Brueggemann)은 보르그가 이머징 영성의 본질적인 부분을 차지하고 있다며 다음과 같이 말합니다. "마르커스 보르그는 기독교 믿음의 이머징 '새로운 패러다임'에 있어서 핵심적인 역할을 한다."

그런 보르그가 그의 책 "우리가 알지 못했던 하나님(The God We Never Knew)"에서 고백하길 자신은 성경이 하나님의 뜻이 담긴 말씀이라는 생각을 버렸다고 고백합니다.

"나는 성경이 신적인 산물이라는 인식을 버렸다. 나는 성경이 인간의 문화적 산물로서 두 개의 고대 공동체, 즉 성경적 이스라엘과 초대 기독교의 산물임을 배웠다. 따라서 성경은 그들의 생각과 확신을 담아둔 것이지 하나님으로부터 직접 온 것이거나 하나님의 직접적인 말씀도 아니다. … 나는 "신적인 계시" 및 "성경의 영감"이라는 말이 무엇을 의미하던, 그 의미는 성경이 신적 권위의 신적 산물을 의미하는 것이 아님을 깨달았다."

이어서 보르그는 예수님의 동정녀 탄생과 부활에 관한 구속사역의 참 뜻을 부정합니다.

"예수는 거의 확실하게 동정녀로부터 나지 않았다. 그는 자신을 하나님의 아들로 생각하지 않았으며 그의 목적이 세상의 죄악을 위하여 죽은 것으로 본 적이 없었다.", "부활의 중심적인 의미를 예수의 시체에 어떤 놀라운 일이 발생한 것으로 보는 것은 부활절 메시지의 핵심을 놓치는 것이며 그 사건을 사소하게 만드는 위험에 빠지는 것이다. 마치 우리의 죽음 후의 존재가 예수의 시체를 변화시켰던 하나님께 달린 것처럼 생각하며 부활절을 주로 사후 세계의 소망으로 연결시키는 것은 정치성이 짙은 바램으로서 부활의 사건을 죽음 후의 자신의 생존을 위한 사건으로 축소시키는 것이다."

그러나 만일 보르그가 말한 것이 옳다면 우리는 하나님께서 세상을 너무나 사랑하셔서 그의 독생자를 보내셨다고 말하는 요한복음 3장 16절 말씀을 버려야 합니다. 또한 우리는 성경 전반에 걸쳐 뚜렷하게 드러나는 주제인 피의 제사를 걷어 치워야 합니다. 그러나 구약 성경을 보면 피의 제사는 너무나 분명합니다.

(7) 크리슬람(Chrislam)

"크리슬람"(Chrislam)은 기독교와 이슬람을 혼합한 명칭으로, 기독교와 이슬람 간의 갈등을 해소 시키고, 대화와 친교, 교류, 평화를 이루려는 운동입니다. 더 나아가 기독교인들과 무슬림들이 함께 연합하여 예배도 드리는 운동으로 미주에서 교파를 초월하여 전국으로 퍼져나가는 운동입니다. 캠퍼스와 교회속에 파고 드는 이단 사상입니다.

(8) 크리슬람(Chrislam)의 발단

"크리슬람"은 1980년대 나이지리아 라고스(Lagos)에서 시작되었습니다. 나이지리아는 기독교와 이슬람이 반반인 지역으로 갈등과 투쟁이 극심한 지역입니다. "크리슬람"은 신흥종파 지도자인 틀라 텔라

(Tela Tella)와 삼수딘 사카(Shamsuddin Saka)에 의해 서로 다른 두 방면으로 시작된 운동이며, 성경과 코란을 모두 거룩한 말씀으로 받아 들입니다. 이들은 예배 시간에 성경과 코란을 같이 읽으며, "하나님"과 "알라"의 이름을 소리쳐 부르짖습니다.

틀라 텔라는 산기도하는 중 하나님께서 가브리엘과 미카엘 천사를 통해 기독교와 이슬람 간의 평화를 위한 사명을 받았고, 이 사명을 감당할 "이펠루와"(Ifeoluwa) 명칭도 지어 주셨다고 주장합니다.(＊"Ifeoluwa"란 "The Will of God Mission"이다.)

그러나 오늘날의 크리슬람(Chrislam)운동은 1999년 삼수딘 사카(Shamsuddin Saka)를 통해 설립되었습니다. 무슬림 가정에서 출생한 자칭 예언자라는 삼수딘 사카는 "알라"를 믿고 메카를 4번 순례한 "하지"(Haji)였습니다. 사카가 두 번째 메카 순례할 때 "기독교인들과 무슬림들 사이에 평화를 이루라"는 영감을 받고, 나이지리아 라고스((Lagos) 사람들의 평화를 위해 "크리슬람"(Chrislam)을 설립하였습니다. "기독교와 이슬람의 신은 동일한 하나님이니 함께 예배드리라"는 계시를 받았다고 합니다. 사카는 이때부터 기독교인들과 무슬림 간의 융합과 평화를 위해 일하였고, 나이지리아 사람들은 삶의 고난과 시련에서 크리슬람이 기적과 구원으로 일상생활에 도움을 주는 영적인 길로 믿었고, "크리슬람"이 아프리카, 중동 지역으로 퍼져 나갔습니다.

사카의 집회처는 코란 암송과 기도로 시작하고, 기독교 찬송과 무슬림 찬양을 요란하게 부르며 성령강림 펜테코스탈 예배(Pentecostal service)를 드립니다. 삼수딘 사카는 설립 때부터 "크리슬람"이라 하였고, 종교 갈등을 치유하는 "허발리스트"(herbalist)라 불렸습니다. 틀라 텔라는 자신의 아이디어인 "이펠루아"(Ifeoluwa)를 삼수딘 사카가 "크리슬람"(Chrislam)으로 도용하였다고 주장합니다.

(9) "크리슬람" 운동, 미주와 캠퍼스로 확산

크리스챤 사이언스 모니터(Christian Science monitor)지가 2006년 1월 26일 자에 "크리슬람 운동"을 소개하며, 사카를 무슬림과 기독교인들을 치유하는 "약초허브"(herbalist)라 소개 하였습니다. 사카는 미주 방송에 코란과 성경을 사용하는 사제로 그의 설교가 전파되었고, "크리슬람 운동"이 미주에 확산되는 계기가 되었습니다.

테네시 주, 코르도바의 "하트송 침례교회(Heartsong Baptist Church)", 버지니아 주의 "올더스게이트 연합감리교회(Aldersgate United Methodist Church)" 등에서 무슬림들에게 예배장소로 교회를 개방하였고, 추수감사절 등 절기에는 이웃 무슬림들을 초청하는 축제를 열었습니다.

"컴버랜드 장로교회(Cumberland Presbyterian Church)"는 교회입구 간판에 "크리슬람" 집회를 알리고, 아랍어와 함께 표기하여 광고하고 있습니다. 즉 무슬림들을 위해 "금요예배로 모이며, 첫 크리슬람 집회처(Friday Prayers Our Specially, Salat Al Jummah; First Chrislamic Congregation Baptisms)"라고 교회 간판에 표기하고 있습니다.

"크리슬람"은 교회가 "크리스찬과 무슬림들을 위한 교회"로 여기고 있으며, 주일에는 목회자가 가운은 입고 예배 인도하며, 금요일에는 교회를 개방하여 검은 스카프를 쓴 무슬림들과 예배드리고 있습니다. 또한 기독교와 이슬람은 기본적으로 차이가 없다고 여깁니다. 기독교인들과 무슬림들이 같은 장소에서 함께 모이기도 합니다. 그들에게 거슬리는 용어와 표시는 사용치 않고 서로 평화를 기원하고 있습니다.

(10) "크리슬람", 정치권 등장

릭워렌 목사는 2009년 1월 버락 오마바 대통령의 취임식 때 "예수아, 이사(Isa), 헤수스, 그리고 지져스 이름으로 아멘"하고 기도하여 복음주의 교회들에 충격을 주었고, 세계 기독교계의 주목 받고, 논란을 일으킨 지도자이기도 합니다. 그 논란은 "이사(Isa)"에서 일어났습니다. "이사(Isa)"는 아랍어로 "예수"입니다. 테러와의 전쟁을 벌이고 있는 미국에서 대통령 취임식 축복기도에 이슬람 쿠란의 "이사(Isa) 이름으로 기도"한 것입니다. 이미 릭 워렌은 "기독교인, 무슬림, 유대인들의 하나님은 동일한 하나님이다"고 "크리슬람"(Christlam)을 추구하고 있었습니다. 오마바는 "크리슬람(Christlam)"을 이슬람과 평화정책으로 삼아 교회와 정치사회로 퍼져 나가게 했습니다.

"크리슬람 운동"은 새들백교회의 릭워렌(Rick Warren) 목사와 크리스탈 교회 로버트 슐러(Robert Schuller) 목사, 방송인 잭 벤 임프(Jack

Van Impe)가 선도를 이루었습니다. 릭워렌 목사는 "목적이 이끄는 삶"의 저자로, 슐러 목사는 "적극적 사고 방식"으로 한국인들도 익히 알고 있습니다.

"크리슬람 운동"은 라디오, TV 전파 매체와 전산, 언론매체로도 파급되고 있습니다. 휴스톤, 아틀란타, 시애틀, 디트로이트 등 미주와 카나다로 퍼지고 있습니다. "크리슬람"은 종교평화운동인가? 종교혼합으로 새로운 종파인가? 정치종교운동인가? "크리슬람 운동"은 이슬람과의 평화를 이루려는 죠지 부시 대통령(George W. Bush) 정책에도 들어 있고, 오바마 대통령은 적극적으로 기독교계와 무슬림단체, 정치사회에 이 운동을 일으키도록 참여하고 있습니다. 테러와의 전쟁을 치르는 미국으로는 자국에 있는 무슬림들과 평화, 친선, 교류하는 것이 정치 정책적 이슈로 등장 할 수 있으나, 과연 "크리슬람 운동"으로 이슬람과 평화를 이룰 수 있는지는 의문입니다.

이미 릭 워렌은 유엔 종교 통합 위원회 평화 운동으로 이슬람과 기독교 카톨릭과 함께 "이웃을 사랑하는 모임"을 만들어 그 이름을 크리슬람이라고 했습니다. 그리고 반기문 사무총장과 함께 유엔을 중심으로 세계 평화 새천년프로젝트를 시작했습니다.

(11) 크리슬람 운동은 적그리스도의 영

우리는 분명히 알아야 합니다. "크리슬람" 운동은 오늘날 교회를 혼란시키며, 교회와 교인들을 예수 그리스도에게서 멀어지게 하고 떠나게 하는 적그리스도의 영인 것을 알아야 합니다. 적그리스도는 누구입니까? 이슬람은 "예수님이 그리스도(구세주)이심을 부인"하며, "육신으로 오신 하나님을 부인"하고, "십자가도 부인"하고 있습니다.

데이빗 돌린스(David Dollins)는 논설에서 명쾌하게 "크리슬람이 적그리스도의 영"이라고 지적하고 있습니다.(크리스챤 포스트 2011.7.20.일자) 돌린스는 사도 요한서를 중심으로 "적그리스도의 영"을 밝히면서, 오늘날 교회들이 "예수 그리스도만이 구원의 길임"을 선포해야하고, 하나님의 말씀인 성경을 지키며, 교회의 순결을 거짓 교훈에서 지키자고 간곡히 권하면서, "왜 우리는 초대 교회 교부들과 같이 교회를 옹호하지 못하는가?" 묻고 있습니다.

"거짓말하는 자가 누구냐? 예수께서 그리스도이심을 부인하는 자가 아니냐"(요일2:22)

"아버지와 아들을 부인하는 그가 적그리스도니"(요일2:22)

"예수를 시인하지 아니하는 영마다 하나님께 속한 것이 아니니 이것이 곧 적그리스도의 영이니라. 오리라 한 말을 너희가 들었거니와 지금 벌써 세상에 있느니라."(요일4:3)

"그러나 백성 가운데 또한 거짓 선지자들이 일어났었나니 이와 같이 너희 중에도 거짓 선생들이 있으리라 그들을 멸망케 할 이단을 부인하고 임박한 멸망을 스스로 취하는 자들이라."(벧후2:1)

기독교 역사에서 이슬람을 "적그리스도"라고 제일 먼저 지적하고 배격한 분은 이슬람이 발생할 당시의 초대 교부인 다메섹 요한(John of Damascus, 675-749)이었습니다. 또한 역사적으로 살펴보면 기독교는 이단과 사이비, 적그리스도의 출현을 교회와 성도들에 대한 하나님의 경고로 받아 들였습니다.

즉, 예수 그리스도의 복음에서 떠나 세속화 되지 않았나? 자신을 돌아 보며, 회개하고, 깨어서 굳게 성경말씀을 지키고, 하나님께로 돌아가야 한다는 신앙의 경고로 받아 들였습니다. 예수님은 마지막 때가 되면 "거짓 선지자들이 일어날 것이라" 가르쳤고, "할 수만 있으면 택하신 자들도 미혹하리라"고 경고하셨습니다.

"거짓 선지자들이 일어나 큰 표적과 기사를 보여 할 수만 있으면 택하신 자들을 미혹하리라"(마24:25) "끝까지 견디는 자는 구원을 얻으리라"(마24:13)

오늘날 한국 교회는 그 어느 때보다 적그리스도(Antichrist)의 영이 역사하여 혼란과 분열, 비난, 조롱 속에 처해 있습니다. 우리는 믿음의 경고로 받아들이고 교회를 순수한 복음으로 지키며, 옹호하고, 구주 예수 그리스도를 분명히 증거 해야 할 것입니다. 하나님께서 부르시고 세우신 복음의 증거와 사명을 지키며, 더욱 힘써 세계선교를 향해 굽힘없이 굳게 서서 나가야 합니다.

5) 빌 브라이트와 C.C.C(Bill Bright, 1921.10.19~2003.7.19)

(1) 카톨릭과 연대한 대학생 선교회(CCC)의 빌 브라이트

크리스채니티 투데이지 1997년 7월 14일자는 대학생 선교회의 창설자요 총재인 빌 브라이트 박사에 대한 10페이지의 글을 실었습니다. 그 글은 그가 지난 해 템플톤 상을 받았음을 언급했고 또 "오늘날 은사주의자들은 브라이트에 의해 따뜻하게 용납된다"고 말했습니다. 어떤 복음주의자들은 빌 브라이트를 1994년 "복음주의자들과 천주교인들과 함께"라는 상호 인정과 협력의 진술서에 서명한 것 때문에 그를 이단이라고 비난했고 어떤 이들은 서명한 진술서에 대한 그의 입장을 취소하라고 요청했지만, 그는 '천주교인들 가운데 수 천 만명의 참된 신자들이 있다'고 말하면서 거절했습니다. 그러나 참된 신자들은 은사주의를 경계해야 하고 천주교회와도 분리되어야 한다고 강조했습니다.

(2) 빌 브라이트의 '98년도 금식과 기도' 집회

1998년 '금식과 기도' 집회는 미션 아메리카와 대학생 선교회의 공동 후원을 받았습니다. 참석자들은 에큐메니칼 유명 인사들입니다. 빌 매카트니(프로미스 키퍼스), 프랭클린 그레이엄, 돈 아규(미국 NAE), 폴 시더, 케이 아더, 빌과 보넷 브라잇, 애드리안 로저스, 팻 로벗슨, 토마스 트래스크(하나님의 성회) 그리고 데이빗 브라이언트 등이 포함되어 있습니다. 빌리 그래함과 존 퍼킨스와 빌 브라이트는 명예 공동 회장입니다.

위에 열거된 다른 이들은 실행 위원회에 속해 있습니다. 스티브 그린, 로벗슨, 시더 그리고 브라이트는 한 시간을 인도했습니다. 다른 시간은 로저스와 매카트니에 의해 인도되었습니다. 그것은 11월 12-14일까지 미국 텍사스주 휴스턴에서 위성 중계로 미국 전역에 생방송 되었습니다. 그러나 우리는 이런 류의 혼합적 집회를 경계해야 할 것입니다. 이런 집회들과 운동들은 기독교의 갱신보다는 혼란을 더 가중시키고 있습니다.

(3) 빌 브라이트가 템플톤 상을 받음

국제 대학생 선교회 총재 빌 브라이트는 그의 심각한 질병--폐 및 전

립선 암--과의 투쟁에도 불구하고 그의 이미 광범위하게 퍼져 있는 사역을 확장하는 방법을 계획하고 있었습니다. 50년 된 그 사역의 공동 창설자인 그는 책들을 편집하고 비디오들을 준비하고 미국 뉴욕의 엠파이어 스테이트 빌딩에 위치한 한 대학교를 통하여 미래의 기독교 지도자들의 훈련을 촉진할 계획들을 세우고 있었습니다. "그의 태도는 매우 논리 일관하고 신선하여서 그의 곁에서는 슬픈 태도를 갖기가 어렵다"고 미국 대학생 선교회의 부지도자인 크로포드 로리츠는 말했습니다.

1996년 종교를 증진시킴에 대한 유명한 템플톤상의 수상자인 브라이트는 동료 복음주의자들에 의해 명예를 얻었습니다. 템플턴 상은 종교 통합 운동을 하는 기관에서 주는 상입니다. 미국의 복음주의 기독교 출판사 협회는 7월에 그에게 '평생 업적 금메달상'을 수여했습니다. 미국 복음주의 협의회는 3월 7일 최초로 '평생 목회상'을 그에게 수여하였습니다. 그러나, 슬프게도, 대학생 선교회는 최근 수 십년 동안 점점 더 친(親)은사주의적이고, 카톨릭적이고, 에큐메니칼적이 되었습니다.

(4) 빌 브라이트는 은사주의자들과 천주교인들과 함께 사역함

카리스마지 2001년 10월호는 빌 브라이트가 신유 전도자 베니 힌을 '사랑하는 친구'로 간주하는 중재자라고 말했습니다. 그 잡지는, 그러나 은사들에 대한 논쟁이 브라이트의 사역과 가정에 심각했던 때가 있었다고 말했습니다. "예수 운동이 대학들에 영향을 주었던 1970년대에, 대학생 선교회는 간사들이 방언을 말하거나 그런 행위를 옹호하는 것을 금하는 방침을 도입하였다. 브라이트의 아들 잭이 성령의 세례를 체험하였을 때, 견해의 충돌 때문에 아들은 그 사역과 가정을 떠나게 되었다." 그들은 오래 되지 않아서 화해하였습니다. 브라이트는 "나는 은사주의자나 천주교인이나, 헬라 정교인이나 주류파 교인이나 간에 예수를 사랑하는 자는 누구든지 함께 일한다"라고 말했습니다.

(5) 빌 브라이트에 대한 제리 팔웰의 평가

세계적 전도에 있어서 빌 브라이트와 대학생 선교회의 진실한 노력에 관하여 많은 좋은 말들을 할 수 있을 것입니다. 그러나 대체로 이 사역은 불순종의 사역이었습니다. 왜냐하면 언제부터인가 빌 브라이트는

제7장 기독교 이단 신학 교리와 사상가들

천주교인들과 은사주의자들을 따뜻하게 포용하였고 자신을 과다한 에큐메니컬 활동들과 연계시켰기 때문입니다. 그렇지만, 2002년 5월 11일 제리 팔웰의 리버티 대학교는 "그들의 괄목할 만한 기독교적 봉사" 때문에 빌 브라이트와 그 아내 보넷 브라이트에게 명예 학위들을 수여 하였습니다. 졸업생들에게 학위를 수여하는 의식들 직전에, 팔웰은, "내 견해로는, 빌 브라이트는 사도 바울 이후 가장 위대한 기독교 선교사 이십니다"라고 말했습니다.

제리 팔웰의 이러한 발언과 행위는 자신이 신복음주의적임을 분명히 하는 것입니다. 하나님의 진실한 종들은 그런 타협적 활동의 인물을 칭찬하지 않고 오히려 책망할 것입이다. 현대는 타협과 혼란의 시대입니다.

6) 존 스토트 John Robert Walmsley Stott
(주후 1921년 ~2011년)

(1) 생애
존 로버트 웜즐리 스토트(Rev. John Robert Walmsley Stott,1921년~2011년 7월 28일 오후 3시 15분 경)는 성공회 신부이자 세계적인 신복음주의 운동의 거장입니다. 존 스토트 신부는 로날드 내쉬라는 캠퍼스 미니스트리 간사를 통해 복음을 듣고 고등학생 때 예수 그리스도를 구주로 영접했습니다. 그 이후 캠브리지대학교에서 신학을 공부하는 동안에도 그에게 신학교수들의 영향은 거의 없었고, 내쉬의 개인적 지도를 계속 받으며 IVF사역에 참여했고, 신학공부를 마쳤습니다. 내쉬는 캠퍼스 사역의 중요성을 존 스토트를 통해 확증했고, 그 영향이 얼마나 큰 지를 보여 주었습니다. 1942년 성공회 신부 서품을 받았으며, 런던의 제령교회(All Soul's Church)와 성 바라바교회(St.Baraba Church)에서 사목하였습니다. 제령교회 명예사제로 소임을 다했으며, 2011년 7월 27일 향년 90세의 나이로 생을 마감했습니다.

(2) 저서
한국에 소개된 저서로는 "동성애 논쟁"(홍성사), "오직 한 길"(아가페), "예수님이 원하시는 교회"(두란노), "그리스도의 십자가", "살아있는 교회", "진정한 기독교"(존 스토트 신부의 가르침을 모은 선집.), "현대 사회문제와 그리스도인의 책임" (IVP) 등이 있으며, 전기로는 로저 스티어가 쓴 "존 스토트의 생애" (영어: The Inside Story IVP)가 있습니다. 2010년 "제자도" (IVP)를 출판하며 더 이상 집필할 의사가 없음을 밝혔습니다.

(3) 존 스토트의 사상

존 스토트는 영혼 멸절설을 주장합니다. 존 스토트는 종교 다원론을 주장합니다. 존 스토트는 윤리신학을 주장합니다. 존 스토트는 신복음주의자입니다.

(4) 영혼 멸절설

존 스토드의 주장을 요약하면, 예수님과 그의 사도들이 사용한 심상(불못과 바깥 어두운 데와 두 번째 죽음)이 문자적으로 해석될 수 있는 것이 아닙니다. 어떤 경우에는 그것은 문자적으로 해석되는 것이 불가능한데 불과 어둠은 서로 모순되기 때문입니다.(132쪽) 회개하지 않는 자의 종말은 의식이 있는 상태에서의 영원한 고통이라는 견해가 견딜 수 없게 느껴집니다.(133쪽) 성경이 가리키는 방향(134쪽)은 회개하지 않는 자의 종말은 의식이 있는 상태에서의 영원한 고통이 아니라 그들의 존재가 완전히 소멸되는 것입니다.

그러나 이러한 주장은 비 성경적이며 성경에 나오는 지옥의 개념을 거부하기 위한 것으로서 이미 "여호와의 증인"들도 이러한 영혼 멸절설을 주장하고 있다는 것을 알아야 하겠습니다. 영혼 멸절론자들은 하나님의 공의에 근거해서 전통적 지옥관의 부당성을 지적하면서 구원받지 않은 영혼의 궁극적 소멸을 주장합니다. John Stott에 의하면, 하나님은 사람이 행한 대로 갚아 주시는 분이기 때문에 (계 20:12) 사람이 지은 죄에 상응하는 형벌을 주십니다. 구약에서도 "눈에는 눈, 이에는 이"(출 21:23-25)라고 말함으로써 동등 보복의 원칙을 가르치고 있습니다. 그렇기 때문에 시간 내에서 제한적으로 지은 죄에 대해서 시간의 제한이 전혀 없는 영원한 고통을 준다는 것은 균형이 맞지 않는 일이고, 이것은 하나님의 공의에 어긋 난다는 것입니다.

그들은 주장하기를, 예수 그리스도의 재림으로 현재의 인류의 역사는 끝이 나고 예수께서는 만왕의 왕으로 그리고 만주의 주로 오심으로 우주의 최종적인 승리자가 되셔서 모든 무릎을 그 발아래 꿇게 하시고 모든 입으로 하여금 예수는 만주의 주시요 만왕의 왕이라고 고백하게 하실 것인데, 구원받지 않은 자들은 여전히 지옥에서 고통 중에 그를 거역하고 있다면, 이것은 영원한 우주론적 이원론으로서 예수께서 참된 승리자라고 보기 어렵다는 것입니다.

(5) 윤리 신학

다음은 한종희 목사님의 "김세윤의 신학"에 나오는 김교수의 신학 비판과 더불어 복음주의의 탈을 쓰고 있는 신복음주의에 대한 비판입니다. 여기에는 존 스토트 신부나, 우리가 보수주의 복음주의 거장으로 알고 있는 제임스 패커 등도 전통신학의 용어로 자신들의 신복음주의 신학을 교묘히 포장하고 윤리신학을 그 속에 깔고 있다는 것입니다.

"김(세윤) 교수는, 율법을 하나님의 율법 개념으로 지킬 것이 아니라, 제자의 개념으로 지키자고 하였다. 그러나 율법 개념과, 제자 개념은 그 뜻이 전혀 다르다. 율법 개념은 이 율법이 하나님의 율법임을 말하지만, 제자 개념은 그 교훈이 스승의 교훈임을 말한다. 그러므로 김 교수가 율법을 제자의 개념으로 지키자고 한 것은, 율법을 하나님의 율법으로 지킬 것이 아니라, 스승의 교훈으로 지키자고 한 것이다. 또한 '하나님의 사랑과 이웃 사랑'도 하나님의 율법으로 지킬 것이 아니라, 제자의 개념 즉 스승의 교훈으로 지키자고 하였으니, 김 교수의 신학에서는 교훈을 주는 자가 하나님이 아니고, 스승이므로, 김 교수의 신학에는 스승만 있고, 하나님이 없다. 그러므로 김 교수는 율법을 스승의 교훈으로 받기 때문에, 하나님의 율법으로는 받아들이지 아니한다. 물론 김 교수가 신학해설에서 '하나님의 사랑'을 말한 것이 있지만, 은유비유로서 말한 것이다. 은유비유에서 말한 하나님은 허구개념의 하나님이고, 관념의 하나님일 뿐이다."

그러나 보수신학(정통신학)은, 인간이 하나님의 율법을 지키면, 하나님이 복을 주시고, 거역하면 하나님이 형벌하시기 때문에, 하나님의 율법을 두려움으로 순종합니다. 다시 말해서, 정통신학에서는 하나님 때문에 율법을 지킵니다. 하나님이 그리스도 안에서 준비한 대속(atonement)과 칭의(justification)로, 값없이 구원받은 자는, 지옥형벌을 벗어난 구원에 감격하여, 자신을 부인하고, 하나님만을 사랑하며, 하나님의 율법을 지키되, 순교하면서까지 지키기 때문에(창4:3-8; 계1:9; 6:9,11; 12:17; 14:12), 참 하나님의 사람은 죄를 벗어나며, 성화를 입으며, 이웃을 사랑하여 화목한 삶을 삽니다. 기독교의 윤리는, 값없이 구원받은 자가 감격하여, 능히 맺히는 열매입니다.

그러나 현대신학(진보신학)은 홍해를 가르신 하나님을 불신하고, 그리스도도 보통 인간으로 보기 때문에, 율법도 스승이 제자에게 주는 교훈인 것입니다. 그러므로 "하나님을 사랑하고, 이웃을 사랑하라"는 계명도 스승이 주는 교훈으로 받기 때문에, 김 교수가 하나님의 율법으로 지키는 것을 꾸짖었고, 제자의 개념으로 지키자고 주장하였습니다. 현대신학은 지옥과 천국을 불신하고, 대속과 칭의를 불신하기 때문에, 구원의 감격이 없으므로, 율법도 제자의 개념으로 지키는 수밖에, 달리 방법이 없습니다. 바로 이것이 현대신학이자, 신복음주의 신학입니다.

김 교수는 현대신학을 따르기 때문에, 성서의 교훈을 하나님의 율법과 계명으로 지키는 것은 잘못이라고 꾸짖었습니다. 반대로 성서의 교훈을 제자도의 개념으로 지키자고 주장하였습니다. 김 교수는 예수의 신인양성(神人兩性)을 믿지 않고, 예수를 보통 인간으로 보았기 때문에, 예수님의 제자가 되어, 스승의 행적과 됨됨이에 동참하여 예수님의 형상을 되찾는 것을 구원으로 보았으니, 이것은 자유주의 신학자 리츨(Albrecht Ritschle)이 부르짖은 윤리신학이고, 키에르케가르(Kierkegaard)를 따라 인간의 윤리회복(실존회복)을 부르짖은 바르트(Barth)의 윤리신학이고, 불트만(Bultmann), 브루너(Brunner), 틸리치(Tillich), 니부어(Niebuhr) 형제 등이 외친 윤리신학이고, 미국의 오켄가(Harold J Ockenga), 카넬(Edward J. Carnell), 헨리(Carl F H Henry) 등이 외친 윤리 신학이고, 영국의 존 스토트(John R. W. Stott)와 제임스 패커(James I. Packer)가 외친 윤리신학입니다.

그러므로 보통 인간 예수로 구성되는 복음과 구원과 신학을 다음과 같이 풀어낼 수 밖에 없습니다. 즉 보통 인간 예수가 갖은 박해에도 불구하고 정의와 공의를 부르짖고 끝내는 십자가에 못 박히기까지 하여 정의와 공의를 세우고 인권을 신장하였으니 사람들이 이러한 예수를 스승으로 영접하고 제자가 되어져 예수님의 행적과 됨됨(품성)이에 동참하고 예수님의 형상을 되찾으면 인류사회는 지상천국을 이룰 것이라는 것이 김 교수와 신복음주의 신학자들(B. Graham, Ockenga, Henry, Carnell, Stott, Packer)이 주장하는 제자도의 윤리복음과 윤리구원과, 윤리신학입니다. 이 제자도의 신학은 모든 20세기 현대 신학이 주장해 왔고, WCC와 NCC와 NAE가 지지해 왔습니다.

김세윤 교수와 존 스토트가 주장한 스승과 제자의 율법관에서 나온 윤리신학은 알렉산드리아 학파 클레멘트가 주장한 헬라철학의 "교사"에서 출발한 것입니다.

그는 "교사"라는 책을 통해 구약과 신약의 율법관계를 재판관과 죄인의 관계가 아닌 스승과 제자의 개념으로 해석을 했습니다.

(6) 종교다원주의

20세기의 윤리신학의 대 전제가 그리스도 예수를 보통 인간으로 보는 역사 예수입니다. 그러므로 1950년대의 예수를 보통 인간으로 보는 WCC, NCC, NAE가 대화 프로그램을 통하여, 종교통합을 시도해 보았으나 종교통합은 고사하고 도리어 논쟁과 분쟁만을 조장함으로 1990년대부터는 종교 다원주의를 지향하고 있습니다. 종교 다원주의는 "모든 종교가 동등하고, 그 구원이 동등하다"는 것입니다. 로마 법황이 제2 바티칸 공의회를 마치면서 1965년에 종교 다원주의를 주장하였고, 존 스토트(John Stott)신부가 1992년에 책 "The Contemporary Christian"에서 종교 다원주의를 주장하였고, 빌리 그래함(Billy Graham)목사가 1997년에 종교 다원주의를 주장하였습니다.(신정통주의 신학의 정체, 한종희)

신정통주의 신학(1920-1950)은 상당히 알려져 있지만, 신복음주의 신학(1950-2000)의 정체(正體)는 거의 100% 은폐되어 있어, 제대로 알아보는 사람이 거의 없습니다. 신복음주의 신학의 正體가 왜 가려지고 은폐되어져 왔습니까? 여기에는 상당한 이유가 있습니다. 독자들이 그 이유를 알아야, 비로소 신복음주의 신학의 정체(正體)를 조금씩이나마 감지할 수가 있습니다. 다음은 그 이유들입니다.

타작기 3

　신복음주의 신학이 복음주의 신학, 개혁주의 신학, 보수주의 신학으로 가면을 쓰고 활동하였기 때문입니다. 신복음주의 신학이 첫째 신학 해설의 기법이나, 문장의 형식이 완전히 정통신학을 따랐기 때문입니다. 둘째 신학해설에서 용어들을 100% 정통신학의 용어들만을 사용하였기 때문입니다. 셋째 정통신학을 절대로 정면에서 부정하거나 공격하지 않았기 때문입니다. 넷째 자신의 신학적인 정체를 절대로 노골적으로 드러내지 않았기 때문입니다.
　이러한 이유로 신복음주의 신학이 완벽하게 가려지고 은폐 되어져 그 신학의 정체성이 보이지 아니하였으며, 다음과 같은 유명세를 탄 자들의 이름을 앞장 세워서 그들의 이단 신학이 의심 받지 않았습니다. 빌리 그래함(Billy Graham) 존 스토트(John R. W. Stott), 제임스 패커(J. I. Packer),커넬 (E. Carnell) 칼 헨리 (Carl F. H. Henry), 오켄가(H. J. Ockenga), 김세윤 등입니다.

(7) 위키 백과 사전에 나온 존 스토트의 소개
　존 스토트 신부는 성공회의 대표적인 복음주의 신학자로 불리고 있으며, 그 외 성공회 복음주의 신학자로는 앨리스터 맥그래스 신부(Rev. Alister Mcgrath)가 있습니다. 1974년에는 로잔 회의에 참여하여 로잔 언약 초안 작성 위원장으로 활동하였습니다.

(8) 존 스토트의 로잔 선언문
　1974년 로잔 세계복음화 국제대회는 복음주의 선교 신학의 새로운 전환점을 가져오는 계기가 되었습니다. 이 대회에서 존 스토트(John R. W. Stott)는 '복음화의 성서적 기초' 라는 주제 강연에서 선교란 더 이상 전도만을 의미하지 않고, 하나님의 세상 속으로의 아들의 파송, 즉 봉사를 포함하기 때문에 선교는 복음전파와 함께 사회적 행위가 포함된 사랑의 봉사임을 밝혔습니다. 그의 사상은 로잔대회의 결과물로 정리된 '로잔 언약' 에 그대로 담겨 있습니다.
　존 스토트 만큼 기독교계에 큰 영향을 끼쳤고 로잔언약을 작성할 당시 존 스토트와 함께 초안을 작성한 프란시스 쉐이퍼 목사가 제1차 로잔대회 당시 선언한 대로 '성서론은 기독교의 분기점' (Bibliology is the

watershed of Christianity)이라고 말한 적이 있었습니다.

존 스토트 신부는 대중적인 복음주의 신학자로 불리는데, 인권 등의 시사적 주제들에 대해 기독교적인 해석을 하기 때문입니다. 존 스토트 신부는 자연을 사랑하는 사람으로 유명합니다. 그는 자연을 성서와 더불어 하나님의 계시라고 부를 만큼 소중히 여기며 새를 관찰하는 취미를 갖고 있었습니다.

존 스토트 신부는 세계복음주의 운동의 두 기둥 중 하나임이 2010년 10월 남아프리카 케이프타운에서 모인 제3회 로잔대회에서도 분명히 드러났습니다. 참석자 모두는 빌리그래함 목사와 존 스토트 신부를 세계복음주의 운동의 두 기둥으로 추앙했고 존 스토트 목사는 세계복음주의연맹(WEA)의 신앙고백과 로잔언약을 초안하는데 가장 확실한 공헌을 했습니다.

(9) 존 스토트의 사회적 책임과 무천년

존 스토트가 제시하는 그리스도인의 사회적 책임에 관한 논의는 기독교적 세계관으로 세상을 바라보는 탁월한 통찰력을 보여줍니다. 그러나 그가 주장하고 있는 그리스도인의 사회 참여와 그로 말미암아 이루어진 아름다운 세상은 성경에서 말한 하나님의 나라와는 전혀 다른 세계입니다. 고도로 진화된 인간 세상의 유토피아 일 뿐입니다.

이미 그의 사상을 언급했듯이 그가 추구하고 있는 기독교적인 가치관은 칼 바르트가 말했던 실존 인간인 참 인간의 범주를 벗어나지 못하고 있기 때문입니다. 존 스토트는 복음을 알지 못하는 철학자일 뿐입니다. 신복음주의자들이 한결같이 주장하고 있는 복음은 죽은 영혼이 다시 태어나는 십자가 복음이 아닙니다. 희생정신이 강하고, 이타적인 인간의 예수일 뿐입니다. 존 스토트는 머리가 명석하고 철학과 학문에 뛰어난 석학일지 모릅니다. 그러나 그는 복음을 알지 못하는 자입니다. 만일 그가 복음을 알았다면 그의 철학적인 지식과 체계가 바뀌었을 것입니다.

그러하기 때문에 아무리 존 스토트가 호소력 있는 신학적인 이론으로 장편의 논문을 써서 설득한다 하더라도 거듭난 그리스도인들을 속일 수 없는 것입니다.

그는 전천년주의 종말론 때문에 그리스도인의 현실 참여가 힘을 잃었고 내세 지향적인 종교가 되었다고 설명을 했습니다. 그러면서 이 세상의 정치, 경제, 사회, 교육 등 전반적인 현실에 적극적으로 참여하여 우리가 사는 세상에 하나님의 나라를 세워 가야 함을 역설하였습니다. 존 스토트가 말한 대로 전천년주의 때문에 기독교인들의 사회생활이 무능했다면, 그럼 무천년주의 지상 유토피아 왕국 비전 때문에 그리스도인들의 사회생활이 능력을 얻었다는 말이 됩니다. 그러나 그리스도인의 생활은 오히려 더 무능하고 죄악된 세상의 포로가 되어 교회는 결국 무장 해제를 당하고 말았습니다. 교회는 세상과 구별될 때 힘을 얻고, 세상과 가까이 하면 할수록 경건의 능력을 잃어 버리게 됩니다.

전천년주의를 반대하고 무천년주의를 주장하는 모든 사람들의 사상은 지상에 세워질 기독교 제국주의 유토피아를 꿈꾸고 있는 바알 기독교 사탄 숭배자들입니다.

성경은 마지막 때가 되면 세상은 타락하여 배도의 길을 간다고 했습니다. 그래서 말세는 바알 기독교가 득세를 하는 것입니다.

존 스토트는 그리스도인들의 마음속에 있는 정의감을 불러 일으켜 눈에 보이는 세상에 그리스도의 나라를 세우도록 호소하고, 충돌질하고 있는 것입니다. 그래서 교회들로 하여금 개인적인 영혼 구원의 푯대를 잃어버리도록 하는 것입니다.

성경에서도 강조하고 있지만 불행한 오늘의 현실은 정치, 경제, 과학, 교육이 잘못되었기 때문이 아닙니다. 사회봉사가 부족하고, 구제가 없어서 일어난 비극이 아닙니다. 하나님의 형상으로 지음 받은 인간이 하나님의 본질의 생명을 잃어 버렸기 때문입니다. 그래서 거듭나지 아니하면 세상의 정치, 경제, 과학이 아무리 발전한다 하더라도 인간속에 있는 원죄의 부패성에서부터 발산하는 욕망의 비극을 잠재울 수 없는 것입니다.

그래서 존 스토트의 사회참여 복음은 사탄의 전략입니다. 지상에 유토피아를 세우려는 프리메이슨들의 신세계 질서 음모입니다. 누가 과연 빌리 그래함과 존 스토트를 현대 세계 복음주의 두 기둥의 거장으로 선출한 것입니까?

제7장 기독교 이단 신학 교리와 사상가들

그들이 말하고 있는 복음주의라는 정체는 과연 무엇입니까? 그들은 복음을 말하면서 복음이 없는 다른 종교와 통합을 시도합니다. 그들은 복음을 말하면서 사회구원을 말합니다. 만일 그들이 말한 복음이 세상의 평화와 일치이며, 번영과 풍요라고 한다면 그 복음은 바알의 복음입니다. 사탄주의 기독교인 것입니다.

하나님의 교회는 절대로 인간의 인위적인 운동이나 방법으로 세워지지 않습니다. 정치나 경제나 교육 같은 세상 제도권 안에서 하나님의 교회는 세워지지 않습니다. 하나님의 교회가 세워지는 것은 성도의 마음의 성전입니다. 지금도 하나님의 교회는 비밀스럽게 완성 되어가고 있습니다. 유명한 신학자들이나 목사들에 의해서 하나님의 나라는 이루어지지 않고 유명한 사람들의 운동을 통해서 이루어지지 않고, 제국이나 영웅들을 통해서 이루어지지 않고, 창세전부터 성부, 성자, 성령께서 계획하신 대로 완전하게 하나님의 방법대로 지금도 지어 지고 있습니다.

눈에 보이는 크고 화려한 건물교회가 아닙니다. 웅장하게 울려 퍼지는 성가대의 합창도 아닙니다. 말구유에 주님이 태어나신 것처럼, 빈들에서 양들을 지키던 목동들이 경배하고 만났던 것처럼 오늘도 눈에 보이지 않지만 주님을 사랑하고 그 뜻대로 살기 위해 눈물로 기도하고 순종하는 아주 평범한 사람들의 마음속에 아름답게 세워져 가고 있습니다.

눈에 보이는 지상에 세워진 기독교 제국 주의는 주님의 나라가 아닙니다. 눈에 보이는 건물 교회는 진짜 교회가 아닙니다. 눈에 보이지 않는 마음의 교회가 진짜 교회입니다.

절대로 사탄의 미혹에 속지 말아야 합니다. 우리 인간 속에 조금 남아 있는 정의감과 종교적인 열심을 충돌질시켜 우리의 영혼을 빼앗아 가고, 벌거숭이가 되게 하는 거짓 복음을 우리는 정확하게 분별을 해서 성실하게 우리 마음속에 주님의 교회를 거룩하고 사랑스럽게 지어가야 합니다.

(10) 존 스토트의 활동

존 스토트는 1945년 성공회 신부로 안수 받고 1959년-1991년 엘리자베스 여왕의 임명으로 군목이 되었습니다. 그는 30년 이상 영국 왕실의 성공회 신부로 활동했습니다. 존 스토트는 1954년 3월1일 프리메이슨

33도인 빌리 그래함과 합류하여 영국의 십자군을 (London Crusade)이 끄는 지도자가 됩니다.

존 스토트는 1948년 WCC 설립의 중추적인 역할을 했고, 프리메이슨 조직인 YMCA에서 40년 활동을 했습니다. 1951년 세계복음주의 연맹 WEA가 조직되는 중심 멤버였습니다.

1967년부터 17년 동안 영국 복음주의 위원회 회장을 지냈고, 1965년부터 1974년까지 성서유니온 대표와 1973-1974년 영국복음주의 연맹의 대표가 되었습니다. 2007년 7월18일 케직 사경회를 인도했습니다.

그는 87세를 살면서 80여권의 책을 썼으며, 성공회 신부로 독신주의로 살았습니다. 그의 모든 활동은 영국 왕실을 중심으로 일루미나티와 프리메이슨 그리고 종교통합과 기독교 사회참여 자유주의 신학을 접목시키는 일에 평생 동안 활동 했습니다.

7) C.S 루이스(Clive Staples Lewis, 1898-1963)
(1) 교묘한 영적인 스파이

우리가 위대하게 생각하며 독서하는 수많은 신앙의 위인들 중에 영적 간첩들이 많습니다. 그 중에 한 사람을 예로 든다면 C.S 루이스입니다. 그는 문학이라는 장르와 친해서인지 성경의 역사성을 거부하며 결과적으로 성경을 허구로 만드는데 탁월한 솜씨를 나타냈습니다.

그의 약력을 조금 살펴 보자면, 1931년 기독교로 개종했습니다. 그 해 9월, 반지의 제왕을 쓴 J.R.R. 톨킨과 H.V.D. 다이슨과 함께 기독교에 관하여 논하게 됩니다. 사탄을 숭배하는 일루미나티 회원이며, 프리메이슨 조직의 하나인 황금 여명회 회원이었던 톨킨의 제자이자 친구가 됩니다. 1933년, 가을 학기에 "인클링스(The Inklings)" 라는 문학 클럽을 만들어 활동을 했습니다. 그런데 이 클럽에 소속되어 있는 인물들은 모두 프리메이슨들이었습니다.

1946년 로마 카톨릭의 성 안드레 대학교(University of St. Andrews)에서 명예 신학 박사를 받았습니다. (카톨릭에 대해서 잘 모르시는 분들도 있으시겠지만 알고 보면 위험한 곳입니다. 이곳의 영향을 받았다는 것은…) 1947년 9월 8일 타임즈는 루이스를 표지 인물로 선정하면서

"의심할 바 없는 20세기 최고의 기독교 사상가"라는 평가를 합니다

1955년 프리메이슨 단체 중 하나인 브리티쉬 아카데미(British Academy)의 한 사람으로 선출 되었습니다. 1956년 카네기 메달을 수상합니다. 카네기 메달은 뛰어난 작가들에게 매년 수여하는 상으로 프리메이슨이었던 앤드류 카네기(Andrew Carnegie, 1835-1919)가 1936년에 만든 것입니다.

(2) 루이스의 반기독교 사상

루이스의 반기독교적 성경관은 그의 저서를 통해 알 수 있습니다. C.S. 루이스가 쓴 "시편의 사색" 155-156쪽 내용 "저는 전혀 다른 근거들에 입각해 이야기의 역사성 여부를 판단합니다. 한 예로 저는 '욥기'를 비역사적인 이야기로 보는데, 왜냐하면 욥기에 기록된 이야기는 역사나 심지어 전설과 조금도 연계되어 있지 않고, 족보도 제시되어 있지 않으며, 성경 다른 곳에서는 거의 등장하지 않는 나라에 살고 있는 한 인물에 대한 소개로 시작하고 있기 때문입니다. 또 욥기의 저자도 연대기 기자가 아니라 이야기꾼의 자세로 글을 쓰고 있습니다. 따라서 저는 창세기의 창조 이야기를 이교적이고 신화적이었던 초기 셈족 이야기들에서 유래했다고 말하는 학자들의 견해를 받아들이는 데에 조금도 어려움이 없습니다."

여기서 보면 욥기를 비역사적으로 보고, 창세기도 이교적 신화적으로 보고 있습니다. 다른 곳을 보면, 요나서나 에스더 역시 문학쯤으로 보고 있고 성육신을 '진정한 신화'로 표현한 톨킨과 다이슨의 주장에 새롭게 눈을 뜨는 등.. 성경의 진리성을 파괴하고 있습니다.

성경은 역사 가운데 하나님의 간섭하심이 절절히 묻어 있는 하나님의 말씀입니다. 나니아 연대기도 그렇습니다. 제 1권 '사자와 마녀와 옷장'에서 '심오한 마법'이라는 내용을 보면, '돌자에서 무고한 자를 위해 희생하면 다시 살아날 수 있다.'는 내용을 담고 있습니다. 이것은 사탄 숭배주의자들이 행하는 일종의 인신제물의 의식을 말하는 것입니다.

이 사실을 전혀 모르는 사람들은 이 내용이 예수님의 부활과 관련이 있는 것으로 보고 있어서 그 심각성이 크다고 할 수 있습니다. 더 나아가 나니아 연대기의 영화를 보면, 사탄의 상징과 프리메이슨의 상징들

타작기 3

이 자주 나옵니다.

　이 영화는 월트디즈니 제작, 앤드류 아담슨 감독, 조지 헨리, 윌리암 모슬리, 스칸다 케인즈, 안나 포플웰이 출연한 영화로 모두 프리메이슨들이 만든 영화입니다.

　C.S. 루이스의 교활한 모습을 보라! 사탄을 숭배하는 프리메이슨 톨킨과 역시 프리메이슨이었던 다이슨(Hugo Dyson)은 성육신 사건을 '진정한 신화'로 정의를 했는데, C.S. 루이스는 '새로운 눈을 뜰수 있었다.' 고 고백하고 있습니다. 이미 앞서 C.S. 루이스가 조직했던 문학클럽이었던 '인클링스(The Inklings)' 가 프리메이슨 조직이라는 사실을 밝혔으며, 그 회원 중에 다이슨(Hugo Dyson)이라는 프리메이슨도 같은 회원이라는 것을 밝혔습니다.

　우리 기독교에서는 말씀이 육신이 되었다는 이른바 성육신 교리가 그 얼마나 중요한 것입니까? 그리스도의 성육신(成肉身, Incarnation)을 신화라고 말하는 자들은 이단이며, 사이비입니다. 그런데 톨킨과 다이슨 그리고 C.S. 루이스는 성육신 사건을 '진정한 신화'로 말하고 있는 것입니다. 만약 신학자나 목사가 바른 정신의 소유자라면 루이스를 포함한 톨킨이 기독교인으로 위장하여 침투한 사탄의 추종 세력이라는 것을 쉽게 알 수 있습니다.

(3) 프리메이슨에서 기독교 베스트 셀러 작가로 키워진 루이스의 정체

　1963년 씨 에스 루이스의 죽음 이후, 그의 책들의 판매는 연간 2백만 불에 이르렀고, 그는 크리스채니티 투데이지의 일부 독자들에 의하여 최근에 가장 영향력 있는 저술가라는 등급을 얻었습니다. 그러나 크리스채니티 투데이 1998년 9월 7일자는 그의 사상의 '약한 점들'로서 속죄에 대한 그의 개념, 그가 죄의 용서에 대해 논의할 때 믿음으로 의롭다 하심을 얻는다는 언급을 한 적이 없다는 점, 세례 중생론에 대한 그의 환대, 그리고 성경 영감에 대한 그의 비(非)무오적(無誤的) 견해, 거기에 덧붙여 연옥과 및 불신자로 이 세상을 떠난 일부 사람들의 최종적 구원의 가능성에 대한 그의 긍정 등을 열거하였습니다.

　마틴 로이드-죤스는 루이스가 과연 크리스챤이었는지 의심하였습니다. 루이스의 가장 친한 친구들은 천주교인들이었습니다. 그는 또한 몰몬교인들에게 좋은 영접을 받았습니다. 그는 선하게 됨으로써 구원을 얻는다는 중세 시대의 개념을 가르쳤습니다. 즉 하나님께서는 사람이 구원을 받기에 충분할 만큼 선하게 되도록 도우실 것이라고 생각했습니다. 그러나 그러한 주입된 은혜에 의한 구원은 전혀 은혜가 아닙니다 (Christian News, 1998년 6월 29일). 루이스의 신학은 치명적 결함이 있습니다.(Calvary Contender, 1998년 9월 15일.)

(4) 종교통합의 기수로 활약했던 루이스

프리메이슨이라고 지칭되는 많은 복음주의자들이 그렇듯이 그도 또한 종교 다원주의적 사상을 표출하고 있습니다. 다음은 그의 유명한 서적 "MERE CHRISTIANITY"에서 발췌한 대표적인 이단적인 측면을 보여주는 귀절들로서, 기독교의 교리가 용납할 수 없는 내용을 담고 있습니다.

"그리스도에 관하여 완전한 기독교적 교리를 수용하지 않으면서도 그(그리스도)에게 강하게 이끌려 그가 이해하는 것보다 더 깊은 의미로 그의 것이 된다는 사실입니다. 다른 종교 속에 있는 사람들은 하나님의 비밀한 영향에 인도되고 있으며 그들은 자기가 믿는 그 종교에도 기독교와 같이 할 수 있는 그러한 부분들이 있어서 그것에 집중합니다. 그래서 그들은 모름지기 그리스도에 속하는 사람이 되는 것입니다. 일례로 선의의 불교도는 자비에 대한 가르침에 더욱 더 집중하도록 인도될 것이며 그의 배경에는 특정한 점들에 있어서는 불교적인 가르침이 남겨져 있을 것입니다. 그리스도가 탄생되기 이전의 수많은 이교도들은 이러한 위치에 있었습니다."

"여러분은 그리스도가 우리의 죄를 위하여 죽으셨다고 말할 수 있습니다. 여러분은 그리스도께서 우리가 죽어야만 했던 그 죄로 인하여 우리를 위하여 죽었기 때문에 하나님 아버지는 우리를 용서하였다고 말할지 모릅니다. 우리의 죄는 어린양의 보혈로 씻겨졌다고 말할지 모릅니다. 그리스도가 사망을 이겼다고 말할 수 있습니다. 그런 교리들이 모두 옳다고 합시다. 그런 교리들의 어떤 부분이 여러분에게 수긍되지 않는다면 그냥 그런대로 내버려 둡시다. 오랫동안 다른 교리에 젖어온 사람들과 논쟁하려하지 맙시다."

그는 위와 같이 예수 그리스도의 속죄에 관한 믿음의 투철성을 보여주지 못하고 있습니다. 그리스도의 대속에 관하여 어떻게 말해도 상관없다고 하며, 여기에 대하여 논쟁하지 말 것을 이야기하고 있습니다. 그는 그리스도의 피 흘림에 의한 대속을 확실히 믿지 않는다고 말할 수 있습니다.

이 밖에도 그의 저서들에서 말하고 있는 많은 내용들을 면밀히 파고들면 개혁 교인들이 수긍할 수 없는 부분들을 보여주고 있습니다.

"그는 문자 그대로의 천국과 지옥을 부인한다. 그리스도는 기독교에만 역사하는 것이 아니라 이교도와 유대교에도 역사한다고 주장한다. 인간은 본질적으로 선하다고 주장한다. 그는 유신론적 진화론을 지지한다. 창세기는 이교도들의 신화로부터 비롯되었다고 주장한다. 그는 카톨릭이 주장하는 것과 같은 연옥(PURGATORY)을 언급한다."

(5) 말년에 카톨릭으로 개종한 프리메이슨 C. S. 루이스

그는 말년에 카톨릭으로 개종하였습니다. 그의 책은 로마 카톨릭에서 크게 어필되고 있으며 몰몬교에서도 받아들이고 있습니다. 프리메이슨이라고 비판받고 있는 많은 복음주의적 사역자들이 그렇듯이 그들은 전체적으로 아름답고 매력적인 복음주의적 치장을 하고 있습니다. 그들을 비판하기가 무색할 지경입니다.

그러나 그들은 잘 보이지 않게, 모름지기 독소적인 내용들을 발산하고 있습니다. 그들은 항상 그리스도적인 것과 배교적인 것의 변경에서 서로를 소통시키는 통로 역할을 하고 있습니다. 빌리 그래햄 목사가 그렇습니다. 릭 웨렌과 로버트 슐러 목사가 그렇습니다. 빌 하이빌스와 리차드 포스터가 그렇습니다.

성경은 다른 복음을 말하는 자를 경계하여야 한다고 할 뿐 아니라 저주하고 있습니다. 이러한 자들을 고린도서는 광명의 천사의 탈을 쓴 자로 묘사하고 있습니다. 일반 성도들이 이들을 분별하고 드러내는 것이 그렇게 쉽지 않습니다. 그러므로 이들을 분별하는 책임은 지도자들에게 있습니다.

(6) C. S. 루이스의 문제와 황금여명단

한국의 홍성사(주관 이 재철 목사 : 전 주님의 교회 담임 목사)라는 출판사는 영국의 C. S. 루이스라는 사람의 문학작품과 신앙서적을 번역하여 한국의 교회와 성도들에게 보급해 왔습니다. 그런데 알아야 할 것이 있습니다. 그의 신앙 서적들은 복음주의적이라 생각되는지 몰라도, 그의 신분은 일루미나티 프리메이슨의 조종을 받고 있는 신비주의를 추구하는 뉴에이지 단체 "황금 여명단(THE HERMETIC ORDER OF DAWN)"의 일원이라는 것입니다. 그는 브리튼 아카데미(British Academy, 영국의 학사원)의 한 사람으로 선출이 되었습니다. 우리가 여기서 주목을 해야 할 것은 영국의 학사원은 프리메이슨 조직의 하나라는 사실입니다. 이것은 프리메이슨의 자체 자료에도 나타나 있습니다.

루이스는 1929년 삼위일체의 하나님 앞에 무릎을 꿇었다 하며, 1931년 기독교인이 되었다고 고백하고 있습니다. 프리메이슨 기관지의 하나인 타임즈의 기사는 "루이스야 말로 금세기에 나타난 하나님을 변호하는 변증가 가운데 가장 인기 있는 사람임에 틀림 없습니다."(1980년 4월 타임지) 라고 루이스를 추켜세우고 있습니다. 과연 그는 이 기사처럼 하나님의 사람인가, 프리메이슨인가?

프리메이슨 조직의 하나인 "황금여명단" 회원이었던 톨킨의 제자가 루이스라는 사실을 아는 사람은 그리 많지 않습니다. 또한 두 사람은 친구이기도 했습니다. 황금여명단은 신비주의를 추구하는 뉴에이지 단체로서, 그들의 모임에서는 마술적 의식을 행합니다.

오늘날 어린이들 사이에 열풍적인 인기를 얻으며 그들의 심령을 사로잡고 있는 환타지 소설, "반지의 제왕"은 톨킨이 쓴 것이고, 그에 못지 않은 인기를 얻고 있는 "나니아 연대기"라는 환타지 소설은 바로 C. S. 루이스의 작품입니다. 이들 작품들이 다 마술과 신비주의를 모티브로 삼고 있는 것은 그들이 신비주의 단체 "황금 여명단"의 단원들이라는 것과 무관하지 않을 것입니다. 뉴에이지 운동은 인류에게 신비주의를 자극하고 독려하고 있습니다. 이것은 비단 어른들에게 뿐만 아니라, 아이들에게도 마찬가지입니다.

해리포터, 반지의 제왕, 나니아 연대기 등의 환타지 소설이 세계 아동

문화 서클에 등장한 것은 아이들이 신비주의적 마인드를 갖게 하려는 프리메이슨의 전략의 하나입니다. 이 소설들이 다 C. S. 루이스와 그의 동료 톨킨이 몸담았던 프리메이슨 단체 "황금 여명단"의 활동의 일환임을 부인하지 못할 것입니다.

C. S. 루이스는 1933년, 가을 학기에 "인클링스(The Inklings)"라는 문학 클럽을 만들어 활동을 했습니다. 그런데 이 클럽에 소속되어 있는 인물들은 모두 프리메이슨들이었습니다. 이 모임에는 프리메이슨인 톨킨(J.R.R. Tolkien), 형 와니(Warnie), 다이슨(Hugo Dyson), 챨스 윌리엄스(Charles Williams), 로버트 하버드(Dr. Robert Havard), 오웬 바필드(Owen Barfield), 네빌 코그힐(Weville Coghill) 등이 참가했습니다. 이런 프리메이슨들이 문학 클럽을 조직하여 활동을 하면서 기독교에 관하여 서로 논하였다는 것은 무엇을 의미하는 것입니까?

오늘날 우리 기독교에 침투한 프리메이슨 세력에 대하여 잠깐 덧붙여 봅니다. 기독교 자체내에도 노만 빈센트 필, 빌리 그래함, 로버트 슐러, 팻 로버트슨, 릭 웨렌, 빌 브라이트, 로닝 커닝햄, 존 스토트, 웜버, 베니힌, 릭 조이너, 오럴 로버츠, 템플톤 등 무수히 많습니다.

그들은 모두 기독교계에 막대한 영향력을 행사하고 있는 인물들입니다. 그런데 그들이 프리메이슨들입니다. 그들이 프리메이슨의 목적을 가지고 기독교계를 조종하고 있다는 것입니다.

그들의 공통점이 있습니다. 전부 종교 다원주의적 사상을 표출하면서, 은사주의(오순절주의)를 장려하고 확산시키고 있고, 기독교내의 에큐메니칼 운동뿐 아니라 종교 연합적 에큐메니칼 운동을 진작시키고 있습니다. 그리고 그들은 복음주의를 가장하고 로마 카톨릭을 지지하며 찬동하고 있습니다. 그들의 말은 복음을 담고 있는 것 같지만, 거기에는 언뜻 식별하기 어려운 치명적인 독소가 숨겨져 있는 것입니다.

미국의 대부 빌리 그래햄 목사, 노만 빈센트 필의 적극적 사고와 릭 워렌의 목적이 이끄는 삶은 우리의 신앙과 인생살이에 매우 유용한 손색이 없는 책들이었습니다.

그러나 그들의 그 먹음직한 영성 속에는 우리의 신앙을 세상이라는 방향으로 이끌어 들이는 견인력이 있습니다. 이것을 분별하는 눈을 대부분의 양무리는 갖지 못하며 이것에 접한 누구든지 끌려갈 수밖에 없을 만큼 매력적으로 보입니다. 그러므로 양무리를 이것들을 경계하고 분별시켜야 하는 책임은 지도자들에게 있다할 것입니다.

C. S. 루이스, 그의 책들에 나타난 모습은 참으로 복음주의인 것 같으며 많은 사람들에게 감동을 주는 것은 사실입니다. 그런데 그 내용 속에 감추어진 치명적인 독소가 있다면 어찌할 것입니까? 지도자들은 C. S. 루이스를 수입하기만 하고, 그것을 정확히 분별하려는 노력은 게을리 하였습니다. 그가 소재한 영국과 미국에서는 C. S. 루이스를 비평하는 책들도 많이 나와 있습니다. 왜 비평의 책들은 수입하지 않는 것입니까?

왜 C. S. 루이스의 책들을 은혜롭다고 선전하기만 하고 그 내용 중에 어떤 부분이 성경이 말씀하는 바와 다르다고 분석하는 일은 하지 않는 것입니까? 더우기 C. S. 루이스가 프리메이슨이라고 해외에서는 난리들인데, 한국의 목사들은 성도들에게 그것을 먹이기만 하는 것입니까? C. S. 루이스에 대하여 비평하는 방대한 자료들이 많이 있습니다.

(7) C.S.Lewis- 현대교회를 와해시키는 트로이의 목마

그의 책 스쿠르테이프의 편지에 보면 간부미귀(Screwtape)가 부하마귀(Wormwood)에게 어떻게 하면 인간의 영혼이 구원받지 못하게 하며, 구원받은 영혼이라도 어떻게 하면 가능한 한 타락시킬 수 있게 할 것인가 하는 것에 대해서 소중한 자료를 주고 있습니다. "인간으로 하여금 하나님께 대한 열정을 버리고 자신의 감정과 느낌과 마음의 심리에 열중하도록 하라"

(8) 신복음주의자 C.S 루이스

미국의 프린스톤신학교가 좌경화되는 것에 반기를 들고 메이첸(G. Machen)등이 웨스트민스터신학교를 세운 것이 1929년입니다. 이것을 "근본주의"로 평가하고 근본주의와 대립 신학인 "복음주의"라는 뜻으로서의 "신복음주의"를 제창하는 사람은 바로 보스턴 제일 장로교회의 목사였던 오켄카입니다. 그리고 빌리 그래함, 칼 헨리, 찰스 풀러 등과 더불어서 풀러 신학교를 세운 것이 바로 1947년입니다.

C.S 루이스가 있었던 영국은 어떤 상황이었습니까? 루이스가 기독교

변증가로서 작품 활동을 하던 1930년 어간부터 혜성같이 등장한 설교자가 바로 로이드 존스목사, 그리고 그 뒤를 이어서 Bash Camp로 불리어지는 존 스토트 신부의 활동은 나락으로 전락되어 가던 영국복음주의 교회에 일종의 영양제 주사를 놓아 주었다고 할 수 있습니다. 이제 지성인도 보수적인 기독교인이 될 수 있다는 자신감을 가질 수 있도록 해 준 사람들이 바로 이들이었습니다. 이 당시 미국의 빌리 그레함의 전도대회가 런던 등에서 개최가 되고, 영국의 보수적인 신앙인들과의 연계 속에서 활동하기를 원했던 그 당시의 바람들이 결합이 되어서 세워지는 신학교가 바로 "런던 바이블 칼리지"(1944년 개교, 현재의 이름은 London School of Theology)입니다.

문제는, 이들이 "근본주의"에 대항해서 일어나게 된 "신복음주의운동"의 근간을 이루고 있었다는 것입니다. 로이드 존스 목사는 이 흐름에서 결국 빠져나오게 되고, 독자적인 노선을 선포하는데(1970년대 초에 London Theological Seminary설립), 이것을 전후로 해서 존 스토트 신부와의 대립이 불가피하게 되었던 것은 이미 아는 사람은 모두 아는 사실입니다. 이런 중에 "신복음주의자들"은 자신의 "신복음주의"라는 신학적 선언에서 "신"자를 빼어버리게 됩니다. "신"정통주의 등이 지니고 있는 부정적인 뉘앙스를 염두에 두었던 셈입니다. 그래서 자신들이 "근본주의"자들로 규정한 그 사람들의 "복음주의"라는 용어를 자신들도 채용하게 되면서, "복음주의"라는 용어의 개념에는 큰 혼동이 오게 됩니다. 이런 혼동에는 사실, 미국에서의 "신복음주의자들"의 약진이 야기한 결과라고도 할 수 있습니다. 이런 것들에 대해서는 G.M.Marsden이 쓴 Reforming Fundamentalism(Wm.Eerdmans, 1987)에 상세히 기술되어 있습니다.

여기서는 C.S.Lewis의 신학적 입장은 바로 이런 "신복음주의적 신학적 입장"과 맥을 같이 한다는 것입니다. 이것은 영국에서는 "런던 바이블 칼리지" 계열에서는 C.S.Lewis의 입장이 거의 비판 없이 소개되고 있고, 로이드 존스목사의 신학 입장에 더욱 공감하는 사람들은 C.S.Lewis의 입장에 대해서 약간 거리를 두고 있는 것을 보아서도 그렇다고 할 수 있습니다.

미국의 예를 들자면, 영국의 C.S.Lewis의 책자들을 소개하는데 앞장 섰던 학교가 바로 Wheaton College입니다. 1960년대에 루이스가 미국에 대대적으로 소개되는데, 이 학교가 앞장 섰다는 것입니다. 아이러니한 것은, 이 당시 휫튼 칼리지는, 여전히 19세기 말엽의 프린스톤신학과 특별히 B.B. Warfield의 신학을 자신들의 신학적 맨토들로 삼고 있었으면서도 그런 신학과는 약간 거리가 있다고도 할 수 있는 C.S.Lewis의 신학을 비판 없이 수용하고 있었다는 것입니다. 신학적 분별력이 해이해지는 현상은 이 당시부터라고 볼 수 있습니다.

(9) C. S 루이스의 계시론과 (신)플라톤주의

루이스는 무엇을 "계시"라고 보는가? 그의 성경에 관한 입장들을 수집해서 책으로 편집한 Christenson에 의하면, 여섯 가지의 유형의 "계시"에 대한 루이스의 견해를 살펴볼 수 있습니다. Mere Christianity에 의하면, 보편적인 양심, 이방 세계에서 개진되어진 선한 소원들, 유대교의 선택, 그리고 성육신, 이 네 가지가 소개되고 있고, 〈고통의 문제〉라는 책에서는 "열망"(Sehnsucht)이라는 것과 the numinous(이것은 어떻게 번역해야 할지 모르겠는데, R.Otto의 〈The idea of Holiness〉이라는 책에 자세히 이 개념이 소개되고 있습니다. 혹자에 의하면, 이 누미누스를 'idea'로 이해해서 번역하는 것은 그야말로 Otto의 누미누스를 오해하는 것이라고 비평하기도 한다)라는 것 두 개를 소개하고 있습니다. 그런데, 이 중에서 가장 강조되고 있는 것이 바로 열망(Sehnsucht)라는 것입니다. 이것은 Mere Christianity에서만 아니라, The Pilgrim's Regress에도 또 다시 등장하고 있고, 루이스의 사상을 이해하는데 있어서 가장 중요한 개념들 중의 하나라고도 할 수 있겠습니다.

이런 "계시"의 유형에 대한 그의 입장이 보여주는 바는, "성경"을 하나님의 유일하신 자기계시가 나타나고 있는 것이 아니라는 것입니다. 루이스에게 있어서 성경이란 하나님을 가리키고(pointing) 있는 계시의 여러 방편들 중의 하나입니다. 그렇다고 해서 예수야말로 유일하신 하나님의 자기계시라고 하는 바르트의 신학과도 일치하는 것이 아닙니다. 어쩌면 그의 계시 이해는 우리 인간의 계시에 대한 체험(영적 조명)과 하나님에 대한 계시, 그 자체와의 구분을 적절하게 시도하지 못한 것이라고 할 수 있겠습니다.

하나님께서 어떻게 우리 인간에게 자신을 나타내시는가? 우리는 어떻게 하나님의 그 계시를 이해하게 되고 또한 그것으로 인해서 하나님께 나아갈 수 있는가? 이런 질문이 바로 루이스의 "계시론"을 이해하는 질문이라고 할 수 있습니다. 루이스는 이런 질문에 대해서 어떻게 답변할까? 루이스는 이런 질문에 대해서 하나님의 절대 주권이라든지 하나님의 자유하심 같은 개념에 의지하지 않는다는 것에 유념하길 바랍니다. 그의 답은, 인간의 마음과 상상력에 남겨져 있는 그 흔적(물론 하나님께서 남겨두신 것이다)을 통해서 하나님의 계시를 이해하고 또한 하나님께로 나아간다는 것입니다. 이것을 좀 더 플라톤주의적인 표현을 통해서 말하자면, 예수란 그에게 있어서 육체적인 세계에 살고 있는 우리들을 해방시켜 주기 위해서 오신 일종의 플라톤적인 데미우르고르(Demiurge 영지주의 창조신)이라는 것입니다.

8) 세계 복음주의 협의회(The World Evangelical Alliance)(W.E.A)

(1) 설립배경

복음주의란 단어는 신복음주의자들이 자신들의 정체를 숨기기 위해서 사용한 단어입니다. 프린스톤 신학교가 자유주의화되자 메이첸을 중심으로 보수 신학자들이 1929년 웨스트민스트 신학교를 세웁니다. 이에 긴장한 자유주의 신학을 추종하고 있었던 빌리 그래함, 칼 헨리, 챨스 풀러가 보수 신학인 웨스트민스트 신학교를 견제하기 위해 1947년 풀러 신학교를 세웁니다.

WEA의 모체가 된 복음주의 교회 연합회는 1846년 교회의 연합과 인권, 특히 당시 큰 문제였던 노예 해방, 복음전도, 그리고 종교의 자유를 위해 설립되었습니다. 그리고 그 줄기에서 1948년에 네델란드 암스텔담에서는 자유주의 계열의 WCC (세계교회협의회)가 분리되어 나옵니다.

미국에서는 같은 복음주의 교회 연합에서 1942년 NAE라는 신복음주의 협회가 탄생합니다. 1948년 교회 협의회인 WCC가 탄생하자 NAE를 중심으로 1951년 세계복음주의연맹(WEF)(World Evangelical Fellowship)이 설립 되었습니다. 그 후 2001년에 세계복음주의협의회(WEA)(The World Evangelical Alliance)로 개명을 합니다.

세계복음주의협의회는 교단 차원의 연합체가 아닌 128개 국가 내 복음주의적 교단/교파로 구성된 연합체의 모임입니다. 정관에 따라 한 국가에서는 하나의 단체만이 연맹(alliance) 자격을 가집니다.

WEA는 세계 128개국의 복음주의 연맹과 104개 회원단체 회원 약 4억2천만 명을 대변하는 기구로, 한기총은 2009/ 6월 정회원으로 가입했습니다. WEA 총회는 6년마다 열립니다.

WEA는 로마 가톨릭교회와 진보적 개신교단체인 세계기독교교회협의회(WCC)와 어깨를 나란히 하면서, 4억 2000만 명의 복음주의 기독교인들을 대표하고 있는 세계 3대 기독교 기구 가운데 하나입니다. 북미주 유럽 아프리카 아시아 등 세계 9개 대륙(128개국)별 연합회와 빌리 그레이엄 센터, CCC, IVF, 네비게이토, 예수전도단, YFC, 위클리프성경번역선교회, 월드비전, 컴패션 등 104개의 선교단체들이 회원으로 속해 있습니다.

(2) NAE(미국 신복음주의 협의회)

1942년 창설된 미국의 신복음주의 협의회는 세계 복음주의 연맹(World Evangelical Alliance, WEA)의 회원 단체입니다. 사실상 세계복음주의 연맹을 주도적으로 이끌어 가고 있는 세력입니다. 이 협회는 1942년 4월 7~9일 미국 세인트 루이스에서 장로교 교회지도자 147명이 모여 논의하면서부터 설립되었습니다. 랄프 데이비스(Ralph T. Davis), 윌 휴턴(Will Houghton), 해롤드 오켄가(Harold Ockenga), 엘윈 라이트(J. Elwin Wright) 등이 설립에 핵심적 역할을 했습니다. 1945년까지 디트로이트, 포틀랜드, 로스앤젤레스 등에 지부를 설치했고 1950년대에 크게 성장했습니다. 2011년 현재 40개가 넘는 종파의 4만 5000개 이상의 교회가 참여하고 있습니다.

(3) 복음주의 신학 사상은 신복음주의 신학 사상과 동일합니다.

사회복음을 주장합니다. 은사주의와 천주교회를 포용합니다. 모슬림

지도자들과 자유주의 교파하고도 강단 교류를 합니다. 자유주의적 교회협의회와 상호 정책적 연합을 합니다.

미국 교회협의회는 자유주의 신학을 용납하고 낙태와 동성애를 찬성하는 교회들을 포용하고 여성목사를 허용합니다.

미국의 복음주의 협회(NAE)는 배교자이며 보편구원론자인 로버트 슐러를 초청하여 2004년도 대회에서 연설하게 하였습니다. NAE의 신임회장인 테드 해가드는 다음 대회는 대형교회를 다룰 것이며 슐러의 수정교회가 그러한 교회라고 말했습니다.

(4) WCC와 WEA 2014년 한국 총회를 함께 지지한다

2014년 10월 WEA 한국 총회 앞두고 '사회적 책임 강화'에 무게 중심 이동이 가능할 것이라 예측이 됩니다. 2014년도 10월 한국에서 총회를 앞두고 있는 세계복음주의연맹(WEA)이 WCC와 상호 깊은 유대 관계와 협력 관계에 있음을 공식적으로 밝혀 관심이 쏠리고 있습니다.

WEA 신학위원장 토마스 셔마허 목사는 2013년 11월 4일 오전 부산 벡스코에서 열린 WCC 전체회의에서 "WEA와 WCC는 서로 예의를 다하고 친절하게 대화하는 관계"라며 이같이 밝혔습니다. 그는 "WEA는 1846년 교회의 연합과 인권, 특히 당시 큰 문제였던 노예 해방, 복음전도, 그리고 종교의 자유를 위해 설립됐다"며 "WCC와는 모든 회의에 서로 참여하고 깊은 이해를 갖고 있으며, WCC가 오늘 발표한 선교문서에서 강조하고 있는 강제개종전도 문제 반대에 대해서도 공감한다"고 설명했습니다.

특히 주제 회의 이후 가진 기자회견에서 셔마허 목사는 WCC 총회 반대 집회에 한기총이 참여하고 있는지에 대해 깊은 관심을 보였습니다. 그는 "한기총과 WCC 반대집회의 관련성에 대해 WEA 총무가 사실 관계를 확인 중"이라고 했습니다. 그러나 "한기총과 WEA는 공식적인 협력 관계에 있고 그 관계는 지금도 변함이 없다"고 말했습니다.

WCC와 관련해서는 "서로 긍정적 면을 보면서 협력하고 있다"고 강조한 뒤 "회원국마다 역사적 배경과 상황이 다르지만, 50여 국가에서는 WCC 가입교회와 WEA 가입교회가 하나의 통합기구 안에 있을 정도로 가깝다"고 덧붙였습니다.

한국 보수교단 친교회 김효성 박사는 '복음주의 문제'에서 다음과 같이 기술하였습니다. '이와 같이, 신복음주의는 자유주의자들과의 분리를 반대하는 입장에서 시작된 운동이었고, 그것이 신복음주의의 본질이었다. 그러나 신복음주의자들이 복음주의라는 말을 자신의 전유물처럼 사용하게 되었을 때, 복음주의는 전통적 의미와 다른 현대적 의미를 가지게 되었다. 죠지 말스든의 말대로, 신복음주의자들은 점차 자신들을 단순히 복음주의자로 부르기 시작하였고 신복음주의는 오늘날 단순히 복음주의로 불리는 것이다'

(5) 태어나지 말아야 할 WCC와 WEA

David Cloud는 『Defense of the Faith』에서 신복음주의 탄생과 정체성을 말하기를, 요약하면 다음과 같습니다.

"근본주의자와 현대주의자 간의 논쟁이 신복음주의를 낳는 발판이 되었고, 근본주의를 거부하는 것에서 신복음주의가 태어났고, 이것이 지금의 복음주의이며, 복음주의는 잘못된 것과 분리하는 것을 거부하고 연합하여, 현 시대의 사회적, 정치적 분야에 복음을 적용하는 것을 강조한다."

위 내용 중 다음은 WEA가 가지고 태어난 생명이고 존재하는 목적이며 WEA의 정체성이라 해도 과언이 아니라 하겠습니다. 복음주의는 잘못된 것과 분리하는 것을 거부하고 연합하여 현 시대의 사회적, 정치적 분야에 복음을 적용하는 것을 강조합니다. 이러한 생명이 자라서 천국 복음이 아닌 이 세상 복음으로, 하나님의 영광이 아닌 사람을 위한 이 세상 종교로 왕성하게 번영되었고, 지금에 와서는 자랄 만큼 다 자라서는 성경적인 복음을 완전히 뒤덮어서 무용지물로 만들어 버린 것입니다.

(6) 복음주의 번영신학과 만인 구원설

특히 신복음주의 운동에 앞장섰던 풀러신학교의 교회성장학이란 번영 신학은 사탄의 신학으로 오늘날 기독교를 바알종교로 만들고 말았습니다.

빌리 그래함의 영접 대중전도 집회와 CCC 사영리의 대량전도 방법은 생명 없는 신자들을 양산 시켰습니다. 교회론을 빼버린 네비게이토 선교회 제자양육 교재는 절름발이 교인들을 만들어 교회를 분열 시키는 결과를 가져왔습니다, 예수 전도단의 영적도해와 영성운동과 은사운동은 종교통합의 도구로 사용되고 있습니다. 이제 복음주의자들은 로버트 슐러와 빌리 그래함과 같은 유명 인사들을 통해 만인 구원론인 보편 구원론을 주장하면서 하나님의 놀라운 섭리 가운데 전 인류가 그리스도의 몸 된 교회안에서 구원을 받기 위해 돌아오고 있다고 하면서 모든 종교를 하나로 만들고 있고, 심지어 마술과 같은 방법으로 전도를 하고 있습니다.

기타 자세한 내용은 신복음주의에서 참고하시기 바랍니다.

6. 신사도 운동 (新使徒運動)

1) 신사도운동의 기원

(1) 소크라테스의 엘리트 인간론

소크라테스는 엘리트 인간론을 주장하면서 엘리트 정치를 주장했습니다. 왜냐하면 보통 인간은 양떼 즉 가축인간이라는 것입니다. 그러면서 소크라테스는 가축인간을 정의하기를 계몽이 불가능한 인간이라고 정의했습니다.

왜 소크라테스는 인간을 계몽이 불가능하다고 했습니까? 보통 인간이 양떼이고 계몽이 불가능하다면 과연 소크라테스가 말하고 있는 계몽이 가능한 인간 즉 엘리트 인간은 누구입니까? 소크라테스가 말하고 있는 인간은 신인간(神人間)입니다. 즉 엘리트 인간입니다. 창3장에서 뱀이 말하고 있는 하나님과 같은 인간입니다. 영지주의 사탄숭배자들을 말하고 있습니다.

그리스 철학자 플라톤은 엘리트 인간을 철인(哲人)이라고 했습니다. 니체는 초인이라고 했습니다. 그들이 말하고 있는 엘리트 인간은 그리스 영지주의에서 신인합일을 이룬 사람을 말합니다. 그것은 사탄에게 지배받고 있는 인간을 말합니다.

프리메이슨들이 말하고 있는 인간은 신인간입니다. 신같은 인간이란 말입니다. 이것 또한 사탄숭배종교에서 신과 합일을 이룬 사람을 말하고 있습니다. 그렇다면 그들은 보통 사람과 무엇이 다릅니까? 초능력을 가진 자들입니다. 투시, 초혼, 마인드 콘트롤, 텔레파시, 유체이탈, 환생, 임파테이션, 뜨거움, 떨림 등과 같은 일들을 할 수 있는 자들로 마스터(master)라고 부르는 자들입니다.

사도행전에 보면 사도들이 안수하면 귀신이 나갔습니다. 사도들이 말을 하면 귀신들이 소리를 지르고 떠났습니다. 사도들이 안수할 때 방언이 터졌습니다. 이와 같은 기사와 표적들은 하나님께서 성경을 기록할 수 있는 증거로 능력을 사도들에게 허락하신 것입니다.

그런데 피터 와그너는 2001년부터 12사도를 세우고 이런 일들을 하는 자들을 신사도라고 했습니다. 그러나 그들은 신사도가 아니라 귀신과 접촉하여 능력을 전수 받은 영매들일 뿐입니다.

(2) 아브라함 카이퍼의 영역 주권론

신칼빈주의자인 아브라함 카이퍼는 일반은총과 주권운동을 통해서 예수님의 십자가 구속으로 말미암아 창1:28절에 나타난 문화대명령이 완성되고 있다고 주장했습니다.(신칼빈주의 참조)

(3) CCC 빌 브라이트와 예수 전도단 로닝 커닝햄의 7대 영역주권 운동

예수전도단의 창시자 로렌 커닝햄 목사와 대학생선교회(C.C.C)의 창시자 빌 브라이트박사는 하나님께로부터 사회의 각 영역에서 그리스도인들이 영성회복을 통해 변화되어 사회를 변혁시키는 주최가 되는 것이 중요하고 이를 통해 전 세계 열방의 추수가 일어날 것이라는 비전을 받았다고 했습니다. 이 영역들을 7개의 전략적 산들이라고도 하고 또는 그리스도인들이 변화시켜야 할 사회의 7가지 영역이라고 하였습니다. 일곱 가지의 주권영역은 가정, 교회, 교육, 미디어, 정부, 예술 · 스포츠, 사업의 영역들입니다. 주권운동인 영적도해의 원리를 따라 기도운동과 땅밟기 운동을 통해서 킹덤나우 즉 하나님의 나라가 이 땅에 도래한다고 했습니다.

2) 목적

피터 와그너는 신사도 개혁(New Apostolic Reformation)이라는 명칭을 사용하는데, 이는 교회를 개혁(Reformation)한다는 단어를 사용하는 것으로 부패하고 생명력을 잃어버린 개신교를 개혁하여 다시 일으켜야 한다고 말을 하고 있는 것입니다. 그래서 그들은 신사도 운동을 통해서 지상에 유토피아를 세우는 것이 목적이라고 합니다. 신사도운동은 신세계질서의 음모입니다.

그들은 일반교회를 종교의 영을 가진 자들이라고 말을 합니다. 그리고 자신들은 그리스도의 영을 가진 자들이라고 말을 합니다. 그들이 가진 능력의 복음을 새포도주라고 합니다. 그리고 그들의 개혁교회를 새부대라고 합니다.

신사도운동의 목적은 정통 기독교를 전복시키고 정치, 종교, 경제, 문화, 사회, 국가, 가정 등 7대 권역에서 신정통치를 이루는 지상천국을 만들겠다는 것입니다. 그들은 자신의 교회를 개혁교회라고 말하면서 앞으로 모든 세계의 부(돈)가 그들에게로 흘러들어와 지상의 유토피아를 세운다는 것입니다.

3) 발전과정

(1) 제 3의 물결 운동

풀러신학교의 교회성장학과 교수였던 피터 와그너는 존 윔버를 만나 빈야드 운동에 대해서 깊은 관심을 갖게 되었습니다. 그는 빈야드 운동의 유래에 대해서 아래와 같은 공식을 만들어 제3의 물결(The Third Wave), 혹은 제3의 바람(Wind of the Thirds)이라고 불렀습니다.

제1의 물결 : 1900년대 초의 캘리포니아 아주사의 흑인 교회 부흥운동(성령부흥운동)

제2의 물결 : 1960-70년대에 오순절 은사주의 운동(방언과 성령세례)

제3의 물결 : 1980년의 빈야드 운동(다양한 현상주의적 집회)

어떤 신사도운동 인사는 오순절 은사주의가 '제1의 물결' 이었고, 빈야드 운동이 '제2의 물결' 이었으며, 자신들의 운동이 '제3의 물결' 이

제7장 기독교 이단 신학 교리와 사상가들

라고 말합니다.

또 밥 존스는 토론토 브레싱이 첫째 물결, 펜사콜라 부흥운동이 둘째 물결, 셋째 물결은 '새 변화의 바람들'이라고 말했습니다. 즉 밥 존스와 그 일행들이 벌이게 되는 역사가 지구촌적인 움직임이 될 것이고 표적과 기사를 동반함으로서 온 세계를 누비게 될 것이라는 뜻입니다. 결국 그들이 말하는 "물결"이라는 용어의 특징은 첫째, 기적과 표적이 많이 나타나는 현상적인 집회를 뜻하며, 둘째, 그 현상을 보고 몰려드는 교인들의 숫적 증가를 뜻한 것입니다. 셋째 신사도운동의 뿌리가 빈야드라는 것을 증거합니다.

실제로 오순절교단은 "은사주의"라는 방법으로 교인들의 숫적 부흥을 일으켰으며, 빈야드운동과 토론토 브레싱은 기적과 표적을 강조하는 집회로서 숫적 부흥을 일으켰습니다.

중요한 문제는 그러한 숫적 부흥이 예수의 십자가가 의미하는 성경적인 복음을 통한 방법이 아니라, 현상적인 집회를 통하는 것이라는 점입니다. 실제로 그 숫적 증가는 대부분이 기존 기독교인들의 수평이동이라는 것입니다.

(2) 늦은비 운동

미국 오순절 교단은 1949년에 윌리엄 브래넘이 그 주축이 되는 "늦은비 운동"을 이단으로 발표하게 됩니다. 이 늦은비 운동은 오늘날 신사도운동과 거의 동일한 주장을 가르쳐 왔습니다. 즉 사도와 선지자의 계승, 임파테이션에 의한 성령의 전가, 기적과 표적의 집회, 정통신학의 부정등…… 윌리엄 브래넘은 자신을 엘리야로 부르기도 하였습니다. 그리고 윌리엄 브래넘이 사망한 후에 그 늦은비 운동이 점점 퇴락하게 되었습니다.

(3) 켄자스 예언자 그룹 (K.C.F)

이 늦은비 운동은 자신이 브래넘의 후계자라고 하는 폴케인에 의하여 마이클 비클과 밥 존스와 함께 "캔서스 예언그룹"(KCF)으로 계승되어지는데, KCF에서 폴케인과 밥존스는 가장 권위 있는 선지자와 예언자로 대접을 받게 되었습니다. 그러나 몇 년후에 KCF의 예언이 모두 거짓

된 조작이었다는 것이 함께 7년을 사역을 했던 어니 그루엔이라는 목사의 레포트를 통하여 모두 밝혀지게 되므로서, KCF의 사람들은 모두 떠나게 되므로 몰락하게 되었습니다. 어니그루엔은 밥존스와 폴케인의 예언이 모두 거짓말이었고 조작이었다는 것을 증언했습니다.

결국 캔서스 예언그룹도 해체되었다가 다시 존 윔버의 빈야드운동이 부흥이 되자, 밥존스와 마이클 비클은 빈야드 운동이라는 명칭으로 다시 모이게 되었습니다. 그러나 결국은 빈야드의 존윔버는 밥존스와 헤어지게 되었고, 늦은비 운동의 폴케인과 연합하게 되었습니다. 그러나 이 빈야드운동 역시 존 아놋에 의하여 토론토 브레싱으로 분열하게 되었다가, 다시 신사도운동이라는 명칭으로 연합되는데, 빈야드운동은 토론토 브레싱을 "비성경적인 현상으로서 인정할 수 없다"고 비난하였지만, 존윔버, 밥존스의 몰락과 동시에 빈야드와 동일한 사역으로 인정하게 되었습니다.

즉 모체에서 분열된 또 다른 단체가 모체로부터 이단으로 정죄되는 일이 되거나 혹은 몰락하게 되는데, 다시 다른 동조자들과 연합하여 그 사상을 계승하며 또 다른 단체를 만들게 된 것입니다. 그리고 또 그 모체로부터 분열되었다가 다른 한곳이 부흥을 하게 되면 그곳으로 다시 "헤쳐 모여"를 반복하고, 또 분열되어서 이단으로 정죄되거나 몰락하는 일을 반복하게 되었습니다. 이것이 바로 신사도운동의 역사입니다.

(4) 펜사콜라 운동

그 후 1995년에 "펜사콜라의 기적"이라고 불리는 부흥운동이 일어나는데, 이 운동에 대해서 오순절 교단은 공식적인 인정을 하게 되는데, 그것은 아마 조용기 목사가 그 부흥운동을 예언하였다고 하기 때문일 것입니다. 그러나 이 운동은 토론토 브레싱을 그대로 모방하여 재현한 것으로서 동일한 뿌리였으며, 과장된 허위사실이 난무하였습니다.

그 후, 2008년에 다시 한번 플로리다의 래이크랜드(Lakeland)에서 타드 벤틀리를 중심으로 또 이러한 성향의 부흥운동이 또 일어났는데, 역시 죽은 사람 수 십명을 살렸다는 허위조작과 과장이 난무하였고 새로운 사도로 등장한 타드 벤틀리는 성추문과 여자 문제로 신사도운동에 치명적인 오명을 갖고 몰락을 하게 되었습니다.

세계 2차 로잔회의에서 다섯 명의 연사들이 영적도해라는 지역 귀신론을 발표하게 되었습니다. 그리고 그들이 함께 모여 하나의 단체를 만들게 되는데, 피터와그너, 신디 제이콥스, 루이스 부쉬, 존 도우슨 등입니다. 피터 와그너는 이 영적도해를 학교에서 가르치다가 이단 문제를 일으키게 되었습니다.

(5) 신사도 국제연맹

피터 와그너는 여러 단체를 연합시키면서 국제사도연맹을 만들었습니다. 그리고 자신들의 목적인 지상천국의 도미니온(Dominion)에 사용되는 두 개의 기둥은 하나는 교회이고, 또 하나는 돈이라는 것입니다. 결론적으로 그 정상에 신사도연맹의 사도들이 보좌에 앉겠다는 것입니다. 쉽게 말하자면, 그들은 지상에 신사도운동의 교회와 돈으로 하나님의 나라를 완성한다는 것입니다. 그리고 자칭 사도들은 목사들의 영적인 아버지가 된다고 주장합니다.

피터 와그너는 1998년 '와그너 리더십 연구소'(WLI: Wagner Leadership Institute)를 설립하고, 이후 자신이 대표로 있는 12명으로 '사도의회'를 구성하였는데, 그들이 곧 체 안, 죠지 비니, 라이스 브룩스, 데이빗 캐니스트라치, 잭 디어, 존 엑카트, 테드 헤거드, 신디 제이콥스, 로렌스 콩, 척 피어스 등입니다. 우리나라에도 WLI가 있으며 그 대표가 홍정식 목사(전하베스트 샬롬교회)입니다.

결국 신사도 운동은 늦은비 운동(윌리엄 브랜넘, 폴 케인), 캔서스 예언그룹(마이클 비클, 밥 존스), 빈야드 운동(존 윔버), 토론토 브레싱(존 아놋), 영적도해(신디제이콥스, 조지 오티스, 존 도우슨), 신사도 연맹(피터 와그너)입니다.

4) 신사도운동의 특징

(1) 신정정치를 통한 지상의 유토피아 (로마 카톨릭의 지상 천년왕국론)

알렉산드리아 학파 필로, 판테누스, 클레멘트, 유세비우스, 오리겐을 중심으로 시작된 바리새파 유대인의 구약 메시야 왕국의 실현과 로마 카톨릭의 등장, 콘스탄틴 대제와 사이러스왕의 등장으로 인한 지상 유토피아 메시야 왕국을 세우려 합니다.

(2) 사도와 선지자가 아직도 존재함

엡4:11에 있는 사도, 선지자의 은사가 지금까지 존재하고 있어서 지금도 성경은 기록되고 있으며 초대 교회 12사도들이 가지고 있는 은사가 지속되고 있다고 주장합니다.

(3) 직통계시를 통한 새 시대 새 복음 (그리스 영지주의/신비주의)

피터 와그너에 의해서 임명된 12사도에 의해서 직통계시가 주어지고 이 시대에 필요한 예언들이 선포되고 있다고 주장합니다.

(4) 킹덤나우 주권운동(7대주권 영역운동)

아브라함 카이퍼의 영역주권신학과 하나님의 일반은총으로 마지막 때 지상에 하나님의 보편적 구원을 통해 문화 대명령이 이루어진다고 합니다. CCC 빌브라이트와 예수 전도단 로닝 커닝햄은 7대 주권영역을 나누어 하나님의 나라가 이 땅에 세워지고 있다고 합니다.

(5) 문화 대명령 운동(지상 유토피아, 우주교회론, 보편적구원)

예수님의 십자가 구속은 단지 인간을 구원하려는 뜻이 아니라 더 크고 넓은 우주적인 회복인 창1:28 문화 대명령을 완성하신 것이라고 주장합니다.

(6) 임파테이션 은사운동

사도들에 의해서 은사와 능력이 다른 사람에게 전수 되었듯이 안수와 같은 수단을 통해 은사와 능력과 같은 표적이 다른 사람에게 전수된다는 사상입니다.

(7) BAM(Business As Mission)(부의 이동. 직장교회)

교회 성장학을 통해 바알 기독교를 만들었던 피터 와그너는 마지막에 돈이라는 축복의 복음을 통해 국가를 사고, 교회를 사고, 세상의 모든 것을 사서 유토피아를 만들것이라고 합니다, 그는 돈을 복음이라고 하면서 사업과 교회를 하나로 인식하는 것이 BAM (Business As Mission) 사상입니다.

제7장 기독교 이단 신학 교리와 사상가들

(8) 성경의 알레고리적인 비유해석

사탄의 세력들은 알렉산드리아 오리겐으로부터 시작하여 성경을 상징과 비유로 해석하여 그들이 원하는 대로 진리를 만들었습니다. 그래서 탄생한 것이 로마 카톨릭입니다. 계시록 바벨론 음녀입니다. 마지막에도 동일하게 성경을 알레고리칼하게 해석하여 기독교를 파괴시키는 것입니다.

(9) 기독교 전복 운동(뉴 와인 운동)

피터 와그너는 기존 교회를 생명이 없는 종교인들이라고 말합니다. 그리고 그들이 가지고 있는 개혁교회를 참 교회라고 합니다, 그들은 새 술과 새 부대를 자신들이 가지고 있는 부와 은사중심의 교회 즉 개혁교회라고 말합니다. 그리고 결국 세상의 모든 교회는 자신들에게 들어 올 것이고 들어오지 않는 교회들은 모두 심판을 받을 것을 경고하고 있습니다.

(10) 24시간 기도운동

그들은 사탄숭배 영지주의에서 말하고 있는 신인합일을 이루기 위해 24시간 기도운동을 합니다. 그리고 결과직으로 은사를 제험하여 황홀경속에서 수많은 기사와 표적을 체험하게 하여 그들의 교회를 세우도록 합니다.

(11) 영적도해 운동(지역귀신진멸작전)

예수 전도단에서 출판된 영적 도해는 세계를 귀신들이 장악한 것으로 전제하고 강력한 귀신들이 점령하고 있는 도시나 국가나 지역을 위해 집중적으로 전략적인 전투기도를 선포하여 귀신들의 견고한 진을 파괴시키면 하나님의 나라가 세워진다고 믿는 것입니다. 밥 베켓(Bob Becket)목사는 영적 도해(spiritual mapping)의 전문가이며 도시를 위한 전략적인 중보에 대해 가르치고 있습니다. 루이스 부쉬의 10/40 위도우가 지리적인 윈도우였다면 4/14 윈도우는 인구통계학적인 것입니다.

(12) 개방신학

세상의 모든 종교를 하나로 묶는 신학이론으로 그리스 영지주의자들의 하나의 우주론입니다.

(13) 시오니즘 운동

가짜 유대인들이 이스라엘의 역사를 이용하여 세계정부수립을 위한 음모로 성경에 나와 있는 종말론을 사용하는 전략중 하나입니다.

(14) 구약의 선지자 예언적 사역의 부활(master 영매운동)

최면술이나 집단 최면을 할 때 반드시 먼저 신이 들려 붙잡힌 무당이나 점쟁이 같은 영매가 필요합니다. 왜냐하면 그들을 매개체로 해서 함께 신비세계로 빠져 들어갈 수 있기 때문입니다. 신사도운동에서 그들을 매스터(Master)라고 합니다. 즉 사도나 선지자란 뜻으로 속이는 것입니다.

(15) 땅밟기 운동

오순절 신사도운동가 밥 베켓 목사가 지은 땅밟기 운동이란 책도 예수 전도단에서 발간되었습니다. 7영역주권의 원리를 따라 24시간 전투기도를 해서 귀신들이 지배한 특정의 국가나 도시들을 집중적으로 공격한 후 성령의 인도를 따라서 그 땅을 밟으면 여리고 성이 무너진 것처럼 어느 날 순식간으로 그 국가와 도시가 하나님의 나라로 변한다는 이론입니다.

(16) 킹덤아미 운동(KAM)

신사도 운동에서 추구하는 지상의 유토피아 건설을 위해 필요한 선교의 일군, 추수하는 일군, 기도하는 일군, 땅밟기 하는 일군, 직장에서 돈을 버는 일군들을 모두 하나님의 나라 왕국의 군대로 보는 것입니다. 군대라고 표현이 되는 이유는 목숨 바쳐서 충성하는 사람들이란 뜻입니다.

(17) 종교통합운동

아브라함 카이퍼의 제자인 도여 베르트의 우주법 철학은 하나의 생명을 통한 하나의 우주교회를 철학적으로 설명하고 있습니다. 이것을 창 1:28 명령이 이루어지는 것으로 이해를 합니다. 즉 만물교회입니다. 어거스틴의 보편적 교회와 칼 바르트의 만인 구원론에서 설명되는 이론들이 은사운동을 통해서 신사도 운동에서 종교통합으로 이어집니다.

(18) 선교운동

신비주의자 진젠도르프는 24시간 365일 기도 운동을 통해 4-12명 중의 한 사람씩 선교사를 파송했습니다. 그래서 오늘날 선교운동의 효시가 되었습니다, 진젠 도르프를 통해서 일어난 24시간 기도운동은 리차드 포스터와 같은 신사도 운동가들을 통해서 24시간 기도운동으로 도입이 되었습니다. 그러나 진젠도르프의 신비주의 기도운동은 사탄숭배 영지주의 신인합일을 이룬 관상기도였습니다.

(19) 성시화 운동

알렉산드리아 바리새파 유대인들은 교회를 에클레시아 즉 성시화된 도시라는 구약의 선민의 사상의 히브리어에서 유래된 단어로 사용하였습니다. 그리고 보편적인 교회인 로마 카톨릭을 세웠습니다. 왜냐하면 그들이 말하고 있는 교회의 개념은 구약에서 예언한 지상의 메시야의 나라인 유토피아이기 때문입니다. 그래서 어거스틴, 유세비우스, 제롬 등은 로마 카톨릭이 구약에서 예언한 메시야 나라인줄 알았던 것입니다. 칼빈의 개혁의 목표도 제네바 성시화였습니다. 오늘날 CCC, 예수전도단에서 일으킨 그리스도의 계절이 오게 하자라는 제목도 역시 성시화 개념입니다.

(20) 가정운동(아버지학교, 가정교회)

사탄의 세력들은 가능한 아주 세분화 시킨 단위로 모임을 만듭니다. 왜냐하면 많은 무리들이 한 순간에 그들이 추구하는 기사와 표적인 은사를 체험 할 수 없기 때문입니다. 그래서 될 수 있는 대로 소수의 인원들을 묶어 그들이 원하는 은사체험을 하게 하는 것입니다.

가정교회나 아버지 학교, 셀운동을 통해 그들이 교회를 삼키는 방법이 모두 은사운동인 것입니다.

(21) 예수 신부 운동

24시간 기도운동을 하면서 그들은 예수 신부 운동을 추진합니다. 이것은 두 가지 목적이 있습니다. 하나는 오랜 기도 시간을 통해 그들이 원하는 깊은 사탄주의 은사를 경험하게 해서 영혼을 빼앗아 가는 방법이고 또 하나는 위 디오니시우스, 아빌라 테레사와 같이 신랑되신 예수님을 만나 영체교환을 성공시킴으로 황홀경에 이르게 하는 목적입니다. 그들의 예수 신부 운동은 사탄의 신부 운동입니다.

(22) 원띵운동(onething) (theone) 우주교회론

그리스 영지주의는 우주와 사람을 하나로 봅니다. 이것이 원띵 사상입니다, 일자(theone)란 신으로부터 물질이 방출되어 우주가 생성이 되었고 또 다시 만물이 신으로 복귀를 하면서 이루어지는 것을 우주적인 회복이라고 합니다. 이렇게 되면 모든 우주가 자유하게 되어 하나가 된다는 것입니다. 대우주인 자연만물과 소우주인 사람의 통합이 바로 구원이 완성되는 원띵이라는 철학적인 단어입니다. 이것은 범신론입니다. 모든 물질을 태양신으로 묶어서 종교화한 바알종교입니다 그래서 그들의 구원론은 끝이 없는 영겁의 윤회입니다.

5) 신사도 운동의 단체들

IHOP(국제기도집), 늦은비운동(베니힌), CI(빌해몬), WLI(홍정식 목사), NLM(뉴라이프미션), CI Korea(아가페신학연구원 김태진), YDFC(24시간기도의집), 라이즈업코리아(KHOP), HIS(국제사역자학교), 아가페선교회(이현숙, 홍의봉), JMI선교회(김희준), KAM(데이비드 차), IMN(이스라엘사역네트워크), CMN(대학선교네트워크), HIM(이성대), 하늘언어(김우현PD), 한국기독교영성총연합회(예영수), 큰믿음교회(변승우), 에스더기도운동(이용희), 모퉁이돌선교회(이삭), 인터콥(최바울), JMI선교회(김희준), 뉴와인/원띵하우스(손종태), HTM(손기철), KIBI(한이성경연구소), 엘리야킴미니스트리(김종필), 예수전도단(로렌 커닝햄), HIM Korea(이성대), 영동제일교회(김혜자), CCC(빌브라이트), 다윗의 장막(스캇 브레너), 하베스트살롬교회(박종호), 한 새 사람(One New Man), 세계추수선교회(HIM, 체 안), 늘기쁜교회(문대식), 한국인터넷선교네트워크, 온누리교회(김성진 장로:쓰러짐, 손기철 장로:예언, 치유, 김하중:하나님의 대사), 유스 스페샬티즈(Youth Specialties, 고직한) 넥스트 웨이브운동(고직한)

6) 대학생 선교회와 예수 전도단의 신사도 운동

예수 전도단, CCC와 신사도 운동은 비슷한 비성경적 종말론 및 그에 따른 사회변혁에 대한 생각을 공유하고 있습니다. 이 땅의 7대 영역을 하나님의 왕국으로 만든다는 목표가 동일하며 그 방법은 세상 속에서 영향력을 확대하는 것입니다. 자연스럽게도 그들 간에는 원활한 협력 관계와 사역이 존재합니다. 이는 신사도운동 단체 가운데 하나인 마이크 비클의 아이합(IHOP, 국제 기도의 집)을 공개적으로 지지한 YWAM 과 CCC 두 단체의 아래와 같은 성명서에 잘 나타납니다.

빌 브라이트, (Campus Crusade for Christ(CCC): "지상 최대 명령(the Great Commission)은 끊임없이 불타는 기도와 금식으로 연료를 공급해야 한다. 수백만의 영혼에 접근할 수 있는 가장 효과적인 방법으로 우리가 꼭 해야 할 일은 기도와 금식에 헌신하는 것이라고 생각한다. 캔자스 시에서 마이크 비클이 하고 있는 기도 사역은 대추수를 완성하기 위하여 꼭 필요한 사역이다."

로렌 커닝엄, Youth With A Mission (예수전도단): "대추수는 끊임없는 기도와 금식을 절대 요구한다. 캔자스 시에서 마이그 비클이 하고 있는 중보기도 사역은 지상 최대 명령의 완성을 위해 꼭 필요하다."

7) 메시아닉 쥬 그리스도

(Messianic Jewish Christian Adoptionist)(Ebionites)

(1) 유대주의 교회

메시아닉 쥬들은 "예슈아"를 믿음과 동시에 토라(Written Torah)의 율법과 구두법(Oral Torah)의 유대의 전통/전승(탈무드, 미드라시, 미슈나)의 법을 지키는 유대인들입니다. 그들 스스로 말하고 있듯이 이들은 기독교인이 아니고 유대교인입니다. 진짜로 위험한 것은 구두법으로 전해 내려오는 유대 비전(秘傳)의 카발라입니다. 이 신비주의 카발라 영성이 신사도적 신비주의 운동의 배경 속에 있습니다.

메시아닉 쥬 운동의 일환이며, 메시아닉 쥬위시 회중연합(Union of Messianic Jewish Congregations), 쥬스 포 지저스(Jews for Jesus) 등과

관계하는 하쉬베누(Hashivenu)는 그들의 핵심 원칙을 다음과 같이 말합니다. 하쉬베누는 메시아닉 쥬위시 신학교를 통해서 풀러 신학교와도 관계가 있다고 합니다. 메시아닉 유대교는 유대교이며, 기독교 공동체에 있는 것은 겉모습만 바꾼 "유대 스타일" 변형 버전입니다.

하나님의 이스라엘과의 특별한 관계는, 하나님의 유대인들과의 독특한 언약인 토라에 나와 있습니다. 예수아는 토라의 완전함(fullness)입니다. 유대인들은 "우리"이지 "그들"이 아닙니다. 랍비의 전통의 부유함은 유대인으로서의 우리의 유산의 값진 부분입니다.

메시아닉 쥬의 운동은 교회를 유대화(Judize)하는 데까지 나갑니다. 유대화된 메시아닉 젠타일과 메시아닉 쥬가 함께 한 새 사람(One New Man)이 되어 하나님께 예언적 경배(Prophetic Worship)를 드리는 것이 그들의 목표입니다. 이런 메시아닉 운동은 늦은비, 신사도 운동과도 연관해서 움직이고 있습니다.

한 예로, 하쉬베누 사이트에 링크된 미국 메시아닉 쥬위시 연합(The Messianic Jewish Alliance of America)이 제공한 메시아' 99 컨퍼런스에서 캔자스시티 선지자 출신 신사도 릭 조이너는 랍비 로버트 코헨과 함께 그들이 받은 메시아닉 쥬이시 운동에 관한 예언적 환상을 나눴습니다. 다음은 그들이 함께 풀어낸 예언의 하일 라이트입니다.

- 예루살렘이 유대인의 손에 되돌아 간 1970년대는 이방인 시대의 마지막이었다.
- 1990년대는 예수운동(Jesus Movement)으로부터 시작된 부흥의 영과 함께 움직인다. 예수운동은 메시아닉 운동의 근원이었다.
- 메시아닉 사람들은 "교회를 그들의 유대 뿌리로 되돌아가도록 부르는" 그리고 "이스라엘 국가에 예언적 부름이 되기 위해 되돌아온" 예언적/선지자적 의로운 남은 자들이다.
- 메시아닉 사람들은 "머리"로서, 그리스도의 몸의 머리이자 첫 열매이다.
- 모든 공동체가 그들의 증거 때문에 예슈아에게로 돌아 올 것이다.
- 유대인들과 이방인들이 메시아닉을 바라보며, 그들이 하나님의 말씀을 설명하기를 바랄 것이다.

- 조이너는 메시아닉들이 교회와 너무 많은 관계를 가짐으로 인해 부패하면 안 된다고 우려를 표명했으며, 그들이 교회와 같아지거나 교회가 그들과 같아지면 안 된다고 했다.
- 인종차별은 궁극적인 대적 중의 하나이다.
- 교회 안에 혁명이 일어나고 있다.
- 원상회복이 있는 곳에 화해가 일어나며, 유대인으로서의 메시아닉들에게 많은 원상회복이 있을 것이다.
- 메시아닉들은 다른 사람들보다 증거, 치유, 분별과 영적 은사의 이용에 있어서 더 나은 능력을 가질 것이다.
- 메시아닉들은 우리(교회)가 우리의 기초를 제자리에 회복시키는 것을 도울 것이며, 우리는 그들의 도움 없이는 있어야 할 곳에 이르지 못할 것이다.

그러면 이제 교회의 "머리와 첫 열매"는 예수님 대신 메시아닉들이 되기라도 했단 말입니까? 릭 조이너는 왜 그 이후로 메시아닉 운동에 대해 잠자코 있습니까? 자신의 예언이 틀리기라도 했습니까? 아니면, 자신의 예언사역을 이제 "더 나은 능력을 가진" 메시아닉에게 넘긴 것입니까?

메시아닉 운동과 늦은비, 신사도운동과의 연관은 또 다른 캔자스시티 선지자이자 신사도인 마이크 비클의 아이합(IHOP, 국제기도의집)에서도 나타납니다. 우리나라 친이스라엘 사이트에 번역되어 올라와 있는 아이합(IHOP)의 '이스라엘을 위한 사명' 내용의 일부입니다:

"주님께서는 마지막 때에 이스라엘을 위해 중보기도 할 기도의 집을 열방에 세우시겠다고 약속하셨으며 (이사야 56:7, 62:6-7), 우리는 이 사명에 동역하기를 간절히 바라고 있다. 마지막 때의 영적 대 추수는 바로 성령님의 이스라엘을 방문하심과 깊은 연관이 있다고 믿고 있다." (겔 36:23-36).

"대체 신학"이란 무엇이며, 유해한 것입니까? "대체신학"은 유대 백성들이 늘 하나님의 명령을 순종하지 않고 멀리했기 때문에, 그 댓가로, 하나님이 그들을 거절했고, 그분의 언약을 취소하셨으며, 그분의 약속들을 거두셨다고 가르칩니다. 또한, 이러한 언약과 약속들이 일반 이방인 교회로 옮겨졌다고 가르칩니다.

이방인 신자가 유대인의 절기를 지켜야 하는지에 대한 견해가 많은데, 성경은 어떻게 말하고 있습니까? 일반적으로 많은 신자들(유대인이든 이방인이든)이 유대인의 절기가 유대인에게만 주어진 것으로 잘못 오해하고 있습니다. 물론, 주님께서 먼저, 모세에게 그러한 절기를 말씀하신 것은 사실이지만, 절기들은 많은 사람들이 가정하듯이 "유대인의 절기들"이라 불리운 것이 아니라, "여호와의 절기들"로 불리웠습니다 (레23:2). 이방인 신자들 또한 하나님 말씀의 부분이며, 메시아, 예수님에 대한 값으로 칠 수 없는 통찰력을 포함하고 있는 이러한 절기들에 친숙해 질 필요가 있습니다.

유대인이 예수님을 믿게 될 때, 유대인의 유산을 버리고, 교회를 다니는 크리스챤이 되어야 하지 않습니까? 현재의 메시아적 운동은 1970년대부터 생겨나온 것으로 성령님께서 유대 크리스챤을 일깨우사 그들의 유대적 유산으로 연결시켜 주셨습니다. 다른 사람들은 다른 유대 크리스챤들과 모이도록 성령의 인도하심을 받아 그들에게 더욱 친숙한 방법으로 메시아를 경험하고 있습니다. 오늘날 대부분의 메시아적 교회는 60%이상이 이방인으로 구성되어 있습니다. 이것은 성경의 예언을 직접적으로 성취한 것이 됩니다 (엡2:15).

마지막에 인용된 에베소서 2장 15절은 바로 "한 새 사람(One New Man)"이 나오는 구절입니다. 메시아닉 젠타일(이방인)이 메시아닉 교회에서 메시아닉과 함께 유대적 유산의 메시아를 경험하는 것이 바로 늦은비/신사도의 "한 새 사람(One New Man)" 설교임을 마이크 비클이 말하고 있는 것입니다!!! 참고로, "One New Man" 책의 저자인 루벤 도론은 릭 조이너, 마이크 비클과 같은 캔자스시티 선지자 출신입니다.

(2) 메시아닉 쥬 기독교의 정체

"메시아닉쥬" 또는 "유대교 크리스챤"은 Jewish Christian Adoptionist 라고 신학자들은 부릅니다. 고유명칭은 Ebionites입니다. 이들을 "메시아닉쥬"라고 하는 이유는, 이들이 정통 유대교의 정치-군사적 메시야관과는 달리 고난 당하고 십자가에 달려 돌아가신 예수님을 흠없는(의로운) 완벽한 희생제물로서 세상 죄를 지신 메시야로 받아들이는 데 있습니다.

이들은 예수님이 세례 요한에게 침례[세례]를 받기 전까지 인간이었는데 세례[침례]시에 하나님의 아들로 adopt(양자) 되었다고 주장합니다. 예수는 요셉과 마리아의 성적 교섭에 의해 태어났다고 하여, 그들의 경전 중의 하나는 마태복음을 아람어로 번역한 것으로서 1장과 2장의 동정녀 탄생에 대한 기록이 없다고 합니다. (그들의 경전이 남아 있지는 않고 "이단감별사" 이레니우스의 유명한 反이단서에 그렇다고 기록되어 있습니다.)

이들은 예수님이 완전한 의인으로서 흠없는 희생제물이 되었기 때문에 더 이상 예루살렘 성전에서 제사[예배]드릴 필요가 없어졌다고 합니다. 하나님께서 그를 양자로 입적하셨고 그의 의로움을 흠향하셔서 창조주 (유대) 하나님의 능력으로 예수님을 살리셨고 승천시켰다고 말합니다.

더 오래된 필사본들에는 누가복음 난외주에 나온 You are my Son, Today I have begotten you.가 쓰였는데, 초대교회 때 발흥한 이들 "유대인 크리스챤 어답셔니스트"들의 악용으로 후대의 누가복음 필사자들이 〈너는 내 사랑하는 아들이라 내가 너를 기뻐하노라〉를 선호했다고 신학자들은 말합니다.

이들은 예수 믿는 사람이 되려면 유대인이 되어야 한다고 주장합니다. 그래서 코셔, 안식일, 할례 등 구약성서에 나오는 수 백가지 율법을 지키는 일이 "유대인 크리스챤" 되는 필수조건입니다. 예수님의 형제인 야고보는 예수님이 승천하신 후 예루살렘 교회의 지도자가 되는데 사도행전 21장을 보면 바울의 마지막 전도여행 후 체포되는 과정에 야고보의 얘기가 나옵니다. Ebionites는 야고보를 저들의 지도자로 여깁니다.

사도 바울이 안디옥에서 베드로를 책망한 일이나, 갈라디아서를 포함한 여러 서신에서 이방인으로서 크리스챤이 된 성도들에게 구약의 율법 조항을 따를 필요가 없다며 이를 강요하는 "유대인 크리스챤"들을 강력히 〈저주〉한 말씀이 여럿 기록되어 있습니다.

히브리어는, 〈히브리적 사유와 그리스적 사유의 비교〉 (토를라이프 보만, 허혁 옮김, 분도출판사) 같은 책에서도 지적하는 바와 같이, 물질적으로 구체적이고, 동적이며, 도구로서 사물을 표현합니다. 유대인들이 메시야를 정치-군사적 권력으로 이해하듯이, 그리고 예수님의 신성을 받아들일 수 없듯이, 오늘날도 "왕의 대로"니 "예루살렘 회복"이니 하며 이 땅에 實在하는 사물과 存在하는 實際와 사실에 관한 많은 오해가 있습니다.

다수 유대인들이 예루살렘 성전이 있는 터와 건축물에 집착하는 것은 그들의 언어와 역사에 각인된 것입니다. 사도 바울이 로마서 1장 3절에 〈육신으로는 다윗의 혈통에서 나셨고〉 할 때 《나셨고》의 과거형은 헬라어에서 번역할 때 Ebionites를 반박하는 중요한 성경구절이었습니다. 로이드 존스의 〈로마서 강해〉 제7권 p131에는 로이드존스 목사님이 KJV과 RSV를 비교하며 〈나셨고〉의 시제에 관한 설명을 합니다. 그 부분의 한글 번역은 잘못된 부분으로서 다음과 같이 번역되었어야 합니다.

여기에서 물론 우리는 기독교 교리의 완벽한 요약과 줄거리를 매우 눈부시고도 놀라운 방식으로 대하고 있는 셈입니다. 복음은 무엇에 관한 것입니까? 복음은 우리로부터 출발하지 않습니다. 우리의 난제나 체험 등으로부터 출발하지 않고, 그것은 하나님께서 자기 아들과 관련하여 행하신 일의 위대한 선포요, 공포입니다. 그 아들은 그(성부 하나님)와 [거기]함께 있었고, 영원에서부터 "아버지 품 속에 있는"(요1:18), 시초(始初)가 없는, 아버지와 동등하게 [영원한] 분이십니다…

그 성구(요1:18)는 그(예수님)에 관한 것입니다. 그는 "육신으로는 다윗의 씨에서 나셨습니다"(롬1:3 〈개정〉; "made of the seed of David according to the flesh") 그 아들이 영원에서부터 아버지 품 속에 항상 계셨다는 논쟁점을 사도가 어떻게 증명하는지 우리는 보게 될 것입니다. 사도는 "나셨다(was made)"라는 표현을 사용하여 그것을 부분적으로 증명합니다. 그러면 그 뜻은 무엇입니까?… [그] 하나님의 아들은 영원토록 계셨습니다. 그런데 무엇인가가 일어났습니다. 그는 그 전에 있었던 무엇과는 다른 어떤 것으로 '존재하기 시작했다'는 것입니다. 그가 비로소 존재하기 시작했다는 것이 아니고, 또는 그가 그때서야 존재하게 되었다는 것도 아닙니다. He began to be something that He was not before -- not that He has begun to be, or that He has now come into existence.]

　로이드 존스의 made of에 대한 해석의 중심은 그 동사의 시제에 있습니다. 예수님이 하나님의 아들이 된 시점이, 다윗의 후손인 요셉과 정혼한 "동정녀 마리아에게 (실제로 이 지구상 유대땅 베들레헴에서) 나신" 기원전 4(?)년 쯤의 그때가 아니라, 다윗 때에 그리고 그 보다 더 전인 영원부터 "아버지 품 속에 있는 독생하신 하나님이 나타내셨느니라" (요1:18), 즉 과거에 있었던 일을 바울이 과거시제를 써서 말하고 있다는 것입니다.

제8장
성경 번역의 역사

1. 성경 보존의 도시, 시리아 안디옥
2. 성경번역의 도시 안디옥
3. 구 라틴 번역 성경
4. 성경이 번역된 과정
5. 성경이 한글로 번역된 과정
6. 하나님의 전통 원문
7. 하나님의 섭리에 의해 잘 보존된 성경 사본들
8. 오리겐의 성경 부패와 기독교 역사 왜곡
9. 다시 부활한 사탄의 성경 신학
10. 유진 피터슨의 신약 성경의 변개 내용

제8장 성경 번역의 역사

1. 성경 보존의 도시, 시리아 안디옥

성경의 보존의 역사는 안디옥입니다. 안디옥은 사도행전에 기록된 세계선교의 전진 기지였습니다. 이 지역의 성경 교사나 그리스도인이 어떤 식으로 성경을 해석했는지를 알아보면 많은 것들을 쉽게 이해할 수 있습니다.

로마의 경우는 성직자에 의한 성경 해석 방법을 채택했습니다. 다시 말하면, 교회의 오랜 전통과 교회의 신학자들이 성경 말씀의 의미를 결정하였다는 말입니다.

알렉산드리아의 성경 해석 방법은 풍유적인 비유와 상징의 해석 방법입니다. 즉, 학자들이 성경 말씀의 의미를 추상적으로 만들어 해석하는 것인데, 자기들이 믿고 있는 플라톤 철학 사상에 맞춰서 성경을 해석하는 것입니다.

그러나 오직 안디옥 만이 성경을 기록된 그대로 문자적으로 해석하는 방법을 따랐습니다. 이렇게 성경을 문자적으로 해석하게 되면, 성경은 성경이 말씀하시는 바 그대로를 받을 수 있습니다. 또한 성경이 의미하는 바 그대로를 받아들일 수 있습니다. 그렇기 때문에 문자적인 해석 방법을 따르면 성경을 바꿔 버릴 필요도 없고, 또 성경을 조작하고 꾸며낼 필요도 없는 것입니다. 왜냐하면 하나님의 말씀은 그 자체로 완전하기 때문입니다.

지금 여러분 앞에 세 가지의 성경 필사본이 놓여 있다고 가정합시다. 하나는 로마의 전통이 첨가된 성경이요, 다른 하나는 알렉산드리아 학자들이 요리해 놓은 성경이며, 또 하나는 성경을 문자적으로 해석하고 믿었던 안티옥에서 나온 성경입니다. 과연 여러분은 어떤 성경을 선택하겠습니까?

2. 신약성경의 보존

신약성경의 필사본들은 지금까지 약 5,000개 가량 발견되었습니다. 여러 학자들은 이 필사본들을 그 본문 특성에 따라 계열별로 분류해 놓았습니다. 그러나 이들 필사본들의 분류법 가운데서 특히 다음 세 가지 계열별 분류를 대부분 사용하고 있습니다. 이른바 서방 계열, 알렉산드리아 계열, 시리아 계열입니다. 먼저 서방 계열의 본문은 로마와 관련되어 있습니다.

서방 계열의 본문과 알렉산드리아 계열의 본문은 대부분의 현대 번역본들이 따르고 있는 본문으로, 하나님의 순수한 말씀을 변질시킨 소수 필사본으로 대표됩니다. 시리아 계열의 본문은 이 본문을 따르는 필사본들이 상당히 많아 다수 필사본으로 대표됩니다. 이는 곧, 시리아 계열의 본문이 하나님의 순수한 말씀을 보존한 본문임을 증명합니다.

최근 100년 동안에 만들어진 모든 성경의 본문은 두 가지로 크게 분류될 수 있습니다. 서방-알렉산드리아 계열과 시리아 계열입니다. 만약 하나님께서 성경을 보존하신 게 사실이라면, 누군가를 통해서 그 말씀을 보존하셨을 것입니다. 그런데 역사는 성경 보존을 담당했던 주역으로 안디옥을 지목하고 있는 것입니다.

알프스 산맥에서 살았던 왈덴스인들은 사도시대부터 1650년 학살 당할 때까지 성경을 필사하여 보존하였습니다.

3. 구 라틴 번역 성경

구약의 사본은 약 1000개 신약의 사본은 약 5000개 정도입니다. 신구약 성경이 번역되고 정리되는 과정에서 수많은 변화과정이 있었습니다. 특히 이단들은 자신들의 입맛에 맞춰서 성경을 변경시켰습니다.

특히 지금까지 1,000년 동안 로마 카톨릭에서 공식적으로 사용되어 왔던 재롬의 불가타역은 바리새파 유대인들인 알렉산드리아 학파들을 중심으로 번역된 것입니다. 교권에 맞서 분리된 그리스도인들은 구 라틴 버전을 계속 사용하였습니다.

구 라틴 역본들은 로마의 권위에 굴하지 않았던 서방 그리스도인들에 의해 오랫동안 사용되었습니다. 예를 들면, 도나티스트(Donatists), 아일랜드, 브리튼, 그리고 대륙의 아일랜드인들, 그리고 알비겐시스, 왈덴스 등.

한편 신약성경의 원문은 사도 시대 이후 주로 소아시아의 지역의 교회들과 성도들에게 산재되어 있었고, 이 사본들이 신실한 성도들의 손에 의해, 믿는 사람들이 최초로 그리스도인이라 불렸던 안티옥에서 발칸 반도를 거쳐 알프스의 왈덴스인들을 통해 유럽으로 옮겨졌고, 독일에서 영국으로 들어갔습니다.

이 원문은 악한 세력들의 성경 변개 시도와 갖은 박해 속에서도 한 번도 그 맥이 끊어지지 않고 이어져옴으로써 전통 원문(Traditional Text)이란 명칭이 붙게 되었습니다.

초대 교회에서 사용된 이 성경은 A.D. 157년 북부 이태리 교회에서, A.D. 177년에는 프랑스 골 교회에서, A.D. 200년경에는 시리아 교회에서 사용되었고, 특히 A.D. 312-1453년까지 비잔틴 제국 기간 동안에 제국의 모든 교회들에서 1천 년 이상 사용되었으며, 에라스무스(Erasmus, 1535), 스테파누스(Stephanus, 1551), 베자(Beza, 1598), 엘지버(Elzevirs, 1633) 등을 통하여 표준원문(Textus Receptus)으로 편수되었습니다.

이 원문에서 독일어로는 종교개혁 성경인 〈루터성경〉이 1534년에 나왔고, 영어로는 〈킹제임스성경〉이 1611년에 나왔습니다.

4. 성경이 번역된 과정

성경은 처음에는 3개 언어로 기록되었습니다. 구약은 대부분이 히브리어로 기록되었고, 에스라서, 다니엘서 등은 아람어로 기록되었습니다. 반면 신약은 헬라어로 기록되었습니다. 히브리어 구약성경이 헬라어, 라틴어 등을 거쳐 세계 각국 언어로 번역되었고, 신약도 마찬가지 과정을 거쳤습니다.

이스라엘 백성들은 바벨론에 포로로 끌려간 이후 세계 각국으로 흩어져 살게 되었는데 이들이 디아스포라 유대인들입니다. 이들이 외국에서 그리스 문화의 지배를 받게 되면서 모국어인 히브리어를 모르고 헬라어를 사용하는 유대인들이 등장했습니다. 이들을 위해 주전 3세기경 이스라엘 12지파를 대표하는 72명의 장로들이 이집트 알렉산드리아에 모여 히브리어로 된 구약 성경을 그리스어로 번역했는데, 이 성경이 70인 역 성경(알렉산드리아 성경)입니다.

또한 2세기 초반에는 아람어로 된 구약성경을 번역했습니다. 그 후 히브리어 성경(팔레스타인 성경)과 그리스어 성경(알렉산드리아 성경)이 사용되다가 제롬에 의해 라틴어로 번역되었습니다. 성경학자였던 제롬은 382년 교황의 요청을 받고 성경 번역에 착수하여 23년 만인 405년에 구약과 신약을 라틴어로 번역했습니다. 불가타라 불리는 제롬의 라틴어 성경은 이후 중세 1천 년 동안 서양 세계에서 공인 성경으로 중세 교회의 공식적인 성경이 되었습니다.

중세 시대에 성경은 다시 33개 언어로 번역되었으며, 이중 유럽에서 22개 언어로 번역되었습니다. 특히 고대 영어라 할 수 있는 앵글로 색슨 언어로 처음 번역된 것은 주후 7세기 경이었습니다.

우리에게 진리의 성경이 전하여 질 때까지 2000년 기독교 역사에서 수많은 순교자들의 피가 흘려졌습니다. 중세 1000년 암흑시대에 성경을 지켜온 사람들은 왈덴스인들입니다. 이들은 바울 사도가 로마에 가서 복음을 전한 이후 1650년 처참하게 도륙될 때까지 이태리 북부 알프스산 깊은 골짜기에서 사랑하는 자녀들과 농사를 지으면서 자자손손 성경을 손으로 직접 써서 온 세상을 향해 성경을 전파했던 진리의 파숫군들입니다. 이들은 오염된 세상의 복음을 거절했습니다. 스스로 깊은 알프산 골짜기에 들어가서 농사를 지으며 청빈, 단순, 성실한 삶을 살면서 오직 진리의 성경만을 가지고 역사와 전통을 지켜왔습니다. 이들이

제8장 성경 번역의 역사

전한 구 라틴어 성경은 영국으로 들어가 위클리프에 의해 1382년 최초의 영어 성경으로 번역 발간되었습니다.

위클리프는 한 권의 영어성경을 10개월 동안 손으로 필사하여 170권의 성경책들을 보급했습니다. 체코에서는 얀후스에 의해서 번역 성경이 보급되었습니다. 이어서 틴 데일의 의해서도 영어성경이 1494년에 번역되었습니다. 위클리프는 자신이 번역한 성경을 목에 걸고 종교재판을 통해 화형대에서 불로 태워졌습니다. 그 후에도 계속해서 성경이 지하를 통해 보급되고 복음의 역사가 계속되자 위클리프의 무덤을 열어 그 뼈를 다시 불태워 화형을 시켰습니다.

틴 데일 역시 목이 졸려 죽임을 당한 후 화형대에서 불로 태웠습니다. 체코의 얀후스 역시 1415년 화형에 처해 죽임을 당했습니다.

오직 하나님의 뜻대로만 성경대로 사는 것이 그들에게는 기쁨이요 만족이었습니다. 가난도 핍박도 조롱도 죽음도 그들의 길을 막지 못했습니다. 1600년 동안 그들은 세상에 가장 깊은 곳에서 성경을 지켜왔습니다.

구텐베르그가 발명한 금속활자로 인해 성경은 대량으로 찍혀졌습니다. 그러나 틴 데일은 1537년 공인된 라틴어 성경을 사용하지 않고 히브리어와 헬라어 원전에서 직접 성경을 번역했다는 죄목으로 화형을 당했습니다. 틴 데일의 성경은 원본을 사용한 최초의 영어성경이라는 점과 인쇄된 최초의 영어 성경이라는 점에서 역사의 중요한 위치를 차지하고 있습니다. 그러나 이런 박해 속에서도 지금까지 남아있는 성경은 170권에 달합니다.

그 후 여러 영어 번역본이 나왔는데 영어 성경 번역에 가장 큰 이정표가 된 성경은 1611년, 제임스 1세의 명령에 의해 표준 성경으로 만들어진 '킹 제임스 판 영어성경' 입니다. 1604년, 영국의 왕 제임스 1세는 54명의 신학자들을 위촉하여 성경번역위원회를 구성했습니다. 성경 번역에 참가한 54명의 학자들은 이전의 영어 판본들과 루터의 독일어 판본, 헬라어와 히브리어 원문과 70인 역, 제롬의 라틴어 성경을 참조하여 가장 완벽하고 정확한 판본을 만들었습니다. 이 성경은 그 당시 통용되는 쉬운 언어로 번역되어 영국의 왕족이나 귀족, 사제들보다는 오히려 평신도 가운데 인기가 높아지면서 영어권 지역에 급속히 퍼져나갔습니다.

오늘날 영어 성경은 개역표준 성경, NEB, NASB 등이 있습니다. 독일어 번역은 루터가 1534년 성경 원어에서 직접 성경 전체를 번역했습니다. 중국어 성경은 1823년에 번역되었고, 일본어로는 신약이 1879년에 번역되었으며 한국의 경우에는 1887년 존 로스에 의해 신약이 한글로 번역된 것이 처음입니다.

5. 성경이 한글로 번역되어 온 과정

우리나라에 성경이 처음 전해진 것은 1832년 네델란드 선교사 구츨라프가 백령도 부근에서 배포한 한문성경입니다. 그러나 성경이 처음 한글로 번역된 것은 50년이 지난 1882년으로 스코틀랜드 연합장로교에 의해 만주로 파송되었던 존 로스 선교사가 1877년에 이응찬, 백홍준 등과 함께 처음으로 착수하여 번역을 완성한 것입니다. 그 후 쪽복음 형태로 성경이 출판되어 오다가 1887년 한국 최초로 「예수셩교젼셔」라는 신약 완역본이 출판되었습니다.

이후 미국 기독교의 주도로 게일 목사가 중심이 되어 1906년에 공인역본인 「신약젼셔」가 나왔으며, 구약은 1910년에 번역이 완료되어 이듬해 1911년, 신구약 합본 「셩경젼셔」가 출간되어 한글 성경 번역사에 큰 획을 그었습니다.

1938년에 개역 성경을 발간한 이후 1952년 성경 개정 작업에 들어가 몇 차례의 수정과 편집 작업을 거쳐 1961년에 얼마 전까지 우리 교회가 사용하던 성경인 '개역한글판' 이 나오게 되었습니다. 카톨릭과 같이 1968년에 번역에 착수하여 1977년 출판한 공동번역이 있으며, 지금 우리교회가 사용하는 성경은 1988년에 처음 나온 개역개정판 성경입니다.

6. 하나님의 전통원문(The Traditiona: Text)

하나님의 거룩하신 섭리(경륜)에 따라 잘 보존되어 온 성경 사본을 가리켜 전통원문이라고 합니다. 이 성경은, 초대교회의 사도들에 의한 순교적 신앙으로 전승되어 온 것입니다. 이것을 가리켜 하나님의 전통원문(The Traditiona: Text)이라고 칭합니다.

제8장 성경 번역의 역사

 이것은 인간의 전통을 말하는 것이 아니라 성경 원문의 맥이 하나님의 전통(Divine Tradition)에 의하여 보존되어 온 것을 말하는 것입니다. 거룩하신 하나님의 섭리(경륜)에 의하여 잘 보존되어 온 원문을, 다수 필사본(Majority Text), 인정받은 원문(Received Text), 표준원문(Textus Receptus), 또는 비잔틴 원문(Byzantine), 공인 본문(Textus Receptus) 등으로 불리는 것으로 300여 년간 역사적인 정통 기독교와 유럽의 교회들이 사용했던 성경들입니다.

 여기에서 비잔틴 원문이라고 하는 이유는, 그리스의 교회들이 비잔틴 제국의 시대에 사용했던 원문을 사용한데서 붙여진 이름입니다. 우리는 성경의 기록을 통해 사도시대에 예루살렘에 큰 박해가 일어나자 사도들과 성도들이 세계 각국으로 뿔뿔이 흩어져 복음을 전하면서 시리아의 안디옥에 제 2의 본부라고 할 수 있는 교회를 세워 활동했던 것을 기억할 것입니다.

 바로 이곳을 무대로 사도 바울은 선교 활동을 하게 되었습니다. 우리의 보편적인 상식으로, 신약 27권 중 바울 서신은, 교리서신(로마서, 갈라디아서, 히브리서) 3권, 정치서신(고린도전서와 후서) 2권, 옥중서신(에베소서, 빌립보서, 골로새서, 빌레몬서) 4권, 전도서신(데살로니가전, 후서) 2권, 목회서신(디모데 전, 후서와 디도서) 3권 등을 포함하여 모두 13권을 차지하고 있습니다. 우리가 알아야 할 것은 아타나시우스의 부활절 목회서신의 성경 목록에 오늘날 우리가 사용하는 신약 27권이 그대로 들어 있습니다.

 성경은 대부분 이스라엘과 시리아를 중심으로 헬라어 또는 시리아어 등으로 기록되었습니다. 당시 사도들이 기록한 성경은 잘 보존이 되어 왔으나, 역사의 진행 과정에서 100% 완벽한 사본은 매우 희귀하게 되었습니다. 그러나 몇 곳에 문제가 있는 부분들은 다른 사본과 대조한 결과 100% 원문과 일치하다는 결론을 얻었습니다. 아래의 성경 사본들은, 과거의 교회들이 가장 보편적으로 사용해 오던 권위 있는 성경 사본들입니다.

7. 하나님의 섭리에 의하여 잘 보존되어 온 성경 사본들

1) 페쉬타 성경(Peshitta Bible, 150), 시리아에서 시리아어로 기록되었습니다.

2) 이테라 성경(Ltala Bible, 157)

3) 위클리프 성경(Wycliffe's Bible, 1382), 위클리프의 성경은 14세기 영국에서 라틴어로 번역되었으며, 후에는 영어로 번역이 되었는데, 영어 번역으로는 최초의 성경입니다. 이 성경은 위클리프가 22년의 노력 끝에 1382년에 완성한 성경입니다.

4) 에라스무스 성경(Erasmus Bible, 1522), 에라스무스(Erasmus)가 편집하여 출판한 최초의 헬라어 신약 성경입니다. 이 헬라어 역본을 TR(Textus Receptus)이라고 합니다. 당시 에라스무스가 수집한 헬라어 사본은 모두 5권이었습니다. 그 중에 요한계시록을 포함하고 있는 사본은, 단 1권 밖에는 되지 않았습니다. 그것도 마지막 6절이 빠져 있는 것이었습니다. 에라스무스는 어쩔 수 없어서 라틴어로 되어 있는 제롬의 벌게이트 성경 내용을 가져와 헬라어로 번역하여 넣었던 것입니다. 영어 킹 제임스 성경은, 에라스무스의 성경 등을 대본으로 삼아 영어로 번역이 되었습니다.

5) 틴데일 성경(Tyndale's Bible, 1525), 윌리엄 틴데일(William Tydale)은 로마 카톨릭의 강력한 반대를 무릅쓰고 신약성경을 영어로 번역했습니다. 그가 번역한 성경책들은 런던에서 공공연히 불태워졌고, 마침내 그도 성경을 보급했다는 이유로 붙잡혀 화형을 당하고 말았습니다. 최초로 성경 원문을 영어로 번역한 성경입니다.

6) 루터 성경(Luther's Bible, 1534), 마틴 루터가 독일어로 번역했습니다. 그러나 마틴 루터는 사탄을 숭배하는 장미십자회 일원이었으며, 칼빈파를 박해하고 탄압하는데 앞장섰습니다.

7) 카버데일 성경(Coverdale Bible, 1535), 영어 성경을 기독교 최초로 인쇄했던 사람은 마일스 카버데일(Miles Coverdale, 1488-1568)입니다.

8) 매튜 성경(Matthew's Bible, 1537), 토마스 매튜(Thomas Matthew, 마태)에 의하여 1537년에 영어로 번역이 되었습니다.

9) 그레이트 성경(The Great Bible, 1539), 영어 성경으로, 영국의 국교에서도 사용했습니다.

10) 스테판 성경(Stephen's Bible, 1550), 인쇄업자인 스테파누스가 출판한 헬라어 성경으로 최고의 권위를 인정받고 있는 성경입니다.

11) 제네바 성경(Geneva Bible, 1560), 영어 성경으로 제네바의 종교 개혁자들이 주로 사용했던 성경입니다.(바지성경)

12) 비숍 성경(Bishop's Bible, 1568), 영어 성경으로, 영국의 국교회에서도 사용되었습니다.

13) 베자 성경(Beza's Bible, 1604), 칼뱅의 제자인 베자가 출판한 헬라어 성경입니다.

14) 킹 제임스 성경(King James Version, 1611), 영어 성경입니다.

제네바 성경에서부터 시작된 종교 개혁 이후의 성경 번역은 킹 제임스 성경을 마지막으로 충실한 내용을 유지하다가 킹 제임스 성경 이후에 번역된 성경들은 점점 자유주의화 되어가고 있습니다. 다수필사본(Majority Text), 인정받은 원문(Received Text), 표준원문(Textus Receptus), 또는 비잔틴 원문(Byzantine), 공인 본문(Textus Receptus), 시리아 안디옥 사본, 또는 전통원문(The Traditiona: Text) 등으로 불리는 성경의 사본들이 서서히 붕괴되었습니다. 그 원인은 자유주의의 본문비평(하등비평)의 영향력과 사탄을 숭배하는 프리메이슨들의 조직적인 개입으로, 인간이 변개시킨 성경들이 주류를 이루는 상황으로 변하게 되었던 것입니다.

8. 오리겐과 성경 부패와 2000년 기독교 역사 왜곡

알렉산드리아 학파는 바리새파 유대인들로 성경을 구약 메시야 신국론에 맞춰 변개시켰습니다. 그들에 의해서 변개된 성경으로 로마 카톨릭이 탄생했으며 어거스틴에 의해서 바리새파 유대인들의 교리는 신약의 신학의 기초가 되어 오늘에 이르고 있습니다.

오리겐의 성경 부패는 오늘날 세계 기독교가 배도의 길을 가는데 중추적인 역할을 하였습니다. 2000년 동안 기독교가 국가교회로서 유지를 하면서 오늘날 뉴에이지 기독교, 종교통합의 기독교, 사회참여 기독교, 지상의 유토피아 건설의 기독교로 유지 발전하는데 알렉산드리아 바리새파 유대인의 활동이 일루미나티와 프리메이슨 이름으로 지금도 왕성하게 이루어지고 있습니다. 알렉산드리아 유대인들은 먼저 헬라문화의 유대화를 추진했습니다. 그후 기독교를 유대교화 했습니다. 이것이 신정정치의 로마 카톨릭입니다.

종교 개혁후에도 미국에서 자유교회가 탄생할 때까지 영국 성공회, 독일 루터교, 네델란드 개혁교회는 모두 국가교회였습니다.

1) 오리겐은 최초로 성경을 기록된 문서일 뿐이라고 하면서 성경의 유오성을 주장했습니다.

2) 칼 바르트가 오리겐의 사상을 이어 받아서 오직 자신이 느끼는 것만을 성경이라고 했습니다.

3) 오리겐이 최초로 감독의 교회와 감독의 사죄권을 주장했습니다.

4) 최초로 할례제도로 유아세례를 주장했으며, 세례를 구원으로 인정을 했습니다. 즉 세례를 받지 않은 사람은 구원받지 못한 사람으로 인정했습니다.

5) 아담과 이브를 부인했으며, 영혼 선제설을 주장했습니다.

6) 태양과 달과 별들은 살아 있는 피조물이라고 주장했습니다.

7) 육체의 부활을 부인하고 사람의 행위를 따라서 복귀하는 윤회를 주장했습니다.

8) 보편적 구원교리인 연옥 교리를 주장했습니다. 악한 자들도 형벌을 받은 후에는 즉 연옥에서 고통을 받은 후에는 구원받는다고 믿었습니다.

9) 보편 구원을 주장했으며 마지막에는 마귀들도 다 구원을 받는다는 우주회복론을 주장했습니다.

10) 전천년주의를 최초로 부인하고 지상왕국론인 후천년(무천년)을 주장했습니다.

11) 요1:1-3에서 예수님을 로고스(말씀)로 하나님께 종속된 존재로 해석했습니다. 피조된 신으로 신성부인한 아리안주의와 여호와의 증인을 탄생시켰습니다.

12) 지옥은 존재하지 않고 죽으면 고등동물이나 하등동물로 복귀(윤

회)한다고 했습니다.

13) 자연만물도 사람과 동일하게 구원이 필요한 존재로 보았습니다.(영지주의)(범신론)

오리겐의 신학은 희랍 철학과 평행을 이루는데 오리겐의 신학관은 삼위일체론과 관련하여 이후 문제가 되었으며 콘스탄티노플에서 열린 2차 공의회에서 (553년) 이단으로 정죄되었습니다.

9. 다시 부활한 사탄의 성경신학

오리겐의 부패성경은 영국의 호르트(Anthony Hort, 1828-1892)와 웨스트코트(Brooke Westcott, 1825-1903)에 의해서 19세기에 다시 부활했습니다. 그후 신정통주의 칼 바르트, 신복음주의 존 스토트, 빌리 그래함, 신칼빈주의자 아브라함 카이퍼, 신사도운동의 피터 와그너를 통해 전성기를 누리고 있습니다. 그들이 주장하고 있는 내용들을 요약합니다.

1) 창세기 1-3장을 문자 그대로 받아들이지 않고 신화로 봅니다.
2) 그리스도의 재림을 부인합니다. 다만 영적으로 해석하였습니다.
3) 하나님의 왕국(하늘 왕국)의 교리를 부인하였습니다.
4) 로마 카톨릭교회의 교리를 지지하였습니다.
5) 무천년주의를 주장합니다.
6) 영원한 지옥을 믿지 않습니다.
7) 연옥교회와 보편적 구원인 전 인류를 포함한 우주적 구원을 믿습니다.
8) 예수 그리스도의 속죄(贖罪)를 비성경적이라고 비평하였습니다.
9) 영아(嬰兒) 세례를 통한 중생(重生-거듭남)을 믿음으로서 로마 카톨릭 교회의 교리를 지지하였습니다.
10) 그리스 철학을 사랑함으로서 기독교의 계시 보다 더 중하게 여겼습니다.
11) 성경 비평학의 원조들입니다.
12) 홀트와 웨스트코트의 번역 성경은 99% 다수인 안디옥 사본을 다루지 않고 1%밖에 안되는 알렉산드리아 소수사본을 사용하였습니다.

10. 유진 피터슨(Eugene Peterson) 신약성경의 변개

"더 메시지"(The Message)

현대 젊은 사람들이 가장 좋아하는 영성가 유진 피터슨은 신복음주의자이며, 관상가이며, 영지주의자입니다. 성경을 풍유적으로 해석하는 뉴에이지 신비주의자입니다. 그가 2009년 7월에 신약성경을 현대어로 번역한 것이 "더 메시지"(The Message)인데, 네비게이토 출판사에서 발행한 것입니다. 이 성경은 성경 원문에 충실하지 않고 자기 마음대로 성경을 재단해서 번역한 것으로 알려져 있습니다. 목적이 이끄는 삶에서 릭 워렌을 비롯해서 많은 신사도 운동가들이 인용하기를 좋아하는 성경번역이라고 할 수 있습니다.

신약성경 "The Message"에서는 예수님을 Lord에서 Master로 번역을 했습니다. 영지주의에서 마스터란 빛을 나누어주는 빛의 사자 즉 영적인 가이드 승천대사를 말합니다. 마스터는 빛의 사자인 메신저(messenger) 역할을 하는 존재입니다. 영지주의에서는 반드시 먼저 신지식을 가진 자들을 통해서만 다른 사람들이 신지식을 갖게 되는데 이런 영적인 가이드 역할을 하는 사람을 메신저 또는 마스터라고 합니다. 점쟁이, 최면술사, 영매들과 같은 존재들입니다.

주기도문의 "하늘에서 이루어진 것 같이 땅에서도 이루어지이다" 부분을 오컬트 용어인 "As above, so below" "위에서와 같이 아래에서도"로 번역했습니다. 오컬트 써클에서 사용되는 너무나도 유명한 이 용어는 헤르메스 오컬트의 시조인 헤르메스 트리스 메기스투스가 사용한 것으로, 그 뜻은 "대우주와 소우주의 구조가 똑같이 닮아서 하나(OneThing)의 비밀을 이루고 있다" 또는 "영적 영역에서의 작용이 물질 영역에서의 결과를 가져 온다"는 뜻입니다.

이것은 영지주의 구원관입니다. 영지주의에서는 하층세계인 물질세계를 악하다고 규정한 의미로 구약의 창조주 하나님을 악한 신(神)으로 여깁니다. 타락이란 물질세계를 창조한 구약의 신에게 갇혀 있다는 것으로 이해를 합니다. 그들이 생각한 구원은 감옥과 같은 물질세계에서 해방시키는 것입니다. 이런 일을 주도적으로 했던 뱀을 신으로 섬기는 것입니다. 뱀(루시퍼)은 인간에게 선악과를 따먹고 신이 될 수 있는 지혜(신지식)를 주었기 때문입니다.

지금도 뱀을 통해 전달된 신지식으로 인간이 물질세계란 감옥을 탈출하여 자유스러운 신의 세계로 들어가는 것을 영혼의 상승 즉 구원이라고 합니다. 그래서 그들은 초자연적인 신비주의를 추구합니다. 이것이 바로 마스터나 승천대사와 같은 최면술사를 통해서 경험한 환상, 환생, 떨림, 웃음, 텔레파시, 마인드 콘트롤 같은 것입니다. 결국 이런 과정을 통해서 계속해서 영혼이 상승하면 신인합일에 이르고, 신적인 존재인 하나의 우주관을 경험한다고 합니다. 이것이 그들이 말하고 있는 일자(theone), 하나(onething)됨의 철학입니다.

유진 피터슨이 자랑하고 있는 영성이 바로 사탄을 섬기는 신지식을 통해서 얻은 자연주의 영성입니다. 자연속에 흐르는 영성은 우리 뇌파에서 흐르는 알파파입니다. 알파파는 8-14헬츠의 진동파로 인간을 자연과 하나 되는 상태로 변화시키는 뇌파입니다. 그들은 깊은 관상기도를 통해서 뇌파를 조절하여 영혼을 상승시키는 훈련을 하는데 그 과정에서 사탄의 역사가 있게 됩니다

우리 인간의 감마파라는 뇌파는 30헬츠 이상으로 짐승의 영성과 같습니다. 전투적인 영성이고 난폭한 영성입니다. 베타파는 15-30헬츠로 보통 우리가 사용한 영성입니다. 이것을 인간의 영성이라고 합니다 알파파는 7-14헬츠로 자연의 영성이라고 합니다. 자연과 하나되는 영성으로 편하고, 여유있는 긍정의 뇌파이며 창조적인 뇌파입니다. 4-7헬츠는 세타파라고 합니다. 이것은 무의식속에 흐르는 뇌파로 귀신의 영성이라고 합니다. 영지주의자들이 들어가기를 원하는 영성은 세타파입니다. 이 상태에서 그들은 귀신들과 접촉을 하여 초자연적인 능력을 경험합니다.

유진 피터슨의 영성은 구원받은 성도의 영성이 아닙니다. 이미 이런 영성은 어거스틴, C.S 루이스, 존 스토트, 칼 바르트, 빌리그래함이 주장하고 있는 영성과 같은 영성입니다. 이것은 사탄이 교묘하게 기독교를 파괴시키기 위해 기독교 안에 퍼뜨린 독약과 같은 영성입니다.

고린도전서 13장에서는 내게 있는 모든 것으로 구제하고 내 몸을 불

사르게 내어줄지라도 사랑이 없으면 아무것도 아니라고 했습니다. 여기에서 말하고 있는 사랑은 예수님의 십자가의 사랑입니다. 아가페 사랑의 생명을 말하고 있습니다. 이런 사랑은 오직 하나님의 자녀들만이 가지고 있는 사랑입니다. 이런 사랑이 없이도 구제할 수 있습니다. 이런 사랑이 없이도 내 몸을 불사르게 내어 줄 수 있습니다. 사탄숭배자 오리겐은 그들의 신국을 세우기 위해 스스로 거세를 해서 고자가 되기도 했습니다. 사탄의 세력들도 광명한 천사로 가장할 수 있습니다. 그러나 본질을 바꿀 수는 없는 것입니다.

유진 피터슨이 더 메시지란 책을 발행 할 때 단지 이름만 빌려주는 것이 아니라 그가 직접 그렇게 번역한 것이 사실이라면 그는 하나님의 자녀가 아닙니다. 그는 광명한 천사로 가장(假裝)한 사탄의 자녀입니다. 그 증거는 주기도문의 번역에 나타나 있는 구원관과 교회관의 차이점인 것입니다. 유진 피터슨의 "The Message"의 문제점은 단지 몇 가지만이 아닙니다. 전체적으로 완전히 신복음주의 복음을 기초로 한 보편적 만인구원설과 헬라철학의 우주회복 교회론을 주장하고 있습니다. 좀 더 구체적인 것은 영지주의를 참고하시기 바랍니다.

다음은 유진 피터슨의 "The Message" 신약성경을 추천한 사람들입니다.

이동원 목사/전지구촌교회, 임영수 목사/모세골 공동체, 정주채 목사/향상교회, 김기석 목사/청파교회, 오정현 목사/사랑의교회, 김형국 목사/나들목교회, 오대원 목사/예수전도단 설립자, 김중안/한국기독학생회 IVF 대표, 이윤복/ 죠이선교회 대표, 한철호/선교한국 상임위원장, 정민영/국제 위클리프 성경번역선교회 부대표, 권영석/학원복음화협의회 상임대표, 양희송/청어람 아카데미 대표기획자, 서재석/Young2080 대표, 하덕규/CCM 아티스트, 조준모/ CCM 아티스트, 한동대학교 국제어문학부 교수, 권연경 교수/안양대학교 신약학, 김철홍 교수 /장로회신학대학교 신약학, 윤철원 교수/서울신학대학교 신약학, 허주 교수/아세아연합신학대학교 신약학, 빌리 그레이엄, 리처드 포스터/영적 훈련과 성장 저자, 제임스 I. 패커/하나님을 아는 지식의 저자, 달라스 윌라드/하나님의 모략의 저자, 고든 피/ 리젠트 칼리지 신약학 교수, 빌 하이벨스/

윌로우크릭커뮤니티교회 담임목사, 프레드릭 뷰크너/하나님을 향한 여정의 저자, 보노/ 록그룹 U2 리드싱어, 크리스채너티 투데이.

11. 결론

사탄의 세력들은 성경을 변개시키고, 철학과 원문비평과 비유와 상징으로 해석해서 그들의 입맛에 맞춰서 사탄의 교리를 만들었습니다. 그것이 오늘날 신정통주의 인카네이션 신학, 신복음주의 보편구원과 만인구원론, 신칼빈주의 영역주권과 일반은총을 통한 우주적인 교회 회복이 그들이 현재 꿈꾸고 있는 지상의 유토피아 신세계질서에서 추진하고 있는 구약의 바리새파 메시야 신국(神國)입니다. 이것은 사탄의 나라입니다.

제9장
순교의 역사로 기록된 2000년 기독교회사

1. 후기 몬타니스트 (Montanists) (터툴리안파)
2. 유카이트
3. 노바티안스
4. 도미티스트
5. 고대 왈덴스인
6. 폴리시안
7. 알비겐스
8. 로라즈
9. 후스파
10. 재세례파
11. 순교 역사로 기록된 2000년 기독교회사 종합평가

제9장 순교의 역사로 기록된 2000년 기독교회사

1. 후기 몬타니스트(Montanists)(터툴리안파)

마르쿠스 아우렐리우스(A.D.121-180)의 치리 동안에 자기들 지도자의 이름을 따서 "몬타니스트"(Montanists)라고 불리우는 "거룩한 떠돌이" 그룹이 있었습니다. 이들은 주로 남부 프랑스와 북아프리카에서 활약하였습니다. 이들은 확고한 전천년주의자였으며 오리겐과 동시대 사람들이었는데, 오리겐이 전천년주의를 증오하였던 고로 알렉산드리아 학파의 추종자들에 의해 이단으로 낙인 찍힌 그룹입니다. 알렉산드리아 학파는 필로-판테누스-클레멘트-오리겐-유세비우스-제롬으로 70인 성경을 변개시켜 국가교회인 로마 카톨릭을 만들었고, 유아세례를 구약의 할례제도로 받아들여 유대주의 신정정치의 국가교회를 만들었습니다. 그리고 무천년을 주장하여 지상의 유토피아를 세우려 했습니다.

알렉산드리아 학파는 사탄을 숭배하고 탈무드 카발라 신비주의를 따르는 바리새파 유대인들로 구약에서 예언한 지상에 메시야 나라를 건설하는 것이 목적이었습니다. 그래서 그들은 철저하게 초대교회 교부들의 전천년주의를 증오했습니다. 당시 교회의 역사는 후대 교회역사를 기록한 유세비우스에 의해서 기록되어 오늘에 이르고 있습니다. 알렉산드리아 학파인 유세비우스는 철저하게 역사의 기록을 지상의 유토피아를 꿈꾸고 있는 유대나라 메시야 왕국을 중심으로 역사를 기록했습니다.

우리가 익히 알고 있는 것처럼 오리겐은 국가교회를 만들기 위해 교회라는 단어를 히브리어 메시야 신정정치 도시에서 파생된 유대인 디아스포라 집단의 단어인 에클레시아를 사용하므로 교회를 선민 유대주의 메시야 왕국으로 세우려 했습니다.

몬타니스트 교회는 초기와 후기로 나누는데 초기에는 극단적인 신비주의인 직통계시와 같은 은사주의 경향으로 흘러 교부들에 의해 이단으로 판명을 받았지만, 서방신학의 아버지인 터툴리안이 몬타니스트 교회에 가입하여 주도적으로 이끌면서 잃어버린 초대교회 정통신앙을 이어갈 수 있었습니다. 이것을 후기 몬타니스트 또는 터툴리안파라고 합니다. 몬타니스트 교회는 주후 6세기까지 건재했습니다. 터툴리안은 전천년왕국 신앙을 중심으로 순교의 신앙을 최고의 덕목으로 생각하고, 성경적인 그리스도인의 삶을 통해 희생적인 교회를 세워갔습니다. 몬타니스트 교회의 최대 업적은 전천년왕국의 신앙과 순교의 신앙입니다.

몬타니스트 교회는 신구약 성경에서 언급하고 있는 완전한 평화의 1000년 기간은 왕 중의 왕이신 주 예수 그리스도께서 이 땅의 왕으로서 왕국을 세우시기 위해 가시적으로 육체적으로 재림하실 때에야 도래할 것이라고 믿었습니다. 이를 위해 예수님은 육체로 재림하셔서 세상 나라와 타락한 교회인 적그리스도의 세력을 멸하시고 심판하실 것을 믿었습니다. 전천년왕국을 전파한 몬타니스트 증인들은 A.D.120에서 주후 6세기까지 중단 없이 진리를 전파하였습니다.

그러나 오리겐은 이 중요한 전천년왕국의 성경적인 진리를 적극적으로 파괴하는데 심혈을 기울였습니다. 오리겐은 A.D.235년 팔레스타인의 카이샤라로 이주했고, 따라서 그 도시의 감독이었던 유세비우스도 이 교리를 거부했습니다. 그들의 뒤를 이어 로마 카톨릭의 신학과 성경의 기틀을 마련한 어거스틴과 제롬이 거부를 했고, 신정정치의 제네바 종교개혁을 통해 다른 국가교회를 세우려 했던 칼빈도 역시 전천년왕국을 부인하고 무천년주의를 주장했습니다.

몬타니스트는 점차 세속화 되어가는 교회의 모습을 보고 성도 각 개인 속에 내주시는 성령님의 능력을 힘입어 사도들의 가르침과 규례로 돌이키고자 노력했습니다. 이들은 세속화되어 가는 교회와 타락한 당시의 풍조에 거세게 저항했으며, 주님의 재림에 대해 강력한 소망을 가지고 있었습니다. 철저히 성경중심의 세상과 구별된 거룩한 교회를 생명처럼 지켰던 믿음의 선진들이었습니다.

2. 유카이트(Euchites)

로마 제국의 동쪽 끝 부분에서 성경대로 믿는 사람들의 움직임이 활발히 전개되고 있었는데 교회사가들은 이 운동을 "극단적" 광신주의라고 무시해 버렸습니다. 신약 성경 사본의 원본이 기록되었던 바로 이 지역에서는 "메살린"(Messalines) 혹은 "유카이트"(Euchites)라고 불리는 그룹이 생겨났는데, 이들은 세상적인 것들을 용납하는 지역 모임들과 충돌하기 시작했습니다.

"유카이트"란 용어는 영어의 "nonconformist"(비순응자)와 같이 무엇에 반대하는 사람들에게 주로 붙여진 이름이었습니다. 유카이트들은 어떤 사람이 구원받기 전에 침례를 받았을지라도 그가 구원받았을 때 그 사람을 다시 침례주려고 했습니다. 이 실행은 몬타니스트 교회의 실행과 일치하였습니다. 그 당시에는 사람들이 분명한 믿음의 고백 없이도, 혹은 입으로만 고백하더라도, 분명한 개종의 증거가 없이도 마구 침례를 주었습니다.

더우기 유카이트들은 침례를 구원이나 개종과 동일시하고 마귀처럼 세상에서 살아가던 구원받지 못한 교회 회원들에게는 엄청난 골칫거리였습니다. 이들은 초기 그리스 "퓨리탄"들이란 다양한 이름으로 불리기도 했고, 때로는 그들이 이주해 갔던 지방의 이름을 따라 불리기도 했습니다(프리지안, 불가리안, 아르메니안 등).

역사에서 볼 때 이들 그룹은 사모사타의 바울이라고 하는 안티옥의 감독과 불가분의 관계를 맺고 있습니다. 이들 중 일부 파벌이 취한 "양자주의"(adoptionism)에 대한 그들의 비정통적 태도로 인해 이단이나 광신자라고 불렸습니다. 그러나 이것보다 더 이들 그룹을 특징지워 주는 것은 이들이 일반서신들 보다 바울서신을 강조한다고 해서 폴리시안(Paulicians)이라고 불린 것입니다.

A.D. 325년 이후 이들은 로마 카톨릭 교회와 그리스 정교회를 사탄적이라고 간주했으며 예배시 그 어떤 형상도 용납치 않았습니다. 그러나 그것보다도 더 중요한 것은 이들은 알렉산드리아 학파에서 가르치는 신학 이론들을 완전히 거부했다는 사실입니다.

이들 유카이트(혹은 메살린)들이 트라키아와 불가리아로 이주하였으며, 이들 이민자들로부터 폴리시안, 까따리 그리고 보고마일즈 등이 6세기 간에 걸쳐 계승되었습니다. 카타리는 카톨릭 교회 내의 복음적 "청교도"들로 이들은 로마 교회가 계시록 17장의 음란한 창녀이며, 교황이 적그리스도라고 하는데 있어서 보고마일즈와 의견을 같이 하였습니다. 보고마일즈는 니케아 이전과 이후의 모든 "교부"들이 거짓 선지자였다고 공공연하게 선언하였습니다.

3. 노바티안스(Novatians)

1) 기 원

노바티아누스(Nopvatianus)는 소아시아 브루기아 출생으로 개종하기 전에는 철학자였습니다. 개종 후 그는 로마교회의 감독인 파피아누스(Fabianus)에 의해 로마교회의 대집사로 임명되었습니다. 그후 그는 로마교회의 장로가 되어 교구의 주교가 공석일 때에는 주교를 보좌하는 일을 할 정도로 신망을 얻었습니다.

로마교회의 감독인 파피아누스가 데키우스 황제(150-251) 때 심한 박해를 받아 순교 당했습니다(AD 250.1). 그러자 로마교회의 주교를 바라고 있던 코넬리우스(Conelius)는 황제의 박해 때 변절했던 제프리누스의 도움을 얻어 로마 주교에 취임하였습니다. 이로 인해 교회의 변절자들이 다시 교회에 들어오느냐의 문제를 놓고 심각한 논쟁이 시작되었습니다. 코넬리우스는 관용론의 입장이었고 노바티아누스는 책벌론자의 입장이었습니다.

여기에 노바티아누스의 입장을 옹호하는 아프리카의 카르타고 노바투스(Novatus)가 이탈리아 교회의 새 감독의 추천으로 또 다른 로마교회의 감독으로 노바티아누스를 세웠습니다. 이렇게 되자 로마교회의 감독이 둘이 되었습니다. 노바티아누스는 교회 정화를 표방하고 변절자들이 교회에 들어오고자 할 때는 재침례를 받아야 한다고 했습니다. 여기에 맞선 코넬리우스는 60여명의 주교들 회의를 통해(251) 노바티아누스를 정식으로 정죄하였습니다. 이들 노바티아누스는 몬타너스 운동과 합세하여 7세기까지 존재하다가 사라졌습니다.

2) 주 장

(1) 코넬리우스의 주장

코넬리우스는 "교회는 교회가 필요한 관례를 재정할 수 있다. 모든 이를 구원 얻게 하기 위해 모든 이를 교회에 소속시켜야 한다. 교회는 믿음으로만이 아닌 랩시(Lapsi 속전)에 의해 잃은 자를 되찾아 놓아야 한다."라고 주장하였습니다.

반면에 노바티아누스는 "교회는 성도들이 교제하는 곳이다. 교회 회의가 성경과 같은 권위를 가져서는 안된다. 사람이 지은 죄가 랩시(속전)에 의해 도움이 된다면 그것은 물질로도 구원이 가능하다는 것은 우상숭배와 같다."라고 주장하였습니다.

안디옥 교회는 노바티아누스 주장을 환영했고, 서방교회와 특히, 아프리카의 카르타고의 키프리안은 강력히 반대했습니다. 노바티아누스는 교회가 배교한 자와 같이 더럽혀진 자들을 아무 조건 없이 다시 받아들임으로 합법적인 성직의 수임기구를 타락하게 하는 과오를 범하게 된다고 생각했습니다. 교회는 죄를 해결하도록 위임받은 기관인데 죄를 해결하려 하지 않고 무조건 용납하는 것은 저들을 사랑하는 것이 아니라 오히려 그들의 죄를 나누어 갖게 된다고 보았습니다.

(2) 영향

이들은 신앙의 정절을 대단히 중요시 했습니다. 로마 카톨릭 교회는 이들을 자기 진영으로 끌어 들이려고 강요하였으나 끝내 고집하면서 독자적인 신앙노선을 펼쳐나갔습니다

노바투스는 로마 황제들의 기독교 핍박 속에서도 신앙을 지킨 로마교회의 장로였습니다.

그는 종교박해 때 핍박에 굴복하여 배교를 했던 사람들이 핍박이 지나가자 다시 기독교로 복귀하려는 것에 대해 재세례를 요구했습니다. 노바티아누스를 따르는 사람들을 카타리(Cathari, 순전한 자들)라고 불렀습니다.

이 문제로 로마에서는 대단히 큰 종교회의가 열렸는데, 60명의 감독(교부)들과 그 숫자보다 더 많은 장로들과 집사들이 모여서 토의를 하였으며, 각 지방에서도 목회자들이 같은 이유로 의논했습니다. 결론은 배교자들에게도 구원받을 수 있는 기회를 주어야 한다는 결정이 내려졌고, 노바투스를 따르는 자들을 이단으로 정죄했습니다.

또한 대대적인 핍박이 지나가면서 발생하는 문제로서, 배교를 한 감독이 과거에 수행했던 세례의식을 인정할 것인가에 대한 문제와 이단으로 정죄 받은 노바투스파 감독들이 행한 세례를 어떻게 처리할 것인가? 라는 문제도 다뤄졌으나, 세례를 주는 주체는 하나님이고 감독은 도구로 쓰인 것에 불과하므로 세례의식은 유효한 행위로 결론을 내렸습니다.

로마교회의 감독 코넬리우스(251년~253년)는 종교회의 의사록의 내용을 편지로 안디옥 교회의 감독 파비우스에게 보냈는데, "가혹한 시련에 굴복하여 배교했던 신자들을 구제해야 할 필요성, 그리고 이 이단의 창시자와 그의 무리들을 파문하는 일의 타당성에 대해 동의하고 있다"고 쓰고 있습니다.

노바티아누스는 로마 카톨릭과 다른 교회관을 가지고 있었습니다. 특히 유아세례를 구원으로 인정하지 않았습니다. 또 죄를 지은 사람들이 낸 속전 즉 대사라는 명목으로 내는 돈이나 몸으로 죄값을 갚아 가는 대사 제도를 반대했습니다. 뿐만 아니라 노바티아누스는 배교자들을 교회로 인정하지 않았기 때문에 그들과 어떤 타협도 하지 않았습니다. 노바티아누스는 오직 교회는 구원받은 거룩한 성도들로 구성되며 국가의 권력에 의해서 교회를 재판하는 것 자체를 거부했던 것입니다.

노바투스파 교회는 로마 카톨릭이라는 제도권 교회 밖에서 계속해서 교회를 유지하다가 도나티스트파와 왈덴스인들과 함께 16세기 종교개혁 때까지 참 교회와 성경을 지켜왔습니다.

4. 도나티스트 (Donatists)

1) 도나티스트들의 출현 배경

콘스탄틴이 황제가 되기 전의 황제인 디오클레티아누스(AD 284년 등극) 재위 시에는 그의 처 프리스카와 딸 발레리아가 기독교인이었으며, 제국 내의 많은 신하들도 기독교인이었습니다. 그의 통치 기간에 교회는 수와 세력이 급성장하고 있었습니다. 그런데 황제는 우상 숭배와 황제 숭배를 거절하는 그리스도인들이 못마땅하던 차에, 그의 사위 갈레리우스가 그를 부추겨 교회에 혹심한 박해를 가하기 시작했습니다.

궁전 문에 붙어 있던 '교회를 파괴하고 성경을 불태우고, 기독교인들은 관직을 박탈하고 노예로 삼으라' 는 황제의 칙서를 한 기독교인이 훼손하는 일이 발생한 후, 갈레리우스가 자신이 꾸민 궁전 화재의 책임을 기독교인들에게 뒤집어 씌우면서 극렬한 박해가 시작되었습니다.

황제는 네 번의 칙령을 내렸는데, 칙령에는 '모든 성직자를 투옥시키고 모든 교회 건물을 쓸어 버리며 모든 성경 필사본을 태우라' 는 명령이 담겨 있었습니다. 그리고 기독교인들로 하여금 로마의 신들에게 제사를 지내게 하고, 응하지 않을 때에는 끝없는 고문으로 불구가 될 때까지 심한 고통을 가하라고 했습니다. 박해가 끝났을 때 교회 지도자의 몸에 채찍 자국이나 고문의 흔적이 없으면 신앙을 배반한 자로 의심받을 정도였습니다. 가공할 만한 박해 속에서 순교자들도 많이 생겼지만 핍박을 견디지 못하여 신앙의 정절을 잃고 배교한 사람도 많았습니다.

디오클레시안의 박해 때 순교한 그리스도인은 줄잡아 1만 명. 고문, 투옥, 망명한 그리스도인은 2만 명에 달했다고 전해집니다. 그리고 당시에는 성경을 태우는 모닥불이 있었다고 합니다. 그때 그리스도인들이 가지고 있던 성경의 정확한 필사본들 상당수가 불태워졌던 것으로 보입니다.

그때 투옥과 박해를 견뎌내면서 세상 앞에서 주님을 믿는 믿음을 고백했던 '고백자' 들에 대한 교회의 존경은 각별했습니다. 이때 당국에 성경을 넘겨준 자들은 '배반자' 로 불렸습니다. 이 일로 인해 각 지역 교회에서는 또 다른 분쟁이 야기되었습니다. 박해가 끝난 후, 배반자들 중

다수는 죄를 뉘우치고 교회로 돌아오고자 했습니다. 자연히 이들을 용납하느냐, 안 하느냐의 문제가 대두되었고, 이는 교회에 적지 않은 파문을 일으켰습니다. 교회는 박해로 말미암아 야기된 내적인 문제들을 해결해야 했습니다.

2) 도나티스트 출현

AD 311년에 케실리안(Caecilian, 케실리아누스)이 카르타고의 감독으로 임명되는 임직식에 북아프리카의 감독 펠릭스(Felix of Aptunga)가 참석했습니다. 그는 박해 기간에 성경을 버린 사람이라고 비난받고 있었습니다. 일부 사람들은 그런 펠릭스가 안수하여 북아프리카 카르타고의 감독이 된 케실리안의 감독 안수식은 무효라고 선언했습니다. 이어서 케실리안의 감독 안수식에 불만을 가진 사람들이 마조리누스(Majorinus)를 감독으로 선출하였고, 마조리누스가 곧바로 죽어 도나투스(Donatus)가 감독직을 계승했습니다.

그때 도나투스를 따르는 사람들을 카톨릭에서 그의 이름을 따서 '도나투스파(Donatists)'라고 불렀습니다. 도나투스파(派)에 속한 사람들은 대부분 북아프리카의 원주민들로, 그 당시에는 이들을 '누미디아인'이라고 불렀습니다. 그들은 로마제국의 지배에 대해 은연중에 반감을 가지고 있었는데, 콘스탄틴과 케실리안의 그들에 대한 차별적인 정책이 불만을 더욱 고조시켰습니다.

도나투스는 도나투스파 교회를 '때문지 않은 순교자 교회'라고 말하며, 카톨릭(보편) 교회가 준 유아세례를 인정하지 않았습니다. 도나투스파들은 '교회는 거룩하며, 교회는 거룩한 성도로만 이루어져야 하며, 모임의 지도자들은 거룩해야만 한다'고 주장했습니다.

3) 콘스탄틴과 카톨릭의 도나티스트 박해

도나투스파(도나티스트)들은 배교자(背教者)의 안수를 받은 케실리안의 성직 자체가 무효라고 주장했습니다. 반대로 케실리안과 그의 지지자들은 문제의 감독이 배반자가 아니었으며, 설령 그가 배반자라 할지라도 그가 행한 성직 임명 자체는 유효하다고 주장했습니다.

AD 314년, 카톨릭은 콘스탄틴에게 카톨릭과 도나티스트들 사이에 중재자 역할을 해달라고 요청했습니다. 콘스탄틴은 유아세례를 거부하고 '세례에 의해 거듭난다는 것은 마귀의 교리'라고 주장하는 도나티스트들에 의해 자신의 권위가 도전받고 있음을 느끼기 시작했습니다.

황제는 도나티스트들을 극단적 분리주의자로 보아 온건파인 카톨릭의 손을 들어주었습니다. 그 후로 콘스탄틴이 기독교에 베풀었던 관용은 사라졌습니다. 결국 콘스탄틴은 도나티스트들을 사형에 처하고 카톨릭 측에는 손끝 하나 대지 않았습니다.

도나티스트들은 '교회는 거룩한 성도로만 이루어져야 하고, 황제의 명령을 따르는 것을 거부해야 하며, 자신들의 교회만이 참 교회다'라고 주장하였습니다. 그들은 구별된 그리스도인의 모임인 교회의 순결을 지키기 위해 변질된 교회 카톨릭으로부터 분리되어 나왔습니다. 그들은 자신들만의 교회를 세우고, 카톨릭 교회에서 행하는 유아세례를 단호히 거부하며, 유아세례를 받은 이들에게는 다시 침례를 주었습니다. 그래서 그들은 '다시 침례하는 교인들' 즉 '재침례 그리스도인들(Anabaptist)'이라고 불렸습니다. 그로 인해 그들은 이제 로마제국이 아닌 로마카톨릭의 박해를 받기 시작했습니다.

'세례에 의해 거듭난다'는 교리와 유아세례는, 배교자(背敎者)들이 전통이라고 부른 것들과 함께 시작되었습니다. 그런데 카톨릭에서는 하나님의 말씀을 변질시켜 그것을 전통으로 세워놓았습니다. 도나티스트들은 진정한 회개와 믿음의 증거를 보이는 사람들만이 함께하는 순수한 교회를 강력히 주장했습니다. 초기 도나티스트들은 바른 신앙과 뛰어난 인격을 가진 그리스도인들이었습니다.

그러한 도나티스트 교회의 교세가 확장되고 교회가 영향력을 행사하자, 콘스탄틴은 그들을 핍박한 것입니다. 도나티스트들은 "황제가 교회와 무슨 상관인가? 그리스도인들이 왕과 상관할 일이 무엇인가? 법정에 로마 카톨릭 주교가 참예하는 것은 무슨 이유인가?"라고 되물었습니다. 도나티스트 설교자들은 카톨릭을 이 세상의 군주와 간음을 범한 교회라고, 그리고 타락한 교회의 고위 성직자들이야말로 황제가 고용한 가련한 도구에 지나지 않는다고 하며, 그러한 교회에서 분리되어야 한다고 했습니다.

4) 콘스탄틴의 아들 콘스탄스의 박해

도나투스 주의는 콘스탄틴이 기독교를 공인한 이후 펼쳐진 새로운 시대 상황에 대한 응전이었습니다. 콘스탄틴의 아들 콘스탄스는 아버지의 영토인 북아프리카를 이어받자, 처음에는 도나티스트들을 회유하려고 노력했습니다. 그는 도나티스트들에게 교회로 돌아올 것을 명하는 칙령을 발표하고(AD 340), 그리스도께서 일치를 사랑하는 분이셨으니 일치가 이루어져야만 한다고 주장했습니다. 그리고 당시 로마 카톨릭 교회에서 돈을 나누어 주었는데, 도나티스트의 교회 안에서도 자선을 위해 돈을 나누어 주라고 명령했습니다. 도나티스트들은 그 돈이 사람들을 믿음에서 꾀어내려는 악마가 주는 황금이라고 일축해 버렸습니다.

콘스탄스는 곧 박해의 칼을 뽑아 도나티스트들의 교회를 박해했습니다. 그의 칼 아래 쓰러진 희생자들은 살아남은 도나티스트들에게 순교자가 되었으며, 그들의 무덤은 저항을 선포하는 강단이 되었습니다. 도나투스도 추방되어 유배생활을 하던 중에 죽음을 맞이했습니다. 늘 그랬듯이 사탄이 사용하는 수단은 회유와 위협이었습니다. 카톨릭은 도나티스트들을 회유하다 안 되자 극단적인 이단자들로 몰아붙여 무참히 짓밟았습니다.

콘스탄틴의 기독교 공인 이후 어떤 사람들은 박해의 종식을 그저 기뻐하며 로마 카톨릭에 동화되어 갔지만, 어떤 신자들은 신령한 세계를 추구하여 사막을 찾았고, 또 어떤 무리는 도나티스트들처럼 '제국의 동지'로 변한 카톨릭 교회와 단절하고 대항했습니다.

5) 콘스탄스 이후 도나티스트들의 부흥과 박해

도나티스트들의 성장은 급속도로 빨리 전개되어, 오차드(Orchard)에 따르면 한 때는 로마카톨릭 신자들의 숫자와 비슷할 정도로 많았다고 합니다. 북아프리카의 교회들은 도나티스트들이 장악했습니다.

로마 카톨릭 주교 '오프타투스'는 도나티스트 감독과의 논쟁에서 '침례는 장소나 사람에 의해 좌우되는 것이 아니며, 침례의 권위는 성

(聖)삼위(三位)의 이름으로 주기 때문에 주는 사람과는 무관하다'고 주장했습니다. 이에 도나투스의 후임자인 '파르메니아누스'는 '아무것도 줄 것이 없는 사람이 어떻게 성삼위의 무엇을 줄 수 있겠는가? 그 안에 어떠한 선한 것도 지니지 않은 죄인이 어떻게 하여 주님이 주신 귀한 축복을 줄 수 있겠는가?'라고 반박했습니다.

오차드는 서로마 황제 호노리우스와 동로마 황제 데오도시우스가 저지른 도나티스트에 대한 학살 만행에 대해서도 언급하고 있습니다.

"두 황제는 칙령을 내려, 침례를 받았던 사람이 다시 침례를 받거나 다시 침례를 주는 사람은 사형에 처하도록 했다. 그러한 무자비한 이유를 내세워 결국 잔인한 학살이 이어졌다."

기본(Gibbon)에 따르면, 300명의 목사가 교회에서 추방당했고, 몇몇은 섬으로 추방당했으며, 가지고 있던 모든 것을 빼앗겼습니다. 또한 아프리카에서 그들이 다시 활동하는 것을 막기 위해 더 이상 교회를 만들지 못하도록 제재를 가했다고 합니다.

어거스틴은 도나티스트 교회에 대해 "도나티스트 교회 사람들은 모두 침례를 다시 받는다고 하는데, 그것은 이단적이다."라고 말했습니다. 그러면서 로마황제에게 도나티스트들을 진압해 줄 것을 요청했습니다.

6) 청교도라 불린 도나티스트

5세기에도 도나티스트 교회는 로마 카톨릭 교회와 심한 갈등을 겪었습니다. AD 415년, 어거스틴은 회의에 92명의 사제들을 불러 다음과 같이 선언했습니다.

"우리는 선언하기를, 새로 태어난 아기는 영생을 얻을 권리가 있으며, 어머니의 태로부터 태어난 아이들은 죄를 안고 더럽게 태어나기 때문에 그 원죄를 없애기 위해서 모든 아이들은 세례를 받아야 한다."

이러한 선언으로 인해 도나티스트 교회는 많은 타격을 받았습니다. 많은 도나티스트들이 죽음을 맞이해야 했습니다. 그러한 박해를 피해 많은 사람이 스페인과 이탈리아로 옮겨갔고, 어떤 이들은 아프리카에 머물면서 변질되어 있는 무리들에 맞서 진리를 위해 끝까지 싸우기도

했습니다. 그들은 암흑시대에 참 신앙을 지키기 위해 광야로 쫓겨 다니며 복음을 전파했던 왈도파 그리스도인들과 맥이 닿아 있었습니다.

어거스틴과의 논쟁 끝에 도나티스트들은 결국 이단으로 정죄되고, 호노리우스 황제의 칙령으로(AD 412년) 도나티스트 교회는 많이 와해되었습니다. 그러나 이러한 핍박에도 불구하고 북아프리카에서 도나티스트들과 카톨릭교회와의 적대관계는 698년에 회교 세력이 북아프리카를 장악할 때까지 계속되었습니다.

카르타고에서 열린 공회(AD 411년)에서는 286명의 카톨릭 대표가 279명의 도나티스트 대표들을 물리치고 논쟁에서 승리하는데, 도나티스트들이 패한 주원인은 그릇된 교회관을 가진 어거스틴의 영향력 때문이었습니다.

도나티스트들은 교리와 교회 조직에 있어서 정통이었습니다. 그들은 노바티안스(Novatians) 그리스도인들과 신앙적인 면과 영적인 삶에서 거의 동일했습니다. 그들은 진실한 믿음을 가진 성도만이 교회의 구성원이라고 믿고 국가교회를 거부하며, 성결을 중요시 하였습니다. 그들은 엄격한 신앙 훈련을 받았고, 참된 믿음으로 성결한 삶을 살며, 선교에 열정적이었던 당대의 청교도들이었습니다.

도나티스트의 역사를 고대 라틴 원본에 근거해서 10년간 연구한 데이비드 베네딕트는 그들에 대하여 이렇게 요약했습니다.

"노바티안(Novatian) 그리스도인들과 도나티스트 그리스도인들은 '예수 그리스도의 교회는 점도 없고 흠도 없는 자들 외에는 아무도 그 구성원이 될 수 없으며, 되어서도 안 된다'고 주장하고, '그렇지 않은 자들은 내쫓아야 한다'고 주장했기 때문에 청교도(Puritan)라고 불렸습니다.

5. 고대 왈덴스인(Waldenses)

왈덴스인들과 알비겐스인들을 연구했던 성실한 사학자 죠지 파베르(George Faber)는 비질란티우스(Vigilantius)와 제롬(340-420년) 사이의 논쟁에 대하여 다음과 같이 중요한 견해를 피력합니다. 제롬이 비난했던 자들 중 하나인 비질란티우스(Vigilantius)가 북이탈리아의 왈덴스 그리스도인들과 결속되어 있었다고 밝혔습니다. 그리고 비질란티우스의 전 생애동안, 그의 사상과 왈덴스인들과의 완벽한 동질성이 그의 주목을 끌었습니다. 그는 아드리아해와 킹 코셔스의 알프스 산맥 사이에 위치한 한 구역으로부터 현재 코티안 알프스의 동쪽에 자리 잡고 있는 이 지역이 왈덴스의 정확한 마을입니다.

그들의 선조들이 2세기, 3세기, 그리고 4세기의 박해기간동안 이리로 쫓겨 왔습니다. 여기서, 하나님의 섭리로 세상으로부터 분리된 그들은, 고통과 추방을 당하면서도, 자신들이 사랑하였던 초대교회의 순수한 교리와 실행들을 간직하였습니다. 406년 비질란티우스는 "이 시대의 기적같이 성장하고 있는 미신들에 반대하는 절대 타협할 수 없고 단호한 논문"을 발표했습니다. 비질란티우스, 조비니안, 그리고 헬비디우스는 제롬이 독설을 퍼부은 사람들 중 일부였습니다.

이들은 독신주의, 순교자들과 성골(聖骨)들에 대한 숭배, 유아세례, 그리고 마리아 무죄설과 동정녀설을 포함한 로마 카톨릭 초기 지도자들에 의해 추가되어진 거짓 유전들을 거부했습니다. 제롬은 비질란티우스에게 보내는 답장을 작성하였는데, "그것은, 형용할 수 없는, 비논리적인 불합리 혹은 가혹한 독설로 점철된 것이었다." 그러한 "이단들"에 대하여 제롬은 개, 미치광이, 괴물들, 당나귀들, 바보 멍청이, 두 다리 달린 나귀, 벌레, 사단의 하인들, 광인, 사도들의 권위의 철봉으로 부셔져야할 쓸모없는 그릇, 등등의 험악한 말들을 쏟아내었습니다.

참고로 구약의 메시야 지상 천년왕국을 꿈꾸었던 제롬(340-420)이란 인물은 교황권을 공고히 세우려고 교황권의 라틴어 성경을 만든 장본인입니다. 자신의 친구이자 당시 로마의 주교인 다마수스에 의해 표준 라틴 성경을 만들어 달라는 부탁을 받았습니다. 이것은 AD383년과 405년 사이에 완성되었습니다.

제롬은 이미 왈덴스인들이 사용하고 있던 안디옥 구 라틴(올드 라틴) 본문을 거부하였고, 감독주의자들에 의해 신정정치를 위해 만들었던 본문인 오리겐의 헥사플라 6란 대조성경, 콘스탄틴의 명령으로 유세비우스가 오리겐의 것을 토대로 만든 50권의 왕실 성경 본문을 통합하여 제롬이 라틴 벌게이트 역의 신구약성경을 만들었습니다. 이 사이비 성경은 왈덴스인들로부터 전달된 바른 성경을 칼빈의 제자인 베자에 의해서 만들어 질 때까지 공식적인 성경으로 사용되었습니다.

제롬과 비질란티우스(Vigilantius)와의 논쟁을 통해서 고대 왈덴스인들은 사도들로부터 받은 복음을 오늘날 우리에게 전달하는 과정에서 가장 중요한 역할을 했던 것으로 평가되고 있습니다. 왈덴스인들은 1655년 왈도파 성도들이 3000명이 학살당하는 것으로 이름이 사라집니다. 그러나 그들은 수많은 성경을 직접 손으로 필사하여 비밀리에 보급을 시켰습니다. 그리고 성경을 지켰습니다. 거룩한 교회를 세우고 진리를 지키기 위해 스스로 가난을 감수했으며 외롭고 고독한 삶을 자청했습니다. 그렇게 해서 그들은 오늘날 우리에게 광명한 진리의 빛을 전해 준 것입니다.

6. 폴리시안(Paulicians)

니케아 공회 이후 대부분의 성경대로 믿는 사람들은 그 그룹의 지도자의 이름을 따거나 그렇지 못한 경우에는 지역이름으로 불리게 됩니다. 이 시대에(주후500년-1000년) 하나님의 말씀을 전파하고 가르친 사람들은 "카톨릭" 혹은 "로마 카톨릭" 혹은 "그리스 정교회"라고 불려본 적이 없습니다. 이들을 폴리시안, 불가리안, 파테린, 부르군디안, 보고밀, 아르메니안, 카타리 등등으로 불렸습니다.

이들의 신학적인 지식의 부족이 무엇이었든지 간에 두 가지 사항은 결코 실행하지 않았습니다. 그들은 결코 유아에게 물을 뿌리지 않았으며, 성인의 경우 거듭남을 체험했다는 고백이 있을 때까지 침례를 주지 않았습니다. 그들은 "침례교도"로 불릴 수도 있는데 이는 바로 이 두 가지 사항이 침례교도들이 물침례에 관해서 믿고 있는 독특한 요소이기 때문입니다.

만약 "침례교도"(Baptist)가 어린 아이는 침례주지 않고 어른의 경우 구원받을 때까지는 침례주지 않는 성경대로 믿는 사람들을 뜻한다고 한다면 암흑시대의 가장 유명한 복음적 그룹인 왈덴스는 침례교도들이었습니다. 왜냐하면 바로 이 두 가지 사항이 그들이 믿고 실행했던 바였기 때문이다.

폴리시안은 처음부터 카톨릭에 의해 이단종파로 분류되었습니다. 이들을 금지시킬 목적으로 이들은 유명한 이단이었던 "마니키안"과 연관된 것으로 꾸몄습니다. 마니키안은 마네스(혹은 마니)라고 하는 페르샤인이 A.D. 270년경 페르샤에 세운 이단 종파로 알려져 있습니다.

그러나 사실 마니키안에 대한 반대는 마니가 영지주의자들이나 카톨릭 보다 창세기 1:2에 대해 더 정확한 해석을 하였기 때문에 나온 것이었습니다. 마니는 하나님의 나라를 전파하는 모든 사람들을 대적하는 사탄적 세력이 이 세상에 존재한다고 인정했습니다.

카톨릭 역사가들은 이 주장이 "이원론"을 믿는 영지주의라고 몰아붙였습니다.

마니는 275년 교수형에 처해졌습니다. 죄목은 선과 악에 대해 갖고 있는 견해와, 아담 이전의 역사에 대해 갖고 있던 철학적 주장이 이단이라는 것이었습니다. 그럼에도 불구하고 그와 그의 추종자들은 신구약 성경이 영감을 받았고, 그리스도는 처녀에게서 태어났으며, 그리스도는 인간의 육신의 모양을 입은 하나님이시며, 죽었다가 장사되었고 다시 사셨다는 사실을 믿었습니다.

전통주의자들이 마니의 가르침에 반대한 진짜 이유는 훨씬 간단합니다. 그의 추종자들은 4세기나 5세기 동안 카톨릭 신앙을 조롱하고 "카톨릭 교도"들의 반성경적 실행들을 조롱한 사람들로 명성을 얻었습니다. 따라서 카톨릭은 폴리시안 역시 "반카톨릭"이었으므로 이들을 약탈하고 살해할 목적으로 마니키안과 연관이 있다고 몰아붙였던 것입니다.

교회사가 필립 샤프는 마니키안을 "과격하고, 이단적인 종파"로 분류합니다. 이들은 로마 카톨릭과는 반대로 바울 서신을 강조한다고 해서 "폴리시안"(바울파)이라고 불렸기 때문입니다. 카톨릭 교회는 한 번도 바울 서신을 강조하지 않았습니다. 폴리시안은 한 마디로 오리겐, 시프리안, 클레멘트, 파피아스, 유세비우스, 제롬, 혹은 어거스틴보다 신약성경의 핵심을 훨씬 잘 파악한 성경대로 믿는 그리스도인들이었습니다.

샤프가 "이단종파"라고 부르는 이 그룹의 창시자는 A.D. 684년 그리스 황제 콘스탄틴 포고나우츠(668-685)의 명령에 의해 돌에 맞아 죽었습니다. 이 "이단종파"는 성경대로 믿는 사람이라면 쉽게 그 출처를 찾아낼 수 있는 시리아에서 유래되었고, 소아시아를 거쳐 퍼져나갔습니다. 정통주의자 데오도라는 십여만 명의 폴리시안을 칼과, 밧줄과, 화형으로 죽였습니다.

폴리시안 회중들은 살아남기 위해 콘스탄티노플을 떠나 정치적으로는 사라센과 동맹을 맺었습니다(종교적으로는 아니었다). 비잔틴 제국은 이 당시(A.D.867) 우상을 섬기는 배교자였던 그리스 카톨릭(Greek Catholics)에 의해 지배되고 있었습니다.

카톨릭 교회사가들은 이들 "극단적인 이단들"은 "이원론"을 가르쳤고, 동정녀 마리아는 "하나님의 어머니"가 아니라고 가르쳤으며, 기독교보다는 유대교를 가르쳤고, 시몬 베드로를 거짓 선지자라고 여겼다고 그의 교회사에 기록했습니다. 바로 이런 사정 때문에 폴리시안은 두 가지 이유로 "이단"으로 분류된 것입니다.

폴리시안은 카톨릭 교회의 수장을 거짓 선지자(사탄)라고 불렀습니다. 폴리시안에 대한 공격은 성경대로 믿는 그리스도인들에 대한 15세기에 걸친 중상모략의 전형적인 예입니다. 폴리시안들은 카톨릭 교회의 성직제도를 거부했고, 성체성사도 거부했고, 유품과 십자가 숭배도 거부했고, 에베소서 4:5의 "하나의 침례"는 성령께서 믿는 자를 그리스도 안으로 넣는 것이라고 생각했습니다.

폴리시안의 최악의 상태마저도 당시를 지배하던 교회의 그 어떤 주교나 대주교 보다 최소한 다섯배 이상은 성경적이었습니다. 심한 박해를 받게 된 폴리시안들은 불가리아와 발칸 지역의 산악지대로 이주했고 그곳에서 이탈리아 북부와 유고슬라비아로 가서 왈덴스와 알비겐스로 불리우는 그리스도인들을 낳게 되었습니다.

"마니키안"으로 몰린 폴리시안 사람들은 로마의 "기독교 정책"에도 불구하고 완전히 뿌리뽑히지 않았습니다. 그들은 이탈리아 북부(파테린과 왈덴스의 본고장)와 프랑스 남부(보도와 알비겐스의 본고장)에서 비밀리에 성경을 가르쳤고 복음을 전파했습니다. 폴리시안은 한 때 (A.D.560) 마니키안이었던 어떤 사람의 회심과 더불어 시작되었다고 알려져 있습니다.

구령하는 어떤 전도자가 그에게 복음서와 사도 바울의 서신을 담고 있는 신약성경의 필사본을 하나 건네주었습니다. 물론 이 필사본은 제롬이 사용한 알렉산드리아 계열이 아니고 시리아의 비잔틴 계열 필사본이었습니다. 이 성경 출판으로 이 감독은 황제 유스틴(483-565)에 의해 "마니키안"으로 몰려 트레이스로 추방되었다가 그곳에서 그리스 정교회 교도들에 의해 살해되었습니다.

7. 왈도파(피터 왈더스(Peter Waldus)

왈도파 사람들은 처음에는 로마 카톨릭과 교류하는 데에서 이탈할 생각이 없고, 다만 개혁을 원했습니다. 그래서 제3차 '라테란 공회'(1179년)에 갑자기 나타나서 교황 알렉산더 3세에게 거리에서 설교하는 것을 허락해 달라고 요구했습니다. 그리고 그들이 번역한 성경을 교황에게 주기도 했습니다. 그러나 거리에서 설교하는 것은 허락되지 않았고, 오히려 교회에서 축출당했습니다. 그들은 곧 두 명씩 짝을 지어 복음을 전하러 다녔고, 이에 위협을 느낀 리옹의 대주교는 그들에게 파문 선고를 내렸습니다. 그 소식을 들은 교황은 '누구도 나에게 특권을 받지 않고는 설교할 수 없다.'며 설교를 금하는 명령을 내렸습니다. 그때 왈도는 "우리는 사람보다 하나님께 순종해야 한다."고 했습니다. 그때부터 왈도파에게는 이단이라는 낙인이 찍혔습니다.

그들은 알프스산맥 동부에 위치한 험한 산골짜기에서 피난처를 찾았고, 거기서 수백 년 동안 살았습니다. 그들은 교황의 권세가 굳게 서 있는 땅에 살면서, 성경의 약속을 딛고 서서 순결한 믿음을 지키기 위해 거짓 종교에 당당히 저항했습니다. 그들의 믿음과 삶은 하나님의 말씀 위에 서 있었습니다. 세상과 단절된 궁벽한 곳에서 양떼를 치고 포도원을 가꾸며 고된 삶을 살면서도 그들이 지켰던 귀한 믿음은 그들의 선조로부터 물려받은 것이었습니다.

왈도가 죽은 지 160년 후 왈도파가 거주하던 골짜기의 평화는 이단을 근절하기 위해 한 수도사가 도미니크 종교 재판관으로 파송되면서 깨지고 말았습니다. 13년 동안 230여 명이 화형을 당했고, 그들의 재산은 종교 재판관들과 나라의 권세자들이 나눠 가졌습니다. 1400년 겨울에 박해가 가속되자 왈도파의 많은 사람들은 더 높은 산지로 피신하였고, 산 속에서 대부분의 어린아이들과 여자들, 그리고 많은 남자들이 추위와 굶주림으로 죽었습니다.

교황 이노센트 3세는 왈도파를 '삼손의 여우'라고 불렀고, 여러 곳에서 붙잡아온 왈도파 사람들을 함께 묶어 태워 죽였습니다. 1486년에는 교황 이노센트 8세의 지시로 크레모나의 부(副)감독이 이단 근절의 책임을 부여받아 1,800명을 이끌고 왈도파 사람들이 살던 골짜기로 침입했습니다. 왈도파는 산지를 이용하여 그들을 효과적으로 방어했고, 싸움은 100년 동안 계속되었습니다. 1655년에는 악명 높은 대학살이 일어나 수많은 왈도파 사람들이 기둥에 묶인 채 화형을 당해 죽어갔습니다.

박해는 매우 심하여 왈도파를 쫓던 사람들은 왈도파가 살던 지역을 불질러 황폐화시키고, 임산부를 돌에 깔아 죽이기도 하는 등 온갖 잔혹한 짓을 저질렀습니다. 왈도파가 묻힌 묘를 파내 뼈를 태우기도 했습니다. 이탈리아 북부의 피에드몽(Piedmont) 지역에서의 박해가 특히 심했습니다. 박해를 피해 동굴에 살고 있던 왈도파 남자들이 행상과 전도로 피에드몽 골짜기를 비웠을 때, 카톨릭 군사들이 공격해 들어가 불을 질러서 부녀자 3,000여 명을 모두 죽였습니다.

왈도파의 본거지인 피에드몽 골짜기에는 피가 흘러 넘쳤다고 합니다. 이처럼 잔혹한 일을 벌인 카톨릭 박해자들이 왈도파에게 품었던 불타는 증오심은, 왈도파 사람들이 날카로운 진리의 칼로 부패한 그들 종교의 환부를 건드리는 메시지를 전했기 때문이었습니다.

왈도파의 가장 큰 특징은 그들의 성경 사랑입니다. 성경에 대한 왈도파의 사랑은 그들로 하여금 성경을 플라밍어, 독일어, 프랑스어로 번역하여 다른 사람들과 그 보물을 함께 나누도록 했습니다. 헤어조그(Herzog)는 왈도파 만큼 성경 배포를 위하여 열심이었던 분파를 찾지 못한다고 말했습니다. 왈도파는 성경을 기초로 그 위에 실제적으로 성경의 진리를 세웠습니다. 제네바 개혁자 베자가 번역한 베수용 원문(Received Text)도 왈도파에 의해서 전달된 것이었습니다. 누구든지 오늘날 프랑스가 모국어로 성경을 가지고 있는 것은 골짜기의 왈도파 덕분이라는 사실을 반드시 인정해야 할 것입니다.

8. 알비겐스(Albigensians)

프랑스 툴루즈 북동쪽 42마일 지점에 있는 도시, 알비에서 그들의 이름이 기원한 성경대로 믿는 사람들을 알비겐스라고 불렀습니다. 알비겐스들은 노바티안, 도나티스트 및 기타 관련된 성경대로 믿는 사람들이 로마 북부로부터 롬바르디를 거쳐 프랑스 남부로 건너간 후 이들의 후계자로 등장한 그룹입니다. 툴루즈 공회(1119)부터 시작해서 이들을 이단으로 정죄하는 선언들이 뒤따랐고 군경을 동원해서 이들을 박해하기 시작했습니다.

이노센트 3세는 성경대로 믿는 "이단"들이 불신자들(사라센, 모슬렘, 그리고 터키족)보다 더 나쁘다고 믿었습니다. 왜냐하면 이들이 로마 카톨릭을 바벨론 음녀라고 비난했기 때문입니다. 그래서 이노센트 3세는 네 번에 걸쳐 "십자군"을 조직하여 알비겐스를 멸절시키려 했습니다. 알비겐스를 토벌할 전쟁에 참여하는 자원자들에게는 모슬렘을 죽이러 항해했던 자들에게 약속된 동일한 보상이 약속되었습니다(대사大赦 : 죄들이 많이 용서받은 행위). 교황 이노센트의 일요일 강론에서는 알비겐스는 "옛 뱀의 종들"이라고 불렸습니다.

이노센트는 비무장한 알비겐스 사람들을 칼로 살상하는 살인자들에게 하늘나라를 약속했습니다. 1209년 7월 정통 카톨릭 군대가 베지어즈라는 도시를 공격했고, 6만여 명의 무고한 비무장 시민을 남녀노소를 가리지 않고 살상했습니다. 전 도시가 포위를 당했고, 어떤 사람이 카톨릭 교도 역시 "이단"들과 더불어 살해당하고 있다고 불평을 하자 교황의 특사는 걱정 말고 계속 죽이라고 하면서 "주님께서는 자신의 양을 알고 계시니" 염려 말라고 했습니다.

프랑스의 카르카송에서는 모든 주민이 마을에서 쫓겨났는데 가진 것이라고는 몸에 걸친 옷 뿐이었습니다. 미네르바에서는 140,000명의 그리스도인들이 화형당해 죽었습니다. 이들의 코, 귀, 입술 등은 카톨릭을 신봉하는 자들에 의해 잘려졌습니다. 이런 악한 행위도 그들에게는 하나님의 뜻이었던 것입니다. 1229년에는 도미니크 종교재판은 절정에 달했고 1233년-1234년에는 교황 그레고리 4세가 독일군을 동원해서 브레멘과 올렌부르크 근처에 살던 수십만 명의 알비겐스들을 살해했습니다.

9. 로라즈(Lolards)

로라즈는 "종교개혁의 새벽별" 위클리프가 조직한 순회 전도단입니다. 위클리프는 영국의 색슨족 출신으로 1366년 왕궁의 궁전 목사가 되었으며 1374년에는 신학박사 학위를 받았습니다. 그는 곧이어 로마 카톨릭을 기탄없이 비난하였고, 이에·런던의 성 바울 성당의 주교 앞에 소환되어 재판을 받았습니다. 교황은 위클리프의 모든 저작을 정죄했고, 최초의 영어로 된 성경을 금지시켰습니다.

위클리프는 라틴어에서 영어로 성경을 이미 번역했었습니다. 위클리프는 분명 구라틴어 성경들을 갖고 있었고, 몇몇 군데에서 제롬의 벌게이트와 일치하지 않는 구라틴어 필사본들도 갖고 있었습니다. 위클리프는 살아 있는 동안 영국의 강력한 귀족들에 의해 보호를 받았습니다. 또한 그의 설교를 "기꺼이" 받아들였던 일반인들 역시 그를 지지했습니다. 위클리프는 옥스포드 출신자들로 "가난한 사제"단을 조직해서 영국 전역에 걸쳐 성경을 설교하도록 했습니다. 이들은 후일 "로라즈"(Lolards)로 알려진 사람들입니다.

비록 이들의 기원을 추적하는 것이 쉽지는 않지만 "리용의 가난한 사람들"(프랑스의 리요니스트로 "휴밀리타이"와 "프라트리셀리"로 불렸음)이 로라즈들처럼 자진해서 가난을 택하였고 거리에서 설교하였다는 사실은 주목할 만합니다. 월터 로라드라고 하는 피드몽 출신의 왈덴스 목사에서부터 로라즈라는 이름이 유래했습니다. 위클리프는 1384년 교회에서 예배도중 죽었습니다. 그의 저작들은 엄격히 금지되었고 1415년 콘스탄트 공회는 그의 책들을 불태우도록 명했습니다. 후일 그의 유해는 무덤에서 파헤쳐져서 태워졌는데 이 일은 1413년 라테란 공회에서 의결되었었습니다.

위클리프의 시체를 그처럼 잔인하게 파헤쳐 불태운 이유는 간단합니다. 그 이유는 그가 도나티스트, 폴리시안, 파테린, 보도, 불가리안, 알비젠스, 왈덴스, 카타리들과 마찬가지로 교황은 적그리스도라고 가르쳤기 때문이며 교황을 따르는 세속 정치가들은 마귀의 종들이라고 말했기 때문이었습니다. 더 나아가 위클리프는 라드베르투스가 지어낸 "화체설"이라고 하는 아프리카의 검은 마술을 받아들이지 않았기 때문이었습니다.

위클리프는 안디옥 그리스도인들처럼 성경을 믿음과 실행의 모든 문제에 있어 절대적이고 최종적인 권위로 믿었던 성경대로 믿는 사람이었습니다. 성경이야말로 모든 그리스도인들이 반드시 공부해야 할 "모든 진리"입니다. 성경에 일치하는 것은 그것이 무엇이든 간에 옳고 성경과 상치되는 것은 그것이 무엇이든 간에 거짓됩니다.

왜냐하면 위클리프는 성경의 모든 어휘가 참되며 성경에 근거하지 않는 것은 그 어떤 것도 믿을 필요가 없다고 믿었기 때문입니다. 위클리프는 로마 카톨릭의 평신도들이 자기들의 언어로 성경을 갖고 읽어야 된다는 사실을 부인하는 그것이 이단이라고 비난했습니다. 또한 그는 유아세례를 거부했으며, 마리아숭배, 연옥, 죽은 자를 위한 기도, 염주, 유품숭배, 그리고 외경을 거부했습니다.

한 마디로 그는 성경대로 믿는 하나님의 사람이었습니다. 위클리프가 조직한 순회 전도단인 로라즈는 그가 번역한 그 성경을 가지고 영국과 유럽을 누비고 다녔습니다. 그중 일부는 화형을 당하기도 했습니다. 영국에서 최초로 화형을 당한 여자는 로라즈 출신의 요안 브로프톤으로 1494년 스미스 필드에서 화형당했고 그녀의 딸도 같이 화형당했습니다.

10. 후스파(John Huss)

후스파는 보헤미아의 후스를 따르는 무리들을 일컫는 말입니다. 후스는 보헤미아의 호시네츠에서 농부의 아들로 태어났습니다. 그는 1398년 프라하 대학교에서 신학 강사가 되었으며 1401년 사제로 서품을 받았습니다. 그는 요한 위클리프의 저작들을 모국어로 번역했으며 곧이어 카톨릭 교회에 의해 "이단"으로 분류되었습니다. 한 때 체코 민족 전체가 그를 따랐습니다. 후스는 교황에 의해 파문을 당했으나 그는 계속해서 설교하고 책을 썼습니다. 1414년 그는 콘스탄스 공회에 소환을 당했습니다. 자유로운 활동과 안전을 보장받고 그곳에 간 후스는 체포되어 투옥되었고 신속한 재판을 통해 화형에 처해졌습니다(1415년).

살인마 카톨릭 교회는 보고마일, 파테린, 알비겐스와 같은 그 어떤 죄목으로도 그를 처형한 것이 아니었습니다. 그러나 후스가 보헤미아에서 배운 성경적 진리들은 이들 그룹으로부터 배운 것입니다. 이는 보헤미아가 왈덴스들의 핵심 본부 중의 하나였기 때문입니다. 후스의 죄목은 그가 화체설의 "미사"를 거부했다는 것이고 성당과 예배당이 아닌 곳에서 언제든지 설교를 했으며, 교황의 무오성을 부인했고, "참되고, 거룩하고, 사도적인 교회"는 추기경, 교황, 대주교들이 없이 존재할 수 있다고 설교했기 때문이었습니다.

그는 카톨릭과는 달리 교회는 베드로가 아닌 예수 그리스도 위에 세워졌다고 생각했습니다. 따라서 후스는 당시 제도교회의 모든 교리와 그 영도자에 대항했다는 죄를 뒤집어 쓰게 된 것입니다. 카톨릭 교회는 요한 후스를 화형에 처했습니다. 교황이 후스에게 자유로운 행동과 안전 귀가를 약속하는 거짓말로 후스를 공회로 소환한 것은 카톨릭의 기본 원칙에 어긋나지 않습니다. 그것은 "이단"에게는 약속을 지킬 필요가 없다는 원칙입니다. 이 "원칙"은 후일 예수회에 의해 매우 효과적으로 사용되었습니다.

11. 재세(침)례파(Anabaptists)

1) 재세(침)례파 개혁의 역사적 평가

기독교 세계사의 분수령이 되는 16세기 종교 개혁의 주인공은 루터나 칼빈이 아니었습니다. 진정한 종교 개혁의 주인공들은 로마 카톨릭 이전의 교회로 돌아가자고 했던 재세례파 개혁자들이었습니다. 미국 하버드 대학교 신학부의 교회사 교수인 윌리암스(George H. Williams)는

16세기 종교개혁 운동을 크게 두 유형으로 구분했습니다.

첫째는 루터파(Lutherans), 쯔빙글리(Zwinglians), 칼빈파(Calvinists) 그리고 성공회(Anglicans) 등에 의해 이루어진 온건한 개혁운동인데 이 개혁운동을 '행정적 개혁' 혹은 '관료적 개혁'(Magisterial Reformation)이라고 불렀습니다. 이들은 종교개혁운동의 주류로 이해되어 왔는데 윌리암스 교수는 이들을 '고전적 개혁'(Classical Reformation)이라고 부르기도 했습니다. 이들은 콘스탄틴 황제 이후 형성되어 온 소위 국가교회(state church), 곧 제도화된 교회(established church) 안에서 관헌(국가 혹은 정부)의 지원이나 보호를 배제하지 않았다는 점에서 '매지스티어리얼'(magisterial)이라는 형용사로 개혁운동의 성격을 규정하였습니다.

둘째로는 온건한 개혁과는 달리 다소 과격하거나 급진적이었지만 근본적인 개혁을 추진하려 했던 여러 형태의 재세례파(Anabaptists), 신령파(Spiritualists) 그리고 복음주의적 합리론자(Evangelical Rationalists)들을 통칭하여 '급진적 개혁'(Radical Reformation)이라고 불렀습니다. 이들은 유럽의 오랜 국교회(國敎會) 전통을 거부하고 콘스탄틴 이전의 고대교회로의 복귀를 근간으로 하였다고 보았습니다. 이들은 보다 철저하고도 급진적인 개혁을 주장했다는 점에서 '래디칼'(radical)한 개혁운동으로 분류하였습니다. 윌리암스 교수의 이러한 분류방식은 그 이후의 교회개혁사 연구에 큰 영향을 끼쳤습니다.

교회개혁운동사에 있어서 이 양자를 구별하는 윌리암스 교수의 표준은 일차적으로 개혁자들의 교회론 혹은 교회와 국가와의 관계에 대한 견해입니다. 다시 말하면 로마 가톨릭에 반대하여 개혁운동을 전개해 가는 과정에 있어서 국가나 정부 등 세속권력집단과 어떤 관계를 유지해 왔느냐에 따라 분류한 것입니다. 즉 전자는 교회개혁운동에 있어서 제도화된 교회 안에서 세속권력과 제휴 혹은 지원을 받으며 교회를 시민사회와 일치시키는 경향이 있었던 반면에, 후자는 서구의 오랜 국교회(國敎會)전통은 거부하고 콘스탄틴 이전의 교회에로의 복귀를 근간으로 했고 국가와 교회와의 관계를 배제하려고 하였습니다. 이런 이유로 이들은 종파주의자들(sectrians)이라고 불렀습니다. 따라서 루터나 쯔빙글리,

칼빈 등의 주된 이념이 개혁(reformatio)이라고 한다면, 재세례파나 신령파 혹은 합리주의자 등 급진적 개혁자들의 주된 이념은 로마 카톨릭의 국가교회 형태 이전으로 돌아가는 복귀(restitutio)였습니다.

2) 재세례파 종교개혁운동의 기원 스위스 형제단

스위스에서 출발한 종교개혁은 제네바에서 시작된 칼빈의 종교 개혁보다 먼저 취리히에서 재세례파들에 의해서 시작되었습니다. 재세례파는 쯔빙글리를 중심으로 모여서 성경을 연구하던 제자들 가운데 발생하였습니다. 특히 이들의 주제는 교회를 개혁하는데 국가의 권력을 통해서 하느냐, 아니면 독자적으로 하느냐에 대해 쯔빙글리는 국가권력을 통해서 하자고 로마 카톨릭을 옹호했으나, 그레벨 같은 이들은 국가와 완전 독립을 해야 한다고 주장하므로 서로 갈라서게 되었습니다. 이들을 가리켜 '스위스 형제단' 이라고 부릅니다. 스위스 형제단(Swiss Brethren)은 취리히의 개혁자 콘라드 그레벨(Conrad Grebel, 1448~1526)을 중심으로 생겨났습니다.

그레벨은 교회 안에 남아 있는 로마 천주교회의 유산들을 제거하는 것을 주장했고, 쯔빙글리는 달리 온건한 교회 개혁을 추진했습니다. 그레벨은 통치자의 도움 없이 교회 스스로 신속한 개혁을 이룰 것을 역설하였습니다. 그는 교회를 자발적으로 모인 신자들의 모임으로 보고, 쯔빙글리와 시의회에게 중생한 신자로 구성된 참된 교회를 세움으로 교회를 개혁하자고 제안하였습니다. 그러나 쯔빙글리는 정부를 통하여 점진적으로 교회를 개혁하는 것이 순리라고 주장하였기 때문에 두 개혁자를 갈라서게 하는 계기가 되었습니다.

그레벨은 도나투스(Donatus)의 교회관을 수용하고, 신자들로만 구성된 교회를 세우고자 하였습니다. 그래서 그는 1523년 펠릭스 만츠(Felix Manz, 1500~1527)와 함께 교회에서 태어난 모든 자에게 교회 회원권을 주는 국가 교회 제도가 자발적인 신앙 고백에 의해 순수한 교회를 세우려는 개혁운동을 막는 장애물이라 주장하였습니다.

또한 참된 성도로 구성된 교회를 세우려면 교회가 전통적으로 지켜온 유아세례 제도를 폐지해야 가능하다고 하였습니다. 세례는 중생과 신앙의 상징이므로 자기 자신의 판단과 책임 아래 신앙적인 고백을 할 수 있는 나이에 성인들에게 세례를 베풀어야 하며, 유아세례를 받았다는 것 때문에 교인으로 간주하는 것은 옳지 않다는 것이었습니다. 더구나 유아세례는 성경적인 근거가 없다고 주장하였습니다.

예수께서 유아세례를 제정하셨다면 왜 성경이 침묵하며, 1~2세기의 기록에 유아세례에 대한 언급이 없는 것은 유아세례가 인간들에 의하여 세워진 제도임을 보여준다고 하였습니다. 그리고 그레벨은 교회와 정부의 전적인 분리를 주장하였습니다. 정부는 모든 백성과 관계를 맺지만 교회는 단지 성도로 구성되며, 정부는 죄 때문에 생겨났지만 교회는 구원받은 성도를 위하여 존재하므로 정교의 분리는 당연하다고 보았습니다.

블라우록은 『재세례파 종교개혁의 출발』(Beginnings of the Anabaptist Reformation)이라는 책을 출판하여 재세례파 운동을 옹호하였습니다. 유아세례는 성경에 근거하지 않은 교황 제도의 산물이므로, 미사와 연옥 교리처럼 폐지되어야 한다고 주장하였습니다.

이러한 재침례파의 주장에 대하여, 쯔빙글리는 유아 세례와 계약신학을 옹호하는 4편의 글을 썼습니다. '모든 믿는 자의 자녀는 하나님의 자녀이므로 세례를 받아야 하며 구약 시대에 할례가 은혜 계약의 표시였던 것처럼, 세례는 신약 시대의 은혜 계약 표시이므로 어린아이는 나면서 8일 안에 유아 세례를 받아야 한다. 또한 성경에는 재세례에 대한 어떠한 가르침도 없다.'

이렇게 유아세례에 대한 비판으로 취리히가 혼란에 빠지자, 1525년 1월 쯔리히 시의회는 신자의 세례문제 때문에 공개 토론회를 열었습니다. 1월 10일에서 17일까지 그레벨, 만쯔, 로이블린(Reublin), 블라우록(Blaurock) 등은 쯔빙글리와 블링거에 대항하여 세례문제에 관해 토론을 벌였습니다. 이 토론의 결과와 관계없이 시의회는 1월 18일 쯔빙글리의 승리를 선언하고 유아세례의 시행을 명했고 재세례를 엄격히 금지하였습니다. 이로부터 사흘 뒤인 1월 21일에는 로이블린, 해쩌(Haetzer), 볼티(John Botli), 카스텔베르거 등을 추방하고 그레벨과 만쯔에게는 어떤 학교나 모임에 참석하는 것과 가르치는 것을 금지시켰습니다.

바로 그 날, 즉 1525년 1월 21일 저녁, 10여명의 스위스 형제단들은 펠릭스 만쯔 집에 모였습니다. 이들은 쯔리히 시의회의 결정이 하나님의 말씀을 반(反)하는 속권의 발동으로 확신하고 이날 콘라드 그레벨은 게오르게(George of the House of Jacob)에게 처음으로 재세례를 베풀었습니다. 그레벨이 직접 재세례를 베푼 후 블라우룩은 그곳에 있던 다른 사람에게도 재세례를 베풀었습니다. 이렇게 하여 스위스 형제단들로부터 소위 재세례파가 출현한 것입니다.

유아 세례 논쟁 후, 취리히 시는 혼돈과 무질서에 빠지게 되었습니다. 재세례주의자들의 유아 세례 부인과 교회와 정부 제도에 대한 비판으로 영권과 세속권의 권세가 추락하였습니다. 재침례파가 기성 교회를 비판하고, 군대에 나가는 것, 그리스도인의 정치 참여에 대하여 반대하고 정죄하므로, 사회적 기강이 무너지고 무정부 상태가 되었습니다. 이러한 상황에 놓인 교회와 정부는 재침례교들을 백성의 영혼을 죽이는 자들로 간주하고, 재침례를 주장하는 자를 정부를 전복하는 자로 정죄하였습니다.

1526년 3월에 취리히 시 정부는 재세례파를 탄압하기 위하여 그들이 국가의 법 질서를 교란시키고 있다고 규정하고 금압법을 발표하여 그들이 사회질서에 순응하던가 아니면 그 곳을 떠나든가를 결정하도록 강요했습니다. 이러한 결정에 대항하는 사람들에게는 가혹한 박해를 가했는데 그것은 시 당국이 재세례파 사람들을 익사 시키도록 명령한 것입니다. 재세례파의 지도자들은 대부분 혹독한 방법으로 순교를 당했습니다. 이처럼 스위스 형제단은 그 출현부터 심한 박해를 받았습니다. 그레벨은 두 번이나 투옥당했다가 결국 감옥에서 병에 걸려 죽었고, 만쯔는 1527년 취리히 시의 관원이 호수에 던져서 죽게 하였습니다. 그러나 이들의 사상은 스위스와 남독일 일대에 급속하게 퍼져 나갔습니다.

이러한 탄압에도 불구하고 재세례파의 세력은 점차 확대되어 나갔습니다. 결국 스위스에서 추방된 재세례파는 새로운 급진주의적 요소와 결탁하여 급속도로 서 유럽으로 퍼지게 되었습니다. 재세례파는 특히 서부 독일과 네델란드 지방으로 많이 퍼져나갔는데, 뮌스터에서 과격한 사회-경제적인 유토피아 천년왕국 운동과 복잡한 관계에 빠져서 거의 치명적인 타격을 받게 되었습니다. 뮌스터사건 이후 새로운 국면을 맞게 되었는데 곧 평화주의 운동, 메노파라는 새로운 이름을 얻게 되었습니다.

3) 재세례파의 교회관

로마 카톨릭 이전 교회의 복귀운동은 재세례파의 핵심이었을 뿐만 아니라 이들의 교회관의 핵심이기도 합니다. 이들은 신약성경 시대와 콘스탄틴 이전 시대의 교회를 참되고 순수한 교회로 보고 이 시대적 교회로 회복을 의도하였습니다. 그래서 리텔(Franklin Littell)은 이를 '원시주의'(Primitivism)라고 명명하였습니다.

재세례파는 교회의 타락은 교회가 국가와 타협, 야합하여 교회의 독립성을 누리지 못한 국가교회제도에 기인한다고 보았습니다. 이들은 루터나 쯔빙글리나 칼빈이 비록 교회와 국가 간의 분리를 주장한다 할지라도 그것은 개념상의 분리이지 실질적 분리라고 할 수 없기 때문에 저들은 여전히 중세적이며 로마가톨릭과 연속성을 지니고 있다고 보았습니다. 개혁자들의 국가와의 분리를 속임수로 본 것입니다.

재세례파는 교회의 타락은 4세기 곧 콘스탄틴 시대로부터 시작된 것으로 보고 있습니다. 이들은 콘스탄틴 황제 이후의 교회와 국가 간의 타협 혹은 결합을 교회 타락의 가장 중요한 징표로 보았습니다. 이 타협을 통해서 교회는 더 이상 신자의 자발적인 모임이기를 거부하고 국가적 의식(유아세례)이나 강압과 무력정복에 의한 집단적 개종을 강요하기에 이르렀다고 주장하였습니다. 그래서 저들은 교회와 국가의 엄격한 분리를 주장했던 것입니다. 세바스치안 프랑케(Schastian Frank)나 카스파 쉬웬크펠트(Caspar Schwenkfeld)는 바로 이런 이유에서 황제권의 개입의 결과로 영적 자유가 침해되었다고 보았습니다.

재세례파가 말하는 타락한 교회의 두 번째 표징은 기독교의 이름으로 수행된 전쟁이라고 보았습니다. 폭력은 어떤 이유나 경우를 막론하고 모두가 신약성경의 가르침과 위배되며 또 무력을 사용하여 종교적 자유를 통제하는 것은 분명한 타락의 징표로 보았습니다. 그래서 저들은 무저항주의와 절대평화주의를 견지했던 것입니다. 그들은 순교를 가장 큰 덕목으로 생각했습니다.

재세례파는 교회타락의 세 번째 표징은 삶과 예배에 있어서 형식주의(dead formalism)였습니다. 내적 진실성보다는 의식, 외적 웅장함 등 제도화된 교권체제는 교회가 타락한 증거라고 보았습니다. 그래서 저들은 단순한 의식과 간략한 성찬식 거행을 시행했습니다.

재세례파는 교회는 믿는 자들의 자의(自意)에 의한 모임이어야하며, 국가나 권력의 통제나 간섭으로부터 독립해야 한다고 보았습니다. 또 '믿는 자의 세례'(believers' baptism)를 통해 구성된 회중은 형제들(Brotherhood of believers)이며 이 신자들의 순종을 강조하였습니다. 성경을 통해서나 혹은 공동체 안에서 일단 하나님의 뜻을 알게 되면 그에게 남은 것은 오직 순종하는 일 뿐이라고 보았습니다. 그리고 그들은 교회의 일군을 세움에 대해서도 교회 밖에 있는 제도나 학문과 같은 것이 아닌 생명력 있는 교제권 안에 있는 교회내에서 각자가 받은 은사대로 세워져야 함을 강조했습니다.

이상을 살펴볼 때 재세례파는 당시 자연스럽게 수납되었던 국가교회 제도를 거부하였습니다. 이들에게 있어서 교회는 국가와 구별된 전적으로 중생된 자의 모임이어야 했습니다.

4) 재세례파의 세례관

중생된 자의 모임으로서의 교회는 고백된 신앙을 토대로 하는 신자의 세례관에 기초합니다. 이 세례를 통하여 그리스도의 제자됨을 공적으로 선언하는 것이며, 하나님의 계명에 순종하여 새로운 생활을 할 것을 약속하는 것입니다. 그래서 개혁주의와 로마 가톨릭 사이의 가장 명확한 경계선이 성경의 권위라고 한다면 재세례파와 개혁주의자들 간의 경계선은 '신자의 세례' 라 할 수 있을 만큼 중요한 것이었습니다.

그러므로 신앙의 지각이 없는 유아들은 교회의 정식 회원이 될 수 없으며, 따라서 유아세례는 인정될 수 없다고 보았습니다. 이들에게 있어서 신자의 세례는 제자로서의 삶과 교회에 대한 관점을 이해하는 열쇠가 됩니다. 재세례파는 이 당시 유아세례란 국가와 교회가 결합한 상태에서 국가적 의식으로 행해졌으며 이것이 국가교회의 특징이라고 파악하였습니다. 모든 유아들이 교회에서 세례를 받아야 한다는 것이 국가의 법으로 정해져 있었기 때문입니다. 그래서 유아세례에 대한 거부는 시민적 종교에 대한 거부와 결합되었습니다.

교회는 시민사회의 종교적 규약(sanction)이 아니라 세계와 사회의 현 체제에 대립하는 새로운 피조물로 이해한 것입니다. 그들은 할례와 세례를 동일시하는 것을 부인하고 할례에서 유아세례를 유추하는 것은 부당하다고 보았습니다. 또 이들은 성경에서 유아세례의 근거를 찾을 수 없고, 이것은 교황에 의해 창안된 것으로 보아 거부하였습니다. 세례는 교육, 믿음, 회심을 거쳐야 하는데 이런 것은 유아에게는 불가능하다는 것입니다. 그래서 본인의 결단 없이 이루어지는 유아세례는 무효이며 따라서 성인이 된 후 다시 세례를 받아야 한다고 했습니다. 이점은 1527년에 작성된 신앙고백문서인 슐라이타임 신앙고백(Schleitheim Confession)에도 명백히 드러나 있습니다.

"세례는 회개를 배우고, 생이 변하여, 그리스도를 통하여 그들의 죄가 도망하여 진 것을 진실로 믿는 자들과 그와 함께 장사되고 그와 함께 다시 살줄을 믿고 원하는 모든 자들에게 반드시 시행되어야 한다. 이 의미에 의하여 로마 교회의 극악한 교훈인 모든 유아세례는 배척되어야 한다."

그들은 세례는 구원의 필수조건이라는 주장을 거부하고 내적인 영적 구원의 외적인 표에 불과하고, 유아는 물세례와 관계없이 성장한 후 자신의 믿음에 의해서 그리스도의 피로 구원받게 된다고 주장하였습니다. 그러나 '믿는 자의 세례'는 회심의 표로서 교회 회중이 되는 데 필수조건인 것으로 보았습니다.

이렇게 볼 때 이들을 가리켜 재세례파(Anabaptists, Rebaptizers, Wiedertaufer)라고 말하는 것은 합당하지 않습니다. 왜냐하면 이들은 유아세례를 인정하지 않기 때문입니다. 스위스 형제단에게 있어 세례란 전통적 의미에 있어서의 성례라기보다 일차적으로 제자로서의 순종의 상징이었습니다. 그들은 세례는 하나님의 말씀에 의해 회개하고 그의 마음이 변화하며, 그 결과로 구원을 받아 새로운 생을 살아가기 열망하는 자에게 시행되어야 한다는 것입니다.

휘브마이어에게 있어서 세례는 "공적인 신앙고백이며, 내적인 신앙의 증거"였습니다. 그러므로 세례에 있어서는 회개와 함께 신자의 순종 행위가 수반되는 것이어야 함을 강조하였습니다. 그런 의미에서 그는 유아세례를 반대하였으며, 세례 요한이나 예수님 그 누구도 어린아이에게 세례를 베풀지 않았음을 지적하였습니다.

필그림 마르펙은 한걸음 더 나아가 할례는 옛 언약의 표이며, 세례를 통한 언약 할례는 중생한 자만이 받을 수 있고, 이것은 그리스도 안에 있는 믿음의 결과이며, 따라서 믿음 없이 받는 세례는 세례가 아니라고 주장하였습니다. 재세례파의 성경관, 가견적 교회관, 제자관은 세례에서 그 중심점을 찾을 수 있습니다. 그래서 그들의 교회에 대한 세계관은 재세례파 운동의 뚜렷한 표식이 된 것입니다.

5) 재세례파의 국가관

재세례파는 국가를 "이 세상 나라"(the kingdom of this world)에 속했다 하며 이 세상과의 관계에서 분리주의적 입장을 취하였습니다. 이들은 교회와 국가를 분리하려는 것은 소위 그리스도의 나라와 이 세상나라를 구분하는 두 왕국 개념에 기초한 것으로서 교회와 국가(세상)를 절대적 대립의 관계로 보고 있는데 이것이 교회관과 국가관의 핵심입니다. 이 점은 슬라이트하임 신앙고백서와 훗터파 대 신조서(Great Article Book) 속에 잘 나타나 있습니다. 슬라이트하임 신앙고백서 : "하나님은 그리스도의 온전하심 밖에서는 검을 사용하도록 정하였다. 그리하여 검은 악한 자들을 심판하여 죽인다. 또한 선한 자들을 보호하고 지키는 것이다. 율법에서 검이 악한 자들을 심판하고 사형에 처하는데 사용하도록 정해졌듯이 이는 세상 군주들이 사용하도록 정해진 것이다."

이런 점에서 로마서 13장은 세속권위에 대한 그들의 논의의 근거가 되었다고 할 수 있습니다. 재세례파의 국가관은 하나님께서 세우시고 통치하시는 최소한의 질서로 보았습니다. 이것이 어거스틴이나 칼빈이 보는 절대주권의 국가관과 다른 것입니다. 어거스틴과 칼빈이 바라보는 국가관은 하나님의 절대주권안에서 교회와 국가를 같은 차원에서 보았던 것입니다. 이는 하나님의 절대주권에 대한 오해이며 국가 교회를 세우기 위해 억지로 혼합한 교리일 뿐입니다. 하나님께서 타락한 세상과 국가권력을 지키고 유지시키시는 것은 하나님의 교회를 세워나가시기 위함이라는 것입니다. 그런 차원에서 모든 권력이 하나님께로 나온 것으로 이해한 것입니다. 그래서 그들은 세상 권력에 대해서 순복할 것과 평화적으로 대처할 것을 주문합니다.

따라서 재세례파는 일반적으로 세속정부가 하나님께 복종하는데 반대하지 않는 한 그리스도인들은 세속정부에 복종해야 한다고 주장했습니다. 그리고 세속정부가 이들을 탄압, 박해하고 양심과 신앙의 자유를 유린할 때 이들은 보다 높은 소명(higher calling)에 순종하기 위해 세속정부에 불순종하기에 이르렀다고 하였습니다. 슬라이트하임 신앙고백서는 국가관의 문제에 대해 특히 3가지 점을 말하고 있는데, 첫째는 선을 방어하고 보호하기 위하여 그리스도인들인 악한 자에 대항하여 검을 사용할 수 있는가?, 둘째는 그리스도인들이 세속적인 일에 대해 불신법정에 설 수 있는가? 셋째로는 그리스도인이 세속정부의 위정자가 될 수 있는가? 하는 문제를 제기하였습니다. 이 세 질문에 대하여 "그리스도께서 그렇게 하지 않으셨다. 그러므로 우리도 그렇게 해야 한다"고 하여 세 질문에 대해 부정적인 해답을 제시했습니다.

즉 그리스도인은 이 세상에 있으나 이 세상의 시민이 아니요 하늘의 시민이라는 점이 이 해답을 함축해 줍니다. 결국 이것은 이 세상에서의 삶의 문제였습니다. 이들은 중생한 자가 신자의 세례를 통해 교회의 회원이 되고, 회원이 된 자는 복종과 제자됨에 대한 의식을 강조하였습니다. 그래서 산상수훈을 문자적으로 지키려고 하였고 예루살렘 교회와 같은 공유(共有), 공생(共生)의 공동체(행2:42-47)를 꿈꾸었습니다.

뿐만 아니라 이들은 무저항적이고 평화주의적인 삶을 지향하였습니다. 로마의 탄압과 박해 하에서의 초대교회 성도들과 같은 무저항주의와 비폭력적 입장에 서 있었습니다. 슬라이트하임 고백서와 훗터파의 대 신조서에는 검을 사용해서는 안 된다고 선언하고 있습니다. 메노 사이먼스(Meno Simons)는 진일보하여 중생한 신자는 싸움으로 남을 속박하거나 전쟁에 참가해서는 안 된다고 보았고 메노나이트파는 집총과

병력의무를 기피하였습니다. 이런 점에서 이들은 평화주의(Pacifism)와 반전(反戰)사상의 근대적 선구자들이라고 할 수 있습니다.

재세례파는 개인의 신앙과 양심이 국가에 의해 속박될 수 없고, 하나님 아래서 자유로워야 한다고 주장하여 하나님의 말씀에 대한 종속적 권위로서의 국가의 권위를 인정하였습니다. 관헌(官憲)에 대한 재세례파의 견해는 대개 정교 분리원칙에 입각하여 종교의 자유를 확보하고 종교적 양심의 문제에 대한 강제력 사용을 반대했습니다. 또 무력이나 폭력의 사용은 금지하며 그리스도인은 양떼로서 이 세상을 살아야 한다는 그들의 신앙원리 속에 종합적으로 집약되어 있습니다.

6) 재세례파의 성경관

재세례파는 성경 이외의 모든 권위를 부정합니다. 교회의 권위도 성경에서 나온다는 사실을 강조합니다. 사제의 권위도 성경에서 나온다고 강조합니다. 그들은 모든 의식들의 권위도 성경에 있다고 합니다. 성경에 나온 내용을 문자적으로 받습니다. 특히 산상수훈과 같이 받아들이기 어려운 명령까지도 그들은 문자적으로 순복하여 기꺼이 자신들의 생명까지 내놓았습니다. 그들이 가장 강조한 제자됨의 증표는 성경에 대한 그들의 태도입니다. 그들이 강조한 신앙의 성숙함의 기준도 오직 성경으로 판단합니다. 성경에 기록된 모든 말씀을 겸손히 하나님의 말씀으로 받아들이는 것을 가장 큰 축복이며 미덕이라고 생각하는 것은 그것을 하나님의 자녀됨의 증표로 보기 때문입니다.

7) 재세례파의 종말관

재세례파의 종말관은 전천년주의로 성경에 기록된 천년왕국을 예수님께서 재림하셔서 배도자를 심판하시고 세우실 영원한 하나님의 나라의 모형으로 보았습니다. 16세기 재세례파는 그리스도의 재림이 임박한 것으로 믿었습니다. 재세례파 내에는 그리스도의 재림과 천년왕국에 대하여 시기별로 세 가지 견해가 있었습니다.

첫째는 스위스 형제단을 중심으로 하는 "조용한 종말론"입니다. 이것은 그리스도의 재림을 믿었지만 그것이 그들의 신앙과 고백의 핵심을 차지하지는 않았습니다. 왜냐하면 그들은 하나님의 나라를 자신들의 삶의 연속으로 보았기 때문입니다.

두 번째는 열정적이지만 비폭력적인 천년왕국을 고대하는 종말론입니다. 그리스도가 재림해서 하나님의 나라를 세우실 것이고 주님이 재림하신 후에 악한 자들을 심판 하시고 천년왕국을 세우실 것을 믿었습니다.

세 번째는 전쟁과 폭력적인 천년왕국 건설입니다. 그들은 하나님의 주도권이 실행될 때까지 기다릴 수 없었습니다. 이들은 결국 뮌스터에서 무력으로 기존 정치-종교세력에 대항하다가 폭력으로 패망하였습니다.

8) 제세례파 스위스 형제단의 위대한 순교자들

(1) 콘라드 그레벨(Conrad Grebel, 1418-1526)

스위스 형제단 운동의 중심인물이었던 그가 재세례교도로 사역한 기간은 겨우 1년 8개월 정도였지만 그의 기여와 역할은 과소평가 될 수 없습니다. 그레벨은 그로닝겐(Grüningen)의 행정담당관으로 있다가 후에 쯔리히 시의회 의원이 되었던 야콥 그레벨의 아들로 1498년에 태어났습니다. 그는 그로스뮌스터(Grossmünster)에서 6년간 기초 교육을 받고, 1514년 바젤 대학에 입학하였습니다. 여기서 그는 글라리안(Glarean)이라고 알려진 인문주의자인 하인리히 로리티(Heinrich Loriti)에게 교육을 받고 그 후 4년간은 비엔나 대학에서 수학하였습니다. 또 파리대학(1518년 9월말-1520년 6월)과 바젤에서 공부하기도 했습니다.

그러던 그가 쯔빙글리를 만남으로써 생의 전환점을 맞게 되었습니다. 방황하던 인문주의자가 복음의 열정에 심취하게 되었고, 쯔빙글리 지도하에서 헬라 고전들을 연구하기 시작하였습니다. 그레벨은 1522년 7월 이전에 천주교로부터 개종하였고, 이 회심을 통하여 그에게 내적 변화가 일어났습니다. 이때부터 그레벨은 개혁의 열정에 사로잡히게 되었습니다. 연약한 한 젊은 인문주의자는 이 회심을 통하여 열정적인 성경학도가 되었고 성령으로 거듭난 새로운 피조물이 되었다고 고백하고 있습니다. 그러나 그는 1523년부터 교회개혁에 있어서 쯔빙글리와 견해를 달리 하였고, 1524년에는 불화가 생겼습니다. 쯔빙글리는 성상이나 미사의 폐기를 시의회와 절충하려 했으나 그레벨은 관헌들이 교회를 지배해서는 안 된다고 믿고 있었습니다.

여기서부터 국가관, 교회관 등에서 분명한 차이가 나타났습니다. 그레벨과 그의 동료들은 중생한 신자들로 구성되는 참된 교회를 세워야 한다고 주장하고 유아세례를 반대하였습니다. 이러한 과정에서 그레벨을 중심으로 소위 '스위스 형제단' 이라고 알려진 모임이 시작된 것입니다.

그레벨은 1525년 1월 유아 세례는 성경적 근거가 없다면 이를 반대하고 믿는 자의 세례를 주장하여 재세례를 행했습니다. 그는 만쯔와 블라우록과 더불어 재세례파 개혁운동의 중심 인물이 되었습니다. 반면 쯔빙글리는 그레벨의 주장을 반박하고 유아세례와 계약신학을 옹호하는 4편의 글을 썼습니다. 그 대표적인 소책자가 「세례, 재세례와 유아세례에 관하여」(Concerning Baptism, Rebaptism, and Infant Baptism)와 「재세례파의 간교함에 대한 논박」(A Refutation of the Tricks of the Katabaptizers)이다. 그레벨은 쯔빙글리의 비판을 받아들이지 않았습니다.

도리어 그는 그 후 수없이 많은 투옥과 건강의 악화에도 불구하고 재세례를 베풀었고 성례를 집행하였습니다. 1525년 4월부터 6월 사이에는 투옥을 피하여 은거하던 그레벨은 그로닝겐으로 옮겨가서 사역하던 중 10월 8일 체포되었고, 3주일 후에 체포된 펠릭스 만쯔와 더불어 1525년 11월 18일 무기형을 선고받았습니다. 그가 구속된 지 5개월 후에 감옥에서 쓴 원고를 출판토록 요청한 것이 화근이 되어 1526년 3월 5,6일 제 2차 재판을 받고 종신형이 선고 되었습니다. 그로부터 14일 후 어떤 사람의 호의로 다른 수감자들과 함께 탈옥했으나 건강이 좋지 못한 그는 1526년 여름 당시 유행하던 페스트로 사망하였습니다.

(2) 펠릭스 만쯔(Felix Manz, 1498-1527)

만쯔는 그레벨과 더불어 초기 재세례파 운동의 지도적 인물로서 국가교회 신교도에 의해 순교당한 최초의 재세례교도였습니다.

1498년경 취리히에서 출생한 만쯔는 에라스무스, 레오 쥬드(Leo

Zud) 그리고 하인리히 불링거(H. Bullinger)와 마찬가지로 가톨릭 사제의 사생아였습니다. 그는 어려서부터 특권 계층의 자녀들에게 부여된 교육적인 혜택을 받았고 그 결과 그는 헬라어, 히브리어, 라틴어 등에 능통하였습니다. 1522년경에는 쯔빙글리가 주도하는 신약 연구 모임에 참여하였고 로마교로부터 개종하였습니다. 1524년 10월 논쟁 이후 쯔빙글리의 개혁 프로그램에 불만을 갖게 된 그는 그레벨과 블라우록과 함께 재세례파 운동의 중심인물이 되었습니다.

그는 웅변에 있어서는 그레벨을 능가하였는데 그로닝겐, 추리히, 쫄리콘(Zollicon) 등지에서 유아세례를 비난하고 재세례를 베풀다가 투옥되었습니다. "그리스도교의 질서와 관습에 반대하고 재세례교 운동을 전개했다"는 이유로 체포되어 사형선고를 받은 그는 1527년 1월 5일 토요일 익사 당하였습니다. 그리고 그의 재산은 시의회에 의해 몰수되었습니다. 만쯔는 자신의 믿음에 대한 간증문과 18편의 찬송시를 남겨 놓았습니다. 또 익사 당하기 2년 전 취리히 법정에 제출한 문서인 「항의와 변호」(Protestation und Schutzschrift)가 남아 있습니다. 이 글은 재세례 교도들의 주장을 변호한 글이었습니다.

(3) 게오르게 블라우록(George Blaurock, 1491-1529)

블라우록은 그레벨이 병사하고 만쯔가 순교 당한 후 그 뒤를 이어 약 2년 반 동안 재세례운동의 지도자가 되어 이 운동을 전개한 인물입니다. 그는 1491년 보나두즈(Bonaduz)에서 태어나 라이프찌히 대학에서 수학하였고, 로마 가톨릭교의 사제로서 1516년에서 1518년간에는 추르(Chur) 교구에서 트린스(Trins)의 대리신부(Vicar)로 봉사하였습니다. 그러나 1524년 취리히에 돌아올 때 그는 이미 결혼하고 있었던 것으로 보아 그 이전에 개종한 것으로 보입니다.

그는 쯔빙글리와 많은 토론을 가졌고 교회개혁에 대한 열정을 보여주었지만 쯔빙글리의 개혁에는 전적으로 동의하지 않았습니다. 쯔빙글리에게 만족하지 못했던 그는 쯔빙글리보다 더 철저한 개혁자들이 있다는 소문을 듣고 스위스 형제단을 찾아갔고 그 일원이 되어 1525년 1월 그레벨에게 재세례를 받았습니다. 그는 이 형제단에서 "제2의 바울"이라는 별명으로 불렸을 만큼 대단한 활동가였습니다.

1525년 2월 7일 블라우록은 만쯔와 재세례를 받은 24명의 다른 사람들과 함께 체포되어 취리히에 있는 어거스틴 수도원에 감금되기도 했고, 만쯔가 1527년 1월 사형을 당하기까지 함께 일하였습니다. 만쯔가 사형당하는 날 블라우록은 태장을 맞고 취리히에서 추방되어 베른(Bern)으로 갔고, 여기서도 추방되어 다시 비엘(Biel), 그리손스(Grisons), 아펜첼(Appenzel) 등에서 사역하다가 체포되어 4월 21일에 또 다시 추방되었습니다.

그는 다시 티롤(Tyrol)로 가서 목회하는 동안 많은 지지자를 얻기도 했으나 1529년 8월 14일 인스브루크 당국에 의해 체포되었고 이때로부터 3주일 후인 9월 6일 화형을 당했습니다. 죄목은 교황이 내려주신 사제직을 버리고 새로운 세례를 설교하고 가톨릭교회의 신앙과 의식을 거부했다는 이유였습니다. 그는 옥중서신의 형식으로 된 한 편의 설교와 두 편의 찬송가사 그리고 간략한 권고문을 남기고 있습니다.

펠릭스 만쯔가 익사 당하고, 게오르게 블라우록이 화형되고, 콘라드 그레벨이 병사한 후 스위스 형제단은 지도력을 상실하고 말았습니다. 결과적으로 이 운동이 시작된지 불과 2년이 못되어 지도자들은 완전히 사라지고 만 셈입니다. 이렇게 되자 재세례파 운동은 취리히에서 인접한 다른 지역으로 옮겨가지 않을 수 없었습니다. 그래서 재세례 교도들은 남부 독일, 모라비아, 폴란드, 독일 북부, 그리고 화란 등지로 확산되어 갔습니다. 이들은 계속하여 탄압과 순교를 당하였으므로 이들은 "순교의 순례자들"(Martyr's Pilgrims)로 불리기도 했습니다.

9) 재세례파가 이단으로 기록된 사건 뮌스터의 천년왕국운동

네덜란드 저지대에 가까운 곳에 위치하고 있는 뮌스터시에서 종교개혁 운동이 시작된 것은 베르나트 로츠만(bernt Rothman, 1495~1535)에 의하여 시작되었습니다. 처음에는 마우리 교회의 설교자로 봉사하고 있던 로츠만은 복음적인 설교를 통해 수많은 사람을 그리스도의 교회로 불러 모았으며, 그의 설교 운동으로 개혁 운동이 점차로 힘을 얻으면서 교회의 영향력도 확대되었습니다. 그런데 뮌스터 시의 상인조합원들로부터 인기를 얻고 있던 그는 비밀리에 학자금을 받아 비텔베르크 대학에 가게 되었습니다.

1531년 7월 뮌스터 시에 돌아온 로츠만은 개혁설교를 하기 시작하였습니다. 그의 설교에 놀란 주교가 그를 사제직에서 해임시키자 조합원들은 일제히 일어나 로츠만을 지지하였습니다. 이 무렵 시내에 거주하고 있던 시민들 중에는 루터파, 개혁파, 그리고 나중에 재세례파가 혼재하고 있었습니다. 이들은 로마교회를 반대하는데 있어서 처음에는 행동을 같이 하였습니다. 시민들은 신속하게 로스만을 뮌스터 시의 종교적 지도자로 추대하였습니다.

뮌스터 시의 길드 회원들은 도시의 평민층으로 구성되어 있었는데 1532년 이들은 주교와 무력으로 대항하여 승리를 얻었습니다. 뮌스터를 다스리던 로마 천주교회의 주교도 1533년 뮌스터를 "복음적인 도시"로 선포할 단계에 이르렀습니다. 뮌스터가 복음을 받아들이자, 박해로 인해 피신했던 많은 재침례파들이 네덜란드에서 뮌스터로 몰려왔습니다. 1533년 이후에는 뮌스터의 시민들보다 이민자들이 다수를 차지했습니다.

뮌스터시는 네덜란드인 쟌 마티스(Jan Matthys)의 수중에 들어갔습니다. 마티스는 농민 전쟁을 부추겼던 독일의 뮌쳐의 사상을 뮌스터 시에 그대로 적용하려 했습니다. 교회가 항상 개혁되어야 한다는 전제 아래 성경에 따라 뮌스터를 개혁하고자 하였지만, 그의 성경 강조는 주관주의에 머물렀습니다. 그는 주관적으로 다니엘서와 요한계시록을 해석하면서 천년왕국 종말에 대하여 설교하였습니다. 마티스 자신을 스스로 예언자 에녹이라고 자처하여 재세례파를 규합하였고, 곧 뮌스터 시를 '새 예루살렘' 이라고 칭하고, 성도들이 철장을 가지고 다스릴 천년 왕국이 멀지 않은 장래에 이루어 질 것이라고 설교했습니다.

사유 재산을 부정하고, 모든 현금과 재산은 국가 소유로 되었습니다. 성경을 제외한 모든 서적은 불태워졌고, 노동자들은 자기들의 필요에 따라 현물로 임금을 받았습니다. 이와 같은 공산 사상에 반대하는 세력은 존재할 수 없었으며, 항거하는 자들은 처형되었습니다. 소수의 군대로 로마 천주교의 군대를 무찌르라는 계시를 받았다고 외치면서 로마 천주교회에 대하여 전쟁을 일으켰으나 막강한 로마 천주교회의 군대에 의해 마티스는 살해되었습니다.

그가 죽은 후 함락되기 까지 마지막 1년 2개월 동안 버티면서 뮌스터를 지휘한 한 사람이 존 레이든(Jhon of Leyden)이었습니다. 그 역시 주관주의적인 인물이었습니다. 친위대를 조직하여 모든 뮌스터 시민의 생활을 규제함으로 공포감을 조성하였고, 로마 천주교도에 대항하여 전쟁을 준비하면서, 과부들에게 결혼하여 자녀를 두어 전쟁을 준비해야 된다고 설교하였습니다. 그는 구약의 족장들처럼 일부다처제를 수용하라는 계시를 환상 중에 받았다고 주장하면서 미모의 여인 15명을 아내로 삼았습니다.

존은 1534년 8월 주교의 용병을 격퇴한 후, 자신이 마지막 시대의 메시아요, 천년왕국 새 예루살렘의 왕이라고 선포하였습니다. 이와 같은 주관주의적 이단 사상의 위협에 직면한 교회들은 연합군을 조직하여 1535년 1월 뮌스터를 공격했습니다. 결국 투쟁 끝에 1536년 6월 24일 뮌스터는 연합군에 의하여 함락되었고, 존은 불에 달구어진 쇠로 고문을 당하다가 죽었습니다. 이 일로 명성이 땅에 떨어진 재침례교들은 박해를 감수하거나, 아니면 신앙을 버리고 아우구스부르그 신조에 서명하여 정통 신학으로 복귀하라는 양자택일의 명령을 받아야 했습니다. 10년 동안 네델란드에서 3만 명의 재세례파 사람들이 죽었습니다.

뮌스터 사건 이후 칼빈에 의해서 재세례파는 이단으로 기독교 교회 역사에 기록 되었습니다. 그리고 모든 재세례파 운동은 이단으로 단죄되어 역사의 기록물에서 사라졌습니다. 그러나 뮌스터 사건은 과격한 신비주의 이단운동에 불과합니다. 단지 그들이 천년왕국을 주장했다고 해서 재세례파라고 분류할 수 없습니다. 진정한 재세례파는 무력을 사용하지 않습니다. 폭력을 거부합니다. 무력 폭력으로 일어난 뮌스터 사건을 빌미로 삼아 재세례파를 단죄한 것은 전형적인 사탄주의자들의 술수입니다. 뮌스터 사건을 시작으로 수많은 재세례파 성도들이 순교를 당해야 했습니다. 그럼에도 불구하고 대부분의 재세례파 교회는 진리를 위해 기꺼이 모든 희생을 감수했습니다. 이렇게 험한 세상에서 예수님과 같이 순수하게 복음과 성경과 교회를 지켰던 그들이 있었기에 오늘의 아름다운 교회가 남아있는 것입니다. 그들은 순교의 피를 흘려 오늘 우리에게 아름다운 성경적인 교회를 유산으로 선물했습니다.

10) 재세례파 분류

Willem Barke는 재침례파를 7개 분파로 분류하는데 1) 토마스 뮌쩌와 쯔비카우의 예언자들 2) 스위스 형제단 3) 모라비아 공동체, 곧 후터파 4) 멜키오르파 5) 뮌스터의 재침례파 6) 메노나이트파 7) 데이비드 조리스 파로 분류했습니다.

G. H. Williams는 재세례파를 1) 혁명적 재세례파 2) 정숙적 재세례파 3) 복음적 재세례파 등으로 분류하고 있습니다.

11) 아름다운 재세례파 공동체 아미쉬

(1) 미국을 울린 아미쉬 공동체의 살인 사건

재세례파 아미쉬 공동체는 종교개혁 후 유럽에서 생겨나 1700년대에 일부가 미국으로 건너갔습니다. 아미쉬 공동체는 미국 25개 주와 캐나다 온타리오주에 1600여 교구가 있습니다. 유럽에 아미쉬 공동체가 사라졌습니다. 미국의 아미쉬 교도 수는 약 24만 명입니다. 아미쉬 인구는 20년마다 두 배로 늘고 있습니다.

미국 펜실베이니아주 랭커스터 카운티의 니켈마인스에 아미쉬 공동체가 있습니다. 그들은 옛날 복장을 하고 옛날 방식으로 살아갑니다. 자동차 대신 마차를 끌고, 트랙터 대신 말을 부리며 농사를 짓습니다. 전기도 사용하지 않습니다. 전통 모자를 쓴 아미쉬 마을의 남자가 말을 몰고, 검정 옷에 기다란 수염을 기르고 있습니다.

그들은 유아세례를 반대하고 구원받은 사람들에게 재세례를 준다는 이유 때문에 수많은 사람들이 화형에 처해 죽고, 물에 빠져 익사했고, 교수형틀에서 사라졌습니다. 어떤 이는 종신형을 받고 감옥에서 죽었습니다. 그래서 그들은 그들만이 자유스럽고 평안하게 신앙생활을 할 수 있는 황무지로 이주한 후 그들의 조상들을 죽게한 세력들이 사라져 버린 지금까지 변치 않는 삶을 살고 있습니다.

2006년 10월 2일 랭커스터의 아미쉬 마을에서 살인 사건이 발생했습니다. 학교에 외부인이 들어와 총을 난사해서 5명의 여학생이 죽었습니다.

또 다른 학생 5명은 중태에 빠졌습니다. 세계의 매스컴은 아미쉬를 주목했습니다. 범인은 아미쉬 마을에서 우유를 수거해가던 트럭 운전사였습니다. 9년 전 자신의 딸이 출산 직후 사망한 게 신의 저주라며, 이에 대한 복수를 한 것이라고 했습니다. 사건 현장에서 범인도 자살했습니다.

당시 미국 사회는 충격에 빠졌습니다. 아미쉬 사람들의 대응은 놀라웠습니다. 범인의 장례식에 참석해 명복을 빌었던 조문객의 절반이 아미쉬 사람들이었습니다. 뿐만 아니라, 전국에서 모아졌던 성금을 범인의 유가족을 위해 먼저 써달라고 요청했습니다. 실제 이 성금은 학생들의 병원비와 장례식 비용, 학교 이전 비용을 제외한 나머지 돈은 희생자 유족과 똑같은 비율로 범인의 가족에게 쓰라고 전달된 성금이었습니다. 또 사건 발생 한 달 후에는 범인의 부인과 세 자녀를 초청해 식사를 대접하며 위로했습니다. 처음에는 매스컴도 "가식이 아닌가?" 하는 의심의 눈초리를 보냈습니다. 가슴을 후벼 파는 아픔에도 그들은 무조건적인 용서로 답했기 때문입니다. 거기에는 깊은 이유가 있었습니다.

아미쉬 사람들의 기도는 단조롭고, 깊고, 강합니다. 그들에게 '믿음은 행함' 입니다. 날마다 식탁에서 외는 주기도문의 메시지를 그들은 삶 속에서 행했던 것입니다. "우리가 우리에게 죄지은 자를 사하여 준 것 같이/우리 죄를 사하여 주옵시고" (마태복음 6장 12절). 또한 십자가 죽음을 앞두고 예수가 올렸던 겟세마네 기도를 가장 비극적인 삶의 순간에 실천했던 것입니다.

당시 범인은 교실에서 10명의 여학생을 마치 사형집행을 하듯이 나란히 세웠습니다. 13세의 아미쉬 소녀가 먼저 앞으로 나서며 "나를 먼저 쏘세요(Shoot me first)"라고 말했습니다. 그러자 곁에 섰던 두 살 아래 동생이 "그 다음에는 저를 쏘세요(Shoot me next)"라며 말했습니다. 자신을 희생해 다른 친구들을 구할 수 있으리라 여겼기 때문입니다. 둘은 결국 차례로 죽었습니다. 중태에 빠진 학생들을 통해 뒤늦게 이 이야기를 전해 들은 미국 사회는 숙연해졌다고 합니다. 이 사건을 계기로 9·11 사태와 이라크 전쟁 등 미국 정부의 보복적 대응에 대한 논란이 다시 불거졌다고 합니다. 아직도 세상에는 천국과 같은 하나님의 교회가 존재하고 있습니다. 그들이 재세례파 아미쉬 공동체입니다. 세상은 변해도 주님을 사랑하는 그들의 아름다운 신앙은 계속되고 있습니다.

(2) 아미쉬인들의 제 2의 성경 "순교자의 거울"

아미쉬의 뿌리는 재세례파입니다. 재세례파에서 메노나이트와 후트라이트와 아미쉬가 갈라져 나왔습니다. 쉽게 설명하면 메노나이트는 자동차도 타고 다니고 전도사업도 합니다. 후트라이트와 아미쉬는 공동체를 이루고 있는데-후트라이트는 공동체에 통장이 하나가 있고, 아미쉬는 가정마다 통장이 하나씩 별도로 있다고 생각하면 됩니다. 아미쉬 공동체는 철저하게 사유재산의 기반 위에 서 있고, 후트라이트 공동체는 사유재산이 허용되지 않습니다. 재세례파 가운데 아미쉬는 철저한 종교개혁을 주장한 극좌파적인 태도 때문에 박해를 받았습니다.

종교개혁의 역사 흐름 가운데서 아미쉬가 주장한 개혁의 내면을 들여다 보면 아미쉬의 개혁에 대한 관심은 교회의 구조나 제도가 아니었습니다. 그들의 관심은 교회의 역사에서 실종되었던 잃어버린 초기 원시교회의 신앙을 되살리고, 그리스도의 거룩하고 순결한 성체로 교회공동체의 아름다운 영성을 회복하고자 하는 것이 목적이었습니다.

아미쉬는 장식품을 달거나 목걸이나 귀걸이를 하지 않습니다. 용모를 가꾸는 것을 금하고 있어서 여자들은 거울도 보지 않습니다. 그러나 모든 아미쉬가 유일하게 보는 거울이 하나있습니다. 바로 〈순교자의 거울〉입니다.

〈순교자의 거울〉은 아미쉬의 고난과 박해와 순교의 역사를 기록한 책입니다. 백과사전처럼 묵직한 이 책은 아미쉬 가정마다 성경책과 함께 놓아두고 틈틈이 들여다 보는 아미쉬의 역사입니다. 조상들이 흘린 피로 얼룩진 이 〈순교자의 거울〉은 아미쉬의 일상의 삶을 가다듬게 하고 깨우치고 성찰하게 하는 일깨움의 거울입니다. 〈순교자의 거울〉에 기록된 이야기들은 모두 순교자의 이야기들입니다.

종교개혁 당시에 재세례파는 급진적인 개혁요구로 파문을 당하고 체포를 당하면 화형에 처해지던 그런 때가 있었습니다. 그 때 〈더크 윌렘스〉라는 재세례파 교도가 재세례파 사냥군들에게 추격을 당하면서 도망가고 있었습니다. 〈더크 윌렘스〉는 얼어붙은 호수를 건너 도망을 치던 중에 뒤를 돌아보니 자신을 추격하던 그 추격자가 호수의 깨어진 얼음 속으로 빠져 들어가는 것을 보았습니다. 〈더크 윌렘스〉는 추격자에게서 완전하게 벗어나 멀리 도망갈 수 있는 기회를 얻었지만, 그는 익사 직전에 있는 추격자를 구하기 위해서 다시 돌아 섰습니다. 구사일생으로 살아난 추격자는 정신을 차리자 그 자리에서 배은망덕하게 〈더크 윌렘스〉를 체포하였습니다. 그러면서 이렇게 말했습니다. 나를 구해준 당신을 내가 살려주어야 하지만 지금 내가 하고 있는 이 일을 감시하는 사람이 나를 고발하면 내가 죽기 때문에 부득이 내가 당신을 체포할 수밖에 없습니다. 이렇게 해서 〈더크 윌렘스〉는 화형을 당했습니다.

1569년 네델란드에서 실제로 있었던 이 이야기는 〈순교자의 거울〉에 실려 있는 수많은 순교자들의 이야기들 가운데 하나입니다. 아미쉬들은 성경 말씀과 〈순교자의 거울〉을 가지고 신앙의 잣대로 삼고 이 텍스트에 자신을 맞춰 가며 살아가고 있습니다.

아미쉬 교인들은 부지런히 일을 해서 돈을 모읍니다. 그리고 자녀들이 결혼을 하면 땅과 집을 사주고 여유가 생기면 4% 이자를 더해서 원금 모두를 돌려 받습니다. 그래서 그들이 돈이 많아지면 교회안에서 어려운 사람들에게도 4% 이자로 주어서 자립할 수 있는 길을 열어줍니다.

그래서 모든 가족들과 교회 성도들이 풍요로운 삶을 살아가고 있습니다.

12. 순교 역사로 기록된 2000년 기독교회사 종합 평가

역사는 1517년 마틴 루터가 종교개혁을 했다고 기록되었습니다. 그러나 그것은 거짓말입니다. 중세는 암흑시대였는데 종교 개혁자들이 광명한 세상을 만들었다고 역사는 기록되어 있습니다. 그것도 거짓말입니다. 왜냐하면 루터가 종교 개혁하기 전에도 루터보다 더 정확하게 성경대로 살았던 사람들이 수 백 만명 있었기 때문입니다. 루터나 칼빈에 의해서 이루어진 종교개혁은 진정한 개혁이 아니라 속임수였습니다. 개혁자들을 통해서 새로운 개신교가 탄생했다고 말하기보다는 오히려 이렇게 말을 해야 할 것입니다. 로마 카톨릭이란 국가교회를 통해서 지상의 유토피아를 만들기 위해 모든 수단과 방법을 동원했지만 오히려 성경대로 믿는 사람들이 더 많아져서 거짓 종교 개혁이라는 작전을 통해 전략을 바꾼 것 뿐이라고 해야 할 것입니다.

독일의 재세례파 뮌쳐의 종교개혁은 마틴 루터의 종교개혁으로 대체되었습니다. 스위스 형제단의 종교개혁 칼빈의 제네바 개혁으로 대체되었습니다. 이처럼 산불같이 타올랐던 16세기 종교 개혁운동은 이미 13세기 왈도파에 의해서 불이 붙어 영국의 위클리프, 폴란드의 후스로 이어졌던 것입니다. 그리고 그들의 열정이 독일의 뮌쳐, 스위스 형제단으로 이어져 루터와 칼빈의 종교개혁으로 본질적인 교회 개혁은 제동이 걸렸던 것입니다. 그리고 짝퉁종교 개혁이 진짜 종교개혁이 된 것처럼 위장되었던 것입니다.

결국 루터와 칼빈의 개혁은 절반을 타협한 개혁으로 급진적인 국가혼란이 일어나지 않게 하는데는 성공을 거둔것입니다. 왜냐하면 로마 카톨릭의 오직 하나뿐인 교회와 국가권력이 결합되어 있어서 또 다른 교파 교회라는 개혁은 꿈도 꿀 수 없는 제도였기 때문입니다.

그러나 국가교회 전복이라는 엄청난 변화를 몰고 왔던 개혁의 물결을 더 이상 강압적인 방법으로 억누를 수만은 없었던 것입니다. 그래서 1555년 아우구스부르크 협약에 의해 최초로 하나뿐인 로마 카톨릭 외 루터교회 라는 또 하나의 교회를 인정한 결과를 가져오게 된 것입니다. 그런데 아주 수상한 것은 이름만 두 개의 교회일 뿐, 그들의 국가교회 정체는 변한 것이 없었습니다. 칼빈의 개혁교회 역시 국가교회의 정체를 벗어나지 못했습니다. 영국의 성공회도 마찬가지였습니다. 그러나 절반은 성공한 것입니다. 그때부터 성경이 발간되면서 점점 영적인 세계가 밝아졌기 때문입니다.

주후 313년 밀라노 칙령 이전까지 로마황제들은 수많은 기독교인들을 죽였습니다. 그럼에도 불구하고 기독교인들은 사라지지 않고 점점 더 많아졌습니다. 유대주의 메시아 신국을 꿈꾸었던 콘스탄틴은 기독교를 공인하고 모든 로마의 종교를 기독교 안으로 통합시켰습니다. 통합된 제국을 통해 페르시아 고레스왕과 같은 지상의 영광스런 메시아 왕국을 세우려 했던 것입니다.

그러나 콘스탄틴의 로마는 망했습니다. 그러나 어거스틴이 신국론에서 말한대로 눈에 보이는 신국인 로마제국은 망했습니다. 그러나 눈에 보이지 않는 신국인 로마 카톨릭이라는 종교가 보이는 로마 제국을 대신하여 천년왕국을 이룩했던 것입니다. 이것이 중세 천년의 교황제도 로마 통치입니다. 결국 어거스틴의 신학을 기초로하여 로마 교황제도의 신국이 세워진 것입니다.

그동안 우리는 2000년이란 기나긴 세월속에서 사탄의 세력들에게 속아 왔습니다. 그들이 만든 짝퉁성경과 그들이 만든 짝퉁신학과 그들이 만든 짝퉁제도와 그들이 만든 짝퉁역사에 속아서 살아 왔습니다. 그럼에도 불구하고 오늘날까지 우리에게 바른 성경과 바른 복음과 바른 교회가 지켜진 것은 인간의 노력이 아닌 교회의 머리되신 예수님의 승리입니다. 결코 음부의 권세가 주님의 교회를 이길 수 없었기 때문입니다.

그동안 성경과 복음을 지키기 위해 수많은 순교자들이 죽었습니다. 그들의 죽음 역시 우리 예수님의 승리입니다. 그들속에 부활의 참 생명이 없었다면 그들은 결코 아무것도 할 수 없었을 것입니다.

사탄의 세력들은 2000년 신약 교회역사를 짝퉁으로 만들고, 이제 우주적인 배도를 위해 마지막 준비를 하고 있습니다. 성경은 마지막 배도에 대하여 계시록에서는 창세 이후로 생명책에 그 이름이 기록되어 있지 않는 모든 사람들은 짐승에게 경배하고 이마와 오른손에 표를 받을 것이라고 했습니다. 왜냐하면 짐승의 백성이란 표식이기 때문입니다.

그러나 하나님의 생명책에 그 이름이 기록된 자들은 더욱 더 거룩해진다고 했습니다. 왜냐하면 예수님의 부활의 생명이 있기 때문입니다. 그리고 하나님의 교회는 더욱 더 거룩해지고 더욱 더 새로워질 것입니다. 교회는 부활하신 주님의 몸된 교회이기 때문입니다.

역사적으로 살펴본 것처럼 하나님의 말씀인 성경을 붙들고서 끝까지 신앙을 지켰던 회중들의 무리는 사도 요한으로부터 종교개혁시대를 거쳐 현재에 이르기까지 끊임없이 이어져 내려왔습니다. 성경대로 믿는 신앙을 소유했던 그리스도인들이 종교개혁을 통해 하루 아침에 튀어나온 것이 아니며, 암울한 로마 카톨릭의 치마폭에서 하루 아침에 종교개혁이 이루어진 것도 아닙니다.

이들은 "신약 성경에 나타나는 교회에 대한 가르침을 계속 따를 것인가"라는 문제에 직면할 때면 언제나 모든 것을 성경대로만 해야 한다고 주장했으며, 또 그렇게 실행해 왔습니다. 루터나 칼빈, 쯔빙글리 처럼 "유아세례"를 수용하는 식의 타협적인 대안을 제시하지 않고, 성경에서 가르치는 그대로 따랐습니다.

그래서 이들은 한결같이 성경대로 따르지 못하는 "그리스도인"들과 카톨릭에 의해 박해와 죽음을 면치 못했습니다. 성경대로만 따른다는 것은 그렇지 못한 사람들을 잘못되었다고 지적하는 것이기 때문입니다. 자신들의 교인 숫자를 늘리기 위해서 어린 아기에게 물을 뿌리는 일이나, 세속정치와 교회의 결탁을 찬성하는 따위의 일에는 결코 참여하지 않았습니다.

또한 그러한 일에 연루된 사람과의 교제는 물론이고, 물침례만 받고 거듭나지 않은 채 교회 구성원이 된 자들과의 그 어떠한 타협도 인정하지 않았습니다. 이 노선을 따르는 교회들이나 개인은 박해받았고, 모욕을 당했고, 오해받았으며, 감옥에 갇혔고, 고문당했고, 살해당하기도 했습니다. 이러한 끊기지 않고 이어진 생명의 줄기가 종교개혁 이전에 있던 신앙의 줄기이고, 오늘까지 어느 한 순간도 끊어지지 않았습니다.

그들에게 붙여진 이름은 다양하여, 헤아릴 수 없이 많습니다. 그들은 이렇게 불려졌습니다, 순교자들, 몬타니스트, 노바티안, 유카이트, 메살린, 도나티스트, 폴리시안, 보고마일즈, 카타리, 왈덴지스, 알비겐스, 재침례파, 프로테스탄트, 침례교도, 성경대로 믿는 사람들 등.

그러나 이들 형제들에게는 신원을 확인할 수 있는 공통적인 특징을 가지고 있었습니다. 이 특징은 성경을 믿음과 실행에 있어서의 최종적이고 절대적인 권위로 여겼다는 것입니다. 그렇기 때문에 성경이 반대하는 것과는 그 어떤 것이라도 타협하거나 동행하지 않았습니다. 성경적 기독교의 가장 큰 적이 로마 카톨릭이라는 사실을 분명히 알았으며, 어떠한 형태의 친 카톨릭적인 태도도 취하지 않았습니다. 결코, 카톨릭 성경을 가지고 온전한 하나님의 말씀이라고 주장하지 않았습니다. 이 시대에 존재하는 자칭 "프로테스탄트"라고 하는 무리들과 비교한다면 로마 카톨릭과의 거리만큼이나 떨어져 있음을 알 수 있습니다.

이제까지 우리는 종교개혁 시대 이전에도 결코 끊이지 않았던 성경대로 믿는 신앙 노선을 보았습니다. 주님의 재림이 눈 앞에 다가온 이 시점에도 구원받지 못한 사람들은 아직도 수 없이 많음을 봅니다. 오늘도 또 다른 사람들이 지옥을 향해 떠났습니다. 만약, 재림이 조금 늦춰져서 교회의 역사가 지금까지 만큼 또 있다 하더라도, 이제까지의 속도라면 복음이 전해지더라도 구원받지 못한 채 죽는 사람은 여전히 존재할 것입니다.

그러나, 카톨릭 교회의 성경을 버리고, 모든 그리스도인이 올바른 하나님의 말씀을 가지고 위에서 살펴본 성경대로 믿는 사람들의 노선에서 벗어나지 않는다면 부분적이나마 진정한 개혁이 이루어질 것이며, 주님의 재림 이전에 민족적인 대각성도 이루어질 수 있을 것이고, 진정한 세계선교도 속도가 붙을 것입니다.

장미십자회 수장이었던 진젠도르프와 그의 형제단들은 그들이 꿈꾸던 유대 메시아 신국을 건설하기 위해 100년이 넘도록 24시간 기도운동을 펼쳤습니다. 10명 중 1사람의 선교사를 파송했습니다. 그들은 150년간 2,158명의 해외 선교사를 파송했습니다. 그래서 그들은 5대양 6대주에 선교사를 파송할 수 있었습니다. 알렉산드리아 오리겐은 바리새파 유대주의 신국(神國)을 위해 스스로 거세하여 고자가 되었습니다. 참 복음이 없는 그들의 희생은 우리에게 큰 도전과 과제를 안겨 줍니다, 다시 한 번 우리가 그동안 받았던 은혜를 기억하고 자신들을 성찰하고 정비해서 일어나야 합니다. 올바른 성경과 성경적 신앙의 회복이 이루어지지 않는 한 우리와 함께한 사랑하는 이들의 구원은 점점 멀어질 것입니다.

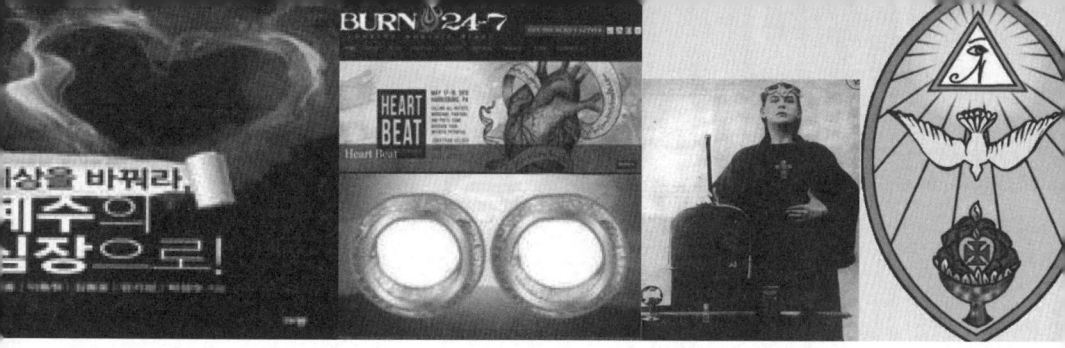

제10장
그림으로 본 사탄종교의 역사와 정체성

1. 로마 카톨릭

2. 장미 십자단

3. 신사도 운동

제10장 그림으로 본 사탄종교의 역사와 정체성

1. 로마 카톨릭

현 예수회 프란치스코 교황의 이집트 태양신 X십자가

현 예수회 프란치스코 교황이 목에 걸고 있는 태양신 십자가와 X십자가

이집트 파라오 태양신의 상징인 앵크십자가와 X십자가

바벨론 페르시아 이집트 태양신 십자가 종류

고대 바벨론에서 사용한 태양을 상징한 십자가

바벨론 태양신 쉐메쉬 남신과 이쉬타르 여신

타작기 3

바벨론 태양신 쉐메쉬와 베드로 성당 광장의 설계도

| 고대의 태양 숭배 문양 | 바빌론의 태양 수레바퀴 | 바티칸 성 베드로 성당의 수레바퀴 |
태양신 12황궁도의 원리와 바티칸 베드로 성당 광장

이집트 태양신(남신상)   베드로성당 광장의 오벨리스크

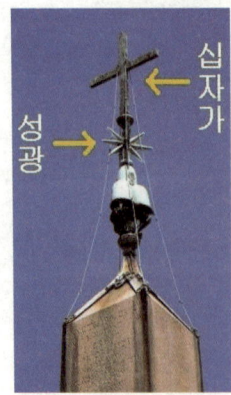

바티칸 베드로 성당 광장의 오벨리스크 꼭대기에 있는 태양신 십자가 | 베드로 성당 광장에 있는 오벨리스크 꼭대기에 있는 태양신 십자가 | 바알신의 기둥 위에 있는 태양신 숭배

제**10**장 그림으로 본 사탄종교의 역사와 정체성

로마카톨릭 성당의 예수상과 태양의 12궁도의 그림인 황궁도의 켈트십자가 그림

로마카톨릭의 예수 성심(담무스 심장)과 태양신 12황궁도 빛살의 켈트십자가

교황과 태양신의 황궁도의 광명의 빛살

태양신과 영지주의 마니교

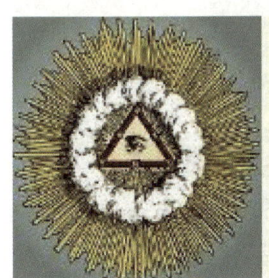 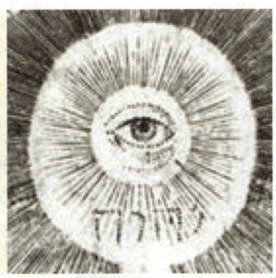

전시안과 테트라그라마톤(전시안이 여호와이다) 기독교 태양신 영지주의

비엔나 베르사이유 교회 피라미드와 테트라그라마톤(피라미드가 여호와이다)

| 443 |

타작기 3

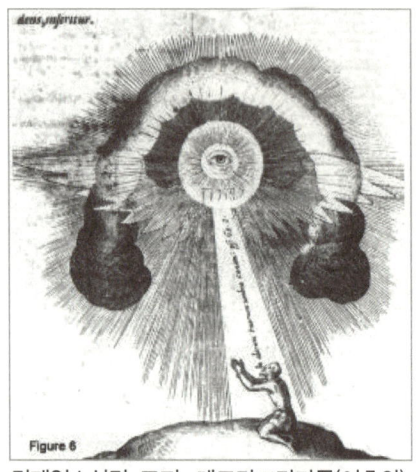

킹제임스성경 표지, 테트라그라마톤(여호와),
피라미드, 전시안, 광명의 신의 빛살

반인 반물고기 모양을 한 바빌론의 다곤 신

태양신 제사상 다곤의 관과 교황의 미트라관

블레셋 태양신 다곤 제사장의 모자

초기 기독교 로마 주교관과 교황의 미트라관

태양신 미트라 제사장의 모자

교황이 죽어서도 쓰고 있는 교황의 미트라관

제**10**장 그림으로 본 사탄종교의 역사와 정체성

이집트 바로왕의 행렬

교황 비오12세의 행렬은 이집트 바로왕의 행렬과 똑같다.

1582년 양력을 채택한 그레고리13세의 용메달과 사탄의 숫염소

그레고리13세의 날개달린 용

교황과 말타(켈트십자가) 기사단의 수장

말타 기사단과 히틀러 군대

타작기 3

베드로성당의 주 제단 천개 네 개의 커다란 뱀기둥

뱀기둥 주 제단인 천개 앞에 있는 주교단

뱀기둥 주 제단 천개 앞에 있는 주교단의 웅장한 모습

베드로성당의 태양신 테트라그라마톤 빛살

베드로성당 입구 분수대의 용그림

베드로성당 전면 지붕 박공의 용그림

제**10**장 그림으로 본 사탄종교의 역사와 정체성

베드로성당 바닥에 새겨진 용

로마 교황청의 추기경의 문장 용과 면류관을 쓴 불사조

베드로성당 천정의 용그림

스페인 성당의 불사조

마리아의 젖을 먹고 있는 베르나르

아빌라테레사 황홀경의 신부 영체 교환

2. 장미 십자단

이집트 바로의 장미십자회 성심 사인

이집트 이시스 장미십자단 성심 사인

이집트 장미십자회 성심 사인

이집트 장미십자단 성심 사인

이집트 장미십자단 성심 사인

이집트 장미십자회 성심 사인

제10장 그림으로 본 사탄종교의 역사와 정체성

마틴 루터, 이그나티우스 로욜라, 사이에르의 성심 사인

프리메이슨성심사인, 나폴레옹, 스탈린, 조지워싱톤, 라파에트, 김정은, 오바마, 김옥균, 박영효, 레닌, 솔로몬로스차일드, 모짜르트

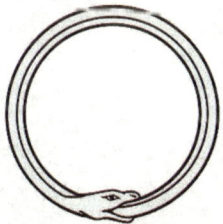

장미십자, 우로보로스, 바포멧 신비주의 뱀종교 윤회종교

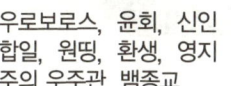

우로보로스, 윤회, 신인합일, 원띵, 환생, 영지주의 우주관, 뱀종교

장미십자와 성심, 사탄의 바포멧

성심(심장)의 상징은 태양신의 부활, 생명, 에너지로 담므스를 잉태시킨 세미라미스를 상징함.

타작기 3

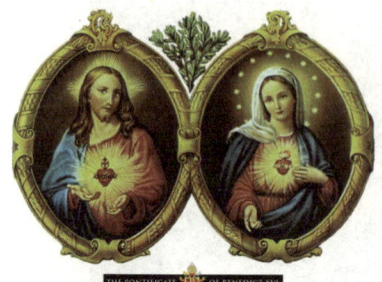
장미십자와 예수와 마리아 성심

루터교 깃발 장미십자, 피라미드

루터교회 장미십자와 태양빛살

루터교회와 장미십자 문양

테트라그라마톤은 카발라에서 우주에너지 상징 히브리어로 여호와를 상징한 네글자임(YHVH)

루터교회의 장미십자 문장

3. 신사도 운동

예수 심장(성심) 뉴에에지 힐링 치유사역

코스타 포스터에 나타난 예수 심장(성심)

K.A.M홈피에 나타난 심장

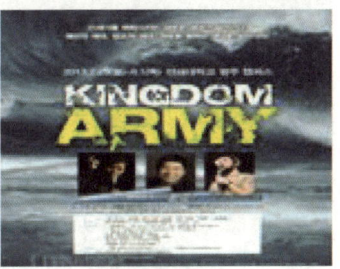
KAM원주집회

KAM원주집회 강사

루터의 장미십자와 성심

타작기 3

왕의 군대 소집명령 KAM

군화 신은 신부운동

신부운동 칼에 새겨진 태양신 육망성

에스더운동본부 책표지에 나타난 신부운동

진젠도르프의 신비주의 신부운동 영체교환의 비밀

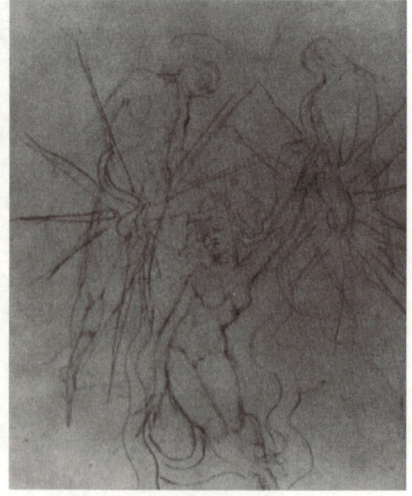
장미십자회 진젠도르프 신비주의 신부운동 영체교환

제**10**장 그림으로 본 사탄종교의 역사와 정체성

유대교의 신비주의 전통인 카발라에서 테트라그라마톤은 비밀스런 신의 이름으로 마술의 부적같이 중요시 된다.

스스로 거세한 오리겐으로부터 시작된 에로틱 신비주의 신부운동의 영체교환

이집트 영혼의 상승을 나타내는 날개

테트라그라마톤은 유대카발라 히브리어로 여호와의 네글자 YHVH(IHVH)로 마술과 초능력을 상징하는 신비주의 오컬트

신사도운동 신지학, 펜타그람, 장미십자단(황금새벽회), 우로보로스

생명나무, 전시안, 피라미드, 광명의 신, 테트라그라마톤(여호와) 기독교 영지주의

타작기 3

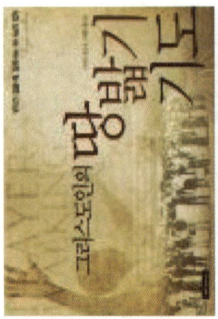  

예수전도단 존 도우슨의 도시를 점령하라. 땅밟기 운동   선서를 중요시하는 겨자씨 기사단 칼의 형제 반지 제왕의 비밀

신사도운동가 더치쉬츠의 칼과 왕관 겨자씨기사단 반지의 제왕

겨자씨기사단의 반지   진젠도르프 백작

진젠도르프의 반지의 제왕

크로올리와 장미십자, 호루스 눈   반지의 제왕의 비밀

에필로그 (Epilogue)

　필자는 1975년 2월25일 제자로 헌신 한 후 그동안 추구해왔던 세상의 부귀와 영화가 아무것도 아니라는 사실을 깨닫고 모든 것을 버릴 수 있었습니다. 한 영혼이 천하보다 귀하다는 사실을 알고 제자훈련이라는 외길을 걸어왔습니다. 그 후 40년이 되었습니다.
　지난 40년 동안 제자로서 삶을 살면서 느끼고 깨달은 것은 40년 전에 영적으로 깨달았던 세상이 아무것도 아니라는 영적인 깨달음이 40년이란 세월을 직접 살아보고, 경험해보고, 낱낱이 파헤쳐보고 확실하게 알았다는 것입니다. 이것이 타작기, 타작기2, 타작기3의 내용입니다.
　예수님은 좁은문으로 들어가기를 힘쓰라고 했습니다. 그러나 저는 눈앞에 있는 넓은 문으로 들어가려고 애를 썼습니다. 그러나 예수님은 그것을 허락하시지 않으셨습니다. 그래서 울며 겨자 먹기로 외로운 길을 40년 동안 걸어올 수 있었습니다. 그동안 수많은 좌절과 눈물을 흘렸습니다. 많은 날들을 눈물과 통곡으로 지내야 했습니다. 어떻게 해야 이 땅에 하나님의 아름다운 나라를 세울 수 있을 것인가에 대해 고민했습니다. 그러나 하나님은 끝내 썩어진 밀알이 되기를 원하셨습니다. 그리고 타작기란 책을 쓰게 하신 것입니다.
　무엇 때문에 이렇게 힘들고 어려운 책을 써야 합니까? 그것은 1982년 4월 10일에 주셨던 하나님의 "World Vision"에 대한 명령입니다. 감히 단언할 수 있는 한 가지는 타작기란 책은 하나님께서 허락하신 40년 제자사역의 결정체입니다. 오직 이 한권의 책속에 40년 동안 쏟아낸 모든 눈물과 땀의 열매가 담겨있는 것입니다.
　타작기3를 쓰기 위해 읽었던 수많은 참고도서들과 인터넷 사이트 내용들 속에는 주님을 사랑하는 사람들의 눈물로 가득차 있었습니다. 엘리야 시대 남겨진 7000명의 의인들처럼 어두운 시대를 밝히는 새벽별처럼 빛나고 있었습니다. 아무도 알아주거나 읽어주지 않더라도 오직 한 사람만이라도 함께 진리의 길을 가고 싶은 마음으로 밤을 새우며 기록한 수많은 진리들이 타작기란 책을 만들어낸 것입니다. 고전3:7-9

"그런즉 심는 이나 물주는 이는 아무 것도 아니로되 오직 자라나게 하시는 하나님 뿐이니라 심는 이와 물주는 이가 일반이나 각각 자기의 일하는대로 자기의 상을 받으리라 우리는 하나님의 동역자들이요 너희는 하나님의 밭이요 하나님의 집이니라" 분명히 믿는 것은 모든 사람들이 부분적으로 하나 전체적으로 하나 분명히 주님 앞에서 자신이 순종한 대로 상이 있으리라 믿습니다.

성경을 보면 사탄의 정체를 알 수 있습니다. 그래서 사탄의 세력들은 광명한 천사처럼 온갖 방법으로 성경을 보지 못하게 합니다. 그리고 그들이 만들어낸 철학과 신학을 믿도록 합니다. 그렇게 지내온 것이 지난 2000년의 역사입니다. 지금도 성경을 성실하게 공부하고 묵상하는 사람들은 드뭅니다. 체계적으로 공부하는 사람들도 적습니다. 그러나 이제 현대교회가 살 수 있는 유일한 길은 성경으로 돌아가는 것입니다. 성경을 체계적으로 공부하고, 읽고, 묵상해야 합니다. 이것을 제자훈련이라고 합니다. 기독교 2000년의 암흑시대 속에서도 오늘날 우리에게 참 진리가 전달될 수 있었던 이유는 왈덴스인들의 성경사랑의 결과입니다.

사랑없이도 구제할 수 있습니다. 사랑없이도 내 몸을 불살라 내어줄 수 있습니다. 그러나 사랑없는 구제나 희생은 아무것도 아닙니다. 그렇다면 고린도전서 13장에서 말한 사랑은 무엇입니까? 예수님이 죽으신 십자가 복음입니다. 생명입니다. 영생입니다. 십자가복음이 아닌 세상의 모든 것은 가짜 사랑입니다.

사탄의 세력들은 수많은 성자들을 만들었습니다. 그들을 신격화시켰습니다. 수많은 신격화시킨 그들을 통해서 어리석은 인간들을 통치했습니다. 그리고 그들처럼 신인간(神人間)을 만들어가고 있습니다. 과학을 통해, 경제를 통해, 종교를 통해, 철학을 통해, 신학을 통해 인간을 영생불사의 존재로 만들어 가고 있습니다. 이것이 신세계질서입니다.

제 3의 종교개혁의 시대가 되었습니다. 제 1의 종교 개혁은 로마 카톨릭입니다, 제 2의 종교개혁은 마틴루터와 존 칼빈입니다. 사실은 제 1,2차 종교 개혁은 종교개혁이 아니라 종교 개악이었습니다. 이제부터 시작된 제 3의 종교개혁이야 말로 참다운 종교개혁입니다. 종교개혁을 위해 필요한 것은 오직 한가지 밖에 없습니다. 바로 성경입니다. 성경대로 믿고, 성경대로 살고, 성경대로 교회를 세우면 되는 것입니다. 성경에 기록된 문자대로 2000년 동안 성경을 지키고 순교한 그들의 역사를 교훈삼아 해석하고 실천하면 되는 것입니다.

기독교의 본질은 설교가 아닙니다. 교리도 아닙니다. 많은 성경 지식도 아닙니다. 성경을 하나님의 말씀으로 믿고 단순하게 그대로 살아가는 것입니다. 기도가 길지 않고 짧아도 됩니다. 설교가 논리적으로 맞지 않아도 됩니다. 화려한 예배당이 없어도 됩니다. 그냥 성경대로 살아가는 것이 기독교입니다. 내일 일에 대한 염려나 걱정을 버리고 하루하루 하나님의 말씀대로 살면 영원한 삶이 보장되는 것이 기독교입니다. 그 가운데 성령의 능력이 나타납니다. 믿음이 자라납니다. 기쁨이 샘솟는 경험을 하게 됩니다. 영적인 분별력이 생겨납니다. 원수를 사랑할 수 있는 능력도 생겨납니다. 순교할 수 있는 기쁨도 일어납니다.

요8:31-32 "그러므로 예수께서 자기를 믿은 유대인들에게 이르시되 너희가 내 말에 거하면 참 내 제자가 되고 진리를 알찌니 진리가 너희를 자유케 하리라" 하나님의 말씀대로 사는 사람이 제자입니다. 그는 진리를 알게 됩니다. 그래서 이 세상의 모든 것으로부터 자유를 얻게 됩니다.

제 1, 2차 종교개혁은 당시 유명한 권력자들인 왕과 주교와 사제들에 의해서 시작되었습니다. 그러나 제 3의 종교개혁은 성경대로 살아가는 개인들의 삶속에서부터 시작되어야 합니다. 그리고 속한 가정에서 교회로, 교회에서 지역으로 나가야 할 것입니다. 성경적인 교회와 성경적인 믿음을 가진 동일한 공동체가 지역에서 연합하고, 같은 신앙고백을 하는 공동체로 연합을 해서 점차적으로 교육의 공동체, 복지의 공동체, 직장의 공동체, 삶과 신앙의 공동체로 나아가야 할 것입니다. 구체적으로 성경적인 신학이 정립이 되고, 성경적인 교회사가 정립이 되고, 성경적인 교육이 정립이 되고, 성경적인 역사가 정립이 되고, 성경적인 세계관이 정립이 되어야 할 것입니다.

하나님께서 깨우쳐 주신 말씀에 따라 받은 은사대로 타작기3에서 시작된 아주 부분적인 시작이 각 영역마다 구체화되고 체계화되어 엄청난 개혁으로 이어가게 될 것을 확신합니다. 왜냐하면 이것이 하나님께서 우리에게 허락하신 마지막 개혁의 기회가 되기 때문입니다.

하나님의 영광스런 교회는 이미 창세전에 완성이 되었습니다. 그리고 지금 역사속에서 지어져 가고 있습니다. 인간이 설계한 교회가 아닙니다. 인간들이 만들어간 교회가 아닙니다. 성삼위 하나님께서 창세전에 예정하신 것이고 이미 하나님께서 거룩하고 흠이 없게 하셨습니다.

이 교회는 음부의 권세가 무너뜨리지 못합니다. 아무리 악한 세력들이 힘이 있다 하더라도 이길 수 없습니다. 교회는 오직 하나님이 허락하신 섭리안에서만 세워져갑니다. 오늘도 제국들의 흥망성쇠가 계속됩니다. 하나님께서 제국들을 세우기도 하시고 망하게도 하십니다. 바벨론이란 국가를 큰 나무로 세우신 분이 하나님이셨습니다. 타락한 택한 백성들을 정결케하는 몽둥이로 사용하시기 위해서입니다. 그리고 그들을 목적 있게 사용하시고, 심판 하셨습니다.

뜨거운 용광로속에서 금이 제련되어 나옵니다. 마지막 때 악한 세상과 사탄의 세력들은 참 하나님의 자녀들에게는 뜨거운 용광로입니다. 그러나 그들의 뜨거운 시험의 불이 우리를 더욱 새롭게 합니다. 그들의 불이 뜨거울수록 지상의 하나님의 교회는 정금처럼 단련이 됩니다. 사탄의 세력들은 절대로 참 교회를 이길 수 없습니다. 그들이 하는 모든 행위는 오히려 참 교회를 새롭게하고 온전케 할 뿐입니다.

1년 후에 타작기4가 출간될 예정입니다. 제목은 "제자의 눈물 십자가의 길" 입니다. 지난 40년 동안 제자의 삶을 살면서 하나님께서 가르쳐 주신 진리와 예수님께서 저자를 통해서 사셨던 진리들을 증거할 것입니다. 갈2;20 말씀처럼 내가 죽고 내 안에서 사신 그리스도가 어떤 주님이셨는지를 자세하게 증거할 것입니다. 타작기4는 타작기, 타작기2, 타작기3의 내용을 증거할 수 있는 삶의 예배의 내용이 될 것입니다. 오늘날 모든 구원받은 성도안에서 사신 그리스도 예수님의 역동성 넘치는 부활의 생명에 대한 삶의 간증이 될 것입니다.

2014년 3월25일
이형조 드립니다

참고서적

- 지역을 바꾸는 기도, 밥 베킷 지음/예수전도단 옮김 예수전도단/2002년 9월
- 하나님을 위하여 도시를 점령하라, 존 도우슨 (유재국 옮김) / 예수전도단 1992
- 군화신은 신부들, 이용희 저 복의 근원 2010년
- 땅밟기 기도, 스티브 호돈, 그래함 캔드릭 저 최요한 역 예수전도단출 2001
- 세계영적도해, 최바울지음 펴내기 펴냄 |2010.
- 아브라함 카이퍼, 윌리엄 B. 에드먼스 지음 한국기독교정치연구소역 쿰란 펴냄 2012.
- 칼 바르트 신학, 한종희 저 대한예수교장로회 총회 2000.
- 현대신학연구, 박아론지음 기독교문서선교회 펴냄 | 1989. 05. 01
- 칸트의 비판철학, 질 들뢰즈 지음 서동욱옮김 민음사 펴냄 | 2006. 11. 05.
- 화이트 헤드의 유기체철학, 김영진 지음 그린비 펴냄 | 2012. 05. 20
- 아담 이브 뱀, 일레인 페이겔스지음 류점석, 장혜경 옮김 아우라 펴냄 | 2009. 04. 10
- 유대인 바로보기, 류모세 지음 두란노서원 펴냄 | 2010. 09. 17.
- 창조의 철학 알렉산드리아, 필로지음 노태성옮김 다산글방 펴냄 | 2005.12.06.
- 신복음주의 신학의 정체 (Billy Graham), 한종희 저, www.outsidethecamp.org/heterodoxy52.htm,
- 칼 바르트 교의학 개요, 전경연 번역, 성문학사, 1986)
- 창세기1:26-27의 해석문제, 신학적 인간학, 이종성 저, 대한기독교출판사, 1979
- 급진 종교개혁사론, 홍치모 공저, 느티나무, 1993
- 에큐메니즘의 이상과 우상, 구영재 도서 출판 안티오크 출간 1996
- 구원이란 무엇인가? 김세윤 저 두란노서원, 2006,
- 새교회사2, 정수영 지음 규장문화사 펴냄 1991
- 3천년 기독교 역사, 디아메이드 맥클로흐지음 배덕만옮김 CLC 펴냄|2013
- 소설 콘스탄티누스, 류상태지음 인물과사상사 펴냄|2008
- 분열된 복음주의, 이안 머리지음 김석원옮김 부흥과개혁사 펴냄 | 2009
- 바벨탑에 갇힌 복음, 행크 해네그래프지음 김성웅옮김 새물결플러스 펴냄|2010
- 기독교 신앙과 포스트 모더니즘, 밀라드 J. 에릭슨지음 박찬호옮김 CLC. 펴냄 | 2012
- 신사도 운동에 빠진 교회, 정이철지음 새물결플러스 펴냄|2012
- 교회를 허무는 두 대적, 김재성지음 킹덤북스 펴냄|2013
- 신사도의 가짜 부흥운동, 행크 해너그라프지음 이선숙옮김 부흥과개혁사 펴냄|2009
- 기독교, 세상의 함정에 빠지다, 박순용지음 부흥과개혁사 펴냄|2009
- 성경대로 믿는 사람들, 말씀보존학회 펴냄|2012
- 허물고 다시 짓는 신학 세계, 구춘서지음 대한기독교서회 펴냄|2004
- 아미쉬로부터 배운다, 임세근지음 리수(도) 펴냄|2009
- 르네상스와 종교개혁, William R.지음 라은성옮김 그리심(도) 펴냄|2002
- 마르틴 루터와 아나뱁티즘, 홍지훈지음 한국신약학회 펴냄|2000
- 종교개혁과 반종교개혁, 칼 하인츠 츠어 뮐정병식옮김 대한기독교서회 펴냄|2003
- 급진 정통주의 신학, 제임스 K. A. 스미스지음 한상화옮김 CLC펴냄|2011
- 이것이 아나뱁티스트다, 스튜어트 머레이지음 강현아옮김 대장간 펴냄|2011
- 아나뱁티스트 역사, 코넬리우스 딕지음 김복기옮김 대장간 펴냄|2013
- 근원적 종교개혁, 김승진지음 침례신학대학교출판부 펴냄|2011
- 급진적 기독교, 베리 칼렌지음 배덕만옮김

- 대장간 펴냄|2010
- 플라톤의 프로타고라스, 플라톤지음 박종현옮김 서광사 펴냄|2010
- 신약성서 배경연구, 헬무트 쾨스터지음 이억부옮김 은성 펴냄|2009
- 서방기독교 신비주의의 역사, 버나드 맥긴지음 방성규 외옮김 은성 펴냄|2000
- 초대 교회 배경사, (제3판) 에버렛 퍼거슨지음 엄성옥옮김 은성 펴냄|2005
- 플라톤의 철학개념, 칼 알베르트지음 임성철옮김 한양대학교출판부 펴냄|2002
- 디오니소스의 철학 세트, 마시모 도나지음 김희정옮김 시그마북스 펴냄|2010
- 세계사를 바꾼 철학의 구라들, 폴커 슈피어링지음 정대성옮김 이룸 펴냄|2007
- 플라톤과 에로스, 장경춘지음 안티쿠스 펴냄|2011
- 플라톤의 국가론, 최현지음 집문당 펴냄|2006
- 신학을 이해하기 위한철학, 알렌지음 정재현옮김 대한기독교서회 펴냄|2003.
- 플로티누스, 피에르 아도지음 안수철옮김 탐구사 펴냄|2013
- 오리겐 알렉산드리아와 로고스(교회사), 오리겐지음 주승민옮김 이레서원 펴냄|2000
- 로마 카톨릭과 성경, 데이비드 W. 다니엘즈지음 이현선옮김 말씀보존학회 펴냄|2010
- 정통과 이단(상), 라은성지음 그리심 펴냄|2006
- 칼빈과 어거스틴, 안인섭지음 그리심 펴냄|2009
- 신 플라톤주의, R. T. 왈리스지음 박규철서영식 외 1 명 옮김 누멘 펴냄|2011
- 카톨릭 주의의 정체, 랄프 우드로 우지음 하늘기획 펴냄|2004
- 기독교 진리 왜곡의 역사, 남우현지음 지식나무 펴냄|2009
- 천주교의 유래, 그리스도 예수안에 펴냄|2013
- 유세 비우스의 교회사, 유세비우스 팜플루스지음 엄성옥옮김 은성 펴냄|1990
- 고대 유대교 역사, 샤이, J D 코헨지음 황승일옮김 은성 펴냄|2004
- 누가 성경을 만들었는가, 야콥 판 브럭헌지음 김병국옮김 총신대학교출판부 펴냄|1997
- 성경 번역의 역사, 래리 스톤지음 홍병룡옮김 포이에마 펴냄|2011
- 번역과 반역의 갈래에서, 박규태지음 새물결플러스 펴냄|2012
- 구약성경과 신들, 주원준지음 한님성서연구소 펴냄|2012
- 페르시아와 성경, 에드윈 M. 야마우찌지음 박응규이한영 외 1 명 옮김 CLC 펴냄|2010
- 어거스틴의 고백, 장 폴 몽쟁 지음 | 박아르마 옮김 | 함께읽는책 펴냄 |2000
- 빌리 그래함의 속임수, 데이빗 리케지음 생명의서신 펴냄|2000
- C,S 루이스의 위험한 생각, 빅터 레퍼트지음 이규원옮김 사랑플러스 펴냄|2008
- 나니아 연대기, C. S. 루이스지음 햇살과나무꾼옮김 시공주니어. 펴냄|2005
- 눈먼 기독교, 박태양지음 국제제자훈련원 펴냄|2013
- 자유주의 신학의 이단성, 김효성지음 옛신앙출판사 펴냄|2008
- 칼 바르트의 신학, 김명용지음 이레서원 펴냄|2007
- 바른 신학과 바르지 않은 신학, 박아론지음 CLC 펴냄|2009
- 허물고 다시 짓는 신학 세계, 구춘서지음 대한기독교서회 펴냄|2004
- 현대신학해제, 남기철지음 대한기독교서회 펴냄|2003
- 신약 배경사, 이준호지음 한국학술정보 펴냄|2012
- 유대교, 칼 에를리히지음 최창모옮김 유토피아 펴냄|2008
- 교회에서 알려주지 않는 기독교 이야기. 구미정,김진호 자리(내일을여는책) 펴냄|2012
- 그들은 어떻게 이단이 되었는가, 맥그라스지음 홍병룡옮김 포이에마 펴냄|2011
- 초기 기독교 교부들, 김선영지음 두란노아카데미 펴냄|2011
- 기독교의 신비주의, 어춘수지음 가이드포스트 펴냄|2009
- 그리스도 없는 기독교, 마이클 호튼지음 김

- 성웅옮김 부흥과개혁사 펴냄|2009
- 기독교 죄악사(하), 조찬선지음 평단문화사 펴냄|2000
- 교회사 안에 나타난 이단과 정통, HAROLD O.J. 지음 라은성 옮김 그리심 펴냄|2001
- 기독교와 히브리 유산, 마빈 R.윌슨지음 이진희 옮김 컨콜디아사 펴냄|1995
- 카톨릭의 역사, 한스 퀑 지음 배국원 옮김 을유문화사 펴냄|2013
- 숨겨진 복음서 영지주의, 일레인 페이절스 지음 하연희 옮김 루비박스 펴냄|2006
- 일그러진 복음, 트레빈 왁스 지음 김태곤 옮김 생명의말씀사 펴냄|2012
- 복음주의 지성의 스캔들, 마크 A. 놀지음 박세혁 옮김 IVP 펴냄|2010.07.16.
- 성 어거스틴의 참회록, 성 어거스틴지음 송용자 옮김 씨뿌리는사람 펴냄|2008
- 무질서한 은사주의, 존 F. 맥아더 지음 이용중 옮김 부흥과개혁사 펴냄|2008
- 이것이 영지주의다, 스티븐 휠러 지음 이재길 옮김 샨티 펴냄|2006
- 천주교를 배격하는 7가지 이유, 유선호 지음 하늘기획 펴내|2009
- 세계관과 영적전쟁, 안점식 지음 죠이선교회 펴냄|1995
- 종교 속의 철학, 철학 속의 종교, 이한영 이익주 외 3명 지음 문사철 펴냄 | 2013
- 새로쓴 세계교회사, 주도홍 지음 개혁주의출판사 펴냄|2011
- 사탄의 선교전략, 황영헌 지음 예영커뮤니케이션 펴냄|1998
- 뉴에이지가 교회를 파괴한다, 김영재 지음 한국학술정보 펴냄|2010
- 미국의 뒤에 숨어있는 적그리스도&666, Rev. Johns. 지음 좋은땅 펴냄|2013
- 이머징 교회는 교회개혁인가 교회변질인가, 게리 글리슨 지음 부흥과개혁사 펴냄|2011
- 새로운 교회개혁 이야기, 그레그 옥덴 지음 송광택 옮김 미션월드이브러리 펴냄|1998
- 종교개혁은 끝났는가, 마크 A. 놀캐롤린 나이스트롬 지음 이재근 옮김 CLC 펴냄|2012
- 이머징 교회와 신비주의, 로저 오클랜드 지음 황 스데반 옮김 부흥과개혁사 펴냄|2010

- 개혁 선언, 신디 제이콥스 지음 최요한 옮김 죠이선교회 펴냄|2010
- 세상의 포로 된 교회(교회성장), 마이클 호튼 지음 김재연 옮김 부흥과개혁사 펴냄|2001
- 개혁신학과 스콜라주의, 빌렘 판 아셀트 지음 한병수 옮김 부흥과개혁사 펴냄|2012
- 21세기 개혁신학의 방향, 이승구 지음 SFC_ 펴냄|2005
- 초자연적 교회, 스탄 이 디코벤 지음 박미가 옮김 은혜출판사 펴냄|2004
- 교회는 성경을 오석해 왔는가, 모세 실바 지음 심상법 옮김 솔로몬 펴냄|2001
- 교회의 지각변동, 피터 와그너 지음 방원선 권태진 옮김 WLI Korea 펴냄|2007
- 서방기독교 신비주의의 역사, 버나드 맥긴 지음 방성규 외 옮김 은성 펴냄|2000
- 초대 교회 배경사 3판, 에버렛 퍼거슨 지음 엄성옥 옮김 은성 펴냄|2005
- 존 폭스의 순교사, 존 폭스 지음 엄성옥 옮김 은성 펴냄|2009
- 로마 카톨릭과 바빌론 종교, W. 다니엘즈 지음 한승용 옮김 말씀보존학회 펴냄|2013
- 로마 카톨리과 선견, 데이비드 W. 다니엘즈 지음 이현선 옮김 말씀보존학회 펴냄|2010
- 오리겐 알렉산드리아 로고스교회사, 오리겐 지음 주승민 옮김 이레서원 펴냄|2000
- 루시퍼의 복음, 톰 에겔란 지음 손화수 옮김 랜덤하우스 펴냄|2010
- 사탄의 탄생, 일레인 페이절스 지음 권영주 옮김 루비박스 펴냄|2006
- 뉴에이지 성경 역본들, G. A. 립링거 지음 이혜선 옮김 말씀보존학회 펴냄|2012
- 천사 하나님의 비밀특사, 빌리 그레이엄 지음 정다올 옮김 생명의말씀사 펴냄|2010
- 신이 된 심리학, 폴 비츠 지음 장혜영 옮김 새물결플러스 펴냄|2010

세계제자훈련원 출판사 책 소개

1. 타작기 책 소개 (2012.3.10.출간, 총판 : 생명의 말씀사)
　　　　　　　　　　　　　　　　　　　　　값 13,000원

　　서론 : 우리의 구원은 오직 예수 그리스도의 십자가에서
　　제1장 적그리스도의 정의
　　제2장 적그리스도의 목적
　　제3장 적그리스도의 역사
　　제4장 적그리스도의 혈통
　　제5장 적그리스도의 종교
　　제6장 적그리스도의 전략
　　제7장 적그리스도의 무기
　　제8장 적그리스도의 기독교 파괴 프로그램
　　제9장 적그리스도의 단체
　　제10장 적그리스도에 대한 준비
　　결론 : 순교의 신앙, 우리의 시민권은 하늘에 있다.

2. 타작기2 책 소개 (2013.7.10출간, 총판:생명의 말씀사)
　　　　　　　　　　　　　　　　　　　　　값 15,000원

　　제1장 가짜 유대인의 정체
　　제2장 적그리스도 세력들이 사용하는 성경적 종말론
　　제3장 적그리스도 세력들의 유전자의 비밀
　　제4장 세계 역사를 움직이는 프리메이슨

3. 세계제자훈련원 10단계 제자훈련교재 (1987.5.22 출간)
　　　　　　　　　　　　　　　　　　　　값(권당 1200원)

　　제1권 복음
　　제2권 구원의 확신
　　제3권 그리스도인으로 자라남
　　제4권 교회
　　제5권 열매 맺는 삶

제6권 그리스도인의 생활
제7권 제자로서의 성장
제8권 성숙한 제자
제9권 민족 복음화와 세계 선교
제10권 재림과 종말
지도자 지침서 : 전체 내용과 해답 (값12,000원)

4. 세계제자훈련원 직분별 제자훈련 교재
1) 새신자 제자훈련 교재　값 2000원
2) 세례자 제자훈련 교재　값 3000원
3) 교사 제자훈련 교재　　값 3000원
4) 제직 제자훈련 교재　　값 3000원
5) 구역장 제자훈련 교재　값 3000원

E-mail : hjo99@hanmail.net
전 화 : 02-562-5634
H · P : 010-4434-7188

지은이 ─────────

백석신학대학
백석신학대학원
총신대선교대학원
연세대연합신학대학원
미국Faith신학대학원
미국Calrifornia신학대학원
전 필리핀 선교사
현 강남교회 담임목사

총판 : 생명의 말씀사
십자가 복음과 교회의 승리
타 작 기 3

초　판　2014. 3. 25
지은이　이형조
펴낸곳　도서출판 세계제자훈련원
135-270 서울시 강남구 도곡동 544-13
전화 : (02) 562-5634　H.P : 010-4434-7188
E-mail　ehjo99@hanmail.net
등록 제16-1582 (1988. 6. 8)

온라인 번호 062-01-0126-685 (국민은행 이형조)
정가 20,000원
ISBN 978-89-87772-18-9